業界別・場面別
役員が知っておきたい
法的責任

―役員責任追及訴訟に学ぶ現場対応策―

Directors' and Officers' Liability
Practical Measures Learned
From Directors' and Officers' Liability Suit

監修＝落合誠一
編著＝澁谷展由・三澤智・清水貴暁
　　　岸本寛之・檜山正樹

経済法令研究会

監修にあたって

　本書は、ビジネス法務の第一線で活躍している弁護士が執筆陣となって取締役責任に関する主要判例を網羅的に取り上げ、そこから得られる実務上の指針を提示することにより、法曹関係者およびビジネスの現場の方々に対する必須で有益な指針を提示しようとするものである。

　ところで、一国の盛衰は、会社の競争力に大きく依存するから、コーポレート・ガバナンス、とりわけ取締役のあり方に対する論議は、世界的に見ても極めて盛んである。無論わが国も例外ではなく、会社法の初めての本格的改正が、近く実現する見込みである。しかし、わが国の会社の現状とはいえば、その不祥事は依然として後を絶たない。またわが国の企業は、総じて業績低下であり、活力に乏しい。経済の再活性化が、強く待望されるゆえんである。そのためには、何といっても会社経営の指揮者である取締役の適確な会社運営が求められから、その責任は重大である。

　編集者である地切修氏から監修の依頼があったとき、私は、執筆者の主要メンバーとお会いして話を聞きたいとお願いし、それは、直ちに実現した。私たちは、本書のコンセプト・執筆方針等につき真剣かつ有益な意見交換ができた。その結果、私は、良書ができると確信したので監修をお引受けし、また本書の理論的な導入部分についても喜んで寄稿することにした。本書の執筆者陣は、超多忙にもかかわらず何度となく会合を重ね、判例の選定・分析のポイント等につき真剣な検討を尽くし、ここに本書が完成した。もちろん最終的な評価は、読者に委ねられるが、監修者としては、取締役の責任に関して類書にない価値あるガイドブックができたとひそかに自負している。取締役の責任に関心を持つすべての方々に本書を心から推薦したい。

　2014年　初春

東京大学名誉教授・中央大学法科大学院教授　　落 合 誠 一

本書の目的、利用法、成り立ち

1　本書の目的　―役員のリスク回避のための実践的情報の提供―

　企業の役員の皆様は、顧客、従業員、株主、社会に対し、企業としてよりよい価値を提供すべく、日々ご活躍されていらっしゃることでしょう。

　一方で、企業活動は場合によっては、全国レベル、グローバルな範囲に及び、大きな影響力を持つこともあり、役員が判断した会社の進む方向次第では、会社自体や顧客、株主などに大きな損害を与えてしまうこともあります。

　本書で取り上げている各業界の事例にもあるように、そのような経営判断をした役員は、個人では到底支払えないような巨額の損害賠償責任が負わされることや、懲役刑などの刑罰を科されることもあります。

　巨額の損害賠償を請求されたり、刑事訴追された役員の方々の中には、退任後、再就職ができなくなる、破産する、睡眠薬なしでは眠れなくなる、家庭が崩壊する、不幸にも自ら命を絶たれるという例もあります。

　企業価値を高めるための強い責任感、優れたアイディア、実行力を持ち、会社や社会に貢献されている役員の方々が、不幸にもそのような状況に陥らないための実践的な情報を提供する書物をつくりたい、というのが、編者・執筆者の願いであり、本書の目的です。

　従来の役員の法的責任についての裁判例を紹介した書物は、その裁判例がそれ以前からの裁判例の流れの中でどう位置付けられるか、法解釈にどのように影響を与えるか、という視点からのものが大多数でした。

　これに対し、本書は、各執筆者が、実際の事件の事実経過と判決の判断内容を分析したうえ、「**役員として経営判断の際に注意すべきチェックリスト**」という極めて実践的な情報を引き出して、提供することにこだわっています。

　また、本書では、「実践的な情報を、法律家ではない役員、担当者の方々に

こそお伝えしたい」との思いから、図表などを多く用い、従来の法律書に比べて極力平易に執筆するよう心がけ、法律の専門家ではない方々にもわかりやすく情報提供するよう努めています。

2　本書の利用法　―短時間で事実関係、問題点、結論、教訓を押さえる―

本書は、役員の法的責任が問われた裁判例を、「業界別」「判断場面別」に分類しています。また、各事案では、主要な事実関係、問題点、結論、そこから得られる実践的教訓を「事案一覧表」「当事者関係図」「CHECK LIST」として、簡潔、ビジュアルにまとめています。

そのため、本書を最初から順々に読む時間のない忙しいビジネスパーソンの方は、以下のような読み方でも、短時間で有益な情報が得られます。

【読む事案を絞る】

①「当社は食品メーカーだが、うちの業界で役員の法的責任が問われた事案はどういうものがあり、どのような結論となったのだろうか」など、業界別の情報がほしい場合は「食品・飲料」業界についての事案だけを読む。

②「会社で不祥事が起こってしまったが公表すべきだろうか」、「今度の取締役会で決算を承認するが、どういう点を気を付けて検討すればいいだろうか」など、経営判断の場面で参考となる情報がほしい場合は、「不祥事対応」が問題なった事案、「正しい情報開示」が問題となった事案だけを読む。

【読む項目を絞る】

各事案の全部の記事を読む時間がとれない場合は、「事案一覧表」「当事者関係図」「CHECK LIST」だけを読む。

【コラム】

役員の法的責任について考える際に重要となるキーワードについてまとめた、各1頁の簡潔なコラムも掲載していますので、適宜ご参照いただければと思います。

3　本書の成り立ち

上述のコンセプトを実現するために、本書では、企業法務の最前線で日々活躍している弁護士の方々に、共編者、執筆者となっていただきました。

各業界の企業に所属して日々実務を担当されている企業内弁護士の方々に

多数ご参加いただいていることも本書の特徴となっています（中でも、共編者の一人・檜山正樹弁護士を中心とする企業内弁護士のための勉強会「ＩＬＴ」(In-house Lawyers Trial)からも多数ご参加いただいております）。

企業法務実務や各業界事情に精通した弁護士たちが日々の実務の実践の中で得られた知識、経験、問題意識が各記事には反映されています。

そのうえで、日本有数の会社法学の権威であられる落合誠一先生に、本書のコンセプトにご賛同いただき、ご監修いただくこともできました。

その結果、本書は非常に実践性が高く、かつ、法律家ではない方々にとっても読みやすい書物となっているものと自負しています。

企業で役員に就任された方々、役員の経営判断をサポートする法務・総務などの部署の担当者の方々、企業を法的にサポートする法実務家の方々などが、日々の実践の中で本書をご活用いただければ何よりの喜びです。

最後に、ご多忙にもかかわらず本書の監修をご快諾くださり、様々なご助言もくださった落合誠一先生、激務のなか時間を割き、何度も本書のコンセプトづくりや編集作業に参加してくださった岸本寛之・清水貴暁・檜山正樹・三澤智の各弁護士、実務経験を活かして記事を執筆して下さった弁護士の方々、書籍化のためにご尽力くださった経済法令研究会の地切修氏・中原秀紀氏に心から御礼を申し上げたいと思います。

本書は、学習院大学キャンパスでの研究会からの帰途、かつて乃木希典院長が起居されていた「乃木館」の近くを歩いていた際に、地切氏が私に「業界別に取締役の責任を学べる書籍をつくりたい」という年来のアイディアをお話くださったところからスタートしたものです。

共編者を代表して　　弁護士　澁谷　展由

監修・編著・執筆者一覧

監　修　　落合誠一（東京大学名誉教授・中央大学法科大学院教授）

編　著　　澁谷展由（弁護士・中島経営法律事務所）
　　　　　三澤　智（弁護士・阿部・井窪・片山法律事務所）
　　　　　清水貴暁（弁護士・蒲野綜合法律事務所）
　　　　　岸本寛之（弁護士・松家法律事務所）
　　　　　檜山正樹（弁護士・日本製紙株式会社）

執　筆（五十音順）
　　　　　阿部貴之（弁護士・弁護士法人ウィズ）
　　　　　石﨑弘規（弁護士・笠原総合法律事務所）
　　　　　岡村貴之（弁護士・弁護士法人港国際グループ）
　　　　　小川英之（弁護士・株式会社北陸銀行）
　　　　　小野田峻（弁護士・弁護士法人筑波アカデミア法律事務所）
　　　　　笠原　隆（弁護士・明治安田生命保険相互会社）
　　　　　加藤彰仁（弁護士・矢吹法律事務所）
　　　　　木田圭一（弁護士・畑法律事務所）
　　　　　木村泰博（弁護士・株式会社ジェーシービー）
　　　　　江夏康晴（弁護士・キッコーマン株式会社）
　　　　　杉野文祐（弁護士・株式会社三菱ケミカルホールディングスコーポレートスタッフ）
　　　　　生　和泉（弁護士・ＪＳＲ株式会社）
　　　　　関口敏光（弁護士・フロンティア・マネジメント株式会社）
　　　　　竹本綾世（弁護士・株式会社島津製作所）
　　　　　田中　努（弁護士・株式会社北陸銀行）

角田克典（弁護士・株式会社ＮＴＴドコモ）
友納理緒（弁護士・土肥法律事務所）
鳥越雅文（弁護士・日本郵政株式会社）
中村佳澄（弁護士・ロイヤル・バンク・オブ・スコットランド・ビーレルシー東京支店）
芳賀巳佳（弁護士）
萩原崇宏（弁護士・インテグラル法律事務所）
長谷川雅典（弁護士・株式会社電通）
濱田和成（弁護士・矢吹法律事務所）
林　晋也（弁護士・さくら北総法律事務所）
林　菜穂（弁護士・株式会社北陸銀行）
藤本和也（弁護士・共栄火災海上保険株式会社）
松下　翔（弁護士・白石綜合法律事務所）
松下洋也（弁護士・日本精工株式会社）
吉田幸司（弁護士・株式会社さわかみホールディングス）
吉武信子（弁護士・王子ホールディングス株式会社）

※本書の各項目は執筆者個人の見解であり、執筆者が所属する団体・組織等の見解を示すものではありません。

監修者・編著者略歴

【監修者】
落合 誠一（おちあい せいいち）
1968年東京大学法学部卒業。東京大学法学部助手、成蹊大学教授、東京大学大学院法学政治学研究科・法学部教授を経て、現在、東京大学名誉教授、中央大学法科大学院教授。日本私法学会理事長、日本学術会議会員、法と経済学会会長、日本保険学会理事長等を歴任。専攻は、商法。
近時の著書に、『会社法要説』(有斐閣)、『わが国M&Aの課題と展望』(編著、商事法務)、『会社法コンメンタール第8巻、12巻、21巻』(編著、商事法務)、『新基本法コンメンタール会社法1～3』(共編著、日本評論社)、『保険判例の分析と展開』(共編著、経済法令研究会)等。他に著書・論文多数。

【編著者】
澁谷 展由（しぶや のぶよし）
中島経営法律事務所　弁護士。慶應義塾大学法学部法律学科卒業、同大学大学院法学研究科修士課程修了、博士課程中退。明治大学法科大学院修了。
〔著書論文〕「株式買取価格決定に対する抗告審の変更決定に対する許可抗告事件—インテリジェンス株式価格決定事件」『最新　金融・商事法判例の分析と展開（別冊金融・商事判例）』(経済法令研究会)、「1.招集通知に記載した議案の一部撤回を自社ウェブサイトで開示した事例、2.ビッグデータ利用事業におけるプライバシー保護の取組み姿勢を開示した事例」資料版商事法務2013年7月号（共著、商事法務）ほか

三澤　智（みさわ　さとし）
阿部・井窪・片山法律事務所　弁護士。慶応義塾大学法学部法律学科卒業。
〔著書論文〕『新会社法ＡtoＺ非公開会社の実務』(共著、第一法規)、『最新私的整理事情』(共著、金融財政事情研究会)ほか

清水 貴暁（しみず たかあき）
蒲野綜合法律事務所　弁護士。慶応義塾大学法学部法律学科卒業、千葉大学法科大学院修了。

岸本 寛之（きしもと ひろゆき）
松家法律事務所　弁護士。中央大学法学部法律学科卒業、明治大学法科大学院修了。
〔著書論文〕『こんなときどうする　会社役員の責任Q＆A（加除式）』(共著、第一法規)、『最新 取締役の実務マニュアル（加除式）』(共著、新日本法規)ほか

檜山 正樹（ひやま まさき）
日本製紙株式会社　弁護士。一橋大学法学部卒業。
〔著書論文〕『契約用語使い分け辞典』(共著、新日本法規出版)、『不動産取引相談ハンドブック』(共著、きんざい)

CONTENS

序章　総　論

取締役の責任……………………………………………………………………2

1　製造業

【鉄鋼】

1　総会屋に対する利益供与につき取締役の内部統制システム構築義務・監視義務違反の有無が問題となった事例－神戸製鋼所株主代表訴訟事件……………………………………………………………………………22

【製紙】

2　資金運用損失の事実が存在しないとの前提に立った合併比率を設定したことにつき原則として合併後の会社自体には損害が生じることはないとして取締役らの責任が否定された事例－新王子製紙株主代表訴訟事件………28

【化学】

3　業務提携先の新株引受けの引受価額の算定につき取締役及び監査役の責任が否定された事例－積水樹脂株主代表訴訟事件………………………36

4　基準値を超える有害物質を含む土壌埋戻材を生産・搬出させたことにつき取締役の責任が認められた事例－石原産業株主代表訴訟事件…………42

【石油】

5　従業員が行った第三者に対する利益供与につき取締役の責任が認められた事例－三菱石油株主代表訴訟事件………………………………………52

【機械】

6　会社との間の動産取引並びに第三者との間のコンサルティング契約及び調査委託契約につき取締役の責任が一部認められた事例－宮入バルブ事件……………………………………………………………………………62

7　取締役が株主から脅迫を受け利益供与を行った行為につき責任が認められた事例－蛇の目ミシン株主代表訴訟事件………………………………72

【自動車】

8　グループ会社間のＣＭＳへの参加につき取締役の責任が否定された事例－日産車体株主代表訴訟事件 ……………………………………84

9　製品のリコール等の措置をとらず官庁に適切な報告をしなかったことにつき取締役の責任が問題となった事例－三菱自動車工業株主代表訴訟事件………………………………………………………………………92

【電子機器】

10　不正輸出等による関税法・外為法違反の罰金・制裁金が会社に科されたことによる損害につき取締役の責任が一部認められた事例－日本航空電子工業株主代表訴訟事件…………………………………………100

【精密機器】

11　子会社化した債務超過会社に増資したことにつき取締役の責任が認められた事例－日本精密事件……………………………………………110

12　純資産額を偽った連結貸借対照表を有価証券報告書に掲載した判断につき役員に有価証券報告書虚偽記載罪が成立するとされた事例－オリンパス事件 ………………………………………………………………118

【金属製品】

13　修理業者による不正改造が原因で発生した人身事故につき当該機器を販売した会社の取締役に業務上過失致死傷罪が成立するとされた事例－パロマ事件……………………………………………………………126

【製薬】

14　臨床試験データのねつ造につき取締役の責任が否定された事例－日本ケミファ事件………………………………………………………136

【食品・飲料】

15　関連会社発行のＣＰを引き受けたところ当該会社の倒産により会社が損失を被った場合にＣＰ引受けの決議に賛成した元取締役の責任が認められた事例－佐藤食品工業事件 ……………………………………144

16 従業員が食品衛生法に違反して牛乳を再利用した行為につきこれを防止するための社内体制を構築しなかったとして取締役の責任が認められた事例－ＪＴ乳業事件 ……………………………………………… 154

17 従業員が行った牛肉偽装行為につき取締役・監査役の責任が否定された事例－雪印食品株主代表訴訟事件 ………………………………… 162

18 デリバティブ取引により会社が巨額損失を被ったことにつき財務担当取締役の責任が認められ、それ以外の取締役・監査役の監視義務違反が否定された事例－ヤクルト株主代表訴訟事件 ……………………………… 172

【かつらメーカー】

19 非上場会社における自己株式の処分価額及び第三者割当による新株発行の発行価額の決定につき取締役の責任が一部認められた事例－アートネイチャー株主代表訴訟事件 …………………………………………… 180

2 建設業

20 財務状況悪化時に行った政治献金につき取締役の責任が否定された事例－熊谷組株主代表訴訟事件 …………………………………………… 190

21 贈賄を行ったことにつき取締役の責任が認められた事例－間組株主代表訴訟事件 ……………………………………………………………… 198

3 サービス業

【飲食店】

22 労働者の生命・健康を損なわない体制の構築と長時間労働の是正方策を実行しなかったことにつき取締役の責任が認められた事例－大庄事件 ……………………………………………………………………………… 206

23 食品衛生法上使用が認められない添加物を含む商品が販売されていたことを後に認識しながらこれを世間に公表しなかったことにつき取締役・監査役の責任が認められた事例－ダスキン株主代表訴訟事件 ……… 216

24 ＭＢＯにおける取締役の責任が否定された事例－レックス・ホールディングス事件 ………………………………………………………… 226

25 フランチャイザーのフランチャイジーに対する情報提供義務違反につきフランチャイザーの取締役の責任が認められた事例－フランチャイズ会社事件 ……………………………………………………………………236

【ホテル】
26 仮処分命令に従わずにホテル施設使用を拒否した判断につき取締役の責任が認められた事例－プリンスホテル事件……………………244
27 労働者の労働時間を管理する体制を整備していなかったことにつき取締役の責任が認められた事例－ホテル中の島事件 ……………………250
28 会社の割増賃金不払を放置したことにつき取締役・監査役の責任が認められた事例－昭和観光事件 ………………………………………258

【介護・福祉】
29 取締役会の承認なく社債を引き受けたことにつき取締役の責任が認められた事例－メデカジャパン事件……………………………………266

【情報サービス】
30 退職金規定を超える退職金の支給、海外旅行費の支出、株主総会決議に違反する監査役報酬の支払、非上場自社株式の売買価格の決定が問題とされ、その一部について取締役の責任が認められた事例－情報センター沖縄株主代表訴訟事件 ……………………………………………274

4 小売業

【百貨店】
31 第三者に対する損害賠償請求権を行使・回収しないと判断したことにつき取締役の責任が否定された事例－三越株主代表訴訟事件……………284

【衣料品販売】
32 公開買付け不成立の背景にあった利益相反行為を適切に開示しないことを理由とする取締役の責任が否定された事例－シャルレ事件 ………294

【玩具販売】
33 新店舗出店の判断により会社に損害が生じたことにつき取締役の責任が認められた事例－玩具店株主代表訴訟事件…………………………302

5　IT業

34　グループ会社の企業価値や売上等について虚偽事実を公表した行為につき代表取締役に風説流布・偽計使用罪、虚偽有価証券報告書提出罪が成立するとされた事例－ライブドア事件 ……………………………312
35　従業員らの不正行為を防止するためのリスク管理体制を構築しなかったことにつき取締役の責任が否定された事例－日本システム技術事件 …322
36　業務委託の判断に必要な情報を収集し分析・検討を加えて代表取締役への説明・報告すべき注意義務を怠ったことにつき取締役の責任が認められた事例－デジタル・ネットワーク・アプライアンス事件 ……………330
37　競業会社に移籍する際に取締役が部下である従業員を勧誘して競業会社に移籍させたことにつき取締役の責任が認められた事例－通信事業会社事件 ………………………………………………………………338
38　架空循環取引により売上を仮装していた会社の取締役の責任が認められた事例－情報処理機器販売会社事件 ………………………………348

6　物流・交通

【運輸】

39　従業員の過酷な勤務体制を改善しなかったことにつき取締役の責任が認められた事例－井坂倉庫事件 …………………………………358

【鉄道】

40　列車脱線転覆事故における現場付近でのＡＴＳ等の未整備につき安全担当取締役の刑事責任が否定された事例－ＪＲ福知山線列車脱線転覆事故事件 ………………………………………………………………368
41　取締役が上場廃止事由に該当する事実を有価証券報告書等に記載しなかった行為につき会社・取締役に責任が認められた事例－西武鉄道投資家集団訴訟事件 ……………………………………………………378

7 エネルギー

【電力】

42 原発の立地推進のために漁協に預託金支出をした行為につき取締役の責任が否定された事例－中部電力株主代表訴訟事件 ……………388

8 不動産

【不動産賃貸斡旋】

43 非上場会社の株式取得行為につき取締役の責任が否定された事例－アパマンショップ株主代表訴訟事件 ……………………………398

【建物総合管理】

44 代表取締役が従業員からのセクハラ被害の申立に対して十分な調査も適切な措置もとらなかったことにつき責任が認められた事例－建物総合管理会社事件 ………………………………………………404

【不動産コンサルティング】

45 資金調達直後に調達額と同額の金銭を調達元に支払うスワップ契約を締結していた点を開示せず資金調達の事実のみを開示した行為につき取締役の責任が認められた事例－アーバンコーポレイション事件 ……………410

9 商社・卸売業

【商社】

46 ゴルフ場の建設・運営会社に対して多額の融資を行ったことにつき取締役の責任が認められた事例－イトマン事件 ……………420

47 従業員がカルテルに関与したことにつき取締役・監査役の責任が否定された事例－三菱商事株主代表訴訟事件 ……………………428

48 取締役に対する自己株式の売却につき取締役の責任が否定された事例－高千穂電気株主代表訴訟事件 …………………………436

【卸売業】

49 粉飾決算を行っていた子会社に対する融資等につき取締役の責任が認

められた事例－福岡魚市場株主代表訴訟事件 ……………………………446

10 金融

【銀行】
50 選択した会計基準に基づく有価証券報告書の提出・配当につき代表取締役に有価証券報告書虚偽記載罪・違法配当罪が成立しないとされた事例－日本長期信用銀行事件 ……………………………………………456
51 銀行の代表取締役に「内部統制システム構築義務」違反があったとして責任が認められた事例－大和銀行株主代表訴訟事件 ………………466
52 親会社の役員が子会社の役員に対して代表訴訟を提起しなかった判断につき責任が否定された事例－りそなホールディングス株主代表訴訟事件 ……………………………………………………………………………476
53 県からの要請を受けて追加融資を行った行為につき銀行の取締役らの責任が認められた事例－四国銀行株主代表訴訟事件 …………………486
54 銀行が追加融資を行ったことにつき取締役の責任が認められた事例－日本長期信用銀行初島事件 ………………………………………………496
55 銀行が回収見込みのない融資を行ったことにつき取締役の責任が認められた事例－阪和銀行事件 ……………………………………………504
56 銀行の融資決定につき取締役の責任が認められた事例－北海道拓殖銀行・カブトデコム事件 ………………………………………………514
57 銀行が回収見込みのない融資を行ったことにつき取締役の責任が認められた事例－東和銀行事件 ……………………………………………524

【信用金庫】
58 理事が従業員に対して無効な懲戒解雇処分を行った結果、労務提供を受けることなく賃金相当額を支払うという損害を会社に生じさせたことにつき理事の責任が認められた事例－渡島信用金庫会員代表訴訟事件 ……534

【証券】
59 証券会社が独禁法違反の損失補填を行ったことにつき取締役の責任が否定された事例－野村證券株主代表訴訟事件 …………………………544

60　証券会社においてずさんな販売体制が構築されたことにつき取締役の責任が認められた事例－丸荘証券事件 …………………………………552

【保険】

61　生命保険会社における政治献金につき取締役の責任が否定された事例－日本生命社員代表訴訟事件 ……………………………………558

【信販】

62　清算段階にある関連会社に対する整理支援金の支出につき取締役の責任が否定された事例－日本信販株主代表訴訟事件 ……………………566

【商品先物取引】

63　商品先物取引業者における顧客勧誘についての体制整備の任務懈怠につき取締役・監査役の責任が認められた事例－コーワフューチャーズ事件 ……………………………………………………………………574

【商品ファンド販売】

64　第二種金融商品取引業者の代表取締役が違法な勧誘行為を行った点につき他の取締役の責任が認められた事例－投資ファンド事件 …………582

11　マスメディア

【新聞】

65　非上場会社の株式取得の対価の算定につき取締役の責任が否定された事例－朝日新聞社株主代表訴訟事件 …………………………………594

66　取締役のインサイダー取引防止体制構築義務違反が否定された事例－日本経済新聞社株主代表訴訟事件 …………………………………600

【出版】

67　他人の名誉を毀損する週刊誌を発行したことにつき取締役の責任が否定された事例－新潮社事件 ………………………………………………606

12　その他

【協同組合】

68　善管注意義務違反があることをうかがわせる代表理事の言動を調査確

認しなかったことにつき監事の責任が認められた事例－大原町農協事件
　　……………………………………………………………………616

■**判断場面別索引**■ ……………………………………………625

◆コラム◆
・役員と会社の関係が「委任」であることの意味は？・51
・役員を取り巻く損害賠償リスク・71
・株主代表訴訟・99
・役員の行為が会社に与える影響・109
・役員が負う可能性のある法的責任・135
・信頼の権利・171
・不祥事発生の際の事後対応・215
・内部告発・225
・経営判断の原則・293
・粉　飾・377
・責任限定契約・D＆O保険・513
・インサイダー取引・565

序章

総 論

序章　総　論

取締役の責任

東京大学名誉教授・中大学教授　落　合　誠　一

1　はじめに

(1)　本章の目的

　本書は、取締役の責任（注1）に関する重要判例を分析することにより、実務がこの問題に対して的確に対処するための指針を提示しようとするものである。すなわち、取締役を現に務められている方々、あるいはビジネス法務に携わる弁護士・会社の法務部員等の実務家の方々を対象としてその日々の業務の適切な遂行に資することを目的としている。無論、具体的な指針は、本書の各論である判例の分析をご参照いただくこととし、本章では、取締役の責任に関する総論的な検討を行い、本書の導入部としたい。

　いうまでもないが、理論の裏付けのない実務は、場当たり的であり、実務で通用しない理論は、空虚である。ゆえに理論と実務は、車の両輪であり、取締役の責任に関してもその理論を理解しなければ、真の理解はできない。まさに「木を見て森を見ない」の愚は、避けねばならないのである。

(2)　会社法の目的

　まず、われわれが考えなければいけないのは、なぜ取締役の責任が問題となるのか、また問題としなければならないかである。この問いに答えるためには、株式会社の社会的な存在意義を考えねばならない。換言すれば、株式会社は、われわれの社会においていかなる役割を果たしているか、また果たすことを期待されているかである。これは、株式会社の社会的存在意義を問うことであるが、それは、われわれの社会に新たな富をもたらすことにあると考える。もしわれわれの社会に新たな富がもたらされることがなければ、社会は、窮乏化せざるを得ないからである。それゆえに新たな富の創出は、

株式会社の社会的存在意義といえるのである。

　ところで周知のとおり、20世紀は、株式会社の時代であり、それは、21世紀においても同様である。世界の新たな富の創造の大半は、大企業のみならず中小の株式会社によって担われたからである。もちろん新たな富の創出は、株式会社に限らず、その他の会社あるいは個人ビジネスも大いに寄与している。しかし株式会社による富の創出は、圧倒的であり、追随を許さないものとなっている。したがって、一国の経済の浮沈は、その国の株式会社の競争力・パフォーマンスに依存するといっても過言ではないのである。それゆえに株式会社という企業組織は、われわれ社会にとって必要不可欠であり、そのあり方は、国にとって、また社会にとって重大な関心事となっている。世界中でコーポレート・ガバナンスに関する議論が盛んになされているのは、当然であり、必然なのである。

　ところで会社法は、株式会社のインフラストラクチャーの重要な一部である。それゆえに会社法は、株式会社がその社会的存在意義を十分に発揮させるものでなければならない。会社法の基本的な目的は、まさにそこにあるのである。したがって、会社法ルールは、第1に、株式会社がわれわれの社会に新たな富をもたらすことを強力にエンカレッジするものでなければならない。株式会社は、その人的・物的資源を最大限に活用して最大の利益を生み出さねば、社会的存在意義を十全に果たしたとはいえない。会社法ルールも、その意味での効率性の確保が重要な目的となる。

　もっとも株式会社は、新たな富を創出しさえすればよいかといえば、もちろんそうではない。株式会社も、社会的な存在であるから、われわれの社会が大切にしている社会規範は、遵守しなければならない。したがって、効率性の確保と並んでこの点も会社法ルールの重要な目的となる。すなわち、公正性の確保であり、会社法ルールは、会社が社会規範を遵守して企業活動をするように強力にエンカレッジするものでなければならない。

　以上、要するに、会社法の基本的な目的は、第1の効率性の確保と第2の公正性の確保にある（注2）。換言すれば、株式会社のコーポレート・ガバナンス問題の核心は、この2つの目的を適正に実現するための会社経営組織

の構築・維持にあるのである。

(3) 取締役の意義

　株式会社は、効率性と公正性を確保しつつビジネス活動することが求められる。しかし会社は、法人であるから、自然人の場合とは異なり、その機関を通じてのみ会社経営に関する意思を決定し、その決定を現実に実行していくことになる。すなわち、会社の経営意思決定機関がその意思を決定し、業務執行機関がその決定された意思を現実に実現していくことになる。

　経営意思決定機関あるいは業務執行機関が具体的にいかなるものとなるかは、株式会社のタイプによって異なる。株式会社は、取締役会設置会社とそうでない会社とに分かれるが、取締役会設置会社においては、経営の重要な意思決定は、取締役会が行い、その意思決定されたことの実現は、代表取締役・業務執行取締役が担うことになる（注3）。すなわち、経営の決定とその実行が異なる機関に分属するのである。したがって、取締役会で決定されたことの実行を担当しない取締役は、取締役会のメンバーであることにとどまるが、会社の重要な経営決定に関与するとの意味で経営者といえないこともないが、筆頭の代表取締役が、いわゆるＣＥＯであり、言葉の真の意味での経営者といえる（注4）。他方、かかる会社の株主総会は、法定の一定の基本的事項について会社の経営意思決定をする機関となるから、最高の機関ではあるが、万能の機関とはいえない。

　これに対して取締役会を設置していない会社においては、取締役が経営の意思決定をし、かつ、その実現も担うことになるから、そのような会社の取締役は、経営者である。もっとも、かかる会社の株主総会は、いかなる事項についても経営の意思決定ができるから、その意味で、最高・万能の機関と位置付けられる。

(4) 本章の対象となる責任

　会社の日々の経営を実行するのは、経営者であるから、経営者は、会社法ルールあるいは社会規範の命じるところに従い、会社の効率性と公正性の確保に努めなければならない。それを怠れば、社会は一定のサンクションを加えてその是正と防止を図る。取締役の行動に一定の動機づけをするためのサ

ンクションであるから、法的サンクションのみならず社会的なサンクションのすべてが含まれる。これが、広義の取締役の責任である。この場合は、民事・刑事・行政上のサンクションのみならず、市場の規律、経営者としての社会的評価・評判等も含まれる。

　他方、狭義における責任は、法的サンクションを意味し、損害賠償責任に代表される私法上の責任と刑罰あるいは行政罰に代表される公法上の責任によって構成される。本章では、私法上の責任、とりわけ会社法上の取締役の損害賠償責任に焦点を絞って説明することとする。

　この意味での取締役の責任は、会社に対する責任と第三者に対する責任とに大きく分かれるが、まず、会社に対する責任においては会社法423条1項の責任を取り上げる（後記2）。次に、第三者に対する責任においては同法429条1項の責任を述べる（後記3）。その後、これらの責任に共通である経営判断の原則を検討する（後記4）。どちらの責任も取締役の職務執行についての善管注意義務・忠実義務に関係するからである。もっとも、以上の2から4の検討は、許された紙幅の関係上、網羅的ではなく、重点的なものとならざるを得ないが、その点は、諒とされたい。そして最後に本稿の検討をまとめてむすびとする（後記5）。

2　会社に対する責任（会社法423条1項の責任）

(1)　善管注意義務・忠実義務

　取締役は、会社に対する関係において、その職務の執行につき善良な管理者としての注意義務を負う。これは、会社と取締役との関係は、委任に関する規定に従うとされていることから認められる義務であり、この義務を取締役の善管注意義務という（注5）。他方、会社法355条は、取締役は、法令・定款及び株主総会の決議を遵守し、会社のために忠実にその職務を行わなければならないと定めている。これは、取締役の忠実義務といわれるものである。そうすると、善管注意義務と忠実義務との関係が問題となるが、判例（注6）・通説は、両者は性質が異なる別個の義務ではないと解している（注7）。したがって、特に断りがない場合は、両者の義務を以下において単

に善管注意義務と呼ぶことにする。

　解釈論としては、まず、取締役の善管注意義務がいかなる取締役を念頭においてのものかが問題となる。すなわち、善管注意義務の水準をどこに置くかであるが、その地位・状況にある者に通常期待される水準をいうと解されている。したがって、当該の取締役に着目した主観的な水準ではなく、同様の地位・状況にある取締役一般に通常期待される客観的な水準を意味する。この関係で銀行の取締役は、一般の事業会社の取締役と比較して善管注意義務の水準が高いといわれることがあるが、善管注意義務の水準は、あくまでも一定の業界におけるその地位・状況にある者につき通常期待される水準であるから、銀行とそうでない業種とを比較して取締役の善管注意義務の相違をうんぬんすることにはそれほど意味はない。換言すれば、同業種・同規模等の取締役に通常期待される水準によって、その責任の有無は判断される。それゆえ読者は、このことを意識してその水準を考えねばならない。その詳細は、本書の各論を参照されたい。

　また善管注意義務の対象には、公正性の確保のみならず、効率性の確保も含まれる。その点の具体的な発現としては、会社法の基本的な原則の１つである株主利益最大化の原則があり、取締役は、その原則の実践につき善管注意義務を負うことになる。そしてここにいう株主利益とは、株主全体の長期的利益を意味し、個別株主の利益あるいは株主全体の短期的利益は含まれない。なお、株主利益最大化の原則は、株主の利益を他のステークホルダーの利益に常に優先させるべきことを意味するのではない点に注意する必要がある（注８）。

　他方、公正性の確保においては、法令が遵守された経営がなされる必要があり、そのための内部統制システム構築義務が取締役の責任として重要となる。この関連で大会社である取締役会設置会社は、必ず取締役会の決議により内部統制システムの構築（この構築には、その維持も含まれる）をしなければならない（注９）が、その他の取締役会設置会社では、内部統制システムを構築する場合には、取締役会で決議しなければならないとされている（注10）。もっとも取締役の善管注意義務の対象には、公正性の確保が含まれる

から、取締役として当該会社にふさわしい法令遵守のシステムを検討し、必要に応じたシステムの構築は義務である（注11）。

さらに善管注意義務違反が問題となった場合には、経営判断の原則の適用によりその責任の成否が決まることがあるので、経営判断の原則の理解が不可欠となる（後記4参照）。そして取締役の善管注意義務は、総株主の同意がなければ免除できない義務（注12）であり、その意味での強行規定である（注13）。

(2) **責任の成立要件**

会社法423条1項が定める取締役の責任は、会社との委任契約関係の不履行から生じる責任であるから債務不履行責任である（注14）。そして債務不履行の責任の一般原則によれば、債権者が不履行の事実を立証すれば、債務者が自己の無過失を立証することになる。しかし取締役による無過失の立証が可能であるかは、いわゆる二元説か、一元説かの対立がある（注15）。

一元説とは、任務懈怠、すなわち、取締役の債務の本旨に従った履行がないことが取締役の責任を追及する側において立証責任を負うべき事実であり、その証明は、同時に注意義務違反があったことの証明であるから、したがって、一般に取締役において無過失の抗弁を出す余地はないとする（注16）。

これに対して二元説においては、取締役の任務懈怠と取締役の任務懈怠についての責めに帰すべき事由（故意・過失）を区別し、前者の事実については、取締役の責任を追及する側において立証責任を負い、他方、取締役の任務懈怠についての責めに帰すべき事由（故意・過失）の不存在は、取締役が負うとする（注17）。

この対立は、決着がついたとはいい難く、会社法423条1項の責任の立証責任分配に関する理論的かつ基本的な問題としてさらに今後詰められる必要があるであろう（注18）。

(3) **株主代表訴訟**

株主代表訴訟は、必ずしも取締役の423条1項の責任（注19）に限定されるものではない（注20）が、この責任の追及において大きな意義を有してい

る。本来、会社が損害を受けたのであるから、当該取締役の423条1項に基づく責任を追及してしかるべきなのに、それが追及されないままとなると、会社の損害は補填されず、また当該取締役に対する規律にも反するからである。

　もっともこの訴訟においては、株主のイニシアティブにより、株主自身が訴訟の提起をするが、訴訟の提起は、本来会社経営事項である。すなわち、会社経営は、株主ではなく、経営者が行うという基本的な会社法ルールの一般原則の例外となる。なぜならば、とりわけ上場会社の場合には、会社の経営に関する情報は、経営者側に偏在しているから、株主は不十分な情報に基づいて行動せざるを得ず、したがって、株主が提起すべきであるとしたその判断が会社の利益にならない場合があるからである。このように株主と経営者との間には大きな情報の偏在があるから、訴えの提起といった業務執行事項については、会社の経営者に原則的に委ねているのであり、株主代表訴訟は、その例外となるのである。

　しかしながら、責任を追及するのが会社の利益になる場合であっても、経営者が、同僚を追及するのは忍びないとしてそれを提起しないことが考えられるし、他方、株主は代表訴訟を提起して勝訴しても、その損害賠償金は、会社に渡るのみであり、株主として金銭的利益を受けるわけではないから、株主代表訴訟の提起要件をあまりに厳格にするのも適当ではない。そこでその要件を考えるにあたっては、こういった諸点の適当なバランスをとる必要がある。もっとも現行法では、たった1人の株主が提起すると決めたら、他のすべての株主が会社の利益にならないと反対しても、訴訟の提起・継続ができるというのは、あまりにも行き過ぎであり、立法論としては、株主による取締役の責任追及の訴えの提起が認められるのは、それが株主全体の長期的な利益に合致する場合に限定するのが望ましいであろう（注21）。

3　第三者に対する責任（会社法429条1項の責任）

(1)　責任の性質等

　取締役が故意・過失によって第三者に損害を与えた場合は、不法行為によ

る損害賠償責任を負う。しかし会社法においては、それに加えて、取締役（注22）の職務執行についての悪意・重過失により第三者に損害を与えた場合の責任が別途規定されている。なぜ会社法は、本条1項を規定したのであろうか。この点を巡って学説は分かれるが、判例は、次のように解している（最判昭和44・11・26民集23巻11号2150頁）。

　第1に、本条1項の責任の性質は、債務不履行責任でも、不法行為責任でもない、第三者保護のために取締役の責任を強化した特別な法定責任であるとする。そして取締役の悪意・重過失は、職務執行についてのものであり、不法行為のような第三者に対するものではない。

　第2に、この責任により賠償されるべき損害は、職務執行に対する悪意・重過失と相当因果関係がある限り、いわゆる直接損害のみならず間接損害も含む。

　第3に、この責任と不法行為責任とは競合する。したがって、第三者は、本条1項の責任とともに不法行為責任の追及も可能である。

(2) 責任の対象となる第三者の範囲

　本条1項の責任の対象となる第三者に債権者が含まれることには異論がないが、近時の有力な学説は、間接損害の場合は、責任の対象となる第三者から株主を除外すべきであるとしている。間接損害とは、取締役の職務執行についての悪意・重過失により会社に損害が生じ、その結果、第三者が損害を受けた場合をいい、直接損害とは、会社の損害の発生を経由せずに、第三者が取締役の行為により損害を受けた場合である。有力説は、間接損害の場合、例えば、取締役の悪意・重過失による不祥事により会社に損害が生じて、その結果、株式価値が低下して株主が損害を受けたような場合には、株主の救済は、代表訴訟によるべきであり、したがって、本条1項の責任にいう第三者から株主を除外すべきであるとするのである（注23）。

(3) 責任の適用範囲

　本条1項の責任が最も利用されるのは、次のような場合である。すなわち、会社が債務超過ないしそれに近い状況にあるにもかかわらず、新たな取引を開始するとか、あるいは従前の取引をそのまま継続したとかにより、債

権の回収が不能となった相手方債権者が、当該会社は無資力であるから、その取締役の個人資産にかかっていくための手段として利用されるのである。その意味で本条1項の責任は、法人格否認の法理と同様な機能を果たしている。

　しかし本条1項の責任は、その文言からも明らかなとおり、債務超過ないしそれに近い状況にある会社の場合に限定していない。そこで、本条1項の責任の法理論上の位置付けは、相当に困難である。そこで考えうる法理論としては、会社が債務超過ないしそれに近い状況に至った時には、株主の取り分は、ゼロとなるから、その時期以降は、取締役の職務執行についての善管注意義務は、株主全体の共通の利益を図るためではなく、債権者全体の共通の利益を図ることに変わるとすることが考える（注24）。

　そうだとすると、会社がそのような状況になった場合の取締役の職務執行に対する善管注意義務は、債権者のために行使すべきこととなる。このように解すると、本条1項の責任は、会社が債務超過ないしそれに近い状況に至った時期とその前の時期とでは、善管注意義務を誰のために果たすべきかが相違することになり、したがって、その解釈にあたっても、この相違を意識したものとする必要がある。

4　経営判断の原則

(1) 序　論

　経営判断の原則は、取締役の善管注意義務責任の成否につき大きな影響がある。通常の過失の判断基準をそのまま適用すれば、取締役に過失があると判断されるような場合であっても、経営判断の原則の適用があれば、過失とは評価されなくなるからである。すなわち、この原則の適用があると、取締役の責任は、一般の過失判断の場合に比して実質的に軽減されることになる。したがって、この原則の意義・適用要件をどう考えるかは、取締役の責任の有無に大きな影響を与えることになる。

　しかしこの原則は、主に下級審判例が展開してきた判例法理であり、最高裁がその適用要件についてどう考えているのかは、必ずしも明らかとはいえ

なかった。しかし、平成22年7月15日の最高裁のアパマンショップ株主代表訴訟判決（注25）が、最上級審としてこれを明確に肯定するに至った。もっとも、それによって経営判断の原則の全容が明らかになったわけではなく、わが国の経営判断の原則がどのようなものとなっていくのかは、引き続き今後の動向が注目される（注26）。

(2) 正当化根拠

　学説があげる主な根拠は、次のようなものである（注27）。すなわち、第1は、リスクを伴い、かつ、迅速に下さなければならない経営判断の是非を、経営の専門家でもない裁判官が、事後的に判定することは問題があるからである。第2は、取締役の責任を厳格にすると、リスクを避ける経営決定を選択する傾向が生じる（いわゆる萎縮効果）が、それは、本来企業経営に必要な冒険的な大胆な経営判断を回避させることになり、会社、ひいては株主の利益に反することになるからである。第3に、取締役の責任を追及する株主代表訴訟等によりその責任が強化され過ぎると、意欲のある人材が取締役就任を回避することになり、それは社会経済にとって好ましくないからである。

(3) 正当化根拠の検討

　まず、第1の正当化根拠であるが、それには、実は2つのものが含まれている。第1に、事後的な結果をも考慮に入れる取締役の経営決定に関する評価は、後知恵的なものになりやすいことの弊害である（いわゆるhindsight bias）。これは、裁判所による取締役責任の有無の評価は、あくまでも当該経営判断がなされた時点に立って評価すべきものであり、判断の結果が裏目に出ることを含むその後の事実経過は、将来の不確実性の世界に属するからである。そして取締役の責任は、帰責事由を要する責任であり、結果責任を問うものではない。第2は、裁判官は、経営の素人であるから、取締役の経営判断の当否に関する相場観がないことである。すなわち、取締役がいかなる事実的環境のなかで、どのようにして経営判断をしたかは、静かな書斎的環境において、当事者双方からの提出証拠を慎重に検討し、それを基に熟考を重ねたうえで判決を出すことができる裁判官にとっては、いわば追体験が

不可能な世界だからである。

　もっとも、こうした事情の存在は、何も取締役の経営判断の場合に限られない。例えば、医師、弁護士等のような専門家は、取締役の場合と同様に、結果責任を負うわけではないし、また裁判官が、当該専門家が置かれた状況のままに追体験できるわけではないからである。そしてそもそも裁判官は、専門家の判断の当否の評価が難しいからこそ、民事訴訟において鑑定制度が認められているのであり、裁判官は、当該分野の専門家による鑑定に依拠しつつその当否を評価すれば足りるはずである。換言すれば、裁判官は、専門家でないことを当然の前提として裁判制度が組み立てられているのである。そうだとすると、この第1の正当化根拠は、必ずしも十分なものではないといわねばならない。

　なお、取締役には広い裁量が与えられているから、経営判断原則が認められるといわれることがあるが、広い裁量は、医師・弁護士等の他の専門家にも一般に認められることであり、広い裁量が認められることは、専門家の職務に共通のものである。しかし、経営者以外の専門家の場合に、例えば、医師判断の原則のようなことがいわれるわけではない。そうだとすれば、広い裁量があるからといって当然に経営判断の原則が認められるわけではない。

　次に、第2の正当化根拠は、基本的に正当なものといえる。第1に、経営判断の原則は、経営者以外の他の専門家（例えば、医師、弁護士、会計士等）の場合には、例えば、医師判断の原則が認められないように、経営者に特有の原則であるから、その正当化根拠は、他の専門家にも同様に認められる事情をもって根拠付けるのは無理があり、経営者についてのみ妥当する事情をもって基礎付ける必要がある。この観点からすると、第2の正当化根拠は、取締役に特有な事情をもって正当化根拠としている点において評価できるのである。

　第2に、取締役の責任を厳格化し過ぎると、その萎縮効果によって本来企業経営に必要な冒険的な大胆な経営判断がなされなくなるおそれが生じ、そのことは、会社、ひいては株主の利益に反するとの指摘はまさに正当である。このことは、われわれの社会経済の大きな発展に必須の技術革新が、多

くの失敗の試みがあったからこそ実現したことを考えれば明らかである。

このように第2の正当化根拠は、基本的に支持できるが、物足りないともいえる。それは、前記1(2)において述べたとおり、社会の期待、換言すれば、株式会社の存在意義という物事の根本にさかのぼっての正当化ではない点にある。正当化根拠は、基本に立ち返って基礎付ける必要がある。すなわち、取締役の責任に関する法ルールは、会社の社会的な存在意義をより発揮させるものでなければならず、したがって、取締役の善管注意義務に関する法ルールも、富の創出に積極的に寄与するものでなければならない。新たな富の創出には、取締役は、安全運転の経営のみをしているだけでは不可なのであって、ときとして大きなリスクをとる選択もしなければならない。しかし取締役は、当該会社に特化した投資をしているから、本来的にリスク回避的な行動をとるインセンティブがあり、それゆえに法ルールとしては、取締役に対して大きなリスクをとれるようなインセンティブを積極的に与える必要がある。経営判断の原則とは、まさにそのためのものであり、それこそが、この原則の正当化根拠なのである。

最後に第3の正当化根拠であるが、その指摘自体は一応首肯できなくはない。しかし第1に、社会がそう要請するのであれば、取締役の責任は当然、強化されるべきである。問題は、社会の要請が那辺にあるのかの判断が重要となる。第2に、取締役に就任するかしないかは、責任リスクのみならず、やりがい、報酬、名誉、評判等の様々な要素によって決定されるから、重い責任を課されることのみが就任回避の理由ではないであろう。

(4) 適用要件の検討

この原則の正当化根拠を上記のように考えると、その適用要件は、次のようであるべきである。

まず、その第1の要件は、取締役が経営決定をしたことである。というのは、経営判断原則は、あくまでも取締役（注28）が会社の経営についてなんらかの経営決定をした場合に適用されるべきだからである。会社経営は、リスクをとることが求められるがゆえにそれをエンカレッジし、会社利益の向上に資そうとするのが、経営判断の原則が必要とされるゆえんだからであ

る。

　この場合の経営決定は、取締役が、経営につきある行為を積極的にとるとの決定をした場合のみならず、消極的にある行為をとらないことを決定した場合も含まれる。したがって、経営に関する決定が、作為にしろ、不作為にしろ、存在しない場合には適用がない。例えば、取締役の監視義務を怠ったような場合には、経営判断の原則の適用はない。その場合には、経営に関する決定がないからである。

　次に、第2の要件は、取締役が当該決定行為は、会社の利益を増大させるないしは損失を減少させるもの（効率性の確保）であると誠実かつ合理的に確信していることである。もっともこの場合の「誠実かつ合理的に確信している」とは、同様な地位ある通常の取締役がおよそ抱くことがないほどの極めて馬鹿げた決定ではないことを意味する（注29）。

　そして第3の要件は、当該決定行為につき個人的な利害関係がないことである（いわゆるconflict of interest ruleといわれる）要件である。取締役が、当該決定行為につき個人的な利害関係を有していると、会社＝株主全体の利益よりも自己の個人的利益を優先させるおそれが定型的に生じるからである。したがって、個人的な利害関係がある場合（注30）には、前記第2の要件の検討に入るまでもなく、経営判断の原則の適用がカテゴリカルに排除され、通常の場合の過失判断基準の適用となる。

　第4の要件は、当該決定行為は、決定当時の状況において合理的に適切であると判断した情報に基づくことである。この要件においては、情報収集の意義が問題となる。いうまでもなく、決定行為が適切であるかどうかは、その判断の基礎となった情報の質と量に大きく依存する。しかし取締役が経営判断を迫られる状況は、実に多様であり、その状況いかんによって情報収集の方法・時間等が大きく制約される場合がある。したがって、当該決定行為の時点において合理的に可能とされる情報に限定する必要がある。

　そして「合理的に……判断した」主体は、同様の地位にある通常の取締役ではなく、当該取締役であると解すべきである。そうでないと、当該取締役にとって酷となりうるからである。すなわち、評価基準は、主観的な基準で

あり、通常の取締役であれば収集できたはずであった情報が基準とされるわけではない。したがって、当該取締役が当該決定をするのに重要な情報が入手可能であることに気が付かなかった場合であっても、直ちに不十分とするのではなく、当該取締役が、その決定を行うのに必要かつ適切な情報収集のステップを踏んだものと合理的判断している限り、この要件は、充足されると解すべきである。

また当該取締役が、ある情報の入手が可能と認識していても、その入手に要するコストが、それにより得られるベネフィットを上回るような場合には、「合理的に……判断した」情報とはいえない。さらに情報の入手は、取締役自らがすべて行わなければならないものではない。とりわけ分化された複雑な組織によって動く大規模な会社の場合を考えれば明らかなとおり、その部署を統括する権限ある者からの情報は、一般に真実かつ妥当なものと信頼してよい（信頼の原則）。

最後の第5の要件は、当該決定行為が、違法でないことである。取締役の善管注意義務は、公正の確保もその内容としているからである。もっとも法令は、外国法も含まれるし、また多種多様なものがあるから、この要件の該当性の判断は、機械的・一律的にするのではなく、法令の性質・軽重や違法行為の態様等を全体的・実質的に考慮して経営判断の原則を及ぼすのが適当か、否かが検討されねばならない（注31）。

5 むすび

法律家は、取締役に法的責任を課すことの効果をどうしても過大評価しがちである。また同時に、取締役の責任をより一層強化することに傾きがちでもある。しかし問題の核心は、いかにして取締役が行う経営決定を効率性と公正性の確保されたものにするかであり、そのためには、法的サンクションだけを考えるのではなく、社会的なサンクションに含めたすべてを視野に入れた検討が必要である。要は、株式会社がその社会的存在意義を十全に発揮するような方向にいかにして経営者の行動を動機付けるかが重要である。そうすれば、われわれの社会は、株式会社による新たな富の創出をより享受で

きるようになるからである。

　そのように考えると、取締役の責任のあり方は、経営決定という不確実な未来に向けた経営者という人間の決断に関する人間行動の科学的分析・認識が必要であり、したがって、経済学、社会学、経営学、心理学、統計学等の関係諸科学の総合的な知見をも参照して検討されるべきものである。すなわち、法律学は、人間行動を対象とする規範の学問であるから、人間行動に関する科学的な知見が不可欠である（司法改革の大きな狙いの1つには、法律だけしか知らない法律家では真の意味での司法の強化にならないとの認識があったはずである。しかしその理想がいまや風前の灯となっているのは残念である）。その意味で本書がその各論において描き出す取締役の責任に関するわが国の判例の全体像が、こうした関係諸科学の批判にも耐えうるものかが常に意識されるべきである。

　ともすれば、実務家は、判例の示した規範を所与の動かし得ないものと考えがちであるが、会社法の目的である効率性と公正性の確保に反するものであれば、さらにいえば、関係諸科学の知見をも考慮して、おかしいものであれば、勇気をもってそれを合理的かつ説得的に批判し、その変更を迫られねばならない。建設的な批判は、法律学の前進にとって不可欠であり、判例もその例外ではない。できれば、読者が、単に実務の指針を本書に期待するだけではなく、是非、批判的精神をもって自らも考えてほしいと思う。そうすること以外には、わが国の取締役責任の真の認識もまたその前進も期待できないからである。

（注1）本書で取り上げるのは、取締役のみにとどまらず、監査役や株式会社以外の組織の役員も含まれているが、メインターゲットは、もちろん取締役である。
（注2）落合誠一『会社法要説』（有斐閣、2012年（第2刷））50頁以下参照。本書のねらいは、細かい解釈論を示すことにあるのではなく、会社法の法ルールとしての基本的な性格・論理を明らかにすることにある。また落合誠一「会社法の目的」浜田道代・岩原紳作編『会社法の争点』（ジュリスト増刊、2009年）4頁以下も参照。
（注3）委員会設置会社では、取締役会は、経営の意思決定よりも執行役のモニタ

リングの役割に特化することが可能であり、したがって、経営者とは、執行役である。
(注４) 社外の非業務執行取締役であり、しかも経営者からの独立性が高い取締役は、独立取締役というべきであるが、この取締役の意義については、落合誠一「独立取締役の意義」新堂幸司・山下友信編『会社法と商事法務』(商事法務、2008年) 219頁以下参照。
(注５) 会社法330条。
(注６) 最判昭和45・6・24民集24巻6号625頁。
(注７) アメリカでは、取締役の善管注意義務をduty of care、忠実義務をduty of loyaltyとして、両者を区別している。それは、取締役と会社との利害相反の可能性がない場合の義務 (duty of care) と可能性がある場合の義務 (duty of loyalty) とを区別して、責任成立の要件に違いを設けている (前者よりも後者の責任の方がより厳格となる) からである。
(注８) この原則のより詳しい説明は、落合・前掲 (注２) 55頁以下参照。
(注９) 会社法362条5項。
(注10) 会社法362条4項6号。
(注11) 内部統制システム構築義務は、効率性の確保についても無関係なものではない。例えば、システムに欠陥があり、不祥事が起きて会社に損害が生ずれば、それは同時に会社の人的・物的資源の効率的な利用ができていないことを意味するからである。
(注12) 会社法424条。
(注13) アメリカにおいて会社法につき最も影響力があるデラウエア州会社法は、duty of careの違反による取締役の責任を定款の定めにより免除することを認めている。これは取締役の責任保険料の高騰を抑えるものであったといわれているが、より根本的には必要なときにはリスクがとれる意欲のある有能な人材を取締役に確保するとの考えによるものであり、取締役の責任はただ強化すればよいというようなものではないことを示している。取締役の責任のあり方を考える際に、アメリカのようなところまで行くかどうかは別して、こうした発想は重要である。取締役の責任の制限は、取締役の責任が成立したのちに問題となるから、責任の成立の問題とは別であるが、会社法は、役員の責任につき一定の責任制限を許容している (会社法425条～427条)。
(注14) 直接取引の会社の相手方である取締役は、会社法423条1項の責任の例外として無過失責任を負い (同法428条1項)、またその責任制限も認められない (同条2項)。
(注15) 論者によりこの用語の使用法は異なることがある。

(注16) 例えば、江頭憲治郎『株式会社法（第4版）』（有斐閣2011年）440頁参照。
(注17) 例えば、相澤哲・石井祐介「株主総会以外の機関」相澤哲編『立法担当者による新・会社法の解説』（商事法務、2006年）117頁以下参照。
(注18) この問題に対する最近の論稿として青木浩子「役員責任に関する二元説は会社法下の実務標準となるか」岩原紳作・山下友信・神田秀樹編集代表『会社・金融・法（上巻）』（商事法務、2013年）301頁以下参照。
(注19) この責任には、取締役の地位に基づいて取締役に負わせている厳格な責任のほか、取締役と会社との取引債務についての責任も含まれる（最判平成21・3・10民集63巻3号361頁）。
(注20) 利益供与を受けた者に対してその利益の返還を求める訴え、不公正な価額で株式・新株予約権を引受けた者に対する差額の支払いを求める訴え等についても株主代表訴訟が認められる（会社法847条1項）。
(注21) アメリカでは、独立性のある社外取締役で構成される訴訟委員会が、訴えの提起が会社、ひいては株主全体の長期的利益に反すると判断した場合には、裁判所はその判断を尊重してその訴えを却下するのが通常となっている。これは、訴えの提起が会社の利益に反するかどうかの判断は、すぐれて経営事項であり、株主よりも、経営の専門家であり、しかも当該取締役と利害関係のない社外取締役が判断するにふさわしい事項であり、経営の素人である裁判官としては、訴訟委員会のメンバーの独立性が確認できる場合にはその判断を原則的に受け入れるのが適切であると考えているからである。このような仕組みをわが国でも取り入れることも考えられる。しかし取締役会に独立性のある社外取締役（独立取締役）がいる会社が多くはないことがその障害となっている。
(注22) 会社法429条1項の責任主体は、取締役とされているが、名目的取締役、事実上の取締役あるいは登記簿上の取締役等にも責任が認められる場合がある。
(注23) 上場会社の場合はそのようにいえるとしても、取締役と支配株主が一体である閉鎖的会社の場合、少数株主への加害の救済を代表訴訟に限ると、実効的な救済にならない例が多いから、間接損害の場合も会社法429条1項の責任を認める余地があるとする見解もある（江頭・前掲（注16）471頁）。
(注24) アメリカでは、このような理解が一般的である。この観点から近い将来の会社法改正で導入される多重代表訴訟につき若干の検討を行ったものとして落合誠一「多重代表訴訟における完全子会社の取締役責任」前田重行先生古稀記念『企業法・金融法の新潮流』（商事法務、2013年）117頁以下が

ある。
(注25) 金融・商事判例1353号26頁。この判決の意義については、落合誠一「アパマンショップ株主代表訴訟最高裁判決の意義」商事法務1913号4頁（2010年）参照。
(注26) アメリカの経営判断の原則とわが国のそれとは、前者が、判断内容の合理性に一切立ち入らないのに対して、後者では、それに立ち入る点で相違するといわれる。しかしそもそもアメリカと日本とでその内容に相違があるのがおかしいのであり、リスクをとる経営をエンカレッジするのであれば、日本の判例法理もアメリカのそれと同じものとなることが望まれるであろう。
(注27) 多くの文献があるが、近時のものとして、例えば、近藤光男編『判例法理・経営判断原則』（中央経済社、2012年）4頁以下参照。また例えば、Kraakman et al, The Anatomy of Corporate Law, 2nd ed.,pp79-80,Bainbridge, Corporate Law 2nd ed.,pp.109-124およびPacces, Rethinking Corporate Governance,pp.250-252等も参照。さらにオーストラリアの2009年に出されたSecurities and Investments Commission v. Rich [2009]NSWSC1229は、オーストラリアの会社法180条2項に規定されている経営判断原則についての解釈につき有益な議論を展開しており、わが国の経営判断原則の意義を考える際にも参考となる。この関係では、Lumsden, The business judgement defence—Insights from ASIC v. Rich, Companies and Securities Law Journal, Vol. 28, No. 3, 2010. Available at SSRN:も参照。
(注28) この場合の取締役にいわゆる事実上の取締役が含まれるかが問題となるが、含まれると解してよいであろう。新たな富の創出が可能となるように経営者の経営決定をエンカレッジするのが、経営判断原則という法ルールの目的であるから、実質的に経営の決定をしているのが事実上の取締役であれば、その者にもこの原則を及ぼすことが整合的だからである。
(注29) これは、reasonable beliefではなく、rational beliefでよいとの趣旨である。
(注30) 個人的な利害関係がある場合とはいかなる範囲とすべきかは、自己取引・競業取引の場合は問題がないとしても、それをどこまで拡大すべきかは、慎重な検討が必要である。
(注31) 当該決定が違法とされ、経営判断原則の適用がなくなると、直ちに有責となるのではなく、さらに当該決定が善管注意義務に反するかどうかの判断がなされることになる。したがって、その判断の過程において本文に述べたことが考慮されることになる。その意味では、それほど結果は異ならないかもしれない。

1

製造業

★業界：鉄鋼
◆判断場面：内部管理体制構築、役職員・グループ会社に対する監視・監督、反社対応、外部への支出

1　総会屋に対する利益供与につき取締役の内部統制システム構築義務・監視義務違反の有無が問題となった事例－神戸製鋼所株主代表訴訟事件（神戸地裁平成14・4・5商事法務1626号52頁・和解）

1 事案一覧表

原　　告	株主
被　　告	代表取締役（Y_1、Y_2）、取締役（Y_3ないしY_6）
責任を問われた内容	Y_1、Y_2：他の取締役の監視義務違反、内部統制システム構築義務違反 Y_3ないしY_6：総会屋への利益供与又は裏金捻出行為
請　求　額 （請求内容）	3億5400万円
賠　償　額 （和解内容）	Y_1、Y_2：3億1000万円 Y_3ないしY_6：1億5000万円～1億6000万円

2 事案の概略

①　株式会社神戸製鋼所（以下「A社」という）の取締役Y_3が、総会屋に対し、株主総会を平穏裡に終了させたことに対する謝礼として現金の交付及び接待費の支出を行った。

1 製造業

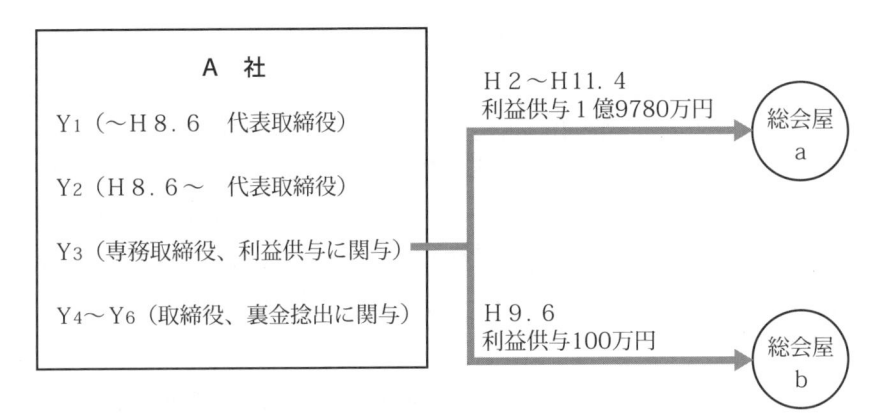

```
┌─────────────────────────────┐
│           A 社              │
│  Y₁（〜H8.6  代表取締役）    │
│  Y₂（H8.6〜  代表取締役）    │
│  Y₃（専務取締役、利益供与に関与）│
│  Y₄〜Y₆（取締役、裏金捻出に関与）│
└─────────────────────────────┘
```

H2〜H11.4
利益供与1億9780万円 → 総会屋a

H9.6
利益供与100万円 → 総会屋b

② A社の取締役Y₄ないしY₆らは、スクラップの簿外売却の方法により裏金を捻出し、その一部が総会屋への利益供与に充てられた。

③ 株主らが、役員や総会屋を相手取り、会社に対する損害の賠償を求めて株主代表訴訟（旧商法267条（会社法847条））を提起した。

―事件の経過―

H2初め頃〜 Y₃が、aに対し、利益供与開始（平成11年4月までに合計1億9780万円を支出）。

H7.3下旬頃 Y₄がY₅にスクラップの簿外売却の方法により裏金を捻出する方法について提案。

H7.7〜 上記簿外売却を開始（平成9年4月までに、裏金合計1億6592万円を捻出。うち、3000万円をaに対する利益供与に充てる）。

H8.3 Y₅の後任として、Y₆が上記簿外売却を引き継ぐ。

H8.6 代表取締役Y₁が退任し、新たにY₂が代表取締役に就任。

H9.6 Y₃が、総会屋bに対して100万円を支出。

H12.1.21 株主らが、役員や総会屋らを相手取り、合計3億5400万円の賠償を求めて株主代表訴訟を提起。

3 裁判所の所見

(1) Y₃ないしY₆について

Y₃は利益供与、Y₄ないしY₆は裏金捻出にそれぞれ関与しており、これら

の行為は取締役の善管注意義務・忠実義務に違反する。
  (2)　Y₁及びY₂について
　①　利益供与及び裏金捻出は、Y₁及びY₂がA社の代表取締役社長に在任中になされたものであり、株主総会の議長を務めるのは代表取締役社長にほかならず、捻出された裏金の一部は上記利益供与のために費消されたことに照らすと、Y₁及びY₂は、上記利益供与やその原資とするための裏金捻出がなされないよう、特別に配慮してこれを監視すべき地位にあったと認められる。
　②　A社のような大企業の場合、職務の分担が進んでいるため、他の取締役や従業員全員の動静を正確に把握することは事実上不可能であるから、取締役は、商法上固く禁じられている利益供与のごとき違法行為はもとより大会社における厳格な企業会計規制をないがしろにする裏金捻出行為等が社内で行われないよう内部統制システムを構築すべき法律上の義務がある。
　総会屋に対する利益供与や裏金捻出が長期間にわたって継続され、相当数の取締役及び従業員がこれに関与してきたことからすると、内部統制システムは十分に機能していなかったものといわざるを得ない。
　③　利益供与及び裏金捻出に直接には関与しなかった取締役であったとしても、違法行為を防止する実効性ある内部統制システムの構築及びこれを通じた社内監視等を十分に尽くしていなかったとして、関与取締役や関与従業員に対する監視義務違反が認められる可能性がある。

4 所見の分析・解説

(1)　所見の分析・解説
　本件は、A社が与党総会屋として株主総会を仕切ってもらうことの謝礼として複数の総会屋に合計1億9400万円の利益供与を行ったとして、A社株主らが代表取締役らを相手に賠償を求めた株主代表訴訟である。本件では、和解によって訴訟が終了しているが、当該和解に先立ち、裁判所より「訴訟の早期終結に向けての裁判所の所見」が示されており、これによって限定的にではあるものの本件に対する裁判所の心証が開示された。

本件において、利益供与や裏金捻出等の違法行為を直接行っていた役員ら（Y_3ないしY_6）が法律上の責任を負うのは当然であるが、上記行為に直接的には関わっていない代表取締役Y_1及びY_2についても、これを防止するための実効性ある内部統制システムの構築義務と、これを通じた社内の監視義務があり、これを怠った場合には責任を負う可能性がある旨が言及されている。内部統制システムの構築義務については、本件に先立つ大和銀行事件判決（大阪地判平成12・9・20）で判断が示されたが、本所見はこれに続いてなされた裁判所の判断という点に意義が認められる。

なお、本件では、和解条項中において、同種事件の再発防止を目的とする社外の有識者を加えた「(仮称) コンプライアンス特別委員会」を速やかに立ち上げるとともに、コーポレート・ガバナンス推進に向けての決意表明を新聞紙上に掲載するという条項が設けられた。

(2) 取締役の責任を積極的に解釈するために重視した事情

本所見において、裁判所が取締役Y_1、Y_2の責任を積極的に解釈するために重視した事情は以下のとおりである。

① **利益供与及び裏金捻出についての監視義務違反について**
 イ 利益供与及び裏金捻出の大半が、代表取締役在任中に行われたこと
 ロ 株主総会に関する業務の経験があること
 ハ 捻出された裏金の一部は、Y_3を通じて利益供与に費消されたこと
 ニ 裏金捻出に関与している者は一般従業員ではなく、専務又は常務取締役などの経営会議のメンバーであること

② **内部統制システム構築義務違反について**
 イ 総会屋に対する利益供与や裏金捻出が長期間にわたって継続されたこと
 ロ 相当数の取締役及び従業員が利益供与や裏金捻出に関与してきたこと

5 会社・役員の注意点・対応策

(1) 利益供与等についての監視義務違反

取締役は、違法行為に直接関わっていない場合であっても、他の取締役や

従業員らが違法行為を行うことがないように監視監督する法的義務を負っている。

また、本件で問題となった利益供与についていえば、代表取締役は、株主総会の議長を務めて議事を運営することが多い関係上、総会屋に対する利益供与やこれに供するための裏金捻出がなされて株主総会が形骸化してしまうことがないよう、他の取締役に比べ特別の配慮義務を負うとされている点に注意が必要である。

(2) 内部統制システム構築義務

内部統制システムを適切に構築して運用することは企業運営の基本であり、会社法においても、大会社及び委員会設置会社においては、内部統制システムの整備を決定する義務が明記されることとなった（会社法348条4項・362条5項・416条2項）。

具体的にどのような内容の内部統制システムを整備すべきかは経営判断の問題であり、取締役に広い裁量が与えられていると解されているが（上記大和銀行事件判決参照）、ただ形式的にマニュアル等を作成すればよいというものではなく、実効性のある内部統制システムを構築し運用しなければ取締役の忠実義務・善管注意義務を尽くしたとはいえない。

さらに、業界の動向、会社の規模・状況の変化、法改正等により、当初適切であった内部統制システムが十分に機能しなくなった場合には、新たな内部統制システムを構築しなければならず、その有効性について定期的にモニタリングしておく必要がある。

本所見においては、どのような内部統制システムを構築すべきであったかまでは言及されていないものの、例えば、違法行為を未然に防止するための法令遵守体制の充実（法令・定款等の遵守に係る基本方針や運用基準等を定めた法令遵守マニュアルの作成、これに則した定期的な社内教育・研修・指導の実施、またこれに反した場合の人事考課・賞罰への反映、取締役間・使用人間の相互の監視監督体制の整備等）や情報管理体制の整備（マイナス情報を適切に汲み上げ、適切な者に円滑に伝達される仕組みや内部通報制度の創設等）等の対策がなされ、これが効果的に運用されていた場合には、また違った判断がなされて

いたと思われる。

CHECK LIST

法令遵守体制

- ☐ 法令・定款等の遵守に係る基本方針や運用基準等を定めた法令遵守マニュアル等が作成されているか。
- ☐ 上記法令遵守マニュアル等に則した社内教育・研修・指導が定期的に実施されているか。
- ☐ 行動規範に反する行為に対して内規による罰則が設けられているか。
- ☐ 取締役間・使用人間において相互に監視監督し、行動規範に反する行為については早期に発見される仕組みとなっているか。

情報管理体制

- ☐ 社内情報（特にマイナス情報）を適切に汲み上げられる仕組みや、内部通報等の制度が整備されているか。
- ☐ 外部情報（顧客意見、クレーム等）が適切に収集されているか。
- ☐ 収集された情報が、迅速・円滑に適切な者に伝達される仕組みになっているか。

システムの有効性評価

- ☐ 構築された内部統制システムが効果的に機能しているかを検証するため、定期的なモニタリングが実施されているか。

（清水貴暁）

★業界：製紙
◆判断場面：組織変更関係

2　資金運用損失の事実が存在しないとの前提に立った合併比率を設定したことにつき原則として合併後の会社自体には損害が生じることはないとして取締役らの責任が否定された事例－新王子製紙株主代表訴訟事件（最判平成 8・1・23資料版商事法務143号158頁）（上告棄却）

1 事案一覧表

原　　告 （上告人）	10 年以上前から引き続き王子製紙株式会社（以下「旧A社」という）の 1000 株以上の株式を所有しており、提訴時では新王子製紙株式会社（以下「新A社」という）1000 株以上の株式を所有している株主である株式会社
被　　告 （被上告人）	・旧A社出身取締役21名、監査役2名 ・神崎製紙株式会社（以下「旧B社」という）出身取締役16名 ・旧B社元取締役7名、元監査役2名 ・旧B社出身監査役1名（旧B社元取締役と同一人物）
	（旧B社出身取締役及び旧B社元取締役に対し） ・旧B社の資金を株式の先物、オプション取引、信用取引等の方法で運用したことにより 75 億円の損失が生じたにもかかわらず、そのような損失が

責任を問われた内容	あった事実を知りながら旧A社に告知せず旧A社をして旧B社を合併せしめ、この損失の事実が存在しないとの前提に立った合併比率に応じさせたこと等 (旧B社出身監査役及び旧B社元監査役に対し) ・この損失を知っていたか又は知りうべきであったのにこれを放置し、合併にあたって告知しなかったこと等 (旧A社出身取締役に対し) ・これらの事実を知りながら合併契約の解除に必要な手続をしなかったこと等 (旧A社出身監査役に対し) ・これらの事実を知っていたか又は知りうべきであったのにこれを放置したこと等
請　求　額 (請求内容)	75億円
賠　償　額 (判決内容)	請求棄却

2 事案の概略

①　新A社（旧A社と旧B社の合併により誕生。現在の商号は王子ホールディングス株式会社）は、日本有数の製紙会社。

②　旧A社（存続会社）は、平成5年10月1日、旧B社（消滅会社）を吸収合併すると同時に、商号を新王子製紙株式会社へと変更した。

③　原告（以下「X社」という）は、10年以上前から引き続き旧A社の1000株以上の株式を所有しており、提訴時では新A社1000株以上の株式を所有している株主である株式会社。

④　旧B社がその資金を株式の先物、オプション取引、信用取引等の方法

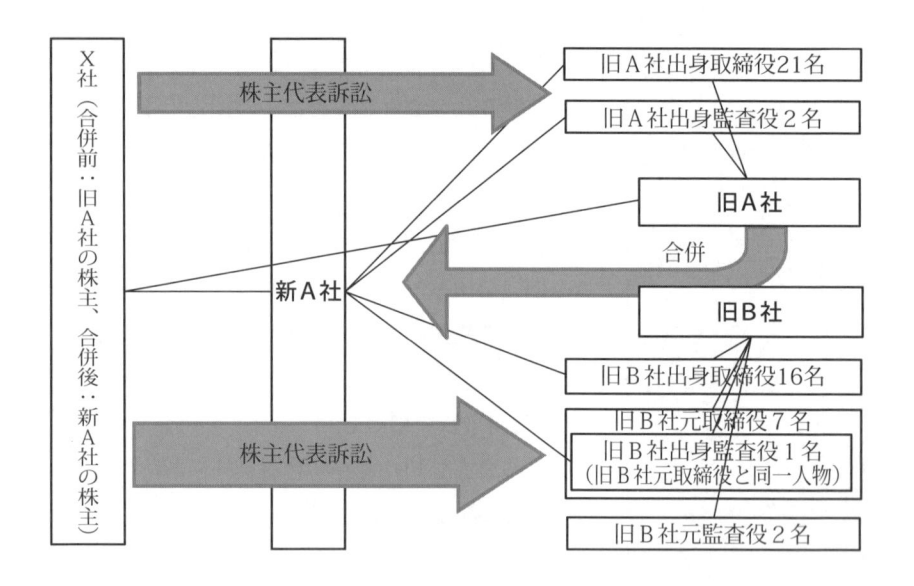

[図：株主代表訴訟の関係図]

- X社（合併前：旧A社の株主、合併後：新A社の株主）
- 株主代表訴訟 → 旧A社出身取締役21名、旧A社出身監査役2名
- 旧A社 → 合併 → 新A社
- 旧B社 → 合併 → 新A社
- 株主代表訴訟 → 旧B社出身取締役16名、旧B社元取締役7名、旧B社出身監査役1名（旧B社元取締役と同一人物）、旧B社元監査役2名

で運用したことにより75億円の損失が生じたにもかかわらず、この損害を反映しない合併比率を設定したことについての、旧B社及び旧A社の取締役及び監査役の故意又は過失により、新A社に75億円の損害が発生したとして、X社が株主代表訴訟を提起した。

―事件の経過―

H5.1.29 旧A社と旧B社が10月1日を目途に合併することで合意した旨を公表（合併比率は1対1.2）。

H5.5.12 旧A社と旧B社が合併契約に調印。

H5.6.29 旧A社と旧B社のそれぞれにおいて、株主総会で合併を承認。

H5.10.1 合併期日（合併の効力発生日）。

H5.10.19 新A社が旧B社において75億円の簿外損失があった旨を公表。

H5.12.24 X社が新A社の常勤監査役に対し、旧A社出身取締役及び旧B社出身取締役に対する責任追及の訴えの提起を請求。

H5.12.24 X社が新A社の代表取締役社長に対し、旧A社出身監査役、旧B社出身監査役及び旧B社元監査役のうち1名に対する責任追及の訴えの提起を請求。

H6.2.4 X社が新A社の常勤監査役に対し、旧B社元取締役を追加して、その責任を調査のうえ追及されたいと意思表示。

H6.2.4 X社が新A社の代表取締役社長に対し、旧B社元監査役のうち1名を追加して、その責任を調査のうえ追及されたいと意思表示。

H6.3.8 株主代表訴訟提起。

❸ 裁判所の判断

（東京地判平成6・11・24資料版商事法務130号89頁）

① 仮に、合併比率が不当で、被吸収会社の株主に対しその資産内容等に比して過当な存続会社株式の割当が行われたとした場合、被吸収会社の株主が不当に利得する反面、存続会社の株主が損失を被ることになり、合併無効の原因となることはありうる。

② 不当な合併比率による合併の場合であっても、合併前の各会社の資産及び負債はすべて合併後の会社に引き継がれ、他への資産の流失や新たな債務負担はないのであるから、株主間の不公平が生じるだけであって、合併後の会社自体には損害が生じることはない（ただし、控訴審（東京高判平成7・6・14資料版商事法務143号161頁）では、新A社は、合併後、承継取得した取締役に対する損害賠償請求権を行使することができるのであるから、「請求権の行使不能等による損害は別として」「合併自体によって直ちに75億円の損害が新A社に生じたものとすることはできない。」と判示しており、常に合併後の会社自体に損害が生じることはないと断定しているわけではないことに注意が必要である）。

❹ 判決の分析・解説

(1) 判決の分析

本件で、一審裁判所は、本件合併比率が不当であったか否かといった当てはめに入るまでもなく、不当な合併比率を定めることによって会社に損害が認められるかという純粋な理論的争点につき判断し、これを否定して請求棄却判決を下した。すなわち、判決は、不当な合併比率による合併の場合であっても、株主間の不公平が生じるだけであって、合併後の会社自体には損害

が生じることはないとした。

(2) 判決が重視した事情

不当な合併比率による合併の場合であっても、合併前の各会社の資産及び負債はすべて合併後の会社に引き継がれ、他への資産の流出や新たな債務負担はないことを根拠に、前記(1)の結論が導き出された。

(3) 本件合併比率の不当性についての判断は示されなかったこと

なお、本件は、合併比率が不当であったことを前提とする判断ではなく、本件合併比率が不当であったか否かについては何らの判断も示されなかったことに注意しなければならない。すなわち、そのような実体的判断に入る前の段階の、純粋な理論的争点のみによって、原告の請求が棄却された。

5 会社・役員の注意点・対応策

(1) 合併対価として存続会社の株式のみを交付した場合

前記4(1)及び(3)のとおり、本件で、一審裁判所は、純粋な理論的争点につき判断し、不当な合併比率による合併の場合であっても、株主間の不公平が生じるだけであって、合併後の会社自体には損害が生じることはないとした。その後、控訴審で控訴が棄却され（東京高判平成7・6・14資料版商事法務143号161頁）、さらに、上告審で上告が棄却された（最判平成8・1・23資料版商事法務143号158頁）。

加えて、その後も、本件と同様の、合併比率に関する取締役及び監査役の善管注意義務違反が問われた株主代表訴訟（大阪地判平成12・5・31判例時報1742号141頁－レンゴー事件）において、原告の請求が棄却された。

すなわち、レンゴー事件においては、仮に、合併比率が合併当事会社の資産内容から見て不合理・不公平であり、消滅会社の株主に対し同社の資産内容に比して過当な株式（存続会社の株式）が割り当てられたとしても、①合併により、消滅会社の資産及び負債はすべて包括的に存続会社に引き継がれており、合併交付金の支払という形での資産の流出もないこと、②また、新たな債務負担はないことから、消滅会社の株主が不当に利得する反面、存続会社の株主が損失を被ることになるとしても、存続会社自体には何ら損害は

生じないと判断された。

　以上のことからすれば、合併対価として存続会社の株式のみを交付した場合には、仮に会社が不当な合併比率により合併をしたとしても、会社の損害が認められることはないこととなろう。

(2) 合併対価として社債、金銭等を交付した場合

　上記の結論は、不当な合併比率による合併の場合であっても合併前の各会社の資産及び負債はすべて合併後の会社に引き継がれ、他への資産の流失や新たな債務負担はないということから導かれたものである。このため、この論理は合併対価として存続会社の株式のみを交付した場合にしか妥当しない。

　すなわち、合併対価として社債、金銭等を交付した場合には、存続会社から現実に資産が流出する。そのような合併対価が消滅会社にとって有利に設定されれば、存続会社からは過剰に資産が流出していることとなり、存続会社に損害が認められる。合併対価として存続会社の株式とともに合併交付金を支払った場合も同様である。

　したがって、会社としては、これらの場合には、会社に損害が認められないという理由のみによって株主の請求が棄却されるわけではないことに注意する必要がある。

(3) 第三者責任の追及

　会社法429条1項に基づく第三者責任の追及においては、役員等の任務懈怠によって第三者が直接に損害を被ること、すなわち、会社の損害が介在しないまま第三者が損害を被った場合に、役員等の責任追及をすることも認められる。このため、不当な合併比率によって合併後の会社自体に損害が生じないという理由によって、第三者責任の追及を遮断することはできない。

　したがって、会社としては、不当な合併比率を理由として、株主が、役員等に対し、会社法429条1項に基づき、保有株式の価値が低下したとして第三者としての責任を追及してくることも想定しておく必要がある。

(4) 特別利害関係人の議決権行使により著しく不当な合併条件を決定した場合

　合併比率が不当であるとしても、原則として、合併比率の不当又は不公正

ということ自体が合併無効事由になるものではない（東京地裁平成元・8・24判例時報1331号136頁－三井物産事件）。

ただし、特別利害関係人の議決権行使により著しく不当な合併条件を決定した場合には、合併承認決議の取消事由（会社法831条1項3号）や合併の無効事由となりうる。

したがって、会社としては、特別利害関係人の議決権行使により著しく不当な合併条件を決定したと評価されるほどの著しい不当な合併条件を設定することのないよう注意する必要がある。

(5) 株式買取請求

以上のほか、合併比率が不当と考える株主が、合併比率について争う最も一般的な方法は、株式（新株予約権）買取請求権（会社法785条・787条・797条・806条・808条）を行使することである。

株式買取価格決定事件において株主が合併比率の不当性を主張してきた場合、会社としては、合併比率の公正性を確保してきたことを反論していくことになる。そのための会社・取締役の注意点・対応策については、澁谷展由「株式買取価格決定に対する抗告審の変更決定に対する許可抗告事件－インテリジェンス株式価格決定事件」小出篤監修『最新　金融・商事法判例の分析と展開』114頁に詳しい（なお、インテリジェンス事件（最決平成23・4・26金融・商事判例1375号28頁）は株式交換比率の公正性に関する事例であるが、合併比率の公正性に関しても大いに参考になる事例である）。

すなわち、第1に、合併比率の算定の公正性を確保する工夫を行うことが望ましい。具体的には、例えば、①独立算定機関による合併比率算定、②契約交渉を尽くすこと、③役員の兼任等の排除、④開示書類等による株主等に対する十分な説明、⑤独立役員や第三者委員会からの賛同意見の確保等が有用である。

第2に、合併の実施タイミングの問題として、合併の基本合意や契約締結の公表直後に業績下方修正、減益、赤字等の合併以外の株価下落要因となる決算情報等を発表することは望ましくない。

CHECK LIST

株主がとりうる法的手段の想定に関する項目

☐ 合併対価として社債、金銭等を交付したか（合併対価として存続会社の株式とともに合併交付金を支払った場合も同様）。

☐ 不当な合併比率を理由として、株主が、役員等に対し、会社法429条1項に基づき、保有株式の価値が低下したとして第三者としての責任を追及してきているか。

☐ 責任追及してきていないとしても、将来、第三者としての責任を追及してくる可能性があることを想定しているか。

☐ 株主が、株式（新株予約権）買取請求権を行使して、合併比率の不当性を争ってきているか。また、将来、株式（新株予約権）買取請求権を行使される可能性があることを想定しているか。

株主から合併比率を問題とされないための手当に関する項目

☐ 特別利害関係人の議決権行使により著しく不当な合併条件を決定したと評価されるほどの著しい不当な合併条件を設定してはいないか。

☐ 株式買取価格決定事件において株主が合併比率の不当性を主張してきた場合に、合併比率の公正性を確保してきたことを反論していくための会社・取締役の注意点・対応策について留意できているか。

☐ 合併比率の算定の公正性を確保する工夫は行っているか。

☐ 合併の実施タイミングの問題として、合併の基本合意や契約締結の公表直後に業績下方修正、減益、赤字等の合併以外の株価下落要因となる決算情報等を発表することは避けているか。

（鳥越雅文）

★業界：化学
◆判断場面：組織変更関係、外部への支出

3 業務提携先の新株引受けの引受価額の算定につき取締役及び監査役の責任が否定された事例－積水樹脂株主代表訴訟事件（大阪地判平成11・9・22判例時報1719号142頁）（控訴棄却、上告棄却・上告不受理）

1 事案一覧表

原　　告	株主
被　　告	代表取締役、取締役2名、監査役5名
責任を問われた内容	業務提携先の会社が発行する新株を不当に高額で引き受けたことにより会社に損害を与えたとして、取締役の善管注意義務違反が問われた。
請　求　額 （請求内容）	4億8050万円
賠　償　額 （判決内容）	請求棄却

2 事案の概略

① 積水樹脂株式会社（以下「A社」という）は、昭和50年代から景観事業を展開してきたが、平成2年にはこれを環境事業部に集約し、平成7年にはこれを景観資材事業本部として独立させ、積極的な生産・販売戦略を講じてきた。

② B社は、街路、公園等の景観資材分野において、道路舗装用路床材、

1　製造業

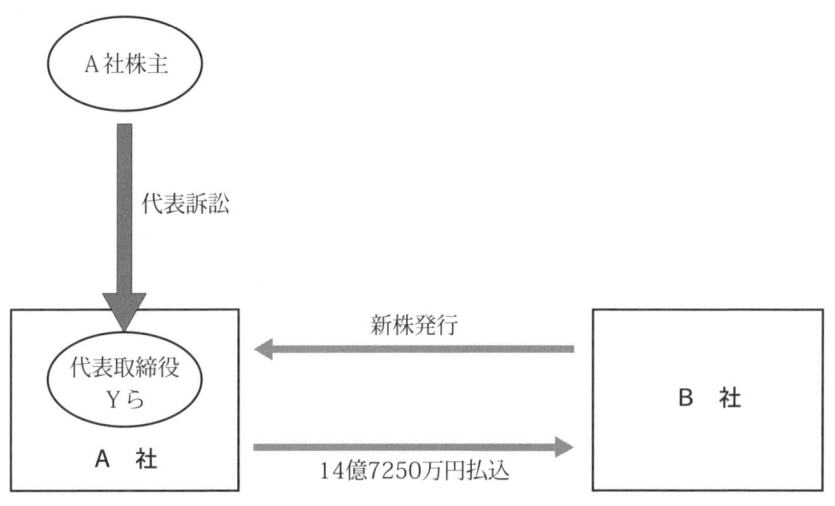

```
     A社株主
        │
        │代表訴訟
        ▼
   ┌─────────────┐         新株発行        ┌─────────┐
   │ 代表取締役  │ ◀──────────────────── │         │
   │    Yら     │                          │  B 社   │
   │            │ ────────────────────▶  │         │
   │   A 社     │    14億7250万円払込      └─────────┘
   └─────────────┘
```

化粧ブロック等にＡ社にない製品系列と事業ノウハウの強みを持つコンクリート２次製品メーカーであった。

　③　Ａ社は、Ｂ社が他社との業務提携を考えているとの情報を得たことから、販路の拡大、品揃えの充実等による景観資材事業の商圏の拡大等のため、Ｂ社との業務提携を検討し、交渉を重ねた結果、Ａ社とＢ社は平成９年４月22日に、業務提携、人材提携及び資本提携を内容とする企業提携基本契約を締結した。

　④　Ｂ社は、Ａ社との上記業務提携のため、その契約締結に先立つ平成９年４月21日に開催された取締役会において、発行株式の種類及び数を額面普通株式310万株、発行価額を１株につき475円、払込期日を同年５月13日、募集の方法を第三者割当、割当を受ける者をＡ社とする新株発行を決議した。

　⑤　Ａ社の代表取締役Ｙは、上記新株を引き受け（以下「本件新株引受け」という）、その払込期日までに14億7250万円の払込をした。

　⑥　Ａ社の株主であるＸは、Ａ社に対して、Ｂ社株式の引受価額が不当に高額であったことは、Ａ社取締役らの善管注意義務違反であると主張して、代表取締役Ｙらの責任を追及する訴えの提起を請求したが、Ａ社が訴えを提起しないので、旧商法267条（会社法847条）、旧商法266条（会社法423条）

に基づき、Ａ社のために株主代表訴訟を提起した。

―事件の経過―

H9.4.21 Ｂ社は、Ａ社との業務提携のため、取締役会において、発行株式の種類及び数を額面普通株式310万株、発行価額を１株につき475円、募集の方法を第三者割当、割当を受ける者をＡ社とする新株発行を決議。

H9.4.22 Ａ社とＢ社は、業務提携、人材提携及び資本提携を内容とする企業提携基本契約を締結。

H9.5.13 同日までに、Ａ社の代表取締役Ｙは、14億7250万円の払込を完了。

3 裁判所の判断

① Ａ社は、Ｂ社との提携関係を強化することを目的として本件新株引受けを行ったものであり、株式価格の値上がりによる差益を取得する等の投機を目的として行ったものではない。

② 日本証券業協会は、その指針において、第三者割当増資を行う場合における発行価額について定め、協会員に対し要請していた。Ｂ社は、発行する新株の引受価額については、上記指針に従った算定方法によることにした。

店頭登録会社であるＢ社としては、第三者割当増資を行うにあたり、日本証券業協会が指針で定めた内容に沿って行うことが求められる。以上によれば、特段の事情のない限り、発行価額を指針が求める内容に従って定めた場合には、発行価額は妥当なものであると解される。

③ Ｘは、本件新株引受けの当時、株式市場全体が低迷状態にあったこと等から、交渉はＡ社に有利に進められたはずであり、Ａ社が本件新株引受けにより損失を被らないよう、新株の有利発行であるとして提訴を受ける可能性のある15％のディスカウント率を獲得する義務があったと主張する。

確かに、Ｂ社の株式の店頭市場における終値は、本件新株引受けの時点と比べると、155円値下がりしている。しかし、株価が経済情勢等に応じて変動することはやむを得ないところであり、本件新株引受けの当時、下落の可能性を確実に予見できたとは認め難い。この時期、取引所市場・店頭市場に

おける平均株価全体も値下がり傾向にあり、独りＢ社の株式のみが下落した訳ではない。

　指針の求めるところに従って算定方式を定め、当該増資に係る取締役会等の手続上の日程を決定すれば、発行価額は自ずから算出されるのであり、本件において、本件新株の第三者割当増資を決議した取締役会の日程を恣意的に決めたものとは認められない。

　以上によれば、発行価額を指針が定める内容に従って定めることが不合理といえるような特別の事情は見当たらない。

4 判決の分析・解説

(1) 判決の分析

　本判決は、取締役の責任に係るいわゆる経営判断の原則について、一般的な規範を定立したものではない。具体的事案を解決するにおいて、「特段の事情のない限り、発行価額を指針が求める内容に従って定めた場合には、発行価額は妥当なものであると解される」と判示するのみである。

　しかし、他社との業務提携を計画し遂行するにあたっては、取締役には専門家としての高度な経営判断が求められるといえよう。本判決が、業務提携のために新株を引き受けたことについて取締役らに善管注意義務違反がないとしたのは、当該新株引受の価格が適切であるとの判断の前提として、業務提携自体が高度の経営判断に属する事項であるとの判断があったものと考えられる。

(2) 判決が取締役の責任を認定するために重視した事情

　本件においてＡ社及びＢ社は、日本証券業協会が公表する「中間発行増資及び第三者割当増資の取扱いに関する指針」に従って引受価額とすることを合意し、本件新株引受がなされた。日本証券業協会のような第三者機関が定める基準に従って引受価額が算定された以上、引受価額の設定に恣意的な考慮が入る余地は少なかったという事情が本判決においては重視されたのではないかと考えられる。

(3) その他（株主代表訴訟により取締役に追及できる責任の範囲）

　本訴訟の被告取締役のうちの1人は、本件新株引受けの時点では取締役ではなく従業員であった。そのため本判決では、取締役が就任前の行為により会社に対して負っている責任を、株主は、代表訴訟によって追及することができるかについても争点となった。

　この点について本判決は、「取締役等に就任する以前から会社に対し負担していた債務についても、株主は、株主代表訴訟において請求することができるものと解するのが相当である」として、これを肯定した。

5 会社・役員の注意点・対応策

　本件においてA社及びB社は、日本証券業協会が公表する指針に従って引受価額とすることを合意し、本件新株引受けがなされた。このような第三者機関が定める基準が存在する場合には、当該基準に従うことが求められるであろう。もし当該基準に従わない方法をとるのであれば、それを正当化する理由について合理的に説明する責任が、取締役には求められると考えられる。

CHECK LIST

新株引受価額の算定

- ☐ 新株引受けの前提として必要となる情報を収集し、事実関係を正確に調査したか。
- ☐ 新株を引き受ける必要性について、長期的な視点に立ったうえで、専門的な見地から正確な判断をしたか。
- ☐ 新株引受けが、株式価格の値上がりによる差益を取得する等の投機目的であると疑われるような事情はないか。
- ☐ 引受価額の算定について、専門的な見地から正確な判断をしたか。
- ☐ 引受価額の算定について、日本証券業協会のような第三者機関が定める基準が存在する場合、当該基準に従って引受価額を算定したか。

（加藤彰仁）

★業界：化学
◆判断場面：環境対応

4 基準値を超える有害物質を含む土壌埋戻材を生産・搬出させたことにつき取締役の責任が認められた事例－石原産業株主代表訴訟事件（大阪地判平成24・6・29資料版商事法務342号131頁）（Y1が被告となった甲事件及び乙事件は確定、Y1以外が被告となった丙事件は、原告及び損害賠償義務が認められた被告らが控訴（係属中））

1 事案一覧表

原 告	X社、X社株主
被 告	事業推進の中心となった取締役Y1、生産・搬出工場の工場長だった取締役a、Y5（a死亡により、Y2ないしY4が訴訟承継）、それ以外の取締役
責任を問われた内容	Y1：土壌埋戻材の販売・搬出を中止しなかった点について、善管注意義務違反 a、Y5：土壌埋戻材の開発がQMS（品質管理マニュアル）に則して完了したか、廃棄物処理法違反がないか確認しなかった点について、善管注意義務違反 それ以外の取締役：監視義務違反等
請 求 額 （請求内容）	Y1：499億円（甲事件：10億円、乙事件：489億円） その他の被告：489億円（丙事件）※ ※Y2ないしY4は、a相続割合に応じ、請求額の各50％、25％、25％
	Y1：485 億 8400 万円（甲事件：10 億、乙事件

1　製造業

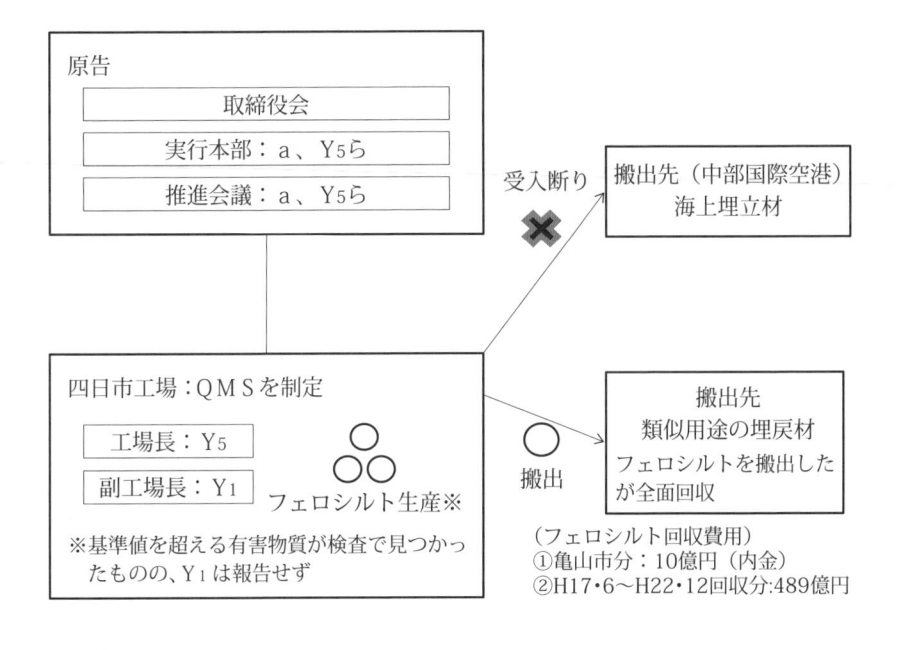

化学

賠償額 （判決内容）	475億8400万円） Y2：50億9010万円 Y3、Y4：各25億4505万円 Y5：254億5050万円 その他の被告：請求棄却
その他参考事項	X社・Y1は、廃棄物処理法違反により起訴され、それぞれ、罰金5000万円、懲役2年（実刑）が確定

```
原告
  ┌─────────────────────┐
  │    取締役会          │
  │  実行本部：a、Y5ら   │      受入断り    搬出先（中部国際空港）
  │  推進会議：a、Y5ら   │  ────✕────→   海上埋立材
  └─────────────────────┘
            │
            ↓
  ┌─────────────────────┐
  │ 四日市工場：QMSを制定 │              搬出先
  │  工場長：Y5          │              類似用途の埋戻材
  │  副工場長：Y1        │   ○  搬出→   フェロシルトを搬出した
  │       フェロシルト生産※│              が全面回収
  │ ※基準値を超える有害物質が検査で見つかっ
  │  たものの、Y1は報告せず │          （フェロシルト回収費用）
  └─────────────────────┘            ①亀山市分：10億円（内金）
                                      ②H17・6～H22・12回収分：489億円
```

2 事案の概略

①　化学工業等を行う企業X社（原告）は、酸化チタンの生産で生じる産業廃棄物（汚泥）を、土壌埋戻材等の用途で商品化し、生産開始（商品名：「フェロシルト」）。

②　X社がフェロシルトの安全性確認のため、計量調査を外部に依頼したところ、基準値を超える有害物質（六価クロム）が検出。

③ Y1が、自社工場に蓄積したフェロシルトを秘密裡に検査させたところ、ほとんどのサンプルからも基準値を超える有害物質が検出されたが、取締役会等に報告せず。

④ Y1を発議者、Y5を発議分掌上位者とするフェロシルトの搬出計画が可決され、X社は、フェロシルトの生産・販売を継続。

⑤ 愛知県に埋設されたフェロシルトが河川に流入し、川の水が赤に染まり、周辺住民に不安が広まった。

⑥ X社はフェロシルトの生産を中止したが、岐阜県と三重県が同県内に埋設されたフェロシルトから基準値を超える六価クロムが検出されたことを発表。

⑦ X社は、各地に埋設されたフェロシルトを自主回収することを決定したものの、愛知県、岐阜県、岐阜市は、埋設されたフェロシルトの全量撤去を命令。

―事件の経過―

H10.12 X社がフェロシルトの商品化を企画（Y1が実務を担当）。

H11.1 X社四日市工場（Y1が副工場長）において、フェロシルトの試験生産を開始。

H11.6 Y1が取締役を一旦退任（副工場長は留任）。

H13.4 中部国際空港㈱から海上埋戻材としてのフェロシルト受入の断り連絡。

H13.7～8.6 X社がフェロシルト安全性確認の調査を外部に依頼したところ、基準値を超える有害物質（六価クロム）が検出され、Y1はその報告を受けた。

H13.8.6 X社内で開催された推進会議において、フェロシルトの搬出計画がY1から提案され、了承を受ける（工場長だったaやY5も出席（Y5：現工場長））。

H13.8.10 Y1を発議者、及びY5を発議分掌上位者とするフェロシルトの搬出計画が提案され、稟議が可決（aも押印）。

H13.8.17 フェロシルトの搬出開始。

H13・8下旬　Y₁が自社工場に蓄積したフェロシルトを秘密裡に調査させたところ、基準値を超える有害物質が検出され、Y₁はその報告を受けたが、取締役会等で報告せず。

H15.6　Y₁が取締役に再任。

H16.11　愛知県瀬戸市に埋設されたフェロシルトが河川に流入し、川の水が赤に染まり、周辺住民に不安が広まった。

H17.1〜H17.4　X社は、亀山市へ搬出したフェロシルトの回収費用として、11億1403万8641円を支出。

H17.4　X社はフェロシルトの生産を中止。

H17.6〜H22.12　X社は、フェロシル埋設により回収すべき土壌約180万トンのうち、約160万トンの回収費用等として、485億8400万円を支出。

H17.7　X社は各地に埋設されたフェロシルトの自主回収を決定。

H19.4　X社はY₁に対し、取締役の責任追及の訴えを提起したところ（甲事件）、Y₁以外の取締役に対し、X社株主が株主代表訴訟（丙事件）を提起。

H19.5　X社株主が甲事件に共同訴訟参加（乙事件）。

H19・12　X社、Y₁らは廃棄物処理法違反で起訴され、有罪確定。

❸ 裁判所の判断

(1) 各取締役で問題とされた善管注意義務

本事件では、多数の取締役が被告として関与しており、その地位により問題となった善管注意義務の内容は以下のとおりである。

地位（義務違反を認められた取締役）	善管注意義務の内容
事業推進の中心となった取締役（Y₁）	フェロシルト販売を中止させる義務、及びフェロシルト搬出を中止させ、搬出済みのフェロシルトを回収させる義務
工場長であった取締役（Y₅）	フェロシルトの開発、生産、管理、搬出について、QMSが実施されているか調査・確認する義務
	経歴、属性や認識していた事情に照らし、QM

実行本部※の構成員であった者（なし）	Sの開発が完了しない等により、X社に回収費用等の損害が生じることを予見し得た場合、担当取締役に対し、安全性を確認・調査するよう指摘すべき義務
推進会議※の構成員であった者（a、Y5…本件では特段の事情を肯定）	開発がQMSに沿ってされているかなどを確認すべき義務 →フェロシルトについてQMSから逸脱した運用がされていることを明らかに認識し得たなど、担当取締役の説明に明らかに不備・不足があり、これに依拠することに躊躇を覚えるというような特段の事情のない限り、確認義務はない
生産開始時の取締役（なし、本件では特段の事情否定）	安全性の調査などの監視義務 →担当取締役の職務執行が違法であることを疑わせる特段の事情が存在しない限り、監視義務は負わない
搬出開始時の取締役（なし、本件では特段の事情否定）	QMSの手続を履行したかなどの監視義務 →担当取締役の職務執行が違法であることを疑わせる特段の事情が存在しない限り、QMSの手続を履行したかなどの監視義務は負わない
搬出費用等に関する報告がされた取締役会に出席等した取締役（a、Y5）	フェロシルトに取引価値がなく、「廃物物」に該当しうる事情を認識し、又は認識し得た場合に、その搬出が廃棄物処理法に違反しないかの調査を実施させる義務

※ いずれもフェロシルト事業の報告がされた社内組織であるが、実行本部は取締役のみが構成員で担当業務範囲も広いのに対し、推進会議は従業員も構成員であり、特定分野を対象とする実務的な構成となっている点で相違がある。

(2) 事業推進の中心となった取締役の責任（Y1）

① Y1は、報告・説明を受け、フェロシルトから基準値を超える有害物質が検出される可能性が極めて高く、これが発覚すると、X社が既に搬出し

たフェロシルトを回収することが必要となり、回収には巨額の費用がかかることを認識していた。

② 以上によれば、Y_1は、取締役の善管注意義務として、X社にフェロシルト回収費用相当額の損害を被らせないよう、フェロシルトを販売することを中止させる義務を負っていたというべき。Y_1は、フェロシルトを販売することを中止しなかったのであり、取締役としての任務懈怠（善管注意義務違反）が認められることは明らか（同様の流れで、フェロシルトの搬出を中止し、搬出したものを回収しなかった点についても任務懈怠を肯定）。

(3) 工場長だった取締役の責任（Y_5）

① （品質体制の最高責任者である）四日市工場長は、フェロシルトの開発等について、QMSが実施されているかを調査・確認すべき義務を負うというべきである（ただし、工場の所管業務が多岐にわたる点を考慮し、QMSに沿っているかを疑わせる事情を認識しない限り、調査・確認義務は負わない）。

② Y_5は、中部国際空港から海上埋戻材としての使用を断られたフェロシルトについて、わずか3か月のうち同じく埋戻材としての品質を備えるような開発を完了することができたのか疑問を抱くべき、（その他のY_5が報告を受けた情報や、その行動も考慮して）Y_5は、開発がQMSに沿って完了したのか確認、調査すべき義務を負っていたというべき。

確認・調査をしなかったY_5には過失があったというべき（工場長在職時にQMS違反がなかったaの過失は否定）。

(4) 推進会議の構成だった取締役の責任、フェロシルト搬出費用等に関する報告がされた取締役会に出席等した取締役の責任（a・Y_5）

① （aは、四日市工場関連の職歴が長く、(3)②と同様の内容の報告を受けていたため、QMS遵守の確認・調査義務があるとして、推進会議の構成員だった取締役として過失が認められた。同様にY_5も過失が認められた）。

② （a、Y_5とも、新規搬出先への搬出が廃棄物処理法違反に違反するか否かを調査すべき義務があり、調査しなかった点について過失ありとされた）。

4 判決の分析・解説

(1) 判決の分析

本判決は、土壌埋戻材に基準値以上の有害物質が含まれているにもかかわらず、X社がその生産・搬出を継続し、環境汚染が発生したことについて、Y_1が事実を隠蔽し、会社の損害回避を図らなかった点、及び他の取締役が隠蔽に係る事実を見抜けなかった点について、善管注意義務違反が問題となった事例である。取締役の一部については、巨額の損害賠償請求が認められている。

本件では、多数の取締役が被告になっており、会社内の地位も様々であるので、善管注意義務違反を判断するにあたっては、各取締役の立場、職務、経歴等を考慮した判断がされている。

地球環境への意識の高まりに伴い、環境汚染に対する企業の責任は強く問われるようになっており、環境問題において、取締役の業務適正をどう担保すればよいのかを考えさせるものといえよう。

(2) 重視している事情

Y_1以外で責任を肯定された取締役（a・Y_5）は2名いるが、aは、四日市工場関係の業務経験が豊富であるという経歴、報告された情報を、上司の工場長であるY_5は、現在の職務、報告された情報、認識していた事情などを重視して判断がされている。

5 会社・役員の注意点・対応策

本判決の判断内容や事実認定からは、会社・役員らにとって、以下のような注意点・対応策が導かれる。

(1) 事前予防措置

環境問題の重要性を役職員に教育し、環境リスクがあると考えた場合は調査・確認義務があることを徹底する必要がある。

また、取締役が適切な判断を行うための基盤として、環境リスクに関する関係法令や最新動向の情報収集を行うほか、リスクを評価し、回避措置等の

必要な対策を実施する体制が整備しておくことも必要である。

なお、本判決はよい教訓になるが、関係者のモラルハザードを防止するため、規則・マニュアル、監査体制の整備等、コンプライアンスを確保する仕組みが特に重要なことも当然といえよう。

(2) 事後対応措置

環境問題が発生した場合、会社・取締役が、民事・刑事上の責任を負うだけでなく、企業の社会的評価に大きな影響を及ぼす可能性がある。

コンプライアンスを目的とする社内委員会の設置など、環境問題への対応策と再発防止を図る仕組みを構築することが重要である。この場合、判断の適正を客観的な視点で確保するため、社外弁護士などの外部有識者を参加させることが考えられる。

また、環境問題が発生した場合、顧客・株主・地域住民などのステークホルダーに影響を与え、社会的関心も高いことから、マスメディア、一般、被害を受けた住民など外部への情報提供が必要十分となるようチェックする体制も重要である。

CHECK LIST

事前予防措置

●役職員の意識向上

☐ 環境問題を含めたコンプライアンスの重要性と、問題が発生した場合に企業が負うべき責任について、役職員への教育が十分図られているか。

●情報収集・検討体制の整備

☐ 環境問題について、関係法令や最新動向の情報を収集し、関係者へ展開するとともに、法令を遵守できる体制を構築しているか。

☐ 汚染物質など事業の環境リスクを評価し、回避措置を実施できる体制を構築しているか。

●コンプライアンス体制の整備

- □ コンプライアンス規程・マニュアルの整備、自己監査、監査組織による監査など、コンプライアンス違反をチェックする仕組みは整備されているか。
- □ コンプライアンス違反を発見するため、通報者が不利益を受けない内部通報や、違反者に対する懲罰を与える仕組みなどが整備されているか。

事後対応措置

●対応策の実施と再発防止

- □ 社内委員会の設置など、対応策と再発防止策を提言・勧告し、実施する仕組みを構築しているか。
- □ 社外弁護士がコンプライアンス組織に参加するなど、外部有識者の意見を活用する仕組みを構築しているか。

●外部への情報提供

- □ 環境問題を含む重要事項については、対応状況、再発防止策の検討など、外部への情報提供が必要十分であるかをチェックする体制を構築しているか。

（角田克典）

COLUMN

役員と会社の関係が「委任」であることの意味は？

「今度の総会から取締役をやってくれないか。」社長から、こう告げられたあなた。「ついに俺もここまで来たか……」と感慨に浸る前に、役員に就任するとどうなるのか。簡単におさらいしておきましょう。

●委任契約の締結

これまで従業員として長年会社に勤務してきたあなたと会社の関係は「雇用関係」でしたが、役員に就任すると「委任関係」へと変わります（会社法330条）。株主総会で役員に選任され、就任承諾書にサインすると、あなたと会社との間では「委任契約」が成立したことになります。

●委任とは？

委任とは、法律行為をなすことを他人に委託することをいいます（民法643条）。会社と委任契約を結んだあなたは、これから会社のために、会社に代わって会社の運営の事務・判断をすることになります。今までも従業員として会社の仕事を任されてきたはずですが、「委任」と「雇用」は何が違うのでしょうか。

それは、委任関係では「善管注意義務」を負うとされている点が異なります（民法644条）。雇用関係である従業員の場合は、雇用主からの指揮・命令に従って働くだけですから、このような「善管注意義務」を負うものとはされていません。しかし、委任関係では雇用関係よりも独立性が強く、あなたの判断で会社の経営を動かしていくわけです。そのため、雇用よりも強い義務が課されているのです。

●その他、従業員と役員の違い

このほか、役員は次のような法的義務を負っています。

・忠実義務（会社法355条）……法令・定款・株主総会の決議を遵守して、会社のために忠実に職務を遂行する義務。
・競業取引、利益相反取引の制限（会社法356条）……自己又は第三者のために会社の事業に属する取引を行うことや、会社と利益が相反する取引を行うことは原則としてできず、取締役会等による会社の承認が必要となります。

（檜山正樹）

★業界：石油
◆判断場面：役職員・グループ会社に対する監視・監督、外部への支出

5　従業員が行った第三者に対する利益供与につき取締役の責任が認められた事例－三菱石油株主代表訴訟事件（東京高判平成14・4・25金融・商事判例1149号35頁）（上告棄却・上告不受理）

1 事案一覧表

原　告 （控訴人）	三菱石油株式会社（以下「A社」とする）株主
被　告 （被控訴人）	A社の取締役ら Y1：昭和62年 需給部の責任者である常務取締役 Y2：昭和62年 需給部長。後に、代表取締役副社長 Y3：Y2の後任の需給部長。後に、輸入需給部門担当の取締役 Y4：昭和62年 販売部長。後に、代表取締役社長 Y5：昭和63年度末　代表取締役社長
責任を問われた内容	第三者に対する報酬の支払に関する善管注意義務違反 従業員の行為に関する監視義務違反
請　求　額 （請求内容）	63億6830万円～90億3957万円
賠　償　額 （判決内容）	Y2及びY4：各自1億8000万円

その他参考事項	・原審では、Yら5名のほか、42名の取締役に対しても同様の請求がなされたが、控訴人の請求はすべて棄却された。 ・本件は、平成14年10月22日、上告棄却決定、上告不受理決定がなされ確定した。 ・また、A社から、aに対し、平成4年1月以降の報酬増額分につき損害賠償請求訴訟が提起されたが、A社敗訴（確定）。

2 事案の概略

① A社は、石油類及びその副産物の探鉱、開発、採取、精製、売買、貯蔵並びに輸送等を主たる目的とする株式会社である。

② A社は、石油製品の業者間転売取引の斡旋をして口銭を得ていたaの助言を受け、昭和62年度下期から昭和63年度にかけて、通産省によるガソリン生産枠（ＰＱ）の指導に違反してガソリンを生産し、利益を上げた。

③ A社は、昭和62年度下期から平成7年度上期にかけて、aに対する報酬約44億2900万円、サイト差取引経費等のa関連の流出金額である合計62億3000万円をaに対する資金提供のために支出し、これらの支出を必要経費として税務申告したが、東京国税局はこれを費用と認めず、合計約27億6000万円の追徴課税を行った。

④ A社の株主が、取締役に対して、旧商法267条（会社法847条）、旧商法266条（会社法423条）に基づき、会社に対する損害賠償責任を追及。

―事件の経過―

S62年度下期～S63年度 A社は、「通産省によるガソリン生産枠（ＰＱ）の指導に反してもこれが発覚することはない」等のaの助言を受け、ＰＱ規制に違反する量のガソリンを生産（当時石油精製会社はＰＱ規制の範囲内でしかガソリンを生産することができず、販売量に比して生産量が不足していたＡ社は、販売量を維持するために業転市場から高値でガソリンを調達する必要

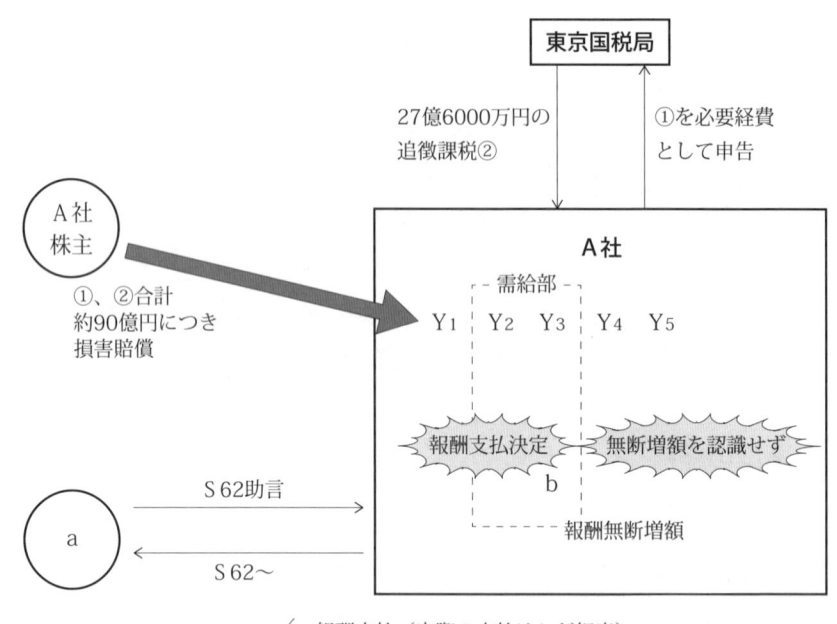

```
                                    ┌──────────┐
                                    │ 東京国税局 │
                                    └──────────┘
                                      ↑      ↑
                          27億6000万円の   ①を必要経費
                           追徴課税②      として申告
                                      │      │
 ┌─────┐                          ┌──┴──────┴──────────────┐
 │ A社 │                          │         A 社            │
 │ 株主 │                          │    ┌─ 需給部 ─┐        │
 └─────┘                          │    │          │        │
  ①、②合計    ━━━━━━━━━━━━━━━▶  │ Y₁  Y₂  Y₃ │ Y₄  Y₅    │
  約90億円につき                   │    │          │        │
  損害賠償                         │   報酬支払決定  無断増額を認識せず │
                                  │    │    b     │        │
                S62助言           │    └──────────┘        │
 ┌────┐ ───────────────▶         │       報酬無断増額       │
 │ a  │                          │                         │
 └────┘ ◀───────────────         └─────────────────────────┘
                S62〜
```

・報酬支払（実際の支払はbが担当）
・サイト差取引による金融利益供与⇒合計62億3000万円①

があり、調達費用がかさんでいた）。この行為によりA社は約100億円の利益を得た。

S62.12頃 aがA社に対し助言についての報酬の支払を要求。Y₁は、Y₂及びY₄と相談のうえ、月額2000万円ずつ合計5億円の報酬支払を決定（この決定につき、正式の稟議は経ていない）。Y₂は、報酬支払の実施を従業員bに委ねたところ、bは業者間転売取引の取引価格を上乗せする方法を利用してaに報酬を支払った。

S63年度末 ＰＱ規制廃止。aは、合計5億円の報酬を得た後も、更なる報酬を要求。Y₁は、Y₂及びY₄の意見を聞いたうえで、aへの報酬支払継続を決定（この決定につき、正式の稟議は経ていない）。その後もbがaへの報酬支払行為を担当。

H4 bがY₂及びY₄に無断で、aに対する報酬額を増額（平成4年4月〜平成6年4月にかけて支払われたaへの平均報酬は月額約1億円）。

H4.8　aからの要求により、bが上司に相談・報告することなく、業者間転売取引の決済期の差（サイト差）を利用し新たな金融利益の供与を始めた。なお、サイト差取引とは、業者間転売取引で順次石油製品の取引が行われる過程（商流）において売買代金を手もとに滞留させて実質的に融資を受けることを目的とする取引である。

H6.5　aに支払われている報酬額が異常に増えていることをY_3が知ることとなり、直ちにY_3がY_2に報告し、Y_2がY_4に報告。Y_2は、bが無断でaに対する報酬額を異常に増額させたことを知り、bに対し報酬減額を指示（しかし、その後Y_2及びY_4は、aに対する利益供与の方法や供与した利益の総額についてbに説明を求めることなどはしていない）。bは、平成6年度下期からaに対する報酬を減額したが、資金繰りに窮したaからの依頼を受け、上司に無断でサイト差取引を継続・拡大。

H7・7　東京国税局がA社の税務調査を開始。その後、A社は重加算税額を含む約27億円を納付。

3 裁判所の判断

(1)　aに対する月額2000万円の報酬支払に関する責任

結論　取締役の責任は認めない。

理由　原審の理由を引用

　aに対する報酬支払は、ＰＱ規制という行政指導に違反する行為ないしそれを維持することを目的とするものに過ぎず、また、石油業という事業内容の性質上、監督官庁である通産省との円滑な関係を維持するとともにその情報を収集することがA社の利益に資することが一応認められるのであって、そのような情報収集能力が認められたaに対して報酬を提供することが直ちに取締役のA社に対する義務違反になるとはいえない。

　さらに、報酬額についてもＰＱ違反によりA社に100億円を超える利益をもたらし、その他の面においても、aが提供する情報や、政界・官界にわたる広い交友関係が、A社にとって利益があると判断し、月額2000万円程度の報酬を支払ったとしても、年商が1兆円程度で経常利益が100億円に達す

るという規模のＡ社においては、著しく均衡を失した不当な支出であるということはできない。

(2) ａに対する報酬増額に関する責任
① 報酬支払の行為責任
結論　取締役の責任は認めない。
理由　原審の理由を引用
イ　平成４年４月から平成６年４月にかけて支払われたａへの報酬は月額平均約１億円にも及ぶものであり、監督官庁との情報提供や政界・官界との円滑な情報交換等の関係維持という抽象的一般的な目的を内容とするものとしては、もはや合理的な報酬額の範囲を明白に逸脱したものと評価すべきである。

ロ　しかし、取締役がこの報酬支払を知ったのは、平成６年５月に知ったのが最初であって、その際には、Y$_4$は、平成６年度下期分以降は従来の水準に戻すように指示したのであるから、その限りにおいては、取締役としての責任を一応果たしたものと評価することができ、Ａ社に対する関係でａに対して違法な報酬を支払った行為責任を負うとまではいえない。

② ｂに対する監視責任
結論　取締役の責任を認めない。
理由　原審の理由を引用
イ　ＰＱ違反行為は、それ自体が違法ではないとしてもそれが公になった場合には商道徳や社会的経済的な公正さの観点からＡ社の社会的評価を著しく損なうおそれのある行為であり、情報管理の面において特定の担当者であるｂの特命事項とされたこともやむを得ない側面があり、ｂの行為について綿密な管理監督をしなければならないことを疑わせるような具体的な事情がない限り、支出の実務をｂに委ねていたとしても、企業の組織管理の方法として取締役のＡ社に対する義務違反に当たる違法な方法であるとまで決めつけることはできないと考えられる。

ロ　また、報酬の支払は高値での需給取引を多用しているから、とりわけａに対する支出を当初から認識していたY$_1$、Y$_4$及びY$_2$については、具体的

にbの行為の内容について、関係書類等を詳細に吟味したり、bその他の関係者から事情聴取をするなどしたりすれば、bの権限逸脱行為を早期に発見することは可能であったであろうが、具体的にbに疑いを抱くべき事情が認められない段階において、このような管理監督をしなければならなかったとまではいえないし、ほかに監視責任を問うべき具体的な事情を認めるに足りる主張立証はない。

(3) サイト差取引に関する責任

① 平成6年5月以前のサイト差取引に関する責任について

結論　取締役の責任を認めない。

理由

イ　Yらが、bによる報酬増額の事実が発覚した平成6年5月より前に、サイト差取引によってaに金融利益が供与されている事実を知っていたことを認めるに足りる証拠はない。

ロ　そして、平成6年5月以前のbによるサイト差取引に基づくaへの利益供与についてYらに善管注意義務違反があったか否かについては、平成6年5月以前のbによる報酬増額についてYらに善管注意義務違反があるとはいえないのと同様の理由により、善管注意義務違反があるとは認められないというべきである。

② 平成6年6月以降平成7年8月末までのサイト差取引に関する責任

結論　Y2及びY4については責任を認める。

理由

平成6年6月以降については、平成6年5月にbによる無断報酬増額の事実が発覚したのであり、その際、Y2及びY4は、bからの報告によって、aからの報酬増額の要求が並々ならぬことを認識したはずであるから、報酬を大幅に減額するよう指示すれば、これに代わるものとしてaからいかなる要求が出てくるか、それに対してbが断固としてこれを拒絶することができるかといった点についても上司として当然検討をし、その対策を講じておく義務があったというべきであり、bの行為について綿密な管理監督をしなければならない具体的事情があったというほかない。

したがって、平成6年6月以降平成7年8月末までの間、bがそれまでにした利益供与の実態を把握しようとせず、そのため、サイト差取引によってaに利益供与をしていたことに気付かず、したがって、サイト差取引についての経営判断をせず、平成6年6月以降もbにサイト差取引による利益供与を継続させたことについて、Y2及びY4には善管注意義務違反があったといわざるを得ない。

4 判決の分析・解説

(1) 第三者への報酬支払に関する経営判断の当否

本件では、aに対する報酬支払が取締役としての善管注意義務違反ないし忠実義務違反に当たらないかが、まず、問題とされた。

裁判所は、aに対する報酬の支払はそれが合理的な範囲にとどまる限り、正当な経営判断に基づくものであるとしたうえで、月額2000万円の報酬の支払については、合理的な範囲内であると判断した。

その判断に至るまでには、報酬支払の目的、目的達成の可能性、事業規模と報酬額の関係などの観点から検討がされている。

これらの観点に加え、他の裁判例(東京地判平成10・5・14金融・商事判例1043号3頁－野村證券損失填補事件)においては、「当該行為をするにつき、その目的に社会的な非難可能性がないか」を取締役の裁量逸脱の有無を判断するうえでの一考慮要素としているものもある。企業に対する社会の目が厳しさを増す中で、企業の利益は、短期的長期的な財産的利益だけでなく、社会的な信用も含めて考える必要がある。

また、判決では、石油業界の特質に注目し、監督官庁との情報提供や政界・官界との円滑な情報交換等の関係維持の必要性という業界特有の事情についても一定の考慮がなされているが、会社からすれば防衛的支出でも国の政策を左右するような形での支払は正当化されないという考え方も成り立ちうるところであり、注意が必要である。

(2) 従業員の第三者に対する利益供与に対する監視義務

本件では、従業員bに報酬支払の実務が委ねられたこと、報酬の無断増額

に関する監視責任、サイト差取引による利益供与の監視責任が問われた。

　取締役は、あらゆる業務執行について常に注意を払うことを求められているわけではなく、基本的には、取締役会の上程事項あるいは担当業務等を通じて具体的に違法行為を知った又は知りうる場合に、具体的にこれを防止しなければならない義務が生じるとされている。取締役が従業員の不正行為を知るべきであったといえる具体的状況がどのようなものであるか、不正行為を知った場合に取締役がどの程度のことをすべきかは、具体的ケースごとにきめ細かい判断をしていくことが求められる。

　本件では、ｂによる報酬の無断増額が発覚した平成6年5月以前は、ｂの報酬増額行為やサイト差取引についてＹらの監視責任は認められていない。しかし、本件における報酬支払は、日常の業務の中でｂを発端に生じたものではなく、ＰＱ規制違反の生産活動の実施というＹ₂・Ｙ₄自身が関わった判断に端を発した報酬支払及び金融利益の供与行為であり、取締役がｂの行為に注意を払い、これを管理監督することが十分に可能であった事案である。ｂによる支払行為等が会社に与えうる影響の大きさを考えれば、ｂの行為に不自然な点がなくても、ｂによる報酬支払を綿密に管理監督すべきであったであろう。

5 会社・役員の注意点・対応策

(1) 第三者への報酬支払

　会社・取締役としては、第三者への報酬支払が取締役の善管注意義務とならないために、報酬の支払の目的、目的が達成される可能性の多寡、事業規模に比べての報酬額、当該行為の社会的非難可能性などの観点から、支払が正当な経営判断といえるかの検討が不可欠である。

　また、本件のように支払が長期に及ぶ場合には、時間の経過とともに状況が変化することが通常であるから、その変化に応じて、支払の正当性の判断を都度行っていく必要がある。

(2) 従業員の行為に対する監視義務

　① 本件のように、会社に重大な影響を与えかねない従業員の行為につい

ては定期的に従業員から報告を受ける体制の構築が必要である。このような管理を行うことにより、当該行為に関連するほかの不適正な行為の把握にも資するものと思われる（本件でも、綿密な管理が行われていれば、bによる報酬増額やサイト差取引についても早期に把握できた可能性があったことが指摘されている）。

② また、本件では、Ａ社のガソリン調達価格が通常考えられない高値となっていたことを他の従業員が発見したことから、bによるaに対する報酬増額が判明しているが、従来から慣行のように行われている行為については、第三者から見れば異常な行為でも、従業員の間でコンプライアンスの意識が希薄化し、見逃されてしまうこともある。

そこで、従業員に対する研修等を定期的に行うことは、従業員らの意識を向上させる意味で有用である。また、内部通報窓口の設置・周知などに加え、社外監査等の制度を設け、会社が不正を早期に把握できる体制の構築も必要になってこよう。

CHECK LIST

第三者への報酬支払に関する項目

☐ 報酬の支払によって得られる会社の利益について具体的に検討したか。

☐ 報酬支払の目的が社会的な非難を受けるものかどうかの検討をしたか。

☐ 報酬の額は、事業規模や支出目的に照らし、妥当な額か。

従業員の行為に対する監視義務に関する項目

☐ 会社に重大な影響を与えかねない行為については、定期的に従業員から報告を受ける管理体制をとっているか。

☐ 従業員のコンプライアンス意識向上のための取組みがなされているか。

☐ 内部通報窓口の設置や社外監査等の仕組みが整備されているか。

(竹本綾世)

★業界：機械
◆判断場面：外部への支出、会社による役員責任追及

6 会社との間の動産取引並びに第三者との間のコンサルティング契約及び調査委託契約につき取締役の責任が一部認められた事例－宮入バルブ事件

（東京地判平成18・11・9判例タイムズ1239号309頁）（一部認容、確定）

1 事案一覧表

原　　告	株式会社宮入バルブ製作所（以下「X社」という）
被　　告	代表取締役Y
責任を問われた内容	YがX社所有の自動車を低価格で買い受けた行為が利益相反取引に該当することに基づく損害賠償責任 コンサルティング契約等を締結した行為についての善管注意義務違反
請　求　額 （請求内容）	7306万8505円
賠　償　額 （判決内容）	1240万円
その他参考事項	平成14年頃からA社らがX社の株式取得を進めており、本件コンサルティング契約や社用車の売買契約が締結された平成16年当時は、X社の経営権を巡り、A社とYら経営陣との間で、激しい対立が生じていた（2事案の概略内の「事件の経過」参照）。 その後、さらにA社が株式取得を進め、Yは平成16

－62－

1 製造業

年11月26日の臨時株主総会において、取締役を解任された。

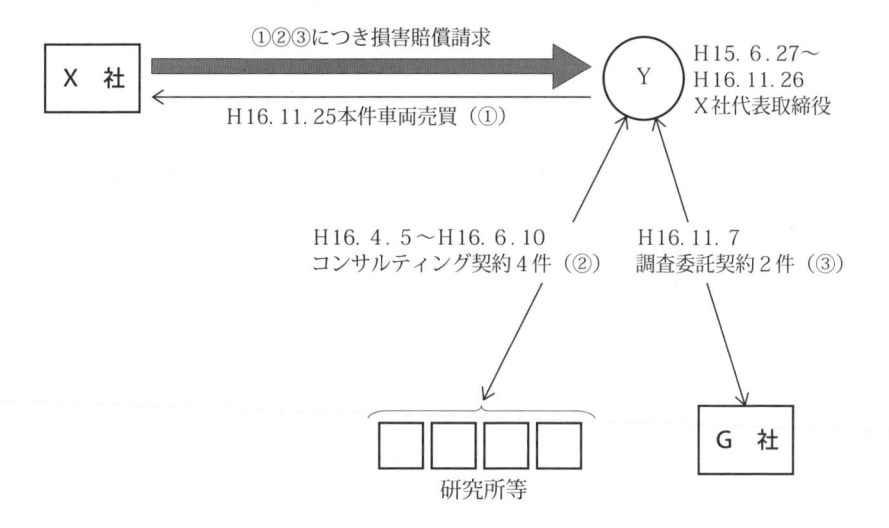

```
          ①②③につき損害賠償請求
[X社] ←――――――――――――――――― (Y)   H15. 6.27～
      ――――――――――――――――――→       H16.11.26
       H16.11.25本件車両売買（①）      X社代表取締役
```

H16. 4. 5～H16. 6.10　　H16.11. 7
コンサルティング契約4件（②）　調査委託契約2件（③）

□□□□　　　　　　　　　　[G　社]
研究所等

2 事案の概略

① X社は、バルブの製造、販売等を目的とする株式会社である。

② Yは、X社が474万4005円で購入していた自動車（以下「本件車両」という）をX社から288万円7500円で買い受けた。

③ Yは、X社を代表して、平成16年4月5日から同年11月7日までの間に4件のコンサルティング契約と2件の調査委託契約（Yの身辺警護、X社事務所の盗聴器設置の有無の調査等を目的とする）を締結し、これらの契約に基づき合計7121万2000円を支払った。

④ X社は、Yの②行為は利益相反取引であり、この行為によりX社は本件車両の取得価格と売却価格の差額である185万6505円の損害（予備的に本件車両の再調達価格と本件車両売買の価格との差額である約40万円の損害）を被ったこと、Yの③行為はX社の業務にとって不要である又は報酬が不相当であることから、これらの契約を締結したことは取締役としての善管注意義務

に反し、会社は支出額全額の損害を被ったこと等を主張して、旧商法266条1項5号（会社法423条1項）に基づき、会社に対する損害賠償を求める訴訟を提起した。

―事件の経過―

H15.6.27　Y、X社の代表取締役に就任。

H16.2.27　A社らが、取締役及び監査役の選任決議案を株主提案として提出。

H16.4.5　Y、X社を代表し、B研究所及びB研究所代表取締役bとコンサルティング契約①を締結。

H16.4.8　Y、X社を代表し、C事務所代表者cとコンサルティング契約②を締結。

H16.4.15　Y、X社を代表し、D研究会とコンサルティング契約③を締結。

H16.5.18　X社取締役会、第三者割当増資により新株を発行することを決議し、翌日公告。これに対し、A社らは、新株発行の差止めの仮処分を申立。

H16.6.1　裁判所、A社らの主張を認め、新株発行差止めの仮処分。

H16.6.10　Y、X社を代表し、E研究所代表者Fとコンサルティング契約④を締結

H16.6.29　X社株主総会で、A社側の取締役5人が選任される（現経営陣側は6人）。

H16.11.7　Y、X社を代表し、G株式会社と調査委託契約①・②を締結。

H16.11.25　Y、X社が同年4月16日に購入した本件車両の売買契約を締結。

H16.11.26　Y、臨時株主総会において代表取締役を解任される。

H16.12.23　Yに対して訴状送達。

3 裁判所の判断

(1) 本件車両の売買

① 本件車両売買は、会社と取締役との間の利益相反取引に当たる。Y

は、従来、社長交代の度に新規に社長専用車を調達して従前使用していた社長専用車を処分していたと主張するが、本件車両は、本件車両売買当時、購入から7か月程度しか経過していなかったのであるから、X社において本件車両を処分する必要性があったとは認めがたく、利益相反取引による損害賠償責任を免れることはできない。

② 本件車両の価格は、取得時の価格と比較して7か月間の使用に応じて減価されるべきであるから、X社が被った損害額は、本件車両売買当時における本件車両の再調達価格と本件車両売買の差額である約40万円というべきである。

(2) コンサルティング契約及び調査委託契約の締結

① 一般に、株式会社が今後の事業をどのように展開するかについては、会社の事業の現状及び将来予測、市場調査、資金調達の状況、社会経済の状況と今後の動向等を総合的に検討し、企業経営者としての専門的、予測的、政策的な総合判断を行うことが要求されるというべきである。このことは、そうした総合判断を行う前提となる調査分析の方法をどうするか又は事業展開のための広報活動をどうするかについても同様である。

そして、このような判断は、いわゆる経営判断にほかならないから、今後の事業展開の前提となる調査分析又は事業展開のための広報活動を目的とするコンサルティング契約の締結及び報酬の支払に係る取締役の判断の適法性を判断するにあたっては、当時の会社の状況及び会社を取り巻く情勢を前提として、取締役の判断に許容された裁量の範囲を超えた善管注意義務違反があるか否か、すなわち、当該契約の締結が必要であるという取締役の判断が著しく合理性を欠くものであったか否か、報酬の支払が著しく不相当なものであったか否かという観点から検討がされるべきである。

② これを本件について見ると、コンサルティング契約①～④については、いずれも今後の事業展開の前提となる調査分析又は事業展開のための広報活動を目的とするコンサルティング契約ということができるから、当該契約の締結及び報酬の支払については、それがYの裁量の範囲を超えるものであるかという観点から被告の善管注意義務違反の有無を検討すべきところ、

本件コンサルティング契約を締結することがＹの裁量の範囲を超えると認めることはできない。

　これに対し、本件調査委託契約①②については、Ｙの主張によれば、Ｙの身辺警護及びＸ社の事務所における盗聴器設置の有無の調査を内容とするものであるというのであり、経営判断に関わる事項ではないから、Ｙの身辺警護及び盗聴器の設置調査を行う必要性が存在したか否かという観点からＹの善管注意義務違反の有無を検討すべきところ、そのような必要性は認められず、Ｘ社は、調査委託契約①②に基づいて支払われた1200万円相当の損害を被ったものというべきである。

4 判決の分析・解説

(1) 判決の分析
① 本件車両売買
イ　利益相反取引該当性について

　本件のように、取締役が会社と取引をする場合には、取締役と会社の利益が相反し、取締役が会社を犠牲にして不当に利益を上げるおそれがあることから、当該行為にあたり会社法上取締役会の承認が要求されており、場合によっては取締役に損害賠償責任も生じうる。よって、取締役としては、当該取引を行う場合には十分な注意が必要となる。

　ただ、会社と取締役の取引という構造だけを抽象的に見れば利益相反取引に当たると解される行為も、個別具体的な事情を勘案し、会社に不利益が生じるおそれがない場合には、利益相反取引には当たらないとされている（最判昭和38・12・6民集17巻12号1633頁等）。

　本件では、本件車両の使用年月が非常に短いことから本件車両売買の必要性がなかったとされ利益相反取引該当性が認められているが、具体的な事案において、使用年数が長期にわたる備品など売買の目的物に実質的な財産的価値がなく、かつ、売買価格が客観的な市場価格と同レベルある場合など、実質的に会社に不利益が生じるおそれがないといえる場合には、取締役と会社との間の売買についても利益相反取引には該当しないと判断される場合も

生じうると考えられる。
　ロ　損害額について
　判決では、車両が使用により減価されることを考慮し、損害額は、「本件車両の再調達価格とYに対する売却価格の差額」である約40万円であるとされている。このような計算方法によれば、取締役への売却価格が市場価格に照らして適正である場合には、損害を観念しにくい。すなわち、適正な売却価格という事情は、①イで述べたように、そもそも利益相反取引に当たらないという方向に作用する事実であると同時に、利益相反取引と判断された場合でもその賠償額を低減する方向に働く事実といえる。
②　本件コンサルティング契約・調査委託契約
　コンサルティング契約・調査委託契約を締結した行為について、取締役としてのYの善管注意義務違反が認められるかという本事案の中心論点につき、本判決では、会社の事業展開の総合判断を行う前提となる調査分析の方法をどうするか又は事業展開のための広報活動をどうするのかという判断についても、経営判断原則の適用があるものとしている。
　経営判断原則は、経営判断の前提となる事実認識に不注意がなかったか及びその事実認識に基づく行為の選択に著しい不合理がなかったかという点から取締役の業務執行の善管注意義務違反の有無を判断するものであり、会社としては、このような観点から取締役の業務執行をチェックしておく必要があるが、とりわけコンサルティング契約においては注意が必要である。
　すなわち、コンサルティング契約は、通常の契約に比べ、その成果の客観的評価が難しく、その契約が果たして会社にとって適切な契約であったのかについて疑問が投げかけられるリスクが高い契約である。また、その委託する業務の内容や成果と対価の等価性が外部から見えにくいという性質から取締役と個人的に密接な関係のある団体や個人あるいは反社会的勢力との取引など不正な利益提供の手段として使われることなどもしばしば見られる。
　本件は、Yら経営陣とA社らの間で激しい経営権争いが生じている中で生じた案件であり、Yの業務執行に対しては非常に厳しい目が向けられていたが、本件のような状況でなくても、会社としては、コンサルティング契約が

上記のような性質を有しており、場合によってはその契約の必要性・適正性等が厳しく問われるということに留意し、対外的に当該契約の正当性を十分に説明できるようにしておく必要がある。

　なお、本判決では、調査契約については経営判断に関わる事項ではないと判断されたが、調査委託契約という名目をとっていても、その内実は、コンサルティング契約と同様に会社の事業戦略等を実現するための調査であったり、会社代表者の安全確保が会社の利益につながったりする場合など、まさに経営判断として契約がなされる場合も多いと思われる。そのような場合には、調査委託契約もコンサルティング契約同様上記のような点に十分注意し、調査委託契約が会社にとって必要かつ適正なものであることを説明できるよう十分な検討を行い、それを客観的な形で残しておくことが求められる。

(2)　判決が取締役の責任を認定するために重視した事情

　本判決では、以下のような事情を総合的に考慮したうえで、Yの判断がその裁量の範囲を超えているかどうかが判断されている。

①　当該契約を結ぶ必要性

　判決は、コンサルティング契約が会社の最重要製品に関するものであったことやその市況の悪化などを認定しており、会社の事業戦略やそれを取り巻く経済状況から当該契約を結ぶ客観的必要性を評価していると考えられる。

②　契約相手方の能力・経歴等

　契約の相手方の経歴等を認定し、業務を委託する相手として不合理ではなかったかどうかについても検討を加えている。

③　当該契約の具体的成果

　当該契約に基づき、会社の事業に関連した提携交渉が行われたこと、資料の送付やアドバイスを受けたことを認定しており、報酬額に照らして、適当な成果が得られているかの検討を行っている。

④　判断をなした手続の適正さ

　社内規程などに定められた必要手続を踏んだかどうかについても言及しており、適正手続の履行の有無も判断要素となると考えられる。

5 会社・役員の注意点・対応策

(1) 会社所有の動産に関し、取締役が買い手となって会社と取引を行う場合、構造的に利益相反の関係に立つため、当該契約を締結するにあたっては、「会社に不利益が生じるおそれがない」といえるかどうかの検討が不可欠である。当該動産に財産的価値がないこととともに、買取価格の適正性を複数業者の比較などを用いて説明できるようにしておくことが求められる。

(2) 会社の事業展開の前提となる調査分析又は事業展開のための広報活動などを目的とするコンサルティング契約等の締結にあたっては、4(1)②で述べたようなコンサルティング契約等の性質を十分に考慮し、取締役の善管注意義務に違反しないかを検討する必要がある。

例えば、依頼する内容が単に「業界の調査分析」「企業経営、市場開拓等に関するアドバイス」「商談等の支援業務」というような漠然とした内容では、本当にその契約を結ぶ必要があったのかについて疑問を持たれかねない（現に本件では、会社はこのような点を指摘し本件コンサルティング契約等の必要性を否定する主張をしている）。よって、当該コンサルティング契約等において何を目論み、そのために何をコンサルティング業者に依頼する必要があるのかについて具体的に検討しておく必要がある。

また、相手方の選定については、客観的な実績・経歴の検討を行っておくべきであるが、それに加えて同種のサービスを提供する業者とも比較し、コンサルティング料が適正かどうかの検討も必要となる。なお、コンサルティング業者に対し何を依頼するのかが抽象的なものにとどまるとコンサルティング料の適正性の検討も事実上困難であるため、このような点からも、依頼内容についてはできるだけ具体化しておくことが求められる。

さらに、ねらっていた成果が上がっているかどうかを定期的に検討し、場合によっては中止等も含めて検討することが重要である。

CHECK LIST

会社と取締役間での動産取引に関する項目

- ☐ 当該動産の内容・使用年数などを勘案し、当該動産に実質的な財産的価値がないといえるか。
- ☐ 複数業者から見積りをとるなどして、適正な買取価格の裏付けをとったか。
- ☐ 当該動産取引によって会社に実質的損害が生じないといえるか。

コンサルティング契約・調査委託契約の締結に関する項目

- ☐ 契約締結の必要性について具体的に検討したか。会社内部での調査分析、経営判断、商談の遂行では不十分であり、会社外部の協力が必要であるといえるか。
- ☐ 契約締結の必要性を踏まえ、依頼内容を具体的に設定したか。
- ☐ 契約の相手方の経歴等などを確認し、契約締結の相手方としての適格性を検討したか。
- ☐ 依頼内容に照らし、同種のサービスを提供する業者と比較したうえで、対価の適正性を確認したか。
- ☐ 契約によって会社にもたらされる利益について、確認したか。
- ☐ 契約締結当初目論んだ利益がもたらされているか、定期的に確認し、場合によっては中止も検討したか。
- ☐ 会社法の定めや社内規程など、当該契約の締結に必要な手続を遵守したか。

(竹本綾世)

COLUMN

役員を取り巻く損害賠償リスク

　会社役員が職務に関して会社や第三者に損害を与えた場合、どのような損害賠償請求を受ける可能性があるのでしょうか。

●会社に損害を与えた場合

　会社から、会社法423条の任務懈怠責任を根拠とした損害賠償を請求されることがあります。会社が損害賠償請求訴訟を提起しない場合でも、株主代表訴訟を提起され（会社法847条）、株主から損害賠償を請求されることもあり得ます。この責任の消滅時効は10年間であり（民法167条）、商法522条に定める5年の短期消滅時効は適用されません。

　この責任は、総株主の同意があれば免除することができます。また、役員が任務懈怠について善意・無重過失であれば、総株主の同意がなくても、株主総会の特別決議等により、その責任の一部を免除することもできます（会社法424条・425条等）。

●第三者に損害を与えた場合

　役員が悪意又は重大な過失により第三者（取引先、株主等）に損害を与えた場合、第三者から会社法429条の任務懈怠責任を根拠とした損害賠償を請求されることがあります。この責任の消滅時効も10年間です。

　故意又は過失によって第三者に損害を与えた場合には、第三者（被害者）から民法709条の不法行為責任を根拠とした損害賠償を請求されることもあります。この責任の消滅時効は、被害者が損害及び加害者を知ったときから3年間です。不法行為の時から20年の除斥期間が経過したときも請求権は消滅します（民法724条）。

　有価証券届出書・目論見書、有価証券報告書等に虚偽記載等がある場合には、有価証券の取得者から、金融商品取引法（21条1項1号・22条・24条の4等）を根拠とした損害賠償を請求されることがあります。この責任は不法行為の特則的な規定となっており、役員は、虚偽記載等を知らなかったことについての無過失を証明しなければこの責任を免れることができません。この責任の消滅時効の期間は、不法行為に関する民法724条が適用されます。

（岸本寛之）

★業界：機械
◆判断場面：反社対応

7 取締役が株主から脅迫を受け利益供与を行った行為につき責任が認められた事例－蛇の目ミシン株主代表訴訟事件（最判平成18・4・10金融・商事判例1249号27頁）（差戻控訴審判決・平成20・4・23、差戻上告棄却）

1 事案一覧表

原　　告 （上告人）	株主
被　　告 （被上告人）	元取締役ら5名
責任を問われた内容	忠実義務・善管注意義務違反（旧商法 266 条1項5号（会社法 423 条1項））、株主に対する利益供与の禁止規定（旧商法266条1項2号・294条ノ2第1項（会社法120条1項・4項））違反
請　求　額 （請求内容）	612億5753万7472円（差戻控訴審における請求減縮後の控訴の趣旨）
賠　償　額 （判決内容）	583億6039万8183円（差戻控訴審判決、平成20・4・23）。
その他参考事項	差戻控訴審判決に対し上告がなされたが、差戻上告審決定（平成 20・10・2）は上告を棄却し、上告受理申立を認めなかった。

-72-

1 製造業

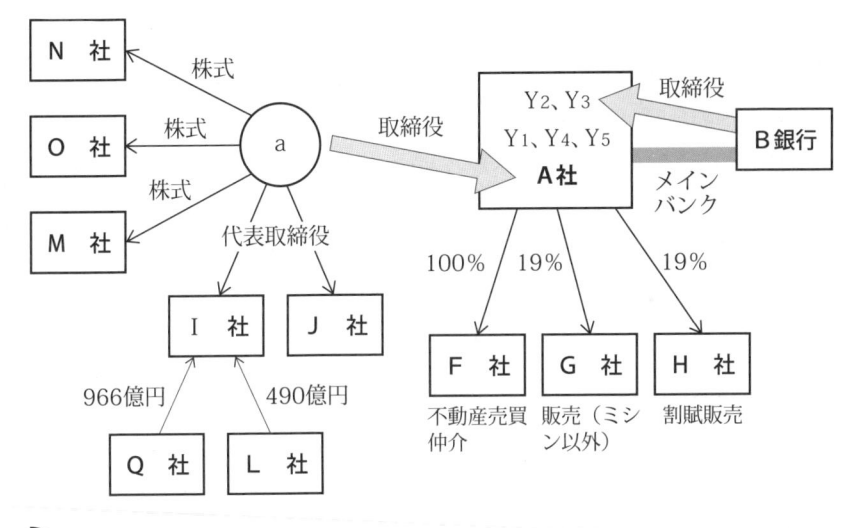

```
        株式
N社 ←――――
        株式         取締役
O社 ←――――  a  ――――→  A社  ←―――― B銀行
        株式  取締役   Y2、Y3       メイン
M社 ←――――           Y1、Y4、Y5   バンク
        代表取締役
         ↓    ↓     100%  19%  19%
        I社  J社     ↓    ↓    ↓
        ↑    ↑     F社   G社   H社
      966億円 490億円  不動産売買 販売（ミシ 割賦販売
        ↑    ↑     仲介    ン以外）
        Q社  L社
```

2 事案の概略

① aが、自ら及びその関連会社が保有する多数の蛇の目ミシン（以下「A社」という）株式を背景に、A社取締役への就任を要求し、株主総会においてA社取締役に選任された。

② aは仕手筋として知られ暴力団との関係も取りざたされている人物であったことから、A社経営陣はaへの対処を検討するなか、aはA社経営陣に対して、A社株の高値買取要求、暴力団関係者へのA社株の売却示唆、「大阪からヒットマンが2人来ている。」などと述べ脅迫等を行った。

③ aはA社から巨額の金銭を喝取し、A社は、a及びその関連会社が保有する大量のA社株の買取りに関して、300億円のう回融資、Aグループ会社の600億円の債務肩代わり、Aグループ会社の366億円の債務肩代わり、Aグループ会社の250億円の債務肩代わり、Aグループ会社の390億円の債務肩代わり等に応じた。

④ aは逮捕され、I社・J社・F社・G社・H社が破綻し、A社は巨額の金銭が回収不能となった。

⑤ その後、A社の株主らが、元取締役らに、忠実義務違反・管注意義務違反の責任（旧商法266条1項5号（会社法423条1項））、株主に対する利益

供与の禁止規定（旧商法266条1項2号・294条ノ2第1項（会社法120条1項・4項））違反の責任があるとして、株主代表訴訟により会社に対する損害賠償を求めたのが本件である。

　A社は、ミシン・裁縫用品類等の製造及び販売を目的とする株式会社である（東京証券取引所1部上場）。B銀行は、A社のメインバンクである。F社は、不動産の売買及び仲介等を目的とした株式会社である（A社100％出資）。G社は、A社の経営多角化を図るためミシン以外の販売部門を独立させた株式会社であり（昭和63年10月設立）、H社は、A社の割賦販売部門を独立させた会社であり（平成元年11月設立）、いずれも本店をA社本社所在地に置き、A社が19％出資していた会社である。

　上告人は、A社の株主である。

―事件の経過―

S61以降　aは、K銀行、Lリース社等の融資、M社の資金的援助を背景に、I社（代表取締役a）及びa個人においてA社株の大量買付けを行った。

S62.3末　I社が3255万6000株を保有するA社筆頭株主に、aが300万株を保有する13位の大株主になった。これを受け、A社経営陣は、aが仕手筋として知られ、暴力団との関係も取りざたされていたことから、aの影響力の存在自体が会社の社会的信用を損なうとし、できるだけ早期にかつ安値でI社又はa保有のA社株をA社・B銀行側で引き取り、影響力を排除することが望ましいと考えた。aとの交渉は、Y_2（元B銀行副頭取）及びY_3（元B銀行常務取締役）が当たることになった。

S62.6　aは、保有株式を背景に役員就任を要求し、株主総会において取締役に選任された。

S62.12まで　I社は、株式取得資金として、Lリース社及びその関連会社から合計490億円を借り入れた。

S63.9.30まで　I社は、P社を中心とするPグループ系列のノンバンクQファイナンス社から、合計966億円を借り入れていた。Qファイナンス社に対する966億円の債務のうち500億円はA社株1740万株を担保とし、466

億円はＮ社株925万株を担保としていた。

S63.10　ａが、Y₂・Y₃に対し、Ｉ社が保有するＡ社株の高値買取りを要求した。

S63.12.23　Ｂ銀行側はａの要求を受け、Ｃ銀行系列のノンバンクＲファイナンス社がＩ社に対し、Ａ社株1000万株を担保に250億円を融資した。

H1.4　Y₁は、Ｓ社（Y₁が社長）の資金でＡ社株を大量取得し、ａのＡ社株の取得にも協力し、Ｉ社に対し貸株としてＡ社株840万株を提供した。

H1.6　株主総会でａは再度取締役に選任、Y₁が新たに取締役に選任され筆頭専務となった。

H1.7.27　ａはY₂・Y₃に対し、７月末にはＰグループ総帥ｔがＡ社株1740万株を買い取るという話がＢ銀行との間で出ているようすがあること、ｔに株が渡るとＡ社は食い物にされるであろうことを述べ、Y₂に対し、ｔに会ってａによる新会社構想を説明し200億円の弁済期の延期を取り付けるよう依頼した。Y₂はこれを受けてｔの下に赴いたが、200億円の弁済期の延期についても新会社構想についても説明できないままｔの下を辞した。

H1.7.28　ａはY₂に対し、同人がｔに新会社で債務の肩代わりをする話をしていなかったとして自分が恥をかいたなどといって難詰したうえ、「Y₂に一筆書いてもらうとｔに約束してきた。新会社で肩代わりの約束をすると一筆書いてくれ。」といって念書の作成を要求した。Y₃はY₂に対し念書を書けば悪用されると助言したが、Y₂はａから強く迫られ、「貴殿所有のＡ社株1740万株のファイナンスあるいは買取りにつきＡ社が責任をもって行います。」と記載されたａ宛て書面（以下「Y₂念書」という）を作成した。その後、ａはｔと会い、Y₂念書を見せ、Ｐグループによる1740万株の買取りを断念させた。

H1.7.29　ａはY₂・Y₃に対し、暴力団関係者へのＡ社株の売却を示唆した。Y₂はＢ銀行に対してａに対する966億円の融資を要請したが、Ｂ銀行はこれを断った。

H1.7.31　Y₁・Y₂・Y₃はａに対し、Ａ社株の売却をやめるよう懇請したが、

aはこれを断り、aが保有するA社株を全部暴力団U会の関連会社に譲渡した旨述べ、「新株主はA社にも来るし、B銀行の方にも駆け上がっていく。とにかくえらいことになったな。」とも述べた。

H1.8.1　Y3はY1とともに、aに対し、A社株の売却の話を元に戻すよう懇請した。aはY3らに対し、保有するA社株をY2念書付きで暴力団の関連会社に売却済みである旨信じさせ、取消したいのであれば300億円を用立てるよう要求した。Y3は、A社に暴力団が入ってくればさらなる金銭の要求がされ、経営の改善が進まず、入社希望者もいなくなり、他企業との提携もままならなくなり、会社が崩壊してしまうと考えたが、他方で、A社から300億円を出金してaに交付すれば経営者としての責任問題になると思い悩んだ。

H1.8.4　aはY3及びY1に対し、300億円を用立てる件がまとまらないことを非難し、「大阪からヒットマンが2人来ている。」などと述べて脅迫した。

H1.8.5　B銀行はY3から窮状を訴えられたが、300億円の融資はA社の責任で行うものでありB銀行は問題が生じても責任を負わない旨を確約させた後、B銀行系列のノンバンクであるVリース社を紹介し、Vリース社がS社を経由してその融資をすることを了承した。

H1.8.6　Y3はY2の一任を受け、300億円の融資について、Y4・Y5を含む専務、常務の同意を求めたところ、Y4を除く者は同意した。

H1.8.8　A社の臨時の取締役会において、Vリース社からG社に対する300億円の融資について、A社が債務保証をし、その本社の土地建物を担保として提供すること、G社からの貸出先をS社とすることが出席取締役全員の賛成により議決された。Y4は同会議を欠席したが、最終的には300億円の融資に同意した。

H1.8.10　A社が債務を保証し、A社所有の土地建物に抵当権を設定したうえで、Vリース社からG社に対し300億円の貸付けがされ、次いで、G社からS社に対し、いわき市等所在の土地建物を担保として提供させたうえで300億円の貸付がされた。

H1.8.10/11　S社からI社に対し300億円が融資された。aには当初から融

資金返済の意思はなく、これを取り戻せる具体的な見込みもなかったから、全額の回収は困難な状況にあった。しかも、300億円は、A社としてまったく支払う必要のない金員であり、債務保証や担保提供をする必要がなかったことも明らかであって、融資の実質はaに対する巨額の利益供与であった。Y_1らは、これがaに対する巨額の利益供与であって、経営者として本来してはならない性質の行為であることは十分認識していた。aは、300億円を喝取した後も、引き続きＩ社のＱファイナンス社に対する966億円の債務の肩代わりを迫り、A社及びＢ銀行は対応に苦慮していた。

H1.9 Ｂ銀行からY_2に対し、Y_2念書で約束した1740万株のファイナンスの実行として、A社の系列会社がＱファイナンス社から500億円を借り入れ、それをＩ社に融資し、Ｉ社がＱファイナンス社に返すことにより処理する旨の提案があった。tは、当初は966億円全額の肩代わりをしてほしいとの意向であったが、後に、A社株1740万株に相当する債務の肩代わりでも相談の余地があるとされた。Y_3は、Y_1、Y_4に相談したところ、Y_1から、Y_2が約束したことであり、1740万株を１株3400円台で評価をして債務の肩代わりをするのであればよいのではないかとの意見が出され、Y_4は異論を唱えなかった。

H1.9.29 ＱファイナンスとＧ社及びＦ社の２社との間で各300億円（合計600億円）をＱファイナンス社が貸し付ける旨の金銭消費貸借契約が締結され、同時にこれらの貸付金が両社からＪ社（代表取締役a）に貸し付けられ、Ｉ社が600億円をＱファイナンス社に返済するという形を取って債務が肩代わりされ、Ｑファイナンス社が担保として徴求していたＢ社株1740万株のうち1000万株はＧ社の債務の担保として、740万株はＦ社の債務の担保としてＱファイナンス社に差し入れられた。

H2.3.23 肩代わり債務者はＧ社に一本化されることとなり、Ｇ社がＱファイナンス社から600億円を借り受け、同時にＪ社がＧ社から600億円を借り受けたこととされた。Ｉ社のＱファイナンス社に対する966億円の債務のうち600億円の債務につきＧ社が肩代わりすることとなった。

H2.4　aはA社株3000万株を1株4200円でA社側が買い取るよう要求した。Y₃、Y₁らは、aとの間の問題を解決するよい機会であると考え、S社、A社の関連会社及びB銀行の関連会社が各1000万株を引き取るという方向でB銀行に検討を求めたが、B銀行は上記価格で買い取ることはできないと判断した。

H2.4.20　aは、Y₃に、K銀行にA社株を1株5800円で売却することを検討しているが、その場合にはKグループから役員が送り込まれる旨を述べ、A社がK銀行の管理下に入ることをにおわせた。

H2.4.26　aは、KグループのことはB社側が困るなら考え直してもよい、株の買取りは今の資金繰りが付くならば1年後でよいと譲歩の提案をしてきた。

H2.5　Y₁はaの提案を受け、「本件方策」を立案し、Y₃に伝えた。

> ①　a保有のA社株3750万株は、S社が1年後に1株5000円で買い取る。その頃には「Sクラブ」が開場しており、取引先金融機関の了解を得ることができる。
> ②　3750万株のうち1000万株はS社が引き受けるが、その余の2750万株はA社、B銀行の取引先に引き取ってもらう。それまでの金利負担はB銀行、A社側にバックアップしてもらう。
> ③　S社とI社は、A社株3750万株の売買予約契約を締結する。
> ④　a側に対し、上記買取りまで1875億円（売買代金相当額）を融資する。
> 　　この融資金から、I社のQファイナンス社関連の966億円の債務、Rファイナンス社に対する250億円の債務、Lリース社に対する440億円の債務等を返済するなどして処理する。
> ⑤　a側に交付された300億円については、A社株の代金以外で回収を図る。

Y₃は、A社の主要な役員に対し本件方策を相談したところ、全員が賛成した。B銀行は、本件方策について、1株5000円という価格には賛成しかねるが、A社の判断でやらざるを得ないということであれば資金面に

ついては対応するとの考えを示した。その後、関係者間では、本件方策④の融資は、H社等のA社の関連会社が債務を肩代わりして行うとされた。

H2.5.24　本件方策に従い、H社はQファイナンス社から、A社株500万株（I社保有）を担保として366億円を借り受け、同日、J社に対し同額を貸し付けた。I社はこの融資金により、Qファイナンス社に対する366億円の債務を返済した。I社のQファイナンス社に対する966億円の債務の残額366億円の債務につき、H社が肩代わりすることとなった。また同日、I社とS社の間で、I社が保有するA社株3450万株を代金1725億円で同年12月31日にS社が買い受けるとの売買予約契約が締結された。

H2.6.14　F社は、保有するB銀行株40万株及びI社保有のA社株500万株を担保として提供するほか、F社所有不動産に根抵当権を設定しRファイナンス社から250億円を借り受け、同日、H社に対し同額を貸し付けた。さらにH社は、同日、J社に対し同額を貸し付けた。I社は、この融資金によりRファイナンス社に対する250億円の債務を返済した。I社のRファイナンス社に対する250億円の債務につき、F社及びH社が肩代わりすることとなった。

H2.6.14　G社は、A社株300万株（a個人保有）を担保として提供し、Lリース社の関連会社であるWファイナンス社から390億円を借り受け、同日、J社に対し同額を貸し付けた。I社は、この融資金によりLリース社に対する440億円の債務のうち390億円を返済した。その後A社は、G社の上記債務について担保不足を補うため、A社所有の小金井第2工場の敷地に根抵当権を設定した。I社のLリース社に対する440億円の債務の一部につき、G社が肩代わりすることとなった。

H2.7.19　aは、O社株の株価操作の容疑で逮捕された。

H2.9.19　aは、A社の取締役を辞任した。aの逮捕により、I社及びJ社が破綻し、J社からG社、H社等に対する入金も停止した。

H3.1.16　Y₁が取締役を辞任した。また、S社が仕手筋に関わっていることが報道されるなどしたためS社の信用も失墜し、S社は和議を申し立て、S社によるA社株の買取り構想も実現不可能となった。F社、G社及びH

社も破綻した。

H3.1.31　Y₂及びY₃が取締役を辞任した。

H3.12.13　A社、G社のWファイナンス社に対する390億円の債務の担保であった小金井第2工場の敷地を約194億円で売却し、売却代金によって債務の一部を弁済した。

H3.12.27　G社、A社及びVリース社は、aに喝取された300億円の処理として、A社がG社のVリース社に対する300億円の債務を引き受けることを合意した。

H4.1.16　Qファイナンス社とA社、G社及びH社とは、A社が、G社のQファイナンス社に対する600億円の債務のうち267億円及びH社のQファイナンス社に対する366億円の債務のうち163億円をそれぞれ保証し履行することなどを内容とする和解を成立させた。A社はQファイナンス社に対し、和解に従って合計430億円を支払い、その後、Qファイナンス社から返還を受けたA社株1740万株を90億円で売却して同額を回収したがその余の340億円は回収不能となった。

H5.6　Y₄が取締役を退任した。

H9.3　Y₅が取締役を退任した。F社がRファイナンス社に対して担保として提供した不動産をB銀行の関連会社に合計100億円で売却し、同様に担保として提供したB銀行株40万株を5億円で売却し、Rファイナンス社に対する債務に充当した。

3 裁判所の判断

(1)　aによる恐喝被害に係る金員の交付

①　株主である暴力団関係者等から株主の地位を濫用した不当要求を受けた取締役は、法令に従い適切な対応をすべき義務（忠実義務、善管注意義務違反）を負う。

②　株主が議決権等の株主権を行使しないようにするため、株主から株式を譲り受けるための対価を何人かに供与した場合、株主の権利行使に関する利益供与禁止規定違反の責任を負う。

(2) 債務の肩代わり及び担保提供（本件方策）

① 取締役は理不尽な要求に応ずるべきではなく、債務の肩代わりや担保提供といった対応をとることを避けるべき義務があった。不当要求を退けるため警察に届け出るなどの適切な対応を期待できない状況ではなかったことから、Ｙらの行為には過失がある（忠実義務、善管注意義務違反の責任を負う）。

② 関連会社が支払不能になればＡ社が最終的に関連会社の債務を引き受けざるを得ないという前提があったのだから、債務の肩代わり及び担保提供の実質は、Ａ社が関連会社等を通じてした巨額の利益供与に該当する。

また、将来ａから株式を取得する者の株主としての権利行使を事前に封じ、併せてａの大株主としての影響力の行使をも封ずるために採用されたものであるから、株主の権利行使に関する利益供与の禁止規定に違反する。

4 判決の分析・解説

(1) 判決の分析

本判決は、暴力団との関係を示唆された上で金員要求を受け当該要求に屈し金員を支払った場合であっても、取締役は忠実義務・善管注意義務、及び利益供与の禁止規定違反の責任を免れることはできないとした。会社が反社会的勢力から不当要求を受けた場合には法令を遵守した対応を求めた重要な判断である。

(2) 判決が取締役の責任を認定するために重視した事情

前記「－事件の経過－」をご参照頂きたい。

5 会社・役員の注意点・対応策

本判決の判断内容や認定事実からは、以下のような注意点・対応策が導かれる。

(1) 反社会的勢力等からの不当要求がなされた場合には、警察・暴追センター・弁護士会の民事介入暴力対策委員会等への相談を行うなどにより法令を遵守した対応を行うこと

取締役は、自社株の譲渡先が暴力団関連会社である旨を示唆され、暴力団関係者が経営等に干渉し、会社の信用が毀損され、会社が崩壊してしまうことをおそれた場合であっても、そのような株主から株主の地位を濫用した不当要求がされた場合には、法令に従った適切な対応を行うことが必要である（警察等への相談も行う必要がある）。債務肩代わり及び担保提供を行う際に暴力団との関係を示唆された場合も同様である。

　現在、暴力団排除条例が全都道府県で施行されるなど一切の取引からの暴力団排除が必須となっており、反社会的勢力等からの不当要求に安易に応ずることは許されない。

(2) 株主に対する利益供与に該当しないように実質面も含めた検討を行うこと

　大量の自社株保有を背景に自社株が暴力団関連会社に売却されると信じ、暴力団関係者が自社大株主として自社経営等に干渉する事態となることをおそれ、これを回避する目的があったとしても、会社から見て好ましくないと判断される株主が議決権等の株主の権利を行使することを回避する目的で、当該株主から株式を譲り受けるための対価を何人かに供与する行為は、株主に対する利益供与に該当する以上、取締役は、このような利益提供を一切行ってはならない。

　なお、利益供与に該当するか否かは、行為の実質を慎重に検討する必要がある。

CHECK LIST

- ☐ 取締役会において融資を決定する際、融資を行う合理的理由の存在を前提に決定したか。
- ☐ 株主の地位を濫用した不当請求がなされた場合、法令に従った適切な対応を行ったか（警察・弁護士等に相談したか）。
- ☐ 取締役に暴力団との関係が疑われる場合、直ちに警察や暴追センター等に相談したか。
- ☐ 取締役に暴力団との関係が疑われる場合、民事介入暴力に詳しい弁護士に相談したか。
- ☐ 債務の肩代わり及び担保提供を実行する際、供与の実質が株主に対する利益供与になっていないか。
- ☐ 融資や債務引受等に際して、暴力団排除条項の導入された契約書を取り交わしたうえで取引を実行したか。

（藤本和也）

★業界：自動車
◆判断場面：融資（貸付、社債引受け）

8　グループ会社間のCMSへの参加につき取締役の責任が否定された事例－日産車体株主代表訴訟事件（横浜地判平成24・2・28公刊物未登載）（確定）

1 事案一覧表

原　　告	A社株主
被　　告	A社代表取締役
責任を問われた内容	1　同一グループ会社間のCMSに参加することで、資金を合理的かつ効率的運用する義務に反したという意味での善管注意義務違反 2　親会社に対する利益供与
請　求　額 （請求内容）	48億7611万9845円
賠　償　額 （判決内容）	請求棄却
その他参考事項	原告が控訴せず、確定

2 事案の概略

①　日産車体株式会社（以下「A社」という）は、大手自動車メーカーB社の子会社であり、自動車及びその部分品の製造及び販売に関する事業を営む株式会社である。

②　A社は、B社を中心とするグループ会社の資金運営を統括するC社

1　製造業

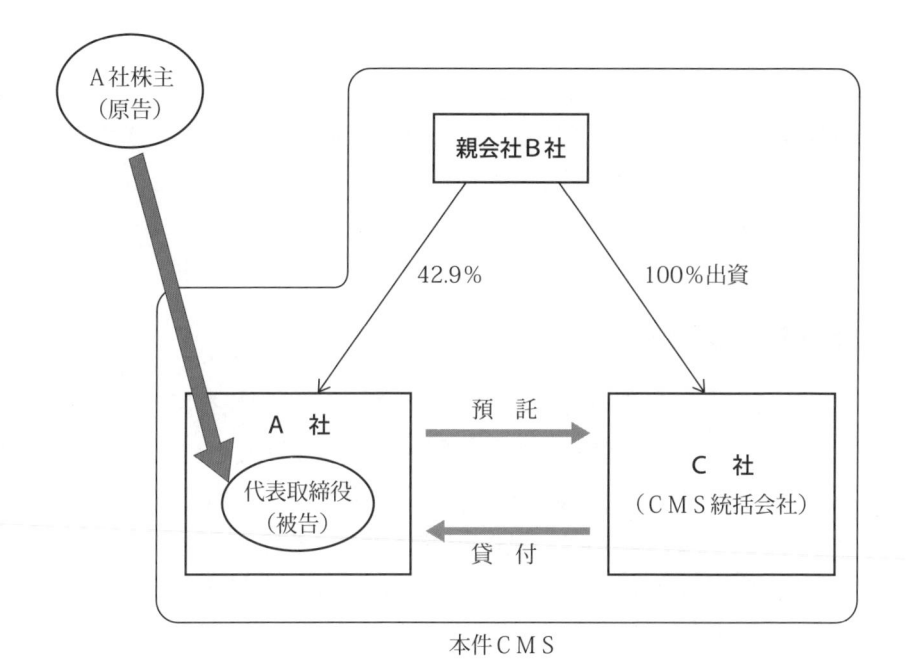

```
A社株主
（原告）
         親会社B社
         42.9%     100%出資
A社              C社
預託  →          （CMS統括会社）
代表取締役
（被告）
貸付  ←
        本件CMS
```

（B社の100％子会社）が運営するＣＭＳ（キャッシュ・マネジメント・システム）に、平成12年12月から参加。

　③　本件ＣＭＳに参加する各社は、担保の提供や保証を受けることなく、資金を預託するものとされていた。他方で、参加各社は、口座残高が０円を下回った場合でも、ＣＭＳを通して自動的に貸付を受けることで、必要な資金の提供を受けることができた。

　④　Ａ社は、Ｃ社が運営するＣＭＳにおいて、平成14年及び平成17年には借入のみ行う状況であったが、平成18年以降は借入とともに預託を行っており、毎月の預託金額の大半は、借入額を上回っていた。

　⑤　Ａ社株主（以下「Ｘら」という）より、Ａ社代表取締役（以下「Ｙ」という）に対し、旧商法266条１項５号（会社法施行後の行為については同法429条１項）に基づき、逸失利益48億円余りを請求。

―事件の経過―

H12.12　Ａ社は、親会社であるＢ社グループが採用するＣＭＳに参加。

H14.7 　A社は、CMSによる残高約120億円。

H17.7 　A社は、CMSによる残高約90億円。

H18以降 　A社とC社との間では、A社の預託金額が常に借入額を上回る状況にあり、借入は預託金の返還として扱われていた。なお、A社のC社に対する預託金残高は、平成18年3月末で127億円、平成19年3月末で359億円、平成20年3月末で525億円、平成21年3月末で589億円であった。

3 裁判所の判断

(1) A社が本件CMSに参加し、C社に本件預託を行うという判断が、Yの善管注意義務違反・忠実義務違反を構成するか

① C社は、B社の100%子会社であり、同社グループの重要な役割を果たしていることから、B社がC社に貸付を行わない事態が容易に想定できないこと、B社からC社に対する貸付の極度額が1兆3000億円であるのに対して、現実の貸付残高がその半分以下で推移しており、融資枠が十分残っていることなどから、A社による本件CMSへの参加が、A社の資金を回収不能の危険にさらすものとは認められない。

② 本件CMSの預託・貸付に適用される利率は一般の金利に比べて参加各社の有利に設定され、一月ごとに検討され変更されることとなっていたことから、A社に適用されていた利率が、不合理なものとは認められない。

③ 会社が存続するうえで、資金需要が生じることは明らかであるから、たとえ、結果的にA社にとって資金調達の必要性が低かったとしても、CMSへの参加を継続することが不合理といえない。

④ 現金を含む経営資源をどのように配分するかは、業務執行上の問題であるから、取締役会設置会社においては、会社から委任を受けた取締役ないしそれらのもので構成される取締役会の裁量に委ねられている。

(2) 本件預託が株主の権利行使に関して行われたものであったか

① 上記(1)①②に述べたとおり、本件預託の貸倒れリスクは高くないものであり、本件利率が合理的であったと認められるから、親会社であるB社の強い支配の下でA社が本件預託を行ったものであるとするXらの主張に理由

がない。

② ＣＭＳは、低利で資金調達を可能にするなどＡ社にとって利益となるものであり、特定の時期にはＡ社自身がその利益を得ていたものであるから、本件預託を継続するという判断は不合理とはいえず、Ａ社の利益のためになされていたと認められる。

4 判決の分析・解説

(1) 判決の分析

本件の中心論点は、親会社Ｂ社が中心となって運営するＣＭＳに参加するとの判断が、取締役としての善管注意義務・忠実義務違反に当たるかということである。

この点につき、本判決では、本件利率の合理性、本件ＣＭＳに参加することの合理性の両面から検討を加え、取締役の判断が当該義務に違反しないことを認定している。

ＣＭＳ（キャッシュ・マネジメント・システム）とは、企業の資金を管理するためのシステムであり、資金プーリング、支払代行・ネッティング等の機能を有する。

判決によると、平成19年7月時点において、時価総額1000億円以上の東京証券取引所一部上場企業のうち68％の会社がＣＭＳを導入していた。すなわち、多少の差があれ、多くの上場企業グループにおいて導入されていた、極めて一般的な資金管理システムである。

Ｘらは、Ａ社の少数株主であり、親会社が中心となって運営する資金管理システムへの参加という子会社取締役の判断が善管注意義務違反に当たるかとの問題提起であることから、親会社の他に少数株主がいるグループ会社の運営上、参考となる事例であると考えられる。

なお、本稿においては、取締役の善管注意義務の有無の判断に焦点を当てる目的で、判決におけるもう1つの争点であった「利益供与」に係る検討は省略する。

(2) 判決が取締役の責任を認定するために重視した事情

本判決においては、A社が参加する本件CMSの概要、A社のCMS利用状況、本件CMSに対する預託金が返還されないリスク、本件利率の合理性、本件CMSに参加し続けることの合理性について、詳細に検討し、結果として、善管注意義務違反や忠実義務違反が認められないとの判断をした。

① 本件CMSの概要について

本件CMSは、B社の100％子会社であるC社を統括会社とし、B社を中心とするグループ会社を参加会社とする、日本の上場会社グループが導入する典型的なCMSの１つである。

C社はB社から１兆3000億円の借入枠があり、借入の手続も極めて簡素化されている。これに対して、B社のC社に対する貸付実績は、平成21年度において6000億円弱であったことから上記借入枠の半額以下であり、融資の枠は大幅に残されていた。

また、B社は、投資適格の水準を超える格付を得ており、日本円だけでも2000億円のコミットメント与信枠を有しており、平成21年3月31日時点における現金預金残高は3000億円超であった。

本件CMSにおいて、参加会社は、担保の提供や保証を受けることなく、資金を預託している。

② A社のCMS利用状況について

A社が持つ口座残高が一定額を下回ったときは、CMS統括会社であるC社が不足額相当額の貸付を行い、一定額を上回ったときはA社がC社に対して超過相当額を預託する。この預託の法的性質は、消費寄託である。C社のA社に対する貸付及びA社のC社に対する預託に対しては、相当額の利息が付されている。

③ 本件CMSに対する預託金が返還されないリスク

A社の親会社であるB社は、C社を本件CMSの中核会社として位置付け、C社に対して必要な資金を貸し付けていたことが認められ、これはC社の経常利益がマイナスになった平成21年3月期においても同様であったことから、B社がC社に対して貸付を行わない事態は容易に想定することがで

きない。

また、親会社であるＢ社も財務上不安定であったとはいいがたい。

したがって、Ｃ社が統括する本件ＣＭＳに参加することのリスク、すなわち預託金が返還されないリスクは認められない。

④ **本件利率の合理性**

ＣＭＳの参加会社間で利率は同一とされることが一般的であること、本件利率が市中金利を上回っていたこと、本件利率は一月ごとに検討され、変更されることとなっていたことなどを考えると、Ａ社が収受していた利息が不合理なものであったとは認められない。

⑤ **本件ＣＭＳに参加し続けることの合理性について**

確かに、Ａ社は一定の時期を除いて借入額を上回る預託を継続的に行っており、Ａ社としては本件ＣＭＳを通して資金調達をする必要性は結果としては低かったということができる。

しかし、会社が存続するうえで、資金需要が生じることは明らかである以上、Ａ社において、特定期間において、結果的に資金調達をする必要性が低かったからといって、本件ＣＭＳに参加し続けることが不合理であったということはできない。

現金を含む経営資源をどのように配分するかは、業務執行上の問題であるから、取締役会設置会社においては、会社から委任を受けた取締役ないしそれらのもので構成される取締役会の裁量に委ねられており、会社の事業戦略などに基づいて決定されるものである。

5 会社・役員の注意点・対応策

本判決は、会社の資金をいかに配分するかという判断が業務執行の問題であり、取締役ないしそれらの者で構成される取締役会の裁量に委ねられているとし、本件ＣＭＳへ参加して巨額の資金をプールするとの判断も取締役の裁量の問題としている。

しかし、経営上の判断が、その裁量を逸脱した不合理なものと考えられる場合には、善管注意義務違反や忠実義務違反を構成すると評価されることと

なる可能性があり、親会社ないしグループが決めたＣＭＳに何ら検討することなく漫然と参加することは、その判断の合理性を問われることになる。

　具体的には、ＣＭＳの制度自体を十分に検討し、制度に参加することに十分な合理性が認められると判断できる場合に、はじめて参加を決断すべきであろう。そのためには、ＣＭＳ制度に参加することにより、他の手段（市中銀行からの借入、市中銀行への預託）を通して得られる利点を上回る利点が得られること、会社にとってＣＭＳに参加を継続する必要性等について検討・確認することが必要となる。

CHECK LIST

参加するCMSの合理性に関する項目

●CMSの概要
- ☐ 他社グループの制度と同様な制度設計となっているか。
- ☐ 親会社だけでなく参加会社の便宜に配慮した制度になっているか。

●利用状況
- ☐ 会社はCMSから一定の利益を享受できているか。

●CMSの信用性
- ☐ 親会社が相応の負担をもって関与する体制となっているか。
- ☐ 親会社の信用力は十分か。

●CMS参加の必要性
- ☐ 会社がCMSに参加し続けることが必要であるか。

(松下洋也)

★業界：自動車
◆判断場面：内部管理体制構築、品質・安全、不祥事対応

9　製品のリコール等の措置をとらず官庁に適切な報告をしなかったことにつき取締役の責任が問題となった事例－三菱自動車工業株主代表訴訟事件（東京地裁平成15・12・2和解）

1 事案一覧表

原　　告	株主
被　　告	代表取締役、取締役10名
責任を問われた内容	発覚した不祥事を公表しない判断
請　求　額 （請求内容）	約11億7000万円
賠　償　額	約1億8000万円（和解金）
その他参考事項	・平成15年12月2日和解にて終了。 ・関連する刑事事件では、三菱自動車工業株式会社（以下「A社」という）及びA社従業員3名が有罪（東京高判平成20・7・15判例タイムズ1305号283頁）。一部確定、一部上告。 ・別の刑事事件では、元A社品質保証部門従業員2名が有罪（最決平成24・2・8判例タイムズ1373号90頁）。上告棄却、確定。

1 製造業

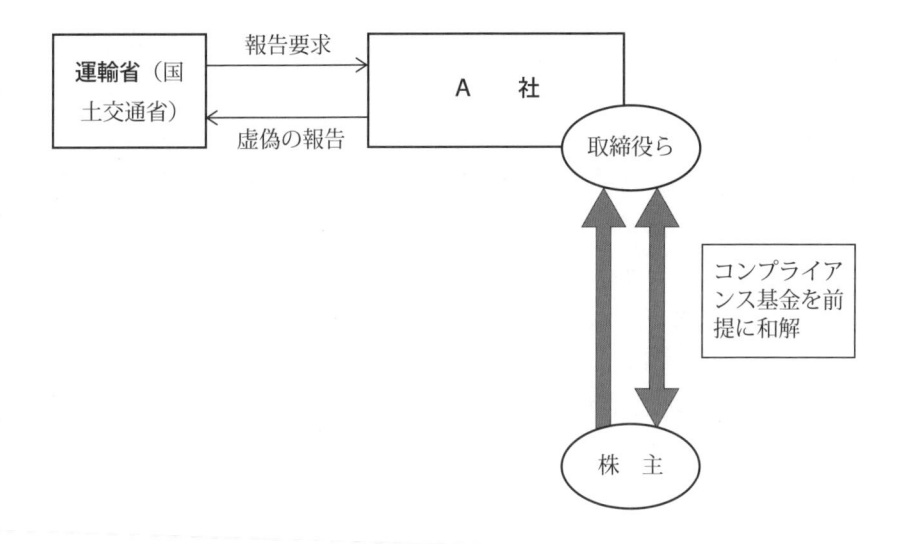

```
運輸省（国土交通省） ──報告要求──→ A 社
運輸省（国土交通省） ←──虚偽の報告── 取締役ら
取締役ら ⇅ 株主
株主 ──コンプライアンス基金を前提に和解
```

2 事案の概略

　全国紙（朝日新聞）報道、国土交通省ホームページ、横浜簡裁平成18年12月13日判決及び横浜簡裁平成19年12月13日判決（上記「その他参考事項」刑事事件の各判決の原審及び原原審）の事実認定を参考に作成。

　①　A社は、自社のトラックのハブの強度不足が疑われる自動車事故の複数の報告を受けていた（刑事事件の事実認定）。

　②（平成4年から平成11年にかけて）7年あまりに十数件の類似事故が発生したことを認識しつつ、A社では、さらに調査することをせず、リコール等の改善措置をとらなかった（刑事事件の事実認定）。

　③　2000年（平成12年）7月内部告発を受けて、当時の運輸省が調査に着手し、虚偽の報告があったことやその他の問題が、道路運送車両法63条の4第1項（平成14年法律89号改正前）・110条1項3号（平成14年法律89号改正前）違反を理由に刑事告発された（朝日新聞）。

　④　これを知った株主らが、A社の取締役らに対して損害賠償請求訴訟（※旧商法267条（会社法847条）、旧商法266条（会社法423条）と推測される）、を起こした（朝日新聞）。

⑤　元取締役らが拠出する和解金をもとにコンプライアンス基金を設立することなどを条件に、和解が成立した（朝日新聞）。

―事件の経過―

H4.6.21　最初のハブ輪切り事故発生。ある会社が使用する大型トラックの左前輪のハブが輪切り破損し脱輪する事故が発生（刑事事件の事実認定）。Ａ社ではかねてから、運輸省による検査の際に開示するオープン情報と秘匿する情報とを分けて二重管理していたが、この事故の情報は秘匿情報とされた。ハブの輪切りの原因は整備不良として社内処理がされ、リコール等はしなかった（刑事事件の事実認定）。

H6.6.21　２件目のハブ輪切り破損事故が発生。その後もハブの破損による不具合が起こるようになり13件発生した（刑事事件の事実認定）。

H11.6.27　Ｂ社が使用する大型バスの右前輪のハブが輪切り破損し、人身事故を起こした。Ａ社は運輸省から事故原因の調査・報告を求められた。この頃、会社内では、同種の事故が多く発生していることを認識していたが、原因究明を行わずに、９月頃、同種の不具合はなく多発性はないとの内容で運輸省担当官宛の報告を提出した（刑事事件の事実認定）。

H12.6　当時の運輸省にＡ社のクレーム隠しについての匿名電話あり（朝日新聞）。

H12.7.5～6　当時の運輸省は、Ａ社に特別監査を実施（朝日新聞）。

H12.8.27　リコール隠しの疑いで、Ａ社の本社や工場に警視庁の家宅捜索（朝日新聞）。

H13.3　Ａ社の株主が担当取締役・代表取締役に対して、監督・監視義務違反、違法行為防止のためのシステム構築義務違反の責任を追及する株主代表訴訟を提起（朝日新聞）。

H14.1.10　横浜市瀬谷区内で大型トレーラーの左前輪脱落事故。はずれた車輪が歩行中の母子を直撃。母親死亡、子供負傷。この事故は、平成４年の事故からハブ輪切りの事故としては40件目（刑事事件の事実認定）。

H14.1.11　国土交通省は通常は存しない部品であるハブが破損した異常な事故であるとして、リコールを視野に入れて、これまで何件の不具合が発

生しているか、内容と原因、今回の事故の原因解明、再発防止策の検討を指示し、その結果報告を会社に求めた（刑事事件の事実認定）。

H14.1.14 会社の品質・技術本部長代理、品質統括部長らは話し合い、整備不良が原因という主張をすることとし、実際にその翌日に国土交通省に対してそのように説明した（刑事事件の事実認定）。

H14.1.15～1.30 A社は、国土交通省への報告において、ハブの強度に関連して虚偽の内容を記載した（刑事事件の事実認定を要約）。

H15.12 A社の株主と元取締役ら11名が和解した（朝日新聞）。

H16.3.24 A社は、フロントハブの強度不足を認め、国土交通省に問題の車種のリコールを届出（国土交通省ホームページ）。

H16.5.6 国土交通省は、A社が国土交通省に対し上記の虚偽の報告をしたことから、道路運送車両法による罰則を適用するため、同社並びに同社取締役執行副社長兼最高執行責任者（当時）他4名を神奈川県警察本部へ告発した（国土交通省ホームページ）。

H16.2 A社の元取締役ら11名が和解金として拠出した約1億6000万円をもとにコンプライアンス基金を設置した（朝日新聞）。

❸ 和解内容

　元取締役ら11名が和解金として、既払金2000万円を除く約1億6000万円をA社に供出し、A社が、それによりコンプライアンス基金を設置すること（朝日新聞2003.12.03朝刊及びコンプライアンス基金A社の説明に基づく）。

❹ 会社・役員の注意点・対応策

　本件の民事及び刑事事件の経過などを参考に、会社・役員らにとって、以下のような注意点・対応策が導かれる

（1）コンプライアンス、組織としての社会的責任の自覚

　役員らは、従業員及び自らにおいて過去問題になった事例を題材に、従業員研修や、事例研究、セミナーなどを通じて定期的継続的に、役員及び従業員の意識を高めておく必要がある。特に自動車業界のように、事故報告の集

積により、自らの過失や製品の不具合が疑われた場合、それが世間に知られては大きな問題となる場合には、情報の管理には細心の注意が必要である。情報の管理を適正に行い、不正確な情報が公表されないようにすべきである。その意味で、企業内では情報の統制及び広報対策は必要である。

しかし、一方で、役員や従業員において、不祥事につながる事実が発覚した場合には、事実関係を迅速かつ徹底的に調査し、速やかに社会に公表し、監督官庁への然るべき届出を行わねばならない。

速やかな不利益事実の公表をすることにより、企業は、少なくとも一時的には売上不振や信用失墜を免れない。しかし、人命や健康といった重要な社会の利益がかかっている場合に、公表や届出といった、企業としてなすべきことを行うことに躊躇してはならず、長期的な企業への信頼維持・回復を重視すべきである。

(2) 自浄作用を期待できないときに備えた内部通報システム

本件では、不祥事が長年にわたり社内に隠蔽されていたことが、企業の損害をより大きくし、社会問題として企業自身の信頼が問われる由々しき事態を招いた。企業の不祥事につながる事実が、一部組織により隠蔽され、役員による発見や対応が遅れることは、当然、企業の信用失墜につながり、損害を拡大させる。したがって、役員らは、企業内又は企業外の弁護士等の機関を設置して、企業内の不祥事が疑われる場合には、内部通報が早期に行われるようにシステムを構築すべきである。

さらに、人間は完全な存在でない以上間違いもあり、また、知らずに組織で巻き込まれるという状態がある。その不正行為自身に携わっている人間が自分で内部通報するということは多々あるだろう。そういう場合に自ら内部通報することには勇気がいる。

したがって、内部通報しても通報者を守るために心理的ケアを含めたバックアップ体制をつくり、内部通報者を守る安心感をつくっておかねば、内部通報システムは機能しない。企業の不正又は不当な行為を傷が小さいうちに指摘した者を強く非難したり、心理的に追い込むことのないように配慮すべきであると考える。

(3) 不利益情報の隠蔽、情報の二重管理を早く発見する仕組みづくり

　本件からいえるのは、社内情報を二重に管理することを許してしまっているということが恒常的な問題であるということである。一部の従業員や取締役がそのような不正行為をしていても、他者（内部の社内監査機関又は外部機関）が見れば、論理的な綻びが出てきたりして発覚する場合が多い。

　定期的に、抜き打ちで不正不当なことが会社内で行われていないか、チェックする仕組みを作り、問題は小さいうちに発見して全社の問題として対応すべきである。

CHECK LIST

事前予防措置

●品質管理体制

- □ 安全性についての疑念に関してデータを適切に収集しているか。
- □ 製品の安全性についての調査を適切に行う仕組みをとっているか。
- □ 製品の事故について定期的に情報を収集しているか。
- □ 製品事故等に関する原因追求をせずに、放置しているものがないか、複数の者がチェックする仕組みをとっているか。
- □ 安全性に問題があれば、リコールなどの必要な措置を迅速にとれるような体制を持っているか。

●法令遵守体制

- □ 自社にとっての不利益情報であっても監督官庁等に適切に伝えるよう、日頃から取締役や従業員らに対する教育をしているか。
- □ 社員研修、コンプライアンスセミナー等の開催による取締役・従業員らの意識啓発がなされているか。
- □ 不利益情報が上層部に伝達される仕組み（内規、内部通報制度、社外監査等）が整備されているか。

- ☐ 社員のコンプライアンス意識を高めるためのマニュアルや行動基準を策定するだけでなく、実際に企業倫理浸透度を調査するなどして、どの程度社員に浸透しているかを定期的にチェックしているか。

●内部通報制度

- ☐ 会社のコンプライアンスについて、外部の弁護士その他の機関に通報できるようにヘルプラインをつくり、必ずしも企業の自浄作用にだけ頼らないように仕組みをつくっているか。

事後対応措置

- ☐ 速やかに事実関係を調査し、その全貌を徹底的に究明したか。
- ☐ 損害回避に向けた対応策（製品回収リコール、マスコミへの公表、監督官庁への事後的な届出の要否等）について積極的に検討したか。
- ☐ 迅速な公表が求められる事情（人の生命、健康を害するべき事案ではないのか）や事案の特殊性の有無について検討したか。
- ☐ 不祥事の再発防止措置をとったか。

（吉武信子）

COLUMN

株主代表訴訟
●株主代表訴訟

　会社法は、会社が取締役等の責任を追及しない場合に、株主が、所定の手続を経ることで、会社に代わって、その取締役等の責任を追及できるようにしています（株主代表訴訟、会社法847条3項。信用金庫、農業協同組合等の団体にも代表訴訟制度があります）。

　株主代表訴訟の対象となる者は、取締役、会計参与、監査役、執行役、会計監査人、発起人、設立時取締役、設立時監査役、清算人です。既に退任している場合も含まれます。

●提訴請求がされたときの会社の対応

　株主代表訴訟が提起される前には、株主から会社に対して、取締役等への責任追及等の訴訟提起を求める提訴請求があります。

　会社は、提訴請求から60日以内に、提訴請求の有効性、訴訟の勝敗予測、回収可能性、費用見込額等を考慮して責任追及等の訴訟を提起するか否かを判断しなければなりません（会社法847条1項）。訴えを提起しない場合は、提訴請求をした株主等から請求があれば、会社は遅滞なく不提訴理由を書面等で通知します。

●株主代表訴訟における和解の注意点

　株主代表訴訟では裁判上の和解をすることができます。裁判上の和解には、取締役の責任免除に総株主の同意を必要とする会社法424条が適用されません。したがって、和解当事者だけで取締役の責任を免除することもできます。ただし、会社が和解当事者となっていない裁判上の和解では、判決のようにその効力が当然に会社に及ぶのではなく、会社の承認が必要となります（同法850条）。会社が当該和解に異議を述べると、会社又は他の株主との関係においては裁判上の和解の効力は及びませんので注意が必要です。

（岸本寛之）

★業界：電子機器
◆判断場面：内部管理体制構築、役職員・グループ会社に対する監視・監督、不祥事対応

10　不正輸出等による関税法・外為法違反の罰金・制裁金が会社に科されたことによる損害につき取締役の責任が一部認められた事例－日本航空電子工業株主代表訴訟事件（東京地判平成8・6・20金融・商事判例1000号39頁）（控訴後、和解）

1 事案一覧表

原　告	株主（X社）
被　告	A社元代表取締役（Y1）、元取締役（Y2、Y3）
責任を問われた内容	戦闘機の部品等を関税法、外為法所定の各手続を経ずに不正に売却・輸出したことによる同法及び米国法違反で科された罰金・制裁金についての損害賠償責任
請求額 （請求内容）	50億円
賠償額 （判決内容）	元取締役Y3（航機営業本部長）：12億4752万円 元代表取締役Y1、元取締役Y2（航機事業部長）：各4140万円
	1　米国における和解内容：A社及び元従業員a・b・cは、米国コロンビア特別区連邦地方裁判所に、加速度計・ジャイロスコープの不正取引を対象とし

－100－

その他参考事項	て武器輸出管理法・国際武器取引規則違反の罪で起訴され、その後、米国司法省・国務省・商務省との間で司法取引が成立した結果、A社は、罰金1000万ドル、特別課徴金2000ドル、制裁金500万ドル、和解金420万ドルを支払うこととなった。

（和解金等の邦貨換算額：24億8030万円）

2　日本の刑事裁判の判決内容：平成4年4月23日、東京地方裁判所はA社に対して、ローレロンの不正取引を対象として、罰金500万円、Y1・Y2・Y3及び従業員一名に対して懲役2年、執行猶予3年の判決を下している。

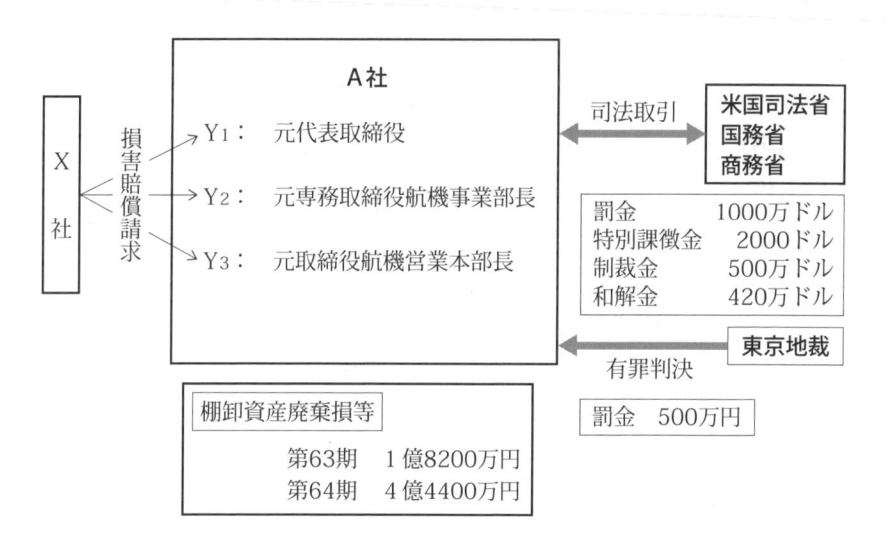

```
                    A社
                                        司法取引    米国司法省
X   損  → Y1: 元代表取締役          ←――――→   国務省
社   害                                              商務省
    賠  → Y2: 元専務取締役航機事業部長
    償                                    罰金      1000万ドル
    請  → Y3: 元取締役航機営業本部長     特別課徴金  2000ドル
    求                                    制裁金    500万ドル
                                          和解金    420万ドル

                                          ←――――   東京地裁
      棚卸資産廃棄損等                   有罪判決
       第63期   1億8200万円            罰金   500万円
       第64期   4億4400万円
```

2 事案の概略

①　A社は、航空、宇宙、海洋等の航行、飛翔に関連するシステム、機器、部品の開発、製造、販売等を目的とする株式会社である。

②　A社は、昭和59年3月28日から昭和61年9月30日までの間、関税

法・外為法に違反し、戦闘機に使用される加速度計及びジャイロスコープを、イランに向けて販売した。

③　A社は、昭和61年1月10日から平成元年4月4日までの間、関税法・外為法に違反し、サイドワインダーミサイルの部分品であるローレロンを、イランに向けて販売した。

④　A社株主は、これらの不正輸出により、A社に、東京地方裁判所における有罪判決による罰金、米国司法省との間で締結された司法取引契約に基づく罰金・制裁金等、売上の減少、棚卸資産の廃棄等で50億円を超える損害が生じたとして、当時の社長及び元取締役であるY_1、Y_2及びY_3に対して、旧商法267条・266条（会社法847条・423条）に基づき当該損害賠償を求めて株主代表訴訟を提起した。

―事件の経過―

S59.2頃　イラン向け加速度計・ジャイロスコープの不正取引を決定。その際、Y_3は航機事業部長代理として決定に関与。

S59.3.28　イラン向け加速度計・ジャイロスコープの不正取引を開始。

S61.1.10　イラン向けローレロン（サイドワインダーミサイルの部分品）の輸出を開始。

S61.6.27　Y_1、取締役（代表取締役副社長）に就任。
　　　　　　Y_2、取締役（航機事業部長）に就任。
　　　　　　Y_3、取締役（航機事業部次長）に就任。

S61.9.30　加速度計・ジャイロスコープの不正取引終了。

S61.11.26　Y_2、ローレロンの不正取引の事実を知り、新規契約をしないように指示。

S62.6.26　Y_1、代表取締役社長に就任。

S62.9.3　Y_2及びY_3が、Y_1に対して加速度計・ジャイロスコープの不正輸出及びローレロンの不正取引の事実について報告。Y_1は、加速度計・ジャイロスコープの不正取引の新規受注の中止、ローレロンの取引をできるだけ早急に処理することを指示。

H1.4　Y_3、ローレロンの不正取引が終了した旨の報告を受ける。

H3.9.4 米国司法省は、加速度計・ジャイロスコープの不正取引を対象として、Ａ社、ａ、ｂ及びｃを、米国コロンビア特別区連邦地方裁判所に、武器輸出管理法・国際武器取引規則違反の罪で刑事訴追を行った。また、米国国務省は、Ａ社に対して輸出ライセンスの一時停止処分を行った。

H3.9.13 東京地方検察庁は、ローレロンの不正取引を対象として、Ａ社、Y₁、Y₂、Y₃及び従業員１名を、関税法・外為法違反の罪で、起訴した。同年10月、通産省は、Ａ社に対して、全製品の輸出禁止処分を行った。

H4.3 Ａ社は米国当局との間の司法取引により、関係当局に対して当時の邦貨換算で約24億8030万円を支払った。

H4.3月期 第62期（平成３年４月～平成４年３月）において、輸出禁止処分に伴う棚卸資産廃棄処分損を含む12億2600万円の特別損失、32億8100万円の経常損失、39億2800万円の当期純損失を出した。

H4.4 東京地方裁判所において、関税法・外為法違反の罪で、Ａ社に対して罰金500万円、Y₁、Y₂、Y₃及び元従業員のａに対して執行猶予付きの懲役刑の有罪判決が言い渡された（その後確定）。

H4.7.29 Ｘ社は、平成４年７月29日到達の書面で、会社の監査役に対してY₁、Y₂及びY₃が「東京地裁で有罪となったことに関し」責任追及の訴えの提起を請求した（第１次提訴請求）。

H5.3月期 第63期（平成４年４月～平成５年３月）において、米国のライセンスの一時停止により出荷不能となった棚卸廃棄損を含む７億9300万円の特別損失、32億3000万円の経常損失、32億5500万円の当期純損失を出した。

H5.10 Ｘ社は、平成５年10月８日到達の書面で監査役に対して、加速度計・ジャイロスコープの不正取引について、Y₁、Y₂及びY₃の責任追及を求める提訴請求を行った（第２次提訴請求）。

3 裁判所の判断

① 関税法・外為法に違反して不正輸出を行うことは、会社の事業運営に重大な不利益・損害を及ぼす蓋然性の高い行為であるから、取締役としてこ

れを指示・承認することが取締役の善管注意義務・忠実義務に違反することは明らかである。

② Y₁及びY₂については、加速度計・ジャイロスコープの不正取引の事実を取引終了まで知らず、ローレロンの不正取引も終了間際まで知らなかった。これらの不正取引の事実を発見することができなかったことに対して、当該取引が取締役会の決裁事項・報告事項ではなく、かつ、従業員らによって秘密裡に進められていたことを考えると、通常の注意を払えば発見できたはずであるとは断定できず、不正取引を知った以降の取引のみについて責任を負う。

③ Y₃については、取締役就任前から、担当部署の次長又は部長代行として積極的に当該不正取引に関与しており、取締役就任後の加速度計・ジャイロスコープの不正取引及びローレロンの不正取引の双方について責任が認められる。

④ A社の損害の範囲については、事件発覚後の売上額の減少に関して、本件事件が影響していることが否定できないが、その減少額のうちどこまでの範囲が本件不正取引に起因するものであるか確定し難いことから、不正取引に起因する損害と認定することはできない。

⑤ A社が被った損害としては、ローレロンの不正輸出に対する罰金500万円（東京地方裁判所判決）、米国における加速度計・ジャイロスコープの不正取引に対する罰金、制裁金等24億8030万円（邦貨換算）、第63期において通産省の輸出禁止処分（加速度計・ジャイロスコープの不正取引及びローレロンの不正取引に対する処分）により生じた棚卸資産廃棄損1億8200万円、第64期において、米国におけるライセンスの一時停止（加速度計・ジャイロスコープの不正取引に対する処分）により出荷不能となった棚卸資産3億2700万円及び長期滞留棚卸資産1億1700万円である。

⑥ A社に与えた損害のうち、一部の者が原因事実の一部にしか責任がない場合においては、寄与度に応じた因果関係の割合的認定を行うべきである。

被告	責任の範囲	内訳
Y₁・Y₂	各4140万円	罰金500万円＋3640万円（第63期の棚卸資産廃棄損1億8200万円のうち2割）
Y₃	12億4752万円	罰金500万円＋9億9212万円（米国での制裁金等24億8030万円の4割）＋2億5040万円（日本における上記棚卸資産廃棄損の合計6億2600万円の4割）

4 判決の分析・解説

(1) 判決の分析

①　本判決の特徴は、会社の一部の者が行った不正取引を発見できなかったことに対する責任を認定するうえで、不正取引に当初から関与していた取締役以外の責任を限定したことにある。

本件不正取引が取締役会の決裁事項・報告事項ではなく、従業員らによって秘密裡に進められていたこと、本件不正取引が取引高・規模において目立つものではなかったことなどから、通常の注意を払えば発見できたはずであると断定できないとされた。

②　損害の範囲については、売上高の減少について、減少の事実に不正取引の発覚の影響があったことは認めたが、深刻な不況及び急激な円高の影響が大きいことも明らかであり、どこまで不正取引に起因するものか確定できないとして、売上高の減少による利益の喪失が会社の損害であるとのX社の主張を認めなかった。

そのうえで、不祥事に伴うライセンス一時停止等により直接生じることとなった棚卸資産廃棄損については、会社の損害であると認めている。

③　また、本件不正取引に関係がある取締役について、個々の取締役ごとに、関与の度合いを見極めて、寄与度の応じた因果関係の割合的認定を行うことが合理的であるとして、損害賠償責任を限定する認定を行った。

④　結果として、被告となった取締役の1人に対して、12億4700万円と

いう、高額の損害賠償責任が認められている。

⑤　なお、Y3は、取締役就任前から本件不正取引に関与していたことから、株主代表訴訟により追及しうる責任の範囲を取締役が会社に対して負担する一切の債務を含むとの説によると、取締役就任前の行為に基づく損害に対する責任も問題となり得たが、X社が、本件の対象を取締役就任後の責任に限定したため、判決ではこの点について言及していない。

(2)　判決が取締役の責任を認定するために重視した事情

各取締役が不正取引のどの時点でそのことを知ったか、その時点でどのような判断を行ったか、中止を命じたのか不正取引の継続を認めたのか等、きめ細かく事実認定している。そして、そのような事情を、前記のとおり、損害賠償責任の金額を定めるにあたって、考慮すべき事情としている。

5 会社・役員の注意点・対応策

(1)　取締役の善管注意義務

本判決では、不正輸出を知った時点で取引を中止せず継続したことがやむを得なかったとする一部の取締役の主張を認めず、かかる事情は、負うべき損害賠償責任の金額を定めるにあたり考慮しうるとしても、違法行為の露顕を防ぐために違法行為を継続することが正当化されるはずがなく、Y1、Y2及びY3の善管注意義務違反・忠実義務違反の判断に影響を及ぼすものではないとしている。

すなわち、取締役の任務には、法令を遵守して職務を行うことが含まれているところ、その法令には会社・株主の利益保護を目的とする具体的規定のみならず、公益の保護を目的とする規定を含むすべての法令が該当することから、これらの法令の違反行為も取締役の責任原因になりうることを意識する必要がある。

このほか、取締役には、法律違反の行為を発見した場合に、直ちにこれを中止するように指示するのみならず、このような事実を発見しなかった場合にも不作為による任務懈怠を問題とされることもありうることを念頭において、行動することが求められる。

(2) 内部統制システムの整備の懈怠

　大会社においては、取締役の職務の執行が法令・定款に適合することを確保するための体制（いわゆる内部統制システム）を整備することが、取締役の義務とされている。取締役が、本判決で問題になったような法令違反行為が行われたことについてまったく知りえない事情があったとしても、内部統制システムの整備の懈怠について責任を問われる可能性があることには留意が必要である。

　すなわち、代表取締役及び業務執行担当取締役が具体的な内部統制システムの整備・構築義務を負い、その他の取締役及び監査役は、内部統制システムの構築・運用状況について、監査する義務を負うことになる。

(3) 具体的な対応策

　このような法令違反の防止の徹底を図るためには、当該業務を専門に担当する部署を新設し、全社的に責任者を集めた法令遵守に関する会議体を定期的に開催する等、全社的に法令遵守の姿勢を示すとともに、従業員に対する研修等集合教育を実施し、又は、Ｅラーニング等時間的制約を受けない形での教育手段を準備するなど複数の手段を講じ、従業員レベルにおける法令遵守の意識の向上を図ることが求められる。

　その他に、従業員が法令違反等を発見した場合に、当該事象をためらわずに通報できるように外部機関（法律事務所等）に通報できる体制（ホットライン）を作るとともに、このような通報を行った者を不利益に扱わない制度を確立することも重要であろう。

CHECK LIST

事前予防措置

☐ 自社の業務に対応する法令について、使用人及び役員に対する教育の機会を十分に設けているか。

☐ 社内で法令違反を発見した場合、速やかにその事実を是正するために第三者機関等に連絡するルートが確保されているか。

☐ 社内で、定期的に不正あるいは違法行為を発見するための監査体制を設置しているか。

☐ 違法・不正な行為と疑わしき行為を発見した場合、徹底した調査を行うための準備をしているか。

☐ 弁護士等の専門家に、普段から、意見聴取をしているか。

事後対応措置

☐ 違法・不正な行為に対する分析を第三者機関に依頼したか。

☐ 分析結果に応じて、使用人・役員に対して再発防止の教育を行ったか。

☐ 違法・不正の行為を再発しないように、教育の体制を風化させない努力を継続しているか。

(松下洋也)

COLUMN

役員の行為が会社に与える影響

役員の職務の遂行に問題があった場合、会社に対して以下のような悪影響を与えることがあります。

●法人処罰

役員が粉飾決算に関わるなど犯罪を行った場合に、該当する法律に「法人処罰規定」が定められていれば、会社も罰金刑を負うことがあります。会社に対しては、しばしば数億円といった巨額の罰金刑が科されます。

●行政処分

役員が粉飾決算、談合などの問題となる行為を行った場合に、それが「組織ぐるみ」と捉えられると、所轄官庁など行政機関から、会社に対して、業務是正措置命令、業務停止処分、課徴金納付命令などの行政処分が下される可能性があります。是正措置に応じるために多額の費用を要したり、業務停止によって本来得られたはずの利益を失ったり、巨額の課徴金を支払わされたりすることにより、会社が莫大な損害を受けることもあります。

行政処分を受けた会社は、当分の間、公共入札に参加できなくなることもあり、公共事業からの収益の割合が大きい会社にとっては死活問題となります。

会社や株主が、それらの損害の賠償を求めて、役員個人を提訴することもあります（コラム「株主代表訴訟」参照）。

●レピュテーションリスク

役員の善管注意義務違反や犯罪行為などが発覚し、大きく報じられた場合、それまでに役職員が営々と努力し、ＣＭなど多額の費用をかけて築いてきた会社の信用・ブランドが失墜します。その結果、取引先から取引を停止されたり、消費者から不買運動を起こされる、求人活動の際に優秀な人材を確保できなくなるなど、会社に有形・無形の様々な悪影響が生じます。

（澁谷展由）

★業界：精密機器
◆判断場面：組織変更関係、外部への支出

11 子会社化した債務超過会社に増資したことにつき取締役の責任が認められた事例－日本精密事件

（さいたま地判平成22・3・26金融・商事判例1344号47頁）
（一部認容、控訴後和解）

1 事案一覧表

原　　　告	日本精密株式会社（以下「X社」という）
被　　　告	X社の元代表取締役、元取締役
責任を問われた内容	X社が、完全小会社化した債務超過会社に1億円の増資をしたことについて、取締役としての善管注意義務違反が問われた。
請　求　額 （請求内容）	1億1407万円
賠　償　額 （判決内容）	1億750万円

2 事案の概略

① X社はジャスダック証券取引所に上場する株式会社であり、当時の大株主はaであった。なお、aは、B社の重要な仕入先であり、B社に対する多額の債権を有していたC社の代表取締役を務め、D社の筆頭株主でもあった。また、Y2は、X社の取締役であると同時に、B社の代表取締役やD社の取締役も兼務しており、Y4も同様にB社の取締役を兼務していた。

-110-

1 製造業

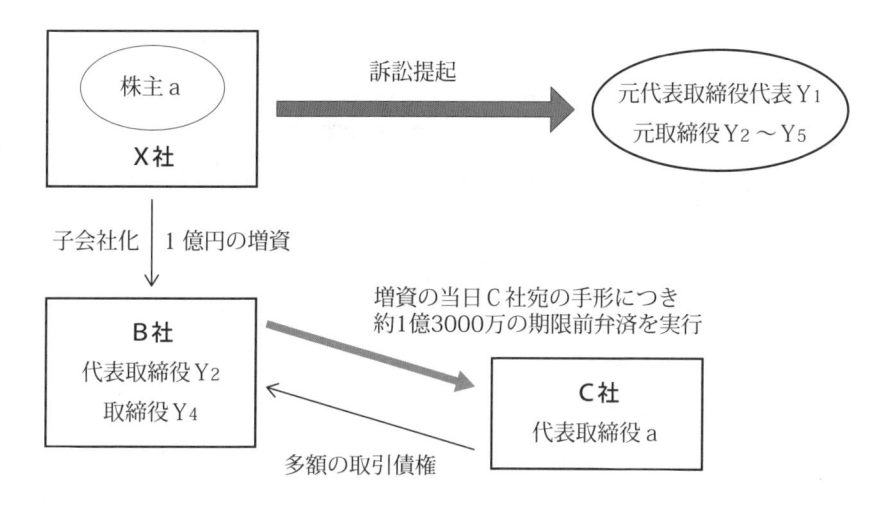

```
┌─────────┐     訴訟提起      ┌──────────────────┐
│ 株主 a   │ ═══════════════▶ │ 元代表取締役代表 Y1│
│   X社   │                   │ 元取締役 Y2～Y5    │
└────┬────┘                   └──────────────────┘
     │ 子会社化│ 1億円の増資
     ▼
┌─────────┐    増資の当日C社宛の手形につき
│  B社    │    約1億3000万の期限前弁済を実行
│代表取締役Y2│◀═══════════════┐
│取締役 Y4 │                 ┌──────────┐
└─────────┘                  │   C社    │
       ◀──多額の取引債権──── │代表取締役a│
                              └──────────┘
```

②　Y2は、平成19年1月17日開催の取締役会の了承の下に、X社によるB社の子会社化及び増資（以下「本件買収」という）の是非を検討するため、公認会計士に依頼し、B社の財務状況を調査させたところ、同年4月13日頃、帳簿上で2億2200万円の債務超過があること、同社株式の評価についてもいずれの手法で評価しても0円であること等を内容とする調査報告書を受領した。

③　平成19年3月、X社の筆頭株主が、aからeが理事会長を務めるF社に移転した。

④　Y2は、平成19年4月16日、X社の経営会議において、B社に1億円の増資をしたい旨提案したところ、経理担当取締役は、1億円程度の増資ではB社の財務状況は改善されないこと、X社の資金繰りに照らせば1億円の支出により資金ショートの危険性があること等を理由に反対した。

⑤　X社の監査役会は、平成19年4月27日、同社取締役会に対し、経営判断の観点から、資料が十分でなく、買収の必要性、相当性について取締役会の責任を問われるリスクがあることに危惧を示す意見書を提出した。

⑥　Y2から、平成19年5月1日、X社の臨時取締役会において、B社を子会社化することにより、X社内の開発グループの開発製品の販路を確保するとともに、その営業力を利用し、OEM体制から脱却を目指すことができ

ること等の説明をしたうえ、本件買収に関する議案を提案したところ、出席取締役のうち経理担当取締役を除く、Yら全員が賛成したため可決された。なお、この決議に際し、監査役会からは、取締役会としてB社買収の必要性、相当性を市場に合理的に説明できるかどうかが肝要である旨の意見が出され、取締役会を欠席した取締役g（現在のX社の代表取締役）からは1年後に再度分析し検討するべきとの意見が出された。

⑦　上記取締役会決議を受けて、X社は、平成19年5月1日、B社の発行済全株式を無償で取得するとともに、同日付けでB社に対し1億円の増資を行った。さらに、B社は、同日付けで、上記増資で得た金員等を原資とし、C社宛の振り出した手形計24通につき、総額1億3021万4501円の期限前弁済を行った。

⑧　X社においては、③以来その支配権を巡って被告らとF社との間で争いが続いていたが、平成19年6月28日に開催されたX社の株主総会において、Y₁らが取締役から退任するとともに、新たに代表取締役に就任したgやeらが取締役として選任された。

⑨　C社は、平成19年7月6日、再生手続開始決定を受け、B社は、平成19年8月10日、破産手続開始決定を受けた。

⑩　X社は、本件買収の取締役会決議に賛成したYらを相手とし、法令違反（特別背任）あるいは裁量逸脱により、取締役としての善管注意義務に違反したものとして、会社法423条に基づく損害賠償を請求した。

―事件の経過―

H19.4.13　X社が、公認会計士に依頼し、B社の財務状況を調査させたところ、B社の財務状態は債務超過で、同社株式の評価もいずれの手法で評価して0円であること等を内容とする調査報告書を受領した。

H19.4.16　X社の経営会議にて本件買収が提案されたが、経理担当取締役がB社の財務状況やX社の資金繰りを理由に反対した。

H19.4.27　X社の監査役会が、X社の取締役会に対し、本件買収について取締役会の責任を問われるリスクがあることに危惧を示す意見書を提出した。

H19.5.1 X社の臨時株主総会で本件買収に関する議案が提案され、出席取締役のうち経理担当取締役を除く全員が賛成し、可決された。同議案の提出に際し、監査役会からは本件買収について市場に合理性が説明できるかが肝要である旨の意見が出され、上記取締役会を欠席した取締役からは1年後に再検討すべきとの意見が出された。X社が、B社の発行済全株式を無償取得するとともに、B社に対し1億円の増資を行った。また、B社は、C社宛の振り出した手形計24通につき、総額1億3021万4501円の期限前弁済を行った。

H19.7.6 B社、再生手続開始決定。

H19.8.10 C社、破産手続開始決定。

3 裁判所の判断

(1) 経営判断の原則

実際の経営判断の当否が問題となった場合については、実際に行われた取締役の経営判断そのものを対象として、その前提となった事実の認識に不注意な誤りがあったかどうか、また、その事実に基づく意思決定の過程、内容が会社経営者として著しく不合理なものであったかどうかという観点から検討すべきものである。

(2) Y₂及びY₄の善管注意義務違反

①　X社が、自らも厳しい財務状況の中、1億円を出資して子会社化することについてはそのリスクは否定できず、堅実性に欠けるとはいえるものの、その後のSMJ第3事業部の業績に鑑みても、これを経営判断として著しく不合理であるとまでは断ずることはできない。

②　経緯や子会社化の対象をB社に絞ったことのみをもって、本件買収という意思決定を行うにあたっての過程が著しく不合理であるとまでいうことはできない。

③　B社のC社に対する依存度を考慮すると、B社の買収という経営判断の合理性を検討するうえでは、前提としてC社によるB社への支援が以後どの程度確実に期待することができるのかという点についての調査及び分析が

不可欠であり、その結果、Ｃ社による継続的な支援が期待できず、あるいは、Ｃ社の財務状況等に関する踏み込んだ情報収集がＹ2らの立場をもってしても困難であるというのであれば、Ｂ社以外の選択肢を検討するのが当然に期待されていた。

④　Ｙ2及びＹ4は、本件買収という経営判断の前提として、Ｂ社のＣ社に対する依存度を踏まえたＣ社の財務状況に関する事実認識の前提となるその調査及び分析を十分に行わなかった点において、不注意な誤りがあったというべきであり、善管注意義務違反が認められる。

(3)　Ｙ1、Ｙ3及びＹ5の善管注意義務違反

①　Ｙ2らから提供されたＢ社の財務、経営状況に関する情報のみをもって本件買収に至ることそれ自体については、経営判断として著しく不合理であるとまではいえない。

②　Ｙ1らは、そもそも、本件買収案件を主導するＹ2らが提供する情報にのみ依存して本件買収の意思決定を行なっているのであって、報告書の前提となったデューデリジェンスはＢ社の買収という経営判断にあたっての資料としては不十分であるというほかなく、Ｂ社について、中立的、第三者的な立場からの財務、経営状況等の把握、将来性等の検討が不十分であったといわざるを得ない。

③　Ｙ1、Ｙ3及びＹ5についても、本件買収という経営判断にあたっての事実認識の前提となる調査及び分析を十分に行わなかった点において不注意な誤りがあったというべきであり、善管注意義務違反が認められる。

4 判決の分析・解説

(1)　判決の位置付け

本判決は、経営判断の原則を示したうえで、本件買収について、Ｙらの意思決定の内容・過程が著しく不合理とはいえないとしつつ、事実認識の前提となる調査及び分析を十分に行わなかったという点において不注意な誤りがあったとして、取締役としての善管注意義務違反を認めたものである。

本判決に対しては、利益相反的・忠実義務違反の疑念がある事案におい

て、経営判断の原則の下で、「事実認識の不注意な誤り」という名目の下に事務違反が認定されたものと評価する見解がある。また、事実認識についての不注意の有無とその事実認識に基づく意思決定の過程、内容の当否を分けて判断している点については、両者は密接に結びついているものであり、一体のものとして経営判断の当否が問題とされるべき等を根拠に、本判決の法律構成には疑義を呈する見解も多い。

なお、本裁判においては、裁量逸脱による善管注意義務違反のほか、特別背任行為（会社法960条1項）による法令違反や利益相反取引による任務懈怠の推定（会社法423条3項3号）も主張されたが、いずれも排斥されている。

(2) 本判決が結論を導くうえで重視した事情

① Y2及びY4の善管注意義務違反

イ　B社の財務状況の認識に基づく判断の当否

意思決定の内容について、本判決は、「既にD社を子会社化していたX社が、サンワの商品ではあるが、自らが特許を有するグラフトン製品について独自の販路を確保することによりOEM体制から脱却し、さらに、連結での損益計算を改善して銀行融資の再開を目指すなどといった観点」を踏まえると、本件買収を経営判断として著しく不合理であるとまでは断ずることはできないと評価した。

意思決定の過程についても、本判決は、「Y2は平成17年夏ころから、Y4はそれ以前からB社の財務、経営状況をよく知り、その業務改善に当たり、そのうえで、B社を原告の子会社化の対象とするという判断をした」ことからすれば、B社のみを対象とした本件買収という意思決定を行うにあたっての過程が著しく不合理であるとまでいうことはできないと評価した。

ロ　C社の財務状況の認識

本判決は、本件買収という経営判断に際しては、「B社の今後の経営安定化という観点から、その支援を行うC社の財務、経営状況に関する調査及び分析が不可欠であった」と認定したうえで、Y2及びY4がC社の財務状況についての調査及び分析をまったく行っていなかったことをもって、事実の認識

に不注意な誤りがあったと評価した。

② Y1、Y3及びY5の善管注意義務違反

本判決は、「Y2らから提供されたB社の財務、経営状況に関する情報のみをもって本件買収に至ることそれ自体」については、経営判断として著しく不合理であるとまではいえないと評価した。

次に、本判決は、外部専門家に依頼した調査報告書の情報のみでは「B社の買収という経営判断に当っての資料としては不十分」であり、「取締役の責任を問われるリスクがあるとの厳しい意見」が寄せられていたことも踏まえると、Y1、Y3及びY5について、「B社について、中立的、第三者的な立場からの財務、経営状況等の把握、将来性等の検討が不十分であった」とし、事実の認識に不注意な誤りがあったと評価した。

5 会社・役員の注意点・対応策

債務超過会社を買収・救済する場合には、対象会社の財務・事業の状況の正確な把握に加えて、買収メリットを織り込んだ事業計画を踏まえた今後の再建可能性や収益性向上の見通し、今後の追加的な負担の可能性等を具体的に調査・検討し、当該買収・救済の必要性・合理性を説明する必要がある。

なお、本事例は、①債務超過会社の買収というだけにとどまらず、本件買収を検討する原告自身、Bの支援会社であるCのいずれも債務超過の状況にあったこと、②取締役について利益相反行為や背任行為を疑われ得る状況にあったこと（本件買収により直接的に利益を享受したのは増資資金により手形債務の支払を受けたC社であり、他方、本件買収を主導したY2らはC社代表取締役aと懇意にしており、C社の取締役を務めていた）、③経理担当取締役などから反対の意見が出され、監査役会からも本件買収により取締役の責任を問われる危険性について度々指摘がなされていたこと等、取締役の責任を肯定する方向に働くファクターが多かった事案である。

対象会社との関係や取引の内容如何では、本事例のように利益相反取引や背任行為を疑われるケースも想定され、かかる場合にはより外形的・客観的に買収による会社のメリットを説明する必要があろう。

CHECK LIST

内容について

●現状の把握

☐ 外部専門家に依頼する等して買収対象会社について調査し、現状やリスクを正確に把握したか。

●買収の必要性

☐ 買収対象会社を買収する必要性は何か。

☐ 買収対象会社にとって買収によるメリットは何か。

☐ 買収対象会社の今後の再建可能性や収益性の向上は見込めるか。

●財務上の負担

☐ 買収後に追加的な負担は発生する可能性はないか。

過程について

●手続

☐ 取締役会や経営会議などで審議・検討されているか。

☐ 弁護士や会計士等の外部専門家に意見聴取はしているか。

(三澤　智)

★業界：精密機器
◆判断場面：正しい情報開示、不祥事対応

12 純資産額を偽った連結貸借対照表を有価証券報告書に掲載した判断につき役員に有価証券報告書虚偽記載罪が成立するとされた事例－オリンパス事件（東京地判平成25・7・3公刊物未登載）（有罪確定）

1 事案一覧表

被告人	オリンパス株式会社（以下「Y1社」という）、Y2（元代表取締役社長）、Y3（元監査役）、Y4（元取締役副社長）
責任を問われた内容	有価証券報告書虚偽記載罪
判決内容	Y1社：罰金7億円 Y2：懲役3年、執行猶予5年 Y3：懲役3年、執行猶予5年 Y4：懲役2年6月、執行猶予4年 ※いずれの被告人も控訴せず本判決が確定（日経新聞平成25年7月18日電子版）
その他参考事項	【本件と関係する刑事訴訟】 ① 粉飾を指南したb、c、dが金融商品取引法違反罪、組織犯罪処罰法違反（犯罪収益の隠匿）の罪で起訴された（日経新聞平成25年7月2日朝刊）。 ② 英国重大不正捜査局が英国会社法違反でY1社及び子会社を訴追（Y1社平成25年9月4日リリース）。

精密機器

1　製造業

【本件と関連する民事訴訟】

① 米投資家がY1社及びY2を含む「新旧経営陣」に対し、損害賠償を求める訴訟をペンシルバニア州連邦地裁に提起（日経新聞平成23年11月17日夕刊）。Y1社は「和解金」「260万3500米ドル」で和解を合意（同社平成25年9月27日リリース）。

② Y1社が「旧・新経営陣」に対し、計36億1000万円の損害賠償を請求して提訴（日経新聞平成24年1月11日朝刊）。

③ Y1社は本件に関連し「国内外で計21件」「請求額……計519億円」の訴訟を提起された（日経新聞平成25年7月17日朝刊）。

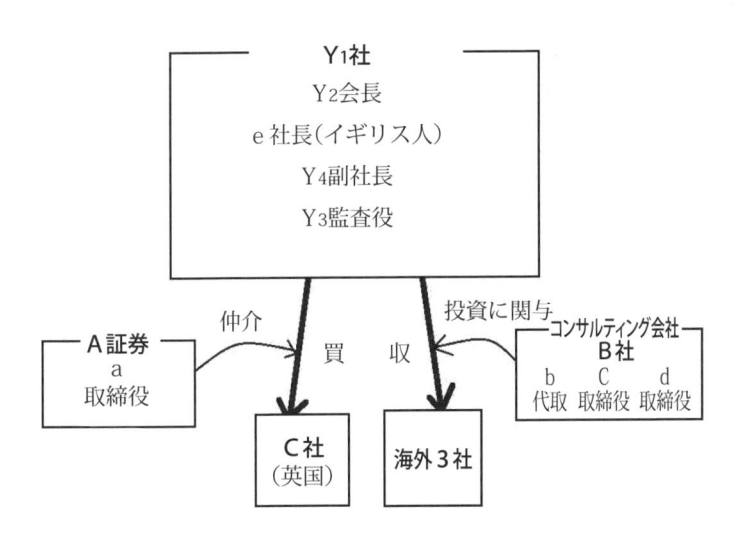

```
                    ┌──────────────┐
                    │    Y1社      │
                    │   Y2会長     │
                    │ e社長(イギリス人)│
                    │   Y4副社長    │
                    │   Y3監査役    │
                    └──────────────┘
                       ↙ 仲介  投資に関与 ↘
┌─A証券─┐           買    収        ┌─コンサルティング会社─┐
│   a   │                            │    B社            │
│ 取締役 │                            │  b   C   d       │
└───────┘                            │ 代取 取締役 取締役 │
         ↘      ┌─────┐  ┌─────┐  └──────────────────┘
                │ C社 │  │海外3社│
                │(英国)│  └─────┘
                └─────┘
```

❷ 事案の概略

本件は、Y1社の元会長Y2、元監査役Y3、元副社長Y4が、外部証券会社の者、外部コンサルタント会社の者と共謀のうえ、平成19年3月期から平成23年3月期までの5期にわたる有価証券報告書に虚偽の純資産額を計上

―119―

した連結貸借対照表を掲載したとして、Y₂、Y₃、Y₄及び法人としてのY₁社が有価証券報告書虚偽記載罪について有罪とされた事案である（旧証券取引法197条1項1号・207条1項1号・24条1項1号、金融商品取引法197条1項1号・207条1項1号・24条1項1号）。

―事件の経過―

H8頃まで Y₁社は、バブルの崩壊や金融商品投資の失敗により、金融資産の含み損約900億円を抱えていたが、海外の簿外ファンドや特別目的会社に損失を付け替える「飛ばし」を行うなどして、ほとんど財務諸表に計上していなかった。

H13.6.28 Y₁、代表取締役社長に就任。

H15頃まで Y₁社は、A証券会社（以下「A証券」という）取締役a、コンサルティング会社B社（以下「B社」という）代表取締役bなどの協力により、海外ファンド等を使った損失隠しを続けたが、その維持費用がかさんだことやさらなる投資の失敗などにより、簿外損失が約1176億円に上っていた。

H16.6.29 Y₃、取締役常務執行役員に就任。

H17～H20 Y₁社は、bらが運用していた海外ファンドを通じて投資した新規事業を含む3つの会社について、海外ファンドに取得させた株式をY₁社が著しい高額で買い取ることにより、海外ファンドに飛ばした損失の解消を図るとともに、3社の純資産額と買取価格との差額を架空の「のれん代」として資産計上。

H18.6.29 Y₄、取締役執行役員に就任

H19 Y₁社は、英国の医療機器メーカーC社を買収する際にaの会社にM&Aの仲介を依頼し、その報酬として株式オプション等を附与し、後にこの株式オプションに代わる配当優先株をY₁社が高額で買い戻すなどして、簿外損失の穴埋めをするとともに架空の「のれん代」を資産計上した。

H19.6.28 Y₃、取締役専務執行役員に就任。

H19.6.28 Y₂、Y₃、Y₄が、A証券のa、B社の代表取締役b、取締役c・

dと共謀し、Y₁社の平成18年4月1日～平成19年3月31日の連結会計年度の連結純資産額が約2324億5900万円であったにもかかわらず、損失を抱えた金融商品を簿外処理するなどの方法により、「純資産合計」を3448億7100万円と記載した連結貸借対照表を掲載した有価証券報告書を関東財務局長に提出（以下「本件第1行為」という）。

H20.6.27 Y₂、Y₃、Y₄が、a、b、c、dと共謀し、Y₁社の平成19年4月1日～平成20年3月31日の連結会計年度の連結純資産額が約2500億2900万円であったにもかかわらず、損失を抱えた金融商品を簿外処理するとともに架空ののれん代を計上するなどの方法により、「純資産合計」を3678億7600万円と記載した連結貸借対照表を掲載した有価証券報告書を関東財務局長に提出（以下「本件第2行為」という）。

H21.6.26 Y₂、Y₃、Y₄が、aと共謀し、Y₁社の平成20年4月1日～平成21年3月31日の連結会計年度の連結純資産額が約1208億5200万円であったにもかかわらず、損失を抱えた金融商品を簿外処理するとともに架空ののれん代を計上するなどの方法により、「純資産合計」を1687億8400万円と記載した連結貸借対照表を掲載した有価証券報告書を関東財務局長に提出（以下「本件第3行為」という）。

Y₃、取締役副社長執行役員に就任。

Y₄、取締役常務桎梏役員に就任。

H22.6.29 Y₂、Y₃、Y₄が、aと共謀し、Y₁社の平成21年4月1日～平成22年3月31日の連結会計年度の連結純資産額が約1713億7100万円であったにもかかわらず、架空ののれん代を計上するなどの方法により、「純資産合計」を2168億9100万円と記載した連結貸借対照表を掲載した有価証券報告書を関東財務局長に提出（以下「本件第4行為」という）。

H23.3.31 Y₂は代表取締役社長を、Y₃は取締役副社長を退任。

H23.4.1 Y₂、代表取締役会長に就任。Y₄、取締役副社長執行役員に就任。

H23.6.29 Y₂、Y₃、Y₄が共謀し、Y₁社の平成22年4月1日～平成23年3月31日の連結会計年度の連結純資産額が約1252億2500万円であったにもかかわらず、架空ののれん代を計上するなどの方法により、「純資産合計」

を1668億3600万円と記載した連結貸借対照表を掲載した有価証券報告書を関東財務局長に提出（以下「本件第5行為」という）。Y3、常勤監査役に就任。

H23.10.14 e代表取締役（英国人）、一部経営陣に対し辞任を要求（H23.10.19同社リリース）。

H23.10.14 Y1社取締役会、e代表取締役を解職（同日付同社リリース）。

H23.10.26 Y2、代表取締役会長を退任。

H23.11.1 Y1社、「第三者委員会」設置を発表（同日付同社リリース）。

H23.11.8 Y4、取締役副社長執行役員を退任。

H23.11.24 Y3、常勤監査役を退任。

H23.12.21 東京地検、警視庁、証券取引等監視委員会、X社に対し強制捜査（同日付同社リリース）。

3 裁判所の判断

(1) 有罪認定

本判決は、Y1、Y2、Y3による本件第1～第5行為について、有価証券報告書虚偽記載罪の共同正犯が成立するとして、Y1、Y2、Y3及び法人としてのY1社を同罪により有罪とした（刑法60条、金融商品取引法197条1項1号・207条1項1号・24条1項1号）。

(2) 情状についての争点の判断

① Y1社の「組織的犯行」か否か

法人としてのY1社の弁護人はY2、Y3、Y4ら「財務情報を独占していた少数の幹部が、取締役会等に正確な情報を隠して秘密裏に行った犯行である」と主張した。

しかし、本判決は「上場企業のトップが、取締役や多数の外部協力者と緊密に協議し、企業買収等高度の経営判断を悪用して行った犯行であり……組織的犯行といわざるを得ず」とした。

② Y2、Y3、Y4の本件行為は「やむを得ない現実的対応」だったか

Y2、Y3、Y4の弁護人は、「Y1社の債務超過による倒産を回避し、従業員

やその家族を守るために、Y2らが損失公表を先送りしたのは、経営者としてやむを得ない現実的対応だった」と主張した。

しかし、本判決は、そのような考えは「社会的責任を果たすべき大規模な公開会社の経営者としてあるまじきこと」として退けている。

(3) 被告人に不利な事情

① Y1社

「犯行の背景には、長期間にわたり」Y2、Y3、Y4ら「従業員からたたき上げの少数の幹部に重要な経営情報が集中し、経営を監視するはずの取締役会、監査役会等が形骸化していた……我が国の大規模な公開会社のガバナンスに重大な不信を抱かせた」

② Y2

「本件の発覚まで一貫して損失隠しを指示・了解し、最終的な責任者として本件犯行の意思決定を行った」

③ Y3

「一貫して財テクや資産運用を担当し……損失隠しに関与……Y3をはじめ部下に対し、損失隠しやその方策を検討させ、歴代社長に報告して了承を取り付け、また自ら外部協力者と打合せを行うなど重要な役割を果たした」

④ Y4

「損失隠しに関与……実務担当者として、外部協力者と緊密に打合せするなどして重要な役割を果たした」

(4) 被告人に有利な事情

① Y1社

イ 「損失隠し」発覚後に、事実関係を公表、第三者委員会による検証、有価証券報告書の訂正を行って実態解明に努めた。

ロ 関係者の責任追及を行って経営体制を刷新し、役員選任手続の透明化、経営執行に対する監督強化、コンプライアンス体制の再構築を行った。

ハ イ、ロの結果、上場維持につながり、結果として株主をはじめとする利害関係者のさらなる損失発生を食い止めた。

② Y2、Y3

イ 「最初に損失隠しを決定したのは選任の社長らであり、Y3は関与しておらず、Y4も指示に従った立場」。
ロ 「Y3が代表取締役となった」際には「既に……損失を飛ばす仕組みが構築され、簿外損失も約1000億円に達し、いわば負の遺産を知らずに引き継いでしまった」。
ハ 「個人的利得を図ろうとしたこと」はなかった。
ニ 損失を公表する方法を模索していた。
ホ 犯行を認め、第三者委員会調査にも協力。
③ Y4
イ 「Y2、Y3の指示に終始従っていた」という従属的な立場だった。
ロ 一貫して犯行を認め、有報の訂正、第三者委員会調査にも協力。

4 判決の分析・解説

本件では、各被告人は、有価証券報告書虚偽記載罪が成立すること自体は争わなかった。

本判決は、量刑判断の中で、以下の点に言及した点に特に意義がある。
① 本件犯行を「組織的犯行」と認定した。
② 倒産を回避するために粉飾を行うことについて「やむを得ない現実的対応とはいえない」と認定した。
③ 不正発覚後に事実解明の努力をすること、再発防止策を実施して「コンプライアンス体制の再構築」を行うことにより、刑が軽減されるとの判断を示した。

5 会社・役員の注意点・対応策

本判決が役員の刑事責任を認めた判断、量刑判断から、会社、役員が責任を負わないため、あるいは責任の軽減を受けるための以下のような注意点・対応策が導かれる。

(1) 行っておくべき不祥事の事前予防策

不正に関する情報を一部の経営陣が把握した場合に、取締役会、監査役会

に情報共有が行われる仕組みを整備する。

(2) 不祥事が発覚した場合に行うべき対応策
① 不正の発覚した場合、調査のうえ事実関係の公表を行う。
② 不正に関して、第三者委員会など第三者性の高い外部者へ事実の検証を委嘱する。
③ 有価証券報告書虚偽記載が行われた場合、発覚後、速やかに有価証券報告書の訂正を行う。
④ 不正に関与した者の責任追及を行う。
⑤ 経営陣による不正であった場合、役員選任手続の適正化や執行部に対する監査統制の強化などコンプライアンス体制の再構築を行う。

CHECK LIST

不祥事の事前予防策

☐ 不正に関する情報を一部の経営陣が把握した場合に、取締役会、監査役会に情報共有が行われる仕組みとなっているか。

不祥事が発覚した場合の対応策

☐ 不正の発覚後、事実関係を公表したか。

☐ 第三者委員会など第三者性の高い外部者による事実の検証を行ったか。

☐ 有報虚偽記載の場合、発覚後、有報の訂正を行ったか。

☐ 不正に関わった者への責任追及を行ったか。

☐ 経営陣による不正であった場合、役員選任手続や経営執行への監査統制の強化などコンプライアンス体制の再構築を行ったか。

(澁谷展由)

★業界：金属製品
◆判断場面：品質・安全、不祥事対応

13 修理業者による不正改造が原因で発生した人身事故につき当該機器を販売した会社の取締役に業務上過失致死傷罪が成立するとされた事例－パロマ事件（東京地判平成22・5・11）（刑事・有罪確定）

1 事案一覧表

被 告 人	代表取締役（Y1）、取締役（Y2）
責任を問われた内容	湯沸器の点検・回収等の措置を講じなかった過失
判 決 内 容	パロマ工業株式会社（以下「A社」という）及び株式会社パロマ（以下「B社」という）の元代表取締役であるY1に対して禁固1年6月 A社の元取締役品質管理部長であるY2に対して禁固1年
その他参考事項	本件事故は、平成18年の消費生活製品安全法の改正や平成21年の消費者庁の設置に影響を与えたといわれている（同判決のコメント判例タイムズ1328号243頁）。

2 事案の概略

① A社は、昭和55年から平成元年までの間、本件湯沸器（後述⑤の死傷事故を起こした際問題となった湯沸器）と同じ構造の湯沸器を7種類（以下「7機種」という）販売した。

1 製造業

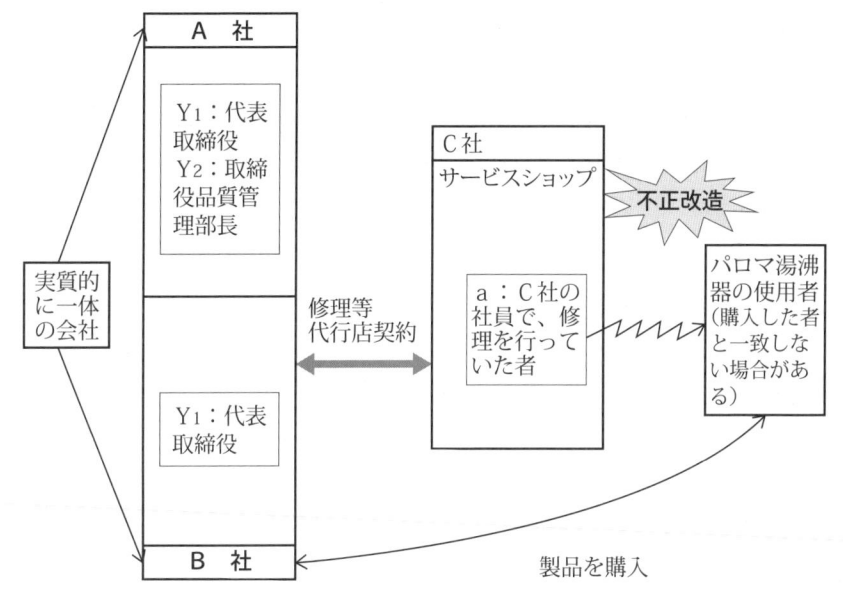

[図：A社（Y1：代表取締役、Y2：取締役品質管理部長）とB社（Y1：代表取締役）は実質的に一体の会社。A社・B社とC社（サービスショップ）は修理等代行店契約。C社の社員aが修理を行っていた者で、不正改造を行い、パロマ湯沸器の使用者（購入した者と一致しない場合がある）へ。B社は製品を購入されパロマ湯沸器の使用者へ。]

② 昭和57年6月頃、B社が本件湯沸器を販売し、それがZマンション1階に設置された。(A社とB社とは実質的に一体の会社と認められるので、以下併せて「AB両社」という)

③ AB両社ブランドのサービスショップの1つであるC社の従業員のaが平成7年12月30日にZマンション1階に設置されている本件湯沸器を修理した。その際、強制排気装置が作動しないときでも点火・燃焼可能とする改造（以下「短絡」という）を行った。

④ 平成13年1月5日頃までに、AB両社の代表取締役であるY1（被告人）とA社取締役Y2（被告人）においては、既に多くの短絡がされた7機種が存在する可能性と新たな短絡が今後行われる可能性を認識していた。

⑤ 平成17年11月27日、Zマンション1階で本件機器を使用していた2名が不完全燃焼が原因の一酸化炭素中毒により死傷した。

⑥ 平成19年12月11日、刑法（平18法36号改正前）211条1項前段違反の疑いで、検察庁はY1及びY2を起訴した。

―事件の経過―

S55 A社が本件湯沸器と同じ構造の7機種の販売を開始。

S56.3.11 Y₁が、Ａ社及びＢ社の代表取締役社長に就任（平成19年1月31日まで）。

S57.6 本件湯沸器をＢ社が販売し、それがＺマンション１階に設置された。

H2.4.1 Y₂がＡ社の取締役品質管理部長に就任（平成14年8月31日まで、再度平成17年4月1日〜平成19年5月31日まで同業務に従事）。

H7.12.30 ＡＢ両社ブランドサービスショップの名称を用いてＡＢ両社製品の修理等を行っていたＣ社従業員のａが、Ｚマンションの本件湯沸器のコントロールボックスの修理に出向き、短絡を行った。

H13.1.4 （昭和60年1月6日頃からこのときまでの間）７機種の使用により13件の一酸化炭素中毒による死傷事故が発生し、15名が死亡しており、13件中12件で短絡が確認された。ＡＢ両社は、これら事故の発生と原因に関する情報を入手していた。

H17.11.27 Ｚマンションにおいて、ｂ及びｃが本件湯沸器を使用し燃焼させた際に、強制排気装置が作動しない状態であったので、一酸化炭素中毒により、ｂは死亡し、ｃは入院加療49日間を要する傷害を負った。

＜以下、事故後の経過＞

H18.7.6 経済産業省は、警視庁から７機種について事故の照会を受けたことを契機として、省内の記録を確認し、Ａ社に対し、７機種の点検・回収、原因究明を指示。

H18.7.18 Ａ社は、７機種につき、無償で回収することを発表。

H18.8.28 経済産業省は、Ａ社に対し、法令（消費生活製品安全法）に基づく緊急命令を発し、７機種の点検・回収及び機器の点検を受けるよう消費者への注意喚起を行うことを命じた。

H19.4.1 ガス機器の定期保安点検の際の、強制排気式の燃焼器の「技術上の基準」に関して、ガス事業法施行規則等関連法規の改正が施行された。

3 裁判所の判断

(1) 事案の概要と争点

本件は、マンションの１室に設置された強制排気ガス湯沸器（本件湯沸器）

が、不正改造が原因で不完全燃焼を起こし、居住者（1名）ほか1名が一酸化炭素中毒により死傷した事故について、本件湯沸器を製造したA社及び販売したB社の代表取締役であったY₁とA社品質管理部長であったY₂の業務上過失致死傷罪に問われた事案である。

主要な論点は、①短絡事故の危険性があったか、②講じられるべき事故防止対策は何かとY₁らにとるべき義務があったか、③結果回避可能性と履行可能性があったか、④Y₁らにおいて短絡による死傷事故の発生の予見が可能だったかである。

(2) 短絡による事故の危険性について

裁判所は、短絡が簡単な作業でなされえたこと、多数の短絡が発見されていたこと、コントロールボックスの故障が短絡を生じさせる主原因だったこと、そのコントロールボックスの故障が相当数発生していたこと、短絡が相当数放置され、その使用に伴う死傷事故の危険が高かったことを認め、危険性を肯定した。

(3) 本件において講じられるべき事故防止対策の内容とY₁・Y₂のとるべき義務

裁判所は、事故防止対策を示し、被告人らの義務の存在を肯定した。まず、短絡を行ったのが被告らの会社従業員ではなく修理業者であったとしても、その短絡を是正する責任を修理業者に全て帰属させることはできないとし、Y₁及びY₂といったより上位の者（組織）によって事故防止対策が行われるべきだったと認めた。それらの具体的な事故防止対策としては、全国に向け使用者等に対し注意喚起をすることにとどまらず、全国に存在するすべての7機種を対象に短絡の有無を点検し、短絡されていた機器を回収する必要があったと認めた。

(4) Y₁・Y₂において事故防止対策による結果回避可能性や市販品において注意義務の履行可能性があったか

裁判所は、注意喚起の徹底のみならず、すべての7機種の点検・回収措置をとっていれば、本件事故の発生を回避できたとした。また、ＡＢ両社が販売した7機種の設置場所を相当高い割合で把握することができたことと、点

検回収措置において、ＡＢ両社の規模、同社のサービスショップに対する一定の指揮監督関係などに照らし、Ｂ社が市販した7機種についての履行可能性を肯定した。

(5) Y_1・Y_2において短絡による死傷事故の発生の予見が可能だったか

裁判所は、結果の予見可能性を肯定した。Y_1・Y_2は、過去の短絡事故の発生を理解していたことや、短絡の仕組みとその危険性、短絡が行われる過程、短絡の原因となるコントロールボックスの故障の頻度などにつき、その多くを認識しており、事故機以外の短絡事例が一定の割合で生じるものについても認識することができたと認めた。そうすると、全国各地に存在する7機種において、短絡された器具が残存し、新たな短絡がなされて、一酸化炭素中毒による死傷事故の発生も予見可能であったと認めた。

4 判例の分析・解説

(1) 判決の分析

本判決は、刑事過失責任を認めた事案において、第一次責任主体以外にも、過失責任を認める裁判例である。つまり、危険な短絡行為をした修理業者だけでなく、湯沸器の製造販売を行った法人においても、事故防止対策をすべきだったと判断された。

本判決は、本件のＡＢ両社のＹ$_1$・Ｙ$_2$は、その短絡が実際に容易に行われうるし実際に行われていることが容易に推測でき、短絡による死傷事故が発生する客観的危険性もあったと認定した。したがって、その防止対策をとる義務が、製造販売者であるＡＢ両社のＹ$_1$・Ｙ$_2$にあったことを認めた。

さらに、本判決が認めるＡＢ両社のＹ$_1$・Ｙ$_2$の注意義務内容つまり、とるべきだった防止対策は、湯沸器使用者等に対する注意喚起にとどまらず、製品の点検・回収の措置であった。

これは、製品そのものがそのままで引き起こす危険でなくても、改造された後に招く危険性について、製造した企業自身がその危険性を認識した場合にとるべき行動として参考となる事案である。

(2) 判決が取締役の責任を認定するために重視した事情

本判決は、取締役らの責任を認定する前提として、「短絡」という第三者である修理業者の行為が間に入っていることから、その行為と結果の間に立って、取締役らの責任が肯定できる事情を丁寧に認定している。

まず、その短絡事故の危険の発生が事実多くなされたこと、相当数発見されたこと、短絡が相当数放置され死傷事故の危険が高かったことから、客観的危険の存在を認定した。そして、もともとの製品にその短絡を生じさせる要因（コントロールボックスの故障）があったこと、短絡が容易だったことなどにも着目している。

次に、一般使用者等は、短絡の事実や危険性を知らないので、対策をとれず、危険防止責任を負担し得ない。修理業者においては、危険防止につき一時的な責任があったと認めた。つまり、修理業者は、危険な短絡を行ってはならないし、これを是正する義務があった。ただし、修理業者においては短絡をやめることなく行っていたし、既に問題の7機種が26万台以上販売されて、修理業者のみが新たな短絡をやめるだけでは、十分な対策といえなかった。既に短絡された機器が全国に存在しえたし、さらに新たな短絡の発生の危険もあったので、平成13年1月以降は、既に起こっていた短絡事故の再発防止のために、ＡＢ両社自身は、修理業者等に対応を委ねるのではなく、より上位の者（組織）として、事故防止対策をすべきであったと本判決は認めた。

(3) 当該業界特有の事情についての考慮の有無

本判決が、アフターサービス専門店（修理業者）に責任をすべて負わせるのでなく、製造業者であるＡＢ両社が注意喚起や回収といった責任を負うべきと認めるにあたり、業界の特有又は製品特有の事情（製品寿命が長いこと、アフターサービスの仕組みなど）の考慮があったといえる。

本件で問題になったガス湯沸器は、いったん販売した機器であっても、メーカーにおいて物理的にその存在場所を把握可能であったということや、湯沸し器特有の事情やメーカーと修理業者の繋がりが深いこと（一定の指揮命令関係があったこと）を認めている。

ガス湯沸器は購入した機器をいったん設置した後、メーカー自身でなく、各地にあるサービスショップなど修理技術を有する各業者が、その機器を点検・修理するのが普通である。ＡＢ両社に限らず大手ガス湯沸し器メーカーのホームページを見る限り、機器購入者は、メーカーに対して購入者として登録すると、全国に散らばるこれら業者をメーカーから紹介し、アフターサービスがなされる仕組みと見られる。

　本件において、ＡＢ両社製品の定期点検や修理をするアフターサービス専門店は、製造販売業者であるＢ社と代行店契約を締結している。本判決では、ＡＢ両社がアフターサービス専門店を通して修理や点検、ひいては、事故の発生について全国から情報を集めることができたことを、ＡＢ両社に事故防止対策の責任を認める際に考慮している。

　ガス湯沸器は、長期にわたって同一場所で使用することがほとんどであり、修理や点検の必要な機器においては、役務提供業者を通じて危険を把握でき、指導監督もできる。したがって、本件でも、短絡という改造の問題にも介入でき、それによって事故を防止できた可能性がある。本判決では被告人の注意義務に関して上記のような業界の事情の考慮を指摘したうえで、責任を認めている。

5 会社・役員の注意点・対応策

　本件から、学ぶべきは、間接的な原因で生じたリスクへの対応と事後対応の重要性である。本件のように、修理業者によって生じる新たな危険については、間接的ということと事前には予測していない点が問題である。

　メーカーは、間接的な原因であり、自身の製造物責任の発生させた危険ではない場合は、問題を先送りにし、受動的な対応をする傾向がある。しかし、本件でいえば、短絡が生じた原因が製品の故障にあったこと、もともとの製品の形状がその短絡を生じさせる原因だったことと、それが招いた結果の重要性を考慮すれば、そのような受動的な対応は不十分である。

　本判決が示すのは、その製品自体の危険性があれば、たとえ生じた事故について製品そのものが直接的な原因ではないとしても本件ならば点検回収を

もって対応すべきというメッセージである。発生している危険が人の健康や生命を害する危険があるとすれば、対応の緊急度は高いし、それを知ったときの製品メーカーの間接的な責任は重いと考えるべきである。

　さらに、製品販売後に知った危険への取組みの姿勢が重要である。会社取締役としては、事後に発生した企業のリスクに対して、積極的に迅速に取り組むことが重要である。既に事故が起きてしまった後では、企業は自らの評判を気にして対処が遅れがちになる。

　本件の場合において、もしもその決心をしたのならば、注意喚起を告知し、アフターサービス店を使って対象機種の点検を行い不正改造のあったものだけを回収するなどの柔軟な措置を取ることができたと見られる。

　企業としては、点検その被害の拡大を防ぐために現実的にできることは何かということを考え、迅速に判断して被害を最小限に食い止めることが必要である。

CHECK LIST

事前予防措置

●品質管理体制

- ☐ 消費者その他からの苦情を受け入れ、安全についての対策を行う窓口を設置しているか。
- ☐ 自社の関連する他のサービス団体や企業に対して、安全に対する啓蒙活動を行っているか。
- ☐ 安全性についてデータを定期的に収集しているか。
- ☐ 収集したデータを元に、リコールなどの必要な措置を迅速にとれるような体制を持っているか。
- ☐ 事故等の報告に対して原因追求及び適切な対応をすることについて、複数の者によるチェックがなされているか。
- ☐ 新製品の製品化前のみならず、製品化後も新たに安全の問題が発生していないか、チェックしているか。
- ☐ 品質の問題について啓蒙する社員教育を定期的に行っているか。

事後対応措置

- ☐ 損害回避に向けた対応策(製品点検、製品回収、マスコミへの公表、監督官庁への事後的な届出の要否等)について積極的に検討したか。
- ☐ 迅速な公表が求められる事情(人の生命、健康を害するべき事案ではないのか)について、消費者等の被害が及びうる者に対して速やかに告知を行ったか。
- ☐ 自社だけでなく、必要に応じて修理業者等の関係者も含めた不祥事の再発防止措置をとったか。

(吉武信子)

COLUMN

役員が負う可能性のある法的責任

役員の職務の遂行に問題があった場合、役員が個人として以下のような法的責任を負うリスクがあります。

●民事責任

役員は、会社から委任を受けた者として「善良なる管理者の注意をもって」職務を行う義務を負います。これを略して「善管注意義務」と呼ばれています。役員が「善管注意義務」に違反した結果、会社や第三者に損害を与えた場合、役員は、個人として、その損害を賠償する義務を負うことになります。

役員は、場合によっては数十億といった巨額の賠償金を負わされることもあります。法律は、職務遂行についての役員の責任は重いと考えているのです。

では、どのような場合に「善管注意義務」違反となるのでしょうか。

違法行為をした場合は当然のこと、違法とはいえないまでも、不合理な経営判断を行った結果、会社に損害を与えた場合、他の取締役の問題ある職務遂行を十分な監視・監督せず、是正努力もしなかった場合なども、善管注意義務違反となる場合があります。

「名前」を貸しただけで、実際には取締役としての職務を行っていないという取締役も稀にいますが、そのような取締役でも、監視・監督責任を負わされることがあります（本書・投資ファンド事件）。そのほか、事案によって、裁判所から善管注意義務をより具体化した義務を負っていたと認定される場合があります（本書・レックス事件）。

●刑事責任

取締役が、粉飾決算など犯罪とされる行為をしたような場合は刑事責任を負うことがあります。実刑判決となった場合は、上場企業の役員といえども、刑務所に収容されることになります。罰金で済んだり、執行猶予判決となった場合でも、いわゆる「前科者」ということになり、社会的信用が失墜しますので、社会で再度活躍することが非常に困難になります。

（澁谷展由）

★業界：製薬
◆判断場面：内部管理体制構築

14 臨床試験データのねつ造につき取締役の責任が否定された事例－日本ケミファ事件（東京高判平成3・11・28判例タイムズ774号107頁）

1 事案一覧表

原　　告 （被控訴人）	X社：製薬会社
被　　告 （控訴人）	Y1社：製薬会社 Y2：Y1社の代表取締役
責任を問われた内容	Y1社：フェンチアザク製剤の製造承認が円滑・確実に取得できるようXに協力援助すべき義務違反 Y2：データねつ造を防止する管理体制を確立せず放置した責任、社内でデータねつ造が行われていることを防止又は発見できなかったことにつき重過失責任
請　求　額 （請求内容）	Y1社、Y2：8億9723万5244円
賠　償　額 （判決内容）	Y1社：4億9115万3085円 Y2：請求棄却
その他参考事項	一審では、Y1社の債務不履行責任及びY2の重過失責任を認め、両者に対して7億164万3765円の支払を命じた。

1 製造業

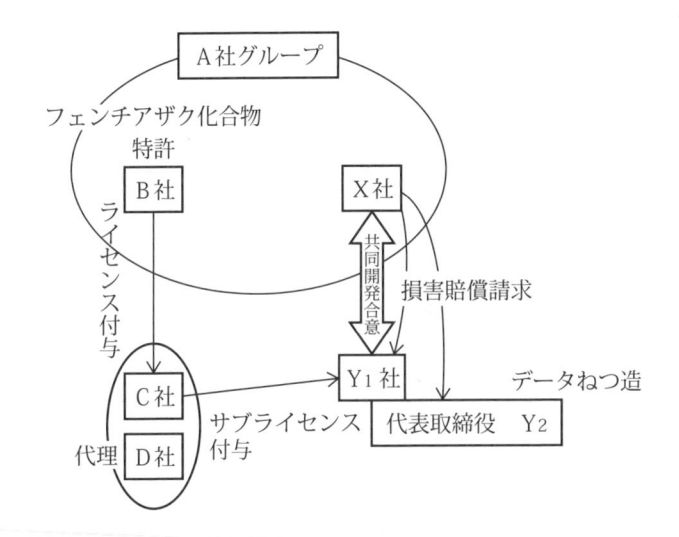

```
                A社グループ
フェンチアザク化合物
        特許
        B社          X社
ラ                    ↑
イ                    │共
セ                    │同
ン                    │開  損害賠償請求
ス                    │発
付                    │合
与                    │意
                      ↓
        C社 ────→ Y₁社        データねつ造
   代理       サブライセンス  代表取締役　Y₂
        D社      付与
```

2 事案の概略

① Y₁社は、訴外アメリカ法人A社の子会社であるBが日本において特許権を有するフェンチアザク化合物の使用に係る再実施権（サブライセンス）を取得するとともに、A社の別の子会社X社との間で、共同で日本においてフェンチアザク製剤の開発及び医薬品の製造承認申請を行うことに合意した。

② Y₁社及びX社は、上記共同開発の合意に基づき、Y₁社が主として担当した臨床試験の資料を用いて昭和56年5月にフェンチアザク製剤の製造承認申請を行い、同年12月に承認を受け、Y₁社は「ノルベダン」及びX社は「ドノレスト」の商品名でそれぞれ同製剤の販売を開始した。

③ ところが、昭和57年にY₁社が実施した臨床試験データがねつ造されたものであることが判明したため、「ノルベダン」の製造承認が取消しされ、同製剤と共通の資料を用いていた「ドノレスト」についても、製造販売停止及び回収命令が出された。

④ そこで、X社は、Y₁社についてX社との共同開発の合意に反して臨床試験を誠実に実施しなかったこと、及び試験データをねつ造して偽造データをX社に提供したという債務不履行に基づき、また、Y₂についてデータねつ造という不正が行われないよう従業員等を監督すべき義務を怠ったとし

― 137 ―

て旧商法266条ノ3（会社法429条）に基づき、約9億円の損害賠償を請求した（一審）。

⑤　一審では、Y₁社及びY₂に約7億円の支払を命じる判決が出された。なお、Y₁社は、データ等の提供契約に錯誤や事情変更があると反訴を提起したが、これは棄却された。Y₁社及びY₂は控訴。

―事件の経過―

S50.7　フェンチアザク化合物につき、A社の子会社Bが日本において特許取得。

S51.8　B社は訴外イタリア法人C社との間で同化合物使用の実施許諾契約を締結。C社は訴外スイス法人D社に、同化合物の再実施権を第三者に付与するサブライセンス契約締結に係る独占的代理権を授与。

S51.12　D社及びY₁社は、日本においてフェンチアザク製剤の製造・販売を行うための同化合物の再実施権をY₁社に付与する内容のサブライセンス契約を締結。

S52.3　Y₁社、X間で共同開発合意成立。

S55.5　X社、フェンチアザク製造承認申請。

S56.12　X社、フェンチアザク製造承認取得。

S57.2　Y₁社「ノルベダン」、X社「ドノレスト」発売開始。

S57.11　臨床試験データねつ造発覚、「ノルベダン」製造承認取消、「ドノレスト」製造販売停止・回収。

3 裁判所の判断

Y₂の取締役責任の有無について

(1)　Y₂の監督義務の内容

医薬品は人体に投与されるものであるから、所定の薬効が確保されるべきことはもちろん、その安定性の確保が特に重要であることはいうまでもない。また、一旦医薬品の副作用による薬害が発生すれば、製薬会社に対してもその責任が追及されることとなって、製薬会社の経営にも重大な影響を及ぼすこととなるのであるから、<u>製薬会社の代表取締役という責任ある地位に</u>

あったY2としては、その点に心を致し、人命にかかわることのあるべき新薬につきその製造承認を申請するに際しては薬事法の規定を遵守し、当該申請行為が適正に行われるよう担当取締役及び社員を常に監督し、いやしくもデータねつ造等という重大な不正行為が行われないよう管理体制を整備すべき義務があるというべきである。

(2) Y2の重過失の有無

本件のデータねつ造は、Y1社の開発部門の責任者の指示によって行われたもので、その数も5件203例と多く、また、過去にも同種の行為がなされたことがあり、Y1社の代表者であったY2の経営上の責任は大きいものがあると考えられる。

しかし、本件の全証拠をもってしても、Y1社が従前から会社ぐるみでデータねつ造等を行っていたとか、あるいはデータねつ造を助長又は黙認する体質であったとまでは認めることはできない。

新薬の開発にあたり、データねつ造等の不正が行われず又は右不正を看過しないよう社内の管理体制を整備すべきことは当然であるが、一般的な製薬会社の組織として、Y1社の当時の新薬開発管理の体制がねつ造等防止の点で同業の他社に比べて特に劣っていたと認めるに足りる証拠はない。

したがって、他に特段の事情の認められない本件においては、Y1社の開発部門で本件のデータねつ造が行われ、社内的にこれを防止又は発見できなかったことについて、代表取締役たるY2に職務執行上の重大な過失があると認めることはできない。

4 判決の分析・解説

(1) 共同開発について

新薬は、候補物質の研究、試験管内の試験、動物を使った試験、人に対する試験（臨床試験）等、様々な研究開発過程を経てその安全性及び有効性が確認されてはじめて承認されるものである。これら一連の活動には膨大なコスト及び専門的知識・経験等が必要となるため、製薬会社が他社と共同で研究開発を行うことは決して珍しくない。本件も、X社及びY1社は、フェン

チアザク製剤を日本市場で販売するため、共同で開発を行い日本における製造承認申請を行ったものである。

(2) 製薬会社の取締役の監督義務

本判決は、製薬会社の取締役の監督義務につき、上記3(1)に記載のとおり、データねつ造等という重大な不正行為が行われないよう管理体制を整備すべき義務があると示した。

(3) Y_2の責任

本判決は、Y_2について、データねつ造が組織的に行われていたこと、及びY_2がデータねつ造の事実を知っていたとまでは認められず、また、当時の新薬開発管理の体制がねつ造防止等の点で同業他社に比べて特に劣っていたと認めるに足りる証拠はないとしてY_2の職務執行上の重過失を否定した。一方、一審判決では、Y_1社においてデータねつ造が長期間にわたり広範かつ組織的に行われていたとしてY_2の重過失を認めていた。

① 組織的行為か否か

一審判決と本判決で結論が分かれたポイントは、ねつ造が組織的に行われていたかどうかの認定の違いと考えられる。この点、一審判決では、ねつ造件数が多いこと、及びY_1社においてドノレスト以外の医薬品についても承認申請用データのねつ造が行われていたことに着目して、長期的かつ組織的にねつ造が行われていたと推認している。これに対し、本判決では、他の医薬品のデータねつ造が表面化したのは、ドノレストのねつ造が発覚したことが契機となったとして、ねつ造が会社ぐるみで組織的に行われていたことを否定した。

② 管理体制の整備

また、本判決は、Y_1社の当時のねつ造等の不正防止・チェック管理体制の整備状況について、「一般的な製薬会社の組織として」他社と比べて劣っていなかったことも、Y_2の重過失を否定する理由としている。

しかしながら、現行薬事法下では、承認申請に用いられる資料の信頼性確保のため、当時は要求されなかった様々な制度が盛り込まれ、一般的な製薬会社の組織として求められる管理体制レベルも高まっているといえる。

したがって、本判決において取締役の重過失を否定する事情とされた管理体制の整備状況が、今日においては必ずしも十分な整備状況として通用するものではないことに注意を要する。

5 会社・役員の注意点・対応策

(1) 適用法令・業界自主規制の遵守

① 薬事法、ＧＣＰ省令

人に対する試験（臨床試験）は、動物に対する試験を経て一定の安全性・有効性が確認された後はじめて行われるものである。臨床試験のうち承認申請データとして用いるために行うものを「治験」という（薬事法２条16項）。治験の結果に基づき承認審査がなされるため、治験のデータは科学的妥当性及び正確性が確保されていることが大前提となる。本件のように治験データがねつ造されるようなことは、決してあってはならない。

治験データの科学的妥当性・正確性を確保するため、薬事法に基づき厚生労働大臣は基準（ＧＣＰ（Good Clinical Practice）基準）を定めている（医薬品の臨床試験の実施の基準を定める省令（ＧＣＰ省令））。

〔ＧＣＰ基準の具体的内容〕

イ　治験実施者に対して：治験実施の準備、管理に係る手順書の作成、専門家の確保（同令15条の２）

ロ　治験実施計画書の作成（同令15条の４）

ハ　製薬企業のように治験を医療機関に依頼する者に対して：治験実施者を実地においてモニタリングする義務（同令21条）及び監査する義務（同令23条１項）（モニタリング実施者と監査実施者は別の者に担当させなければならない（同令同条２項））

② 業界自主規制等

製薬企業70社（2013年４月現在）が加盟する日本製薬工業協会の行動憲章は、会員企業に対して高い倫理観をもった活動を求め、また、「医薬品の製造販売承認申請に際しては、関係法令、社内ルール、科学的妥当性に基づいて適切なデータの取扱いを行う」と規定する。上記に加え、各製薬企業は、適

用法令及び業界規制に従った企業活動が行われていることを確保するため、次の施策を講じている。

　　イ　自主規制の制定
　　ロ　従業員への法令遵守研修の実施
　　ハ　監査の実施等

(2) 他社と共同開発を行う際の注意点・対応策

　たとえ自社において法令等の遵守が徹底されていたとしても、共同開発の相手方に問題がある場合、本件のX社のように多額の経済的損害を被るばかりでなく、患者・医療関係者に多大な影響を与え、その結果、市場・社会の信頼喪失を招くリスクがある。そのようなリスクを最小限に抑えるためには、まず、契約交渉段階から、相手方の法令遵守状況について詳細調査（実地調査、書面調査等）を行い、共同開発の相手として適切か否かを確認することが重要である。

　次に、共同開発契約の中で、相手方に法令違反がないことの表明保証を求めるとともに法令遵守義務を課すこと、また、相手方を適宜監査する権限を確保することも重要である。

CHECK LIST

自社における対策

- ☐ 適用法令、業界自主規制等を遵守して研究開発が実施されているか。
- ☐ 内部監査制度を構築し、適切に実施しているか。
- ☐ 従業員に対して法令遵守及び倫理研修等の教育を行っているか。
- ☐ 問題発生時の対応マニュアル（経営トップ、当局及び各ステークホルダーへの迅速な連絡、再発防止策の策定等）を作成しているか。

他社と共同開発を行う際の注意点

- ☐ 相手方の過去の法令遵守違反の有無、再発防止対策の確認をしているか。
- ☐ 相手方の現時点の法令遵守体制の確認（相手方事業所での現地調査等）を行っているか。
- ☐ 共同契約において、相手方に法令違反がないことを表明保証させているか、法令遵守義務を課しているか。
- ☐ 共同契約において、相手方に対する監査権を設けているか。

（芳賀巳佳）

★業界：食品・飲料
◆判断場面：投資、融資（貸付、社債引受け）

15 関連会社発行のＣＰを引き受けたところ当該会社の倒産により会社が損失を被った場合にＣＰ引受けの決議に賛成した元取締役の責任が認められた事例－佐藤食品工業事件（名古屋高判平成25・3・28金融・商事判例1418号38頁）（上告不受理）

1 事案一覧表

原　　告 （被控訴人）	会社（X社）
被　　告 （控訴人）	元取締役2名（Y1、Y2）
責任を問われた内容	善管注意義務違反、忠実義務違反（会社法423条1項）
請　求　額 （請求内容）	原審における被控訴人（会社）の控訴人らに対する請求は、被告らは、会社に対して、連帯して14億8910万9589円のうち3億円を支払えというもの。
賠　償　額 （判決内容）	Y1及びY2は、会社に対して、連帯して14億8910万9589円のうち3億円の支払義務を負う。
その他参考事項	・原審ではＣＰの引受決議に賛成した元取締役6名に対して損害賠償請求が行われ、2名に対する請求が認められ、2名に対する請求は棄却された（残り2名は原審にて訴訟上の和解が成立した）。 ・控訴審では元取締役2名による控訴が棄却された

－144－

1 製造業

```
┌─────────────────────────────────────────────────┐
│                    S社CP引受け                   │
│  ┌───┐ ─────────────────────────→  ┌───┐        │
│  │S 社│                              │X 社│        │
│  └───┘ ←─────────────────────────   └───┘        │
│    │        14億9010円払込            │           │
│    │100%                    損害賠償請求│          │
│    ↓                              ↓             │
│  ┌───┐         50.41%         ┌─────────┐       │
│  │T₁社│ ─────────────────→    │ Y₁～Y₆  │       │
│  └───┘                         │X社取締役 │       │
│    │ 株式譲渡                   └─────────┘       │
│    ↓                                             │
│  ┌───┐   100%    ┌───┐                          │
│  │T₂社│ ──────→  │J 社│                          │
│  └───┘           └───┘                          │
│    │ 株式譲渡                                     │
│    ↓                                             │
│  ┌───┐                                           │
│  │T₃社│                                          │
│  └───┘                                           │
└─────────────────────────────────────────────────┘
```
（残り2名とは訴訟上の和解が成立した）。

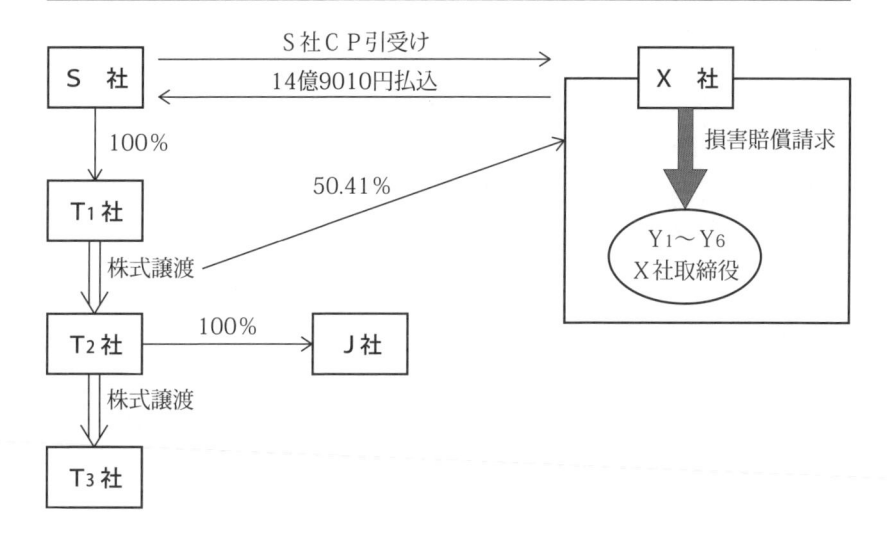

2 事案の概略

① 平成20年12月15日、佐藤食品工業株式会社（以下「X社」という）にて取締役会が開催され、X社において今後いかなる資産運用も行わない旨の決議が行われた。

② 平成21年1月16日、X社にて取締役会が開催され、S社のCP15億円を引き受ける旨の決議がなされ、平成21年1月19日、X社はS社に14億9010万円を払い込んだ。

③ 平成21年4月21日、S社の破産手続開始決定。

④ その後、X社が、元取締役らに対して、忠実義務違反・善管注意義務違反の責任（会社法423条1項）があるとして、会社に対する損害賠償を求めたのが本件である。

X社は各種食品の研究並びに製造販売等を目的とする株式会社である。S社は商業手形の割引業務、資金の貸付業務、ファクタリング業務等を営むこと等を目的とする株式会社である。T₁社はS社の100％子会社である。T₂社はS社が41.29％の株式を保有するS社の子会社である。T₃社はS社の

100%子会社である。J社はT₂社の100%子会社であり、S社の子会社である。

―事件の経過―

H16.6頃 T₁社が市場においてX社の株式を買い集める。

H19.3.31 T₁社の持株比率が31.9%となる。

H19.4.6 X社取締役会にて天然調味料製造のため42億円を投資して第3工場第2期工事を行うことが決議された。

H19.6.28 Y₃及びY₄がX社の社外取締役に就任した（S社の推薦による）。

H19.8.13頃 T₁社の持株比率が37.72%となる（X社による「申込期間平成19年6月25日～7月17日、払込期日8月13日、普通株式202万8000株、発行価額1株2500円、発行価額総額50億7000万円とする株主割当方式による新株発行」に応じて、T₁社は64万6470株を申し込み、全額支払った。なお、最終的に16億5781万9250円しか調達できなかった）。

H19.8.30 T₁社の持株比率が50.41%となる（X社による「申込期間・払込期日平成19年8月30日、普通株式190万株、発行価額1株1935円、発行価額総額36億7650万円とする第三者割当方式による新株発行」に応じて、全株式がT₁社に割り当てられた。最終的に36億5811万7500円が調達された）。

H19.9.12 X社取締役社長Y₅及び取締役専務Y₆が、「第3工場第2期工事の着工まで期間があるとの理由」で「新株発行によって調達した52億円にX社保有の余剰資金を併せた100億円を、T₁社のＣＰや社債などで短期運用する旨を記載した書面」を、X社の取締役と監査役に送付し、全員がこれに賛成する書面をX社に返送し、その旨の取締役会決議がなされたとみなされた。

H19.9 X社は、T₁社のＣＰ10億円（期間1か月）、ＣＰ25億円（期間3か月）、無担保普通社債65億円（期間12か月）を購入し、ＣＰは期限までに償還され、無担保普通社債は平成20年3月31日に繰上償還された。

H19.12.6 T₁社からT₂社にX社の株式が譲渡された。

H19.12.26 T₂社からT₃社にX社の株式が譲渡された。

H20.4.7 X社はS社のＣＰ15億円（期間：平成20年4月8日～7月8日、利

率1.5%）を引き受け、支払った。

H20.4.10 X社取締役会が開催され、J社発行の社債を購入する決議をした。この際、S社代表取締役o作成のS社がJ社の債務を保証する旨の覚書、及びJ社作成の同社の業務内容や財務内容を記載した書面が資料として配付された。Y3は取締役会に出席のうえ、賛成した。Y4は取締役会に出席しなかった。

H20.4.15 X社はJ社に対して、社債の代金として50億円支払った。X社とS社の間で、S社がJ社の社債償還債務を保証する旨の合意がなされた。

H20.6.27 Y1及びY2がX社の取締役に就任した（Y1は平成8年頃S社取締役に就任し、平成21年1月16日当時はS社の取締役副会長の職にあった。Y2は平成20年10月24日にS社の取締役に就任し、平成21年1月16日当時はS社の取締役の職にあった。いずれも、S社からの派遣によりX社の取締役に就任した）、Y3及びY4がX社の社外取締役として再任された（Y4は、平成10年4月24日から平成19年5月25日までS社の監査役に就任するとともに、平成11年8月21日から平成20年3月31日までJ社の監査役も兼任していた。なお、J社はS社の100%子会社であり、平成20年8月1日にM社に商号変更の後、平成21年3月10日にMH社に商号変更した）。

H20.7.8 X社はS社のCP15億円（期間：平成20年7月8日〜8月8日、利率1.5%）を引き受けた。

H20.8.6 X社はS社のCP15億円（期間：平成20年8月6日〜9月8日、利率1.5%）を引き受けた。

H20.9.5 X社はS社のCP15億円（期間：平成20年9月5日〜10月9日、利率1.5%）を引き受けた。

H20.10.6 X社はS社のCP15億円（期間：平成20年10月9日〜10月16日、利率1.5%）を引き受けた。

H20.10.21 X社はS社のCP15億円（期間：平成20年10月22日〜10月29日、利率1.5%）を引き受けた。

H20.10.31 X社はS社のCP15億円（期間：平成20年10月31日〜11月5日、

利率1.5%）を引き受けた。

H20.11.11　X社はS社のCP15億円（期間：平成20年11月11日〜12月10日、利率1.5%）を引き受けた。

H20.12.5　J社からX社に対して10億円の一部償還。

H20.12.8　X社で取締役会が開催され、以後の借換えを行わないことを条件に、平成20年11月11日のCP15億円の借換えとして、S社のCP15億円（期間：平成20年12月8日〜平成21年1月7日）を引き受ける旨の決議を行い、CPを引き受けた。なお、この決議は取締役全員の同意の下、みなし決議の方法で成立した。

H20.12.15　X社にて取締役会が開催され、X社において今後いかなる資産運用も行わない旨の決議が行われた。Y_1及びY_2は取締役会を欠席したが、出席取締役の多数の賛成で決議が成立した。Y_1及びY_2は決議後も反対を表明しなかった。

H21.1.16　X社にて取締役会が開催され、平成20年12月8日のCP15億円の借換えのため、S社のCP15億円（期間：平成21年1月19日〜3月18日、利息なし）を引き受ける旨の決議を行った。Y_2の提案に係る決議であり、Y_1、Y_3、Y_4は決議に賛成した。なお、決議に際しては、Y_2からCP引受けに関する資料が提出され引受けに向けた説明がなされるとともに、Y_4も引受けが適切である旨の説明を行った。なお、その頃　KE社（M社及びS社の株式52.9%保有）は、X社に対する保証書を交付した。

H21.1.19　X社は16日の決議に基づきS社に14億9010万円を払い込んだ。X社からJ社に対して社債残額40億円を同年3月末までに全額繰上償還するよう請求するも、償還されず。

H21.2.23　S社が東京地方裁判所に民事再生手続の申立を行った。

H21.2.24　民事再生手続開始決定。

H21.2.26　X社はM社に対してCP保証債務の履行を求める訴えを東京地裁に提起。

H21.2.27　Y_1・Y_2・Y_3・Y_4がX社の取締役を辞任した。

H21.3.16　関東財務局によりJ社の貸金業登録取消処分。

H21.3.24 民事再生手続廃止決定。

H21.4.21 Ｓ社の破産手続開始決定。

3 裁判所の判断

(1) Y₁らの善管注意義務違反

① Ｘ社取締役会は、Ｓ社グループの債務償還能力に対する強い懸念から、ＳＣＰの引受けはＸ社の資金運用方法として不相当であり、今後はＳ社からの融資要請を断るのが相当であるとの経営判断を明らかにした。

② にもかかわらず、ＳＣＰを引き受けるためには、引受けの必要性、安全性が厳密に検討されるべきであって、Ｓ社の償還能力を積極的に肯定するに足りる特段の事情が認められない限り、本件ＣＰ引受けに賛成することは、Ｘ社の取締役としての善管注意義務に違反する。

③ ②の判断はＸ社取締役全員に均しく当てはまるというべきであり、Y₁及びY₂がＳ社の取締役を兼ねており、一般には知られていない同社の内部事情を認識する機会があったことを責任の加重要素とするものではない。

④ 本件運用禁止決議と相反する本件ＣＰの引受けにつき、これを相当とする特段の事情があったとは到底いえず、控訴人らが、事前に協議したうえで本件ＣＰ引受決議を提案し、賛成したことは、Ｓ社の本件ＣＰの償還能力が強く懸念され、Ｘ社において債権回収不能による損害を被るおそれがあることを十分に予見しながら、その引受けを推進したものとして、Ｘ社の取締役としての善管注意義務に違反するものというほかない。

(2) Y₁らの善管注意義務違反とＸ社の損害との因果関係

Y₁らがその善管注意義務違反により本件ＣＰ引受決議に賛成したことと、本件ＣＰの償還不能によるＸ社の損害との間に相当因果関係があることは明らかである。

4 判決の分析・解説

(1) 判決の分析

本判決は、Y₁らの善管注意義務違反の有無を判断するに際して、Ｓ社が

倒産に至る経緯、Ｓ社が倒産直前に行った債権者を害する否認行為、Ｓ社グループの信用格付け、Ａ社によるＴＯＢの状況、Ｘ社の資金運用に関する方針、ＣＰ引受決議に至る経緯等につき詳細に事実認定したうえで、Y₁らの善管注意義務違反の有無を判断した。

本判決は、善管注意義務を判断するに際して裁判所がいかなる事実に注目したのかを知るうえで意義を有する。これとともに、「Ｓ社からの融資要請を断るのが相当である」との経営判断を示しておきながら、この運用禁止決議を覆すに足りる特段の事情が認められないにもかかわらずＳ社の融資要請に応じたY₁らの判断が善管注意義務に違反するとの判断枠組みを示した点も意義を有している。

なお、本判決に対しては上告受理申立が行われたが、最高裁判所は上告受理申立不受理の決定を行った。本判決が示した認定事実及び判断枠組みは、会社役員の善管注意義務違反を判断するうえで参考になると思われる。

(2) 判決が取締役の責任を認定するために重視した事情

Y₁らの善管注意義務違反の有無を判断する前提として本判決が摘示した事実は、Ｓ社が倒産に至る経緯、Ｓ社が倒産直前に行った債権者を害する否認行為、Ｓ社グループの信用格付け、他社によるＴＯＢに関する経緯、Ｘ社の資金運用に関する方針、ＣＰ引受決議に至る経緯等であった。

そして、「ＳＦＣＧは客観的に見れば、業績の拡大と比例するように、その取立方法等を巡り社会的非難にさらされていたところ、借主からの過払金返還請求の増加やサブプライム・ローン問題により、経営が相当苦しくなっていく中で、リーマン・ショックを契機とする急激な金融収縮の影響により資金繰りが悪化し」たとして、Ｓ社が支払不能状態に陥っていた時点を「遅くとも平成20年10月末時点」と認定した。そのうえで、Ｘ社における運用禁止決議を、「実質的にみて、ＳＦＣＧグループの債務償還能力に対する強い懸念から、同ＣＰの引受けは被控訴人の資金運用方法として不相当であり、今後は、被控訴人の資金繰りを理由としてＳＦＣＧからの融資要請を断るのが相当であるとの経営判断を明らかにしたものといえる。」と認定した。

特段の事情の有無については、ＣＰ引受決議を行った取締役会での配付資

料及び引受けの提案理由の具体的説明内容を踏まえ、「本件ＣＰを引受ける必要性や安全性が十分に説明されたとは到底いえない。」とした。また、Ｓ社のｏ会長作成に係る文書（Ｓ社がＪ社の債務を保証する旨の覚書）についても、償還は確実であるとはいえないと認定した。

5 会社・役員の注意点・対応策

本判決は善管注意義務違反の有無を判断するため、以下の諸事実を前提とした。本判決の判断内容や認定事実からは、会社役員が善管注意義務違反を問われるか否かに関し、以下のような注意点・対応策が導かれるであろう。

(1) 融資等の対象会社の置かれた事業環境と財務状況を調査・把握すること

Ｓ社が倒産に至る経緯については、Ｓ社ｏ会長が保有するＳ社の株式割合、Ｓ社に対する業務停止処分、Ｓ社の純利益の状況、Ｓ社の資金調達状況、サブプライム・ローン問題やリーマン・ショックがＳ社の事業に及ぼした影響、国内外の金融機関のＳ社に対する新規融資の撤退状況等を摘示した。このことから、他社に融資や社債・ＣＰ等の引受けを行う際には、対象会社の置かれた事業環境と財務状況を調査・把握しておくことが必要となる。

(2) 対象会社の動向を調査・把握すること

判決は、Ｓ社の倒産直前の否認行為についても言及している。すなわち、Ｓ社は倒産直前に国税や地方税の滞納処分を受けた後、資金調達のため債権の二重譲渡を行い、Ｓ社の資産をｏ会長とその親族が支配する関係会社に移転し、ｏ会長の月額報酬を合理的理由なく５倍弱に増加させ、親族が代表者の地位にある関係会社からの賃借建物の賃料を倍額にするなど、Ｓ社資金の流出を加速させた。これらについては、Ｓ社が民事再生手続を申し立て破産手続に移行した後、破産管財人により否認請求がなされ認容されている。このことから、融資や社債・ＣＰ等の引受けに際しては、対象会社の動向を可能な限り調査・把握する必要があるといえるだろう。

また、判決は、Ｓ社グループの信用格付けやＡ社によるＴＯＢに関する経

緯にも触れている。これらに関する事情についても、可能な限り調査・把握する必要があるといえるだろう。

(3) 資金運用に関する方針を示すに至った経緯を把握すること

そして、X社の資金運用に関する方針については、会計監査人からの強い懸念表明、X社従業員からの報告（X社のS社に対する債権の償還可能性についての懸念）、X社の設備資金及び運転資金などの資金繰りへの影響に鑑みてS社のCP引受けを容認できないとする監査役会決議等の前提事実が存在する中で運用禁止決議に至った事情に触れていることから、社内における議論を把握しておく必要があるということになろう。

(4) 取締役会決議に至る議論のプロセスを把握すること

判決は、本件CP引受決議の成立に至る経緯等に関しては、引受決議に至る役員間の議論の推移についても詳細に触れている。すなわち、取締役会決議に至る過程について各役員がどのような言動を行ったのかをきちんと把握しておく必要があるということになる。

以上の各事項は、他社への融資、社債・CP等の引受けの可否を決する取締役会決議に臨む役員として当然把握しておくべき事項といえよう。これらの事項については、後に責任追及された場合に自己の職務遂行の適正性を立証するため、各事項に関して調査・状況把握をしていたこと、及び取締役会決議に至るプロセスにおいて自己が役員として行った言動を文書の形で記録しておくことが重要であろう。

CHECK LIST

- ☐ 融資等の対象会社の置かれた事業環境と財務状況を調査・把握したか、及び調査・把握の結果を文書の形で記録したか。
- ☐ 融資対象会社の動向を調査・把握したか、及び調査・把握の結果を文書の形で記録したか。
- ☐ 従前の取締役会において資金運用に関する方針を示した場合、各取締役は決議に至った経緯を把握しているか、及び調査・把握の結果を文書の形で記録したか。
- ☐ 運用禁止決議等が存在するにもかかわらず、融資等を行うための取締役会決議がなされる場合のように、決議に至る議論のプロセスと矛盾した決議となっていないか、プロセスを把握しているか、及びプロセスの把握結果を文書の形で記録したか。
- ☐ 他社の「償還能力を積極的に肯定するに足りる特段の事情の有無」を検討したか。

（藤本和也）

★業界：食品・飲料
◆判断場面：内部管理体制構築、役職員・グループ会社に対する監視・監督、品質・安全、不祥事対応

16 従業員が食品衛生法に違反して牛乳を再利用した行為につきこれを防止するための社内体制を構築しなかったとして取締役の責任が認められた事例－ＪＴ乳業事件（名古屋高裁金沢支判平成17・5・18判例時報1898号130頁、労働判例905号52頁）（確定）

1 事案一覧表

原　告（被控訴人）	解雇された元従業員Ｘら（12名）及びその相続人
被　告（控訴人）	代表取締役Ｙ（控訴審においてはその相続人）
責任を問われた内容	違法行為をしない社内体制の構築義務違反
請　求　額（請求内容）	２億4000万円（元従業員より各2000万円）
賠　償　額（判決内容）	5520万3122円
その他参考事項	確定 なお、本件に関し、代表取締役Ｙ（原審被告）と製造部長ａが業務上過失致傷の疑いで送検されたようであるが、両名とも何らの刑事処分を受けていない。

1　製造業

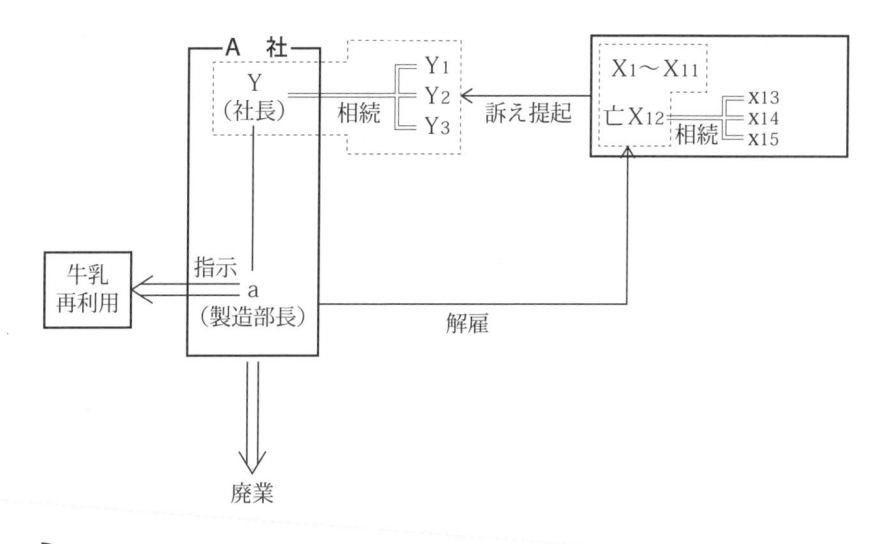

```
       ┌──A 社───┐   ┌─────┐       ┌───────────┐
       │  Y      │───│─Y1  │       │ X1〜X11    │
       │ （社長） │ 相続│ Y2  │訴え提起│ 亡X12 ─┬─X13│
       │         │   │ Y3  │       │      相続│ X14│
       │    │    │   └─────┘       │          └─X15│
       │   指示  │                  └───────────┘
┌────┐ │    ↓    │                        ↑
│牛乳│←┤    a    │                        │
│再利用│指示│ （製造部長）│        解雇     │
└────┘ │         │────────────────────────┘
       │    │    │
       └────┼────┘
            ↓
          廃業
```

2　事案の概略

①　平成12年に発生したＢ社の食中毒事件に関連して、同年7月12日、金沢市保健所長はＪＴ乳業株式会社（以下「Ａ社」という）に対し衛生管理の状況が不明なものや品質保持期限切れのものを再利用しないよう行政指導を行った。

②　上記指導を受け、Ｙはａに対し、本件指導を遵守して違法な再利用をしないよう指示し、いったん出荷された牛乳については返品されないように取引先と合意を形成するなどの措置をとった。一方、工場内部で保管されていた牛乳の再利用については、Ｙは自ら特段の措置を講ずることをしなかったため、Ａ社においては、一定の要件を満たせば、牛乳から牛乳への再利用も引き続き行われていた。ａは、上記のような再利用を承知しながら、その廃止を指示したり、Ｙに相談することはなかった。また、Ｙは上記再利用の実情を知らなかった。

③　平成13年4月23日から25日にかけて、小売店から、顧客より牛乳の味がおかしいとのクレームがあった旨の連絡があり、同月25日、Ａ社は同店に納入済みの牛乳全品（以下「本件回収牛乳」という）を回収したが、翌26日、本件回収牛乳を牛乳に再利用した（以下「本件再利用」という）。

④　同月27日、学校給食でＡ社の牛乳を飲んだ児童生徒380人以上が吐き気や腹痛を訴え、同日、金沢市保健所はＡ社を立入検査した。

　⑤　Ａ社は、金沢市から、同月28日に３日間の営業停止命令を受け、さらに同月30日には無期限の営業禁止命令を受けた（以下「本件営業禁止命令」という）。

　⑥　同年５月17日、Ａ社は解散を決議し、従業員全員に対し同年６月17日限りの解雇を通告した（以下「本件解雇」という）。

　⑦　上記のとおり解雇された元従業員ら12名（うち１名は提訴前に死亡したためその相続人が承継）は、Ｙが本件再利用を指示したことにより、または本件再利用をしないように徹底する義務に違反したことにより、Ａ社は解散を余儀なくされ、よって元従業員らは解雇されるのに至ったのであるから、Ｙには代表取締役としての職務を行うについて悪意又は重過失による任務懈怠があり、旧商法266条の３（会社法429条）に基づく損害賠償責任があるとして、定年までの将来賃金相当額等の損害の内金としてそれぞれ2000万円の賠償を求め、訴えを提起した。

　⑧　原審は、Ｘらの請求の一部（１人当たり330万円及び遅延損害金）を認容し、その余を棄却したところ、これを不服としてＹの相続人である控訴人らが控訴を提起し、次いでＸらが付帯控訴を提起した。

　―事件の経過―
H12.7.12　金沢市保健所長、Ａ社に対し牛乳の再利用について行政指導。
H13.4.25　小売店からのクレームを受け、同店から牛乳を回収。
H13.4.26　ａの指示により本件回収牛乳を再利用。
H13.4.27　Ａ社の牛乳を飲んだ児童生徒に食中毒発生。
H13.4.28　金沢市、Ａ社に対し３日間の営業停止命令。
H13.4.30　金沢市、Ａ社に対し無期限に営業禁止命令。
H13.5.17　従業員全員に対し、６月17日限りの解雇通告。

3 裁判所の判断

(1) Yがaに本件再利用を指示したか

本件再利用はaがYの指示を受けてしたものであるとの立場を認めるに足りる証拠はない。

(2) Yには、牛乳から牛乳への再利用禁止を徹底し、本件回収牛乳の廃棄を指示する注意義務があったか

① A社では、一旦出荷された牛乳等製品についてはこれを再利用しないものとし、そのための措置を講じていたのであるから、製造現場の責任者であるaが部下の従業員に対して本件回収牛乳の再利用を指示して本件再利用を行わせた行為は、A社の上記方針に明確に反するものであって、誠に異例のことといわなければならない。そうすると、Yにおいて、aから本件回収牛乳の報告を受けた際、その言動から本件回収牛乳の再利用をしようとしていることを窺うことができたなどの特段の事情のない限りは、aが本件再利用をすることを事前に予見することは困難であったものというべきところ、上記特段の事情を認めるべき証拠はないから、Yについて、aに対して本件回収牛乳の再利用をしないよう指示し、監督すべき注意義務があったものと認めることはできない。

② しかしながら、次の理由により、Yには代表取締役としての任務懈怠があり、同任務懈怠は重大な過失によるものというべきである。

イ 牛乳等製品のメーカーにとって、雪印乳業事件と同様の事件を起こさないことは、企業として存続し、その経営を維持するうえで極めて重大な課題であったというべきであり、雪印乳業事件以前にA社で行われていた牛乳から牛乳への再利用が食品衛生法違反となることが明らかとなったのであるから、上記のことはよりいっそう当てはまる。上記のような違法な再利用の廃止とそのことの従業員に対する周知徹底がなされなければ、いずれA社の維持存続に重大な悪影響を与える事態が生じうることは、容易に予想することができた。

ロ しかし、A社では、牛乳等として製品化されたものの、出荷されるに

至らず会社内冷蔵庫に保管されていた牛乳等製品についての再利用については格別の見直しは行われず、牛乳から牛乳への再利用が引き続き行われて、食品衛生法上の違法状態が温存されることになった。

ハ　ところで、会社の代表取締役は、会社の業務を執行する職責を担う者であるから、会社がその業務に関して遵守すべき法令がある場合には、これに違反する結果を招来させることのないようにして業務の執行に当たるべき注意義務を負うのであり、代表取締役が同注意義務に違反して、上記法令に違反する結果を招来させたときには、過失によりその任務を懈怠したものというべきである。

ニ　Yは、それまでのA社における牛乳等製品の再利用には食品衛生法に違反する再利用があることを知ったのであるから、代表取締役として、直ちに同法に違反する再利用を廃止する措置を講ずるのはもとより、速やかに今後同様の違法な再利用が行われることのないようにするための適切な措置を講じて、法令を遵守した業務がなされるような社内体制を構築すべき職責があったものというべきである。そして、上記職責を有するYとしては、上記措置を自ら講ずることなく、社内の職掌分担に従ってこれを部下に任せるとしても、部下がとった措置の内容及びその結果を適宜報告させ、法令違反状態が解消されたこと等を確認し、仮になお法令に適合しない再利用がなされている状態が残存する場合には、自ら速やかに是正を指示するなどの指揮監督権限を行使して、違法な牛乳から牛乳への再利用をしない社内体制を築くべき義務があったものというべきである。

ホ　ところが、Yは、出荷されずにA社内の冷蔵庫に保管されていた牛乳を牛乳製造のための原料として利用する再利用に関しては、自ら特段の措置を講ずることなく、aに任せきりとして、かつ、aから上記再利用の有無について実情を聴取することもしなかったため、上記再利用という違法状態が続いていることを知らずに、そのため、同違法状態が是正されないまま継続されることとなったのであるから、Yには、上記職責に違反する任務違背があったというべきである。

ヘ　そして、牛乳という商品は、高齢者から幼児に至るまで広く飲用さ

れ、それゆえにその製造には細心の安全管理が要求される食品であり、一旦その製造についての安全管理に対する信頼が失われた場合には、Ａ社の維持存続に関わる事態となることは容易に予見できたのであるから、Ｙにおいては、金沢保健所からの本件指導があるまでは本件会社で違法な牛乳の再利用が繰り返されていたという実情を踏まえて、違法な牛乳の再利用を防ぐための社内体制を速やかにかつ確実に構築することが急務であったのに、上記のような措置あるいは対応しかしなかったのであるから、Ｙの任務懈怠における過失は重大である。

(3) 因果関係

Ｙの任務懈怠と、Ａ社の廃業及び解散、さらに本件解雇及びそれによる損害との間には相当因果関係が認められる。

4 判決の分析・解説

(1) 判決の分析

本判決は、代表取締役Ｙが自ら違法な本件再利用を指示したとの事実を否定し、次いでａに対し本件再利用を行わせないように指示し監督する義務の存在についても、予見が困難であったことを理由として否定した。

一方で、法令違反をしないように業務執行をする注意義務、本件において具体的には違法な牛乳から牛乳への再利用をしない体制を構築する義務(以下「遵法体制構築義務」という)があるのにこれを怠ったことを理由として、代表取締役としての任務懈怠を肯定し、かつその任務懈怠における過失は重大であるとした。

また、本判決は、遵法体制構築義務の内容については、必ずしも自ら指示その他の施策を講じる必要はないが、部下に指示するだけでは足りず、その結果を報告させる必要があり(報告徴求義務)、さらに、部下からの報告で違法状態が解消されていないことを把握した場合は、取締役自らが指示その他の施策を行う必要がある(直接的指示義務)と具体的に判示した。

(2) 判決が取締役の責任を認定するために重視した事情

本判決は、「Ｙは、それまでのＡ社における牛乳等製品の再利用には食品衛

生法に違反する再利用があることを知ったのであるから」との理由を述べたうえで上記遵法体制構築義務の存在を肯定する。取締役自らが違法な業務執行の存在について知っていたことが遵法体制構築義務肯定の要件であるとの趣旨かは判然としないが、少なくとも、本件では、かかる事情が遵法体制構築義務を肯定するにあたり重視されたと見るべきであろう。

　なお、本件は、重過失の認定において、A社が食品を製造販売していること、それ故に安全管理は会社の存続に関わることが容易に予見できたこと、違法な再利用が繰り返されていたこと、それ故に速やかにかつ確実に遵法体制を構築することが急務であったこと、を理由として過失が重大であると結論付けている。結局、事実レベルとすれば、食品メーカーであること、及び安全管理に関わる違法な業務執行を繰り返していたことという2点が、重過失の認定上重視されたものといえる。

5 会社・役員の注意点・対応策

　(1)　取締役自らが違法な業務執行を知った場合、直ちに当該違法な業務執行を停止させなければならない。

　(2)　取締役自らが違法な業務執行を知った場合、速やかに将来同様の違法な再利用が行われることがないようにするための適切な措置を講じなければならない。

　(3)　当社が食品メーカーであって、安全管理に関わる違法な業務執行を繰り返していたことが判明した場合、当社の代表取締役が上記措置をとらないときは、その過失が重大であるとされる可能性が高く、第三者責任を追及される可能性が高くなる。

　(4)　任務懈怠により不祥事が発生し、会社が廃業を余儀なくされた場合、会社の廃業に伴い解雇された従業員から、取締役の第三者責任を追及される可能性がある。

CHECK LIST

- ☐ 同業他社の不祥事の発生の際に、都度、社内に同種問題が存在しないかを確認しているか。
- ☐ 社内で違法な業務執行がなされていることが判明した場合、直ちに当該違法な業務執行を停止すべく指示しているか。
- ☐ 社内で違法な業務執行がなされていることが判明した場合、速やかに、将来違法な業務執行を行わせないような措置を自ら行い、または部下に行わせているか。
- ☐ 上記措置を部下に行わせた場合、結果を報告させているか。
- ☐ 上記報告によって、違法な業務執行が是正されていないことが判明した場合、自ら当該違法な業務執行を行わせないような措置を自ら行っているか。

(江夏康晴)

★業界：食品・飲料
◆判断場面：内部管理体制構築、役職員・グループ会社に対する監視・監督、品質・安全

17　従業員が行った牛肉偽装行為につき取締役・監査役の責任が否定された事例－雪印食品株主代表訴訟事件（東京地判平成17・2・10判例時報1887号135頁）（確定）

1 事案一覧表

原　告	株主X
被　告	（本件牛肉偽装発覚当時の役職）代表取締役、専務取締役、常務取締役2名、取締役5名、監査役4名（Y1～Y13）
責任を問われた内容	法令違反（牛肉偽装行為）、善管注意義務違反、監視義務違反、内部統制システム構築義務違反
請求額（請求内容）	300億0500万円
賠償額（判決内容）	請求棄却
その他参考事項	本件牛肉偽装工作の実行犯であった雪印食品株式会社（以下「A社」という）の従業員ら5名（以下総称して「aほか4名」という）は、平成14年11月22日、詐欺罪でそれぞれ懲役2年・執行猶予3年の有罪判決を受けた（確定）。なお、同じく詐欺罪で起訴さ

-162-

れたY3（専務取締役（デリカハム・ミート事業本部長））及びY4（常務取締役（関東統括支店長））（肩書きはいずれも本件牛肉偽装工作が行われた当時）は、平成16年7月13日、本件牛肉偽装工作に関与したことを認めるに足る十分な理由がないとして無罪の判決を受けた（確定）。

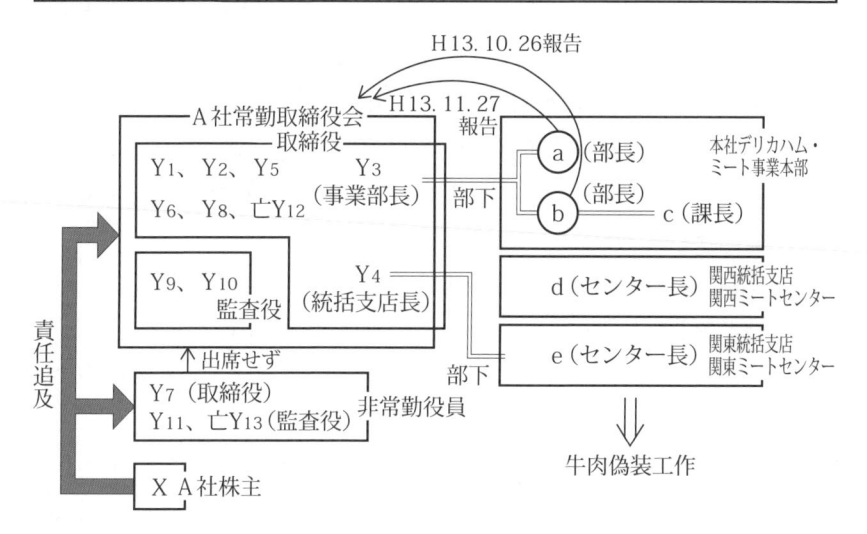

```
                        H13.10.26報告
    ┌A社常勤取締役会┐ ←─────────┐
    │ 取締役       H13.11.27 │ ⓐ（部長）  │ 本社デリカハム・
    │ Y1、Y2、Y5  Y3  報告   │           │ ミート事業本部
    │ Y6、Y8、亡Y12（事業部長）├─ⓑ──c（課長）│
    │             部下        │           │
    │              Y4        ├─d（センター長）│ 関西統括支店
    │ Y9、Y10    （統括支店長）│           │ 関西ミートセンター
    │  監査役                 ├─e（センター長）│ 関東統括支店
責任│    ↑出席せず   部下     │           │ 関東ミートセンター
追及│ Y7（取締役）            └───────────┘
    │ Y11、亡Y13（監査役）          ⇓
    │ 非常勤役員                  牛肉偽装工作
    │
    X A社株主
```

2 事案の概略

① 農林水産省は、いわゆるBSE問題の対策の一環として、牛肉の全頭検査を決定し、同時に、全頭検査開始前にと畜解体処理された牛肉を市場から隔離することを内容とする「牛肉在庫緊急保管対策事業」（以下「本件事業」という）を策定、実施することとした。本件事業は、全頭検査開始前にと畜解体された国内牛肉であって一定の要件を満たすもの（以下「対象牛肉」という）を日本ハム・ソーセージ工業協同組合（以下「ハム・ソー協同組合」という）等の事業実施主体が買い上げて冷凍保管し、市場から隔離する事業であった。

② 農林水産省は、本件事業で買い上げた牛肉は元の事業者に買い戻させ

-163-

て市場流通を認める方針を検討していたが、平成13年10月中旬頃、食肉業界では、本件事業に基づき買い上げられた牛肉は焼却等の処分が行われるとの観測が流れており、それを前提に、安価な経産牛を買いあさって国に買い上げさせようとする業者や、不良在庫となっている本件事業の対象外の輸入牛肉を対象国産牛のように偽装して買上の対象としようとしている業者もいるという噂が広まっていた。

③　A社の従業員ら5名（関係した部署は、本社デリカハム・ミート事業本部ミート営業調達部、関西統括支店関西ミートセンター、関東統括支店関東ミートセンター）は、輸入牛肉を加工処理して国産牛肉の「牛正肉」であるかのように偽装し、又は輸入牛肉を国産牛肉用の箱に詰め替えるなどして偽装して、ハム・ソー協同組合に対象牛肉として買い上げさせた（以下「本件牛肉偽装工作」という）。

④　平成13年10月26日及び同年11月27日、A社の常勤取締役会が開催され、それぞれ9名（取締役7名、監査役2名）ないし10名（取締役8名、監査役2名）が出席した（以下、これらの常勤取締役会に出席した役員らを「出席役員ら」という）。

⑤　本件牛肉偽装工作が発覚し、平成14年1月29日にはA社はY2（代表取締役社長）及びY3（専務取締役（デリカハム・ミート事業本部長））が引責辞任するなどして再建を目指したが、同年2月22日、A社は再建を断念して清算することを発表、同年4月30日の臨時株主総会の決議により解散した。

⑥　平成15年2月10日、株主Xは、本件牛肉偽装工作当時取締役又は監査役であったY1ないしY13に対し、商法266条1項5号に基づきA社に対して損害を賠償するよう求めて訴えを提起した。

―事件の経過―

H13.10下旬～11上旬　従業員5名が牛肉偽装工作。

H13.10.26　常勤取締役会。

H13.11.27　常勤取締役会。

H14.1.29　牛肉偽装工作の事実と社長等の引責辞任を発表。

H14.2.22　会社の解散を発表。

3 裁判所の判断

(1) Y₃・Y₄は本件牛肉偽装工作について実質的に関与していたか

　ａほか4名に対する刑事判決からただちに、Y₃及びY₄が本件牛肉偽装工作に実質的に関与したとまで認めることはできない。その他、Xはａほか4名に対する刑事事件判決中で認定された上記従業員らの供述に基づいて縷々(るる)主張するが、いずれもY₃及びY₄に対する無罪判決中でその信用性を否定されているところであり、上記供述部分を証拠として採用することはできない。

(2) 常務取締役会の出席役員らは本件牛肉偽装工作について報告を受けて承していたか、あるいは察知し得たか

　平成13年10月26日の常勤取締役会の出席役員らにおいて、本件牛肉偽装工作の動きを了知し、あるいは了知し得たにもかかわらず、これを放置したというような事実を認定することは無理といわざるを得ない。

　また、同年11月27日の常勤取締役会の出席役員らが、本件牛肉偽装工作の動きを了承していた、あるいはその動きを察知し得たと認めることは無理といわざるを得ない。

(3) Y₃・Y₄に本件牛肉偽装工作を防止し得なかったことについて取締役としての善管注意義務違反（管理監督責任）があるか

　ミート事業の担当者は、ミートを専門的に扱う傾向が強く、他の会社部門からの独立性が強かったこと、ａほか4名は、入社以来ほぼ一貫してミート事業に従事していたこと、Y₃及びY₄はミート事業に自ら携わった経験はなかったこと、以上のような経緯で、ミート事業に関しては高度な業務執行事業に該当しない日常一般業務事項については、実行犯である従業員らほかの社員にそれぞれミート事業の専門性に照らした事務処理が委ねられていたこと、本件事業は定められた制度の概要に従って実務担当社員が通常の処理を事務的機械的に進めることで特段の支障のないものであったことなどの事実によれば、本件牛肉偽装工作の対象となった本件事業自体は、Y₃及びY₄にとっては、ミート部門の日常業務の延長ともいうべき事務的機械的作業とし

て認識されていたというべきであって、そのような認識自体が不合理とはいえない。

　当時そのような日常業務は、ミート部門のいわば生え抜きであるaほか4名に委ねられていたところ、本件牛肉偽装工作自体はaほか4名によって集中的に実行されたものであり、しかも本件事業自体ははじめて実施されたものであった。

　上記事情の下では、当時、Y3及びY4が本件牛肉偽装工作を行っているあるいは行う可能性があることを認識し、これを防止する方策をとらなかったことをもって取締役としての善管注意義務に反する違法な行為であると認定することには無理がある。

(4) 常勤取締役会に出席しなかった役員らは取締役ないし監査役として監視義務を懈怠したか

　Y3、Y4が本件牛肉偽装工作に加担したものとは認められないし、平成13年10月26日及び同年11月27日の常勤取締役会の出席取締役らが本件牛肉偽装工作に関して違法な業務執行をしたと認めることはできないから、Xの監視義務違反に関する主張は、その前提を欠く。

(5) 取締役らは適切な内部統制システムの構築及び運営を行う義務に違反したか

　本件事業は現場の担当者で処理できる比較的単純なものであり、高度な経営判断が要求されるともいえないから、本件事業を取締役会に上程しなかったことをもって、取締役に任務懈怠があるとはいえない。

　Xは、本件事業について詳細な報告を求めるべきであったし、かかる措置がとられていれば本件牛肉偽装工作が未然に防げたなどと主張するが、本件事業の内容からしても改めて参加の是非を検討する必要も認められないし、実務担当者が実務的機械的に進めることで特段の支障が生ずることも予想できなかったというべきであり、ことさら、方針や業務遂行状況について、取締役会において報告を求めるべき注意義務があったとまではいえない。しかも、本件牛肉偽装工作は、短い期間に集中的に行われたものであって、仮に上記のような事柄を取締役会において報告させたとしても、本件牛肉偽装工

作を防止し得たとも認められない。

4 判決の分析・解説

(1) 判決の分析

①　本判決では、まず、㈦Y₃・Y₄が実行犯であるaほか4名と共謀して本件牛肉偽装工作を行ったというXの主張に対し、Y₃・Y₄が本件牛肉偽装工作について了承した、又は指示したという事実は認められないとして排斥し、㈠常勤取締役会の出席役員らが常勤取締役会において本件牛肉偽装工作を了承したという主張に対しては、a b がそれぞれ常勤取締役会で本件牛肉偽装工作を予見しうるような報告を行ったという事実は認められないなどとして、これを排斥した。㈦㈠の主張の前提となった事実は、いずれもaほか4名の刑事裁判のaらの供述証拠に基づいたものであったようであり、本判決は、Y₃・Y₄に対する無罪判決の判断を引用しつつ、当該供述の信用性を否定し、結果として当該事実の存在は否定された。

②　次に、㈣aほか4名の上司であったY₃・Y₄が部下の管理監督義務を怠ったとの主張に対し、次項で述べるような理由でこれを排斥した。

③　その他、㈡常勤取締役会に出席しなかった取締役の監督義務違反、及び㈥内部統制システム構築義務違反の主張についても、結論として排斥している。

(2) 判決が取締役の責任を認定するために重視した事情

本項では、特に上記(1)②で述べたY₃・Y₄の管理監督義務違反に係る争点について検討する。

当該争点においてY₃らの責任を否定した理由は以下のとおりである。

①　本件牛肉偽装工作が行われたミート部門の特殊性（専門性及び人事交流の少なさ等による独立性）

②　当時のミート部門へのY₃・Y₄の実際の関与の状況（当該部門に精通しない上司が、事務的機械的に進めることができる案件を、専門性を有し経験のある部下に任せ、逐一報告を求めなかった）

③　本件牛肉偽装工作の態様（短期間、はじめての事業）

上記理由のうち、①②については、「専門性・独立性が高い部門において、部下に逐一情報を求めていないことは、取締役の責任を否定する事情となる」と短絡的に結びつけてはならない点に注意が必要である。上記は、①が所与の条件として与えられた担当取締役にとって、②の関与の状況は部下の業務執行の監督として合理的な範囲であり、その条件下で③の態様で不正行為が行われた場合には、担当取締役としての責任を負わせることが相当でないとされたものと理解されるべきであろう。事案によっては（本件でも争い方によってはあり得たのかもしれないが）、①ないし②のような状態を認識しながら長期間にわたり放置していたことをもって、取締役（特に代表取締役）としての内部統制システム構築義務違反の責任を問われる場合もありうると思われる。

(3) 食品業界の不祥事に関する訴訟における本判決の位置付け

雪印乳業による食中毒事件を契機として、食品業界においては、消費者の安全・安心への信頼を裏切る行為について、社会から、特に強い批判が向けられるようになった。これに呼応するように、裁判所も取締役の責任を次第に加重してきているように思われる。

本件は、食の安全性とは直ちに結びつかない産地偽装行為である点、及び本件牛肉偽装工作（産地偽装）は、消費者に向けられたものではなく、直接的には牛肉買取事業の実施機関（ひいては国）に対して向けられたものであった点が、通常の食品業界における不祥事とは異なるという特殊性を持つものの、当事会社は社会から厳しい批判を受け、結果として解散に追い込まれることとなった。

食品業界においては、偽装工作のように企業姿勢に疑問が持たれるような不祥事を引き起こすと、たとえそれが食の安心・安全に直接関わらないようなものであっても、消費者に対して当該企業の製造する食品の安全性に対する疑念も同時に生ぜしめることを想起すべきであり、本件もその教訓となるべきものである。

本件では、本件牛肉偽装行為に関する取締役・監査役の責任についてはいずれも否定した。裁判所は、本件牛肉偽装行為に関連する職務を一定の範囲

で部下に任せていた点、報告を受けずにいた点を問題視していないが、これが食の安全に関する事項、あるいは消費者に対する表示に関する事項であった場合に、同様の判断となるかについては疑問がある。

　本件を単に食品業界における取締役・監査役の責任について制限的に判断した事例と見るのは相当でなく、事案の特殊性に留意しなければならない。

5 会社・役員の注意点・対応策

　本件では取締役等の責任は否定されたものの、会社が解散に追い込まれてしまったのは事実である。取締役としてはかかる事態を避けるために、本件から不正はどうして起きたのか、どうすればこれを防げたのかを学ぶ必要がある。

　専門性、人事交流の少なさ等から、特定の部門において経験を有する管理職が独断で業務執行を行うような実態があり、また、これを管理監督すべき担当取締役も上記事情から実務担当者に任せきりとなるような状況が存在する事業部門においては、取締役の管理監督が及びにくく、不正行為の温床となりやすい。また、それが事業規模の小さい事業部門であるなど、会社にとって比較的重要性が低いと見られる場合には、取締役の関心が向けられにくく、上記の弊害が温存されてしまいがちである。

　したがって、まず、かかる事業部門においては、特にガバナンスに注意を向ける必要があると認識すべきである。特に本件のように、会社における重要性が比較的低いと見られていた事業部門の不祥事が、会社を解散に追い込むことがありうるとの認識が重要である。

　対策としては、事業部門を超えた人事交流を積極的に行うことや、社員全体に対するコンプライアンス意識の向上のための施策を行うことも有効であろう。

CHECK LIST

不正が起こりやすい部署の把握

- [ ] 特定の事業部門が、専門性、人事異動の少なさ等を理由として、経営陣による業務執行の監督の対象から外れていないか、又は監督機能が十分働いていない状態となっていないか。
- [ ] 会社全体の損益にとって、重要性が低いとされている部門についても経営陣による業務執行の監督が及んでいるか。

対　　　策

- [ ] 事業部門を超えた人事交流を積極的に行っているか。
- [ ] 事業部門の社員全体に対するコンプライアンス意識の向上を図っているか。

（江夏康晴）

COLUMN

信頼の権利

　部下が適正に仕事をしていると思っていたところ、実際にはミスを犯していた場合、役員は必ず責任を負わされてしまうのでしょうか？

　この点、規模の大きな会社においては、役員にまでなると個別のビジネスの細かい内容まで見る時間はないのが普通ですから、従業員の行う細かな専門的な業務について、役員が一からチェックしてミスがないか確かめなければならないというのは現実的ではありません。

　そこで、取締役は、内部統制システムを適正に構築したうえでこれを適切に運用することにより、部下の報告内容に明らかに不備・不足があってこれに基づいて職務を執行することをためらわせるといった "特段の事情" がない限り、部下の報告を信頼して職務を行うことができるとする考え方があり、これを「信頼の権利」といいます。

　平たくいえば、従業員の行為にミスがあることが疑われる事情が特にない場合には、取締役は、従業員の報告に誤りがないことを前提に判断すればよく、仮に従業員の報告が間違っていたとしても、取締役が責任を問われることはないという考え方です（なお、従業員の行為にではなく、業務担当取締役の業務執行に問題があった場合に、他の取締役が監視監督義務違反の責任を負うか否かについても、この「信頼の権利」の考え方により他の取締役が責任を免れる場合があります）。

　裁判例の中には、この「信頼の権利」の考え方によって取締役の責任が否定されたケースがいくつかありますが、職務執行をためらわせる "特段の事情" があるかないかを判断するにあたっては、会社の業務の形態・内容・規模、会社の職務分掌や構築されているリスク管理体制の内容、取締役の知識・経験・担当職務の内容・案件との関わり、取締役が当時認識していた事実関係等、様々な具体的な事情を個別に検討したうえ、結局はケースバイケースで判断されることになりますので、今後のさらなる裁判例の集積を待つ必要があるでしょう（なお、「信頼の権利」が関係する主な裁判例としては、本書・大和銀行事件、日本長期信用銀行初島事件、ヤクルト事件などが挙げられます）。

（清水貴暁）

★業界：食品・飲料
◆判断場面：投資、役職員・グループ会社に対する監視・監督

18 デリバティブ取引により会社が巨額損失を被ったことにつき財務担当取締役の責任が認められ、それ以外の取締役・監査役の監視義務違反が否定された事例－ヤクルト株主代表訴訟事件（東京高判平成20・5・21判例タイムズ1281号274頁）（上告棄却）

1 事案一覧表

原　　告	A社株主X（A製品の販売会社及び個人）
被　　告	A社の財務担当取締役Y1ほか取引当時の取締役・監査役ら
責任を問われた内容	Y1：デリバティブ取引を行って巨額な特別損失を発生させた点につき、社内の制約事項に違反して取引を行った善管注意義務違反 それ以外の取締役・監査役：監視義務違反
請　求　額 （請求内容）	被告により請求金額は分かれるが、最も高い者で533億2046万8179円（当該デリバティブ取引での損失額）
賠　償　額 （判決内容）	・当該デリバティブ取引を行っていた財務担当取締役Y1（副社長）に対して→67億542万9453円 ・その他の取締役・監査役　→請求棄却
その他参考事項	A社は財務担当取締役Y1を刑事告訴し、Y1は所得税法違反、業務上横領罪、特別背任罪、会社財産を

－172－

1 製造業

| | 危うくする罪により懲役 7 年・罰金 6000 万円の有罪判決が確定 |

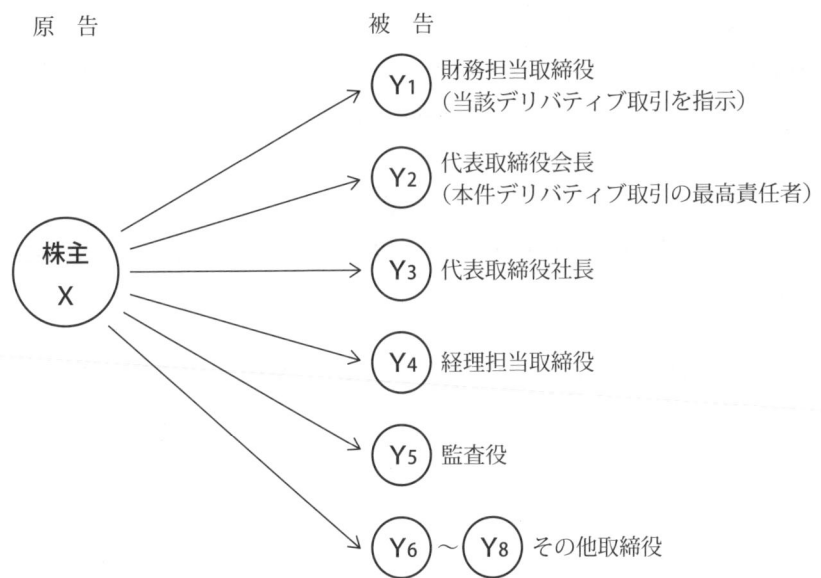

原告　　　　　　被告

株主 X → Y1　財務担当取締役（当該デリバティブ取引を指示）

株主 X → Y2　代表取締役会長（本件デリバティブ取引の最高責任者）

株主 X → Y3　代表取締役社長

株主 X → Y4　経理担当取締役

株主 X → Y5　監査役

株主 X → Y6〜Y8　その他取締役

（注）本件は複数の原告による訴訟につき弁論が併合されているが、ここでは簡略化して図示した。

2 事案の概略・時系列

① 　A社は乳酸菌飲料の製造販売を主たる業とする株式会社。

② 　財務担当取締役の指示により平成5年5月より同10年3月まで投機性の高いデリバティブ取引を実施。

③ 　A社に533億2046万円の損失が発生。

④ 　同社の株主が取引を行っていた財務担当取締役Y1（副社長）と監視すべき立場にある他の取締役・監査役に対して、会社に対する損害賠償責任を追及。

⑤ 　一審ではY1に対する請求が一部認容、他の役員に対する責任は否定（控訴棄却、上告棄却）。

―事件の経過―

S59.1以降　A社が特定金銭信託（特金）による余裕資金の運用開始。
H2以降　株価の暴落による特金の含み益の発生。
H3.10以降　デリバティブ取引の開始。
H7.3頃　A社との財務内容との比較においてデリバティブ取引が相当の規模に拡大、多額の含み損が発生・発覚、監査法人との制約事項の制定など相応のリスク管理体制の構築。
H9.2　Y₁が制約事項に反して想定元本額を増大。
H10.3月期　特別損失（683億5000万円）の計上（デリバティブ取引による確定損失は533億2046万円）。

3 裁判所の判断

①　余裕資金の効率的運用を図る目的で本件デリバティブ取引を行うことは、A社定款に定める「前各号に附帯関連する一切の事業」に該当するものというべきであり、定款の目的の範囲内の行為である。

②　資金運用のために反復継続して行われるデリバティブ取引について、個々の取引は旧商法260条2項「多額ノ借財」「其ノ他ノ重要ナル業務執行」には当たらず、個々の取引ごとに取締役会の承認を得る必要はない。

③　投機性の高いデリバティブ取引を行うについては、市場動向の見通し等の情報収集・分析に務めるほか、損失が生じた場合の影響を一定にまで限度に抑えられるようリスク管理方針・管理体制を構築する義務を負う。もっとも、その内容は、当該会社の規模、経営状態、事業内容、デリバティブ取引による資金運用の目的、投入される資金の性質、量などの諸般の事情により左右され、幅広い裁量がある。

④　（財務担当取締役の善管注意義務違反の判断基準につき）デリバティブ取引に関して社内で相応のリスク管理の方針とリスク管理体制が定められ、それに従った取引部分については、明らかに不合理な点があったとは認め難く、善管注意義務違反があったとはいえない（本件では、平成9年2月以降の取引について、想定元本の限度額規制に反していないように装いながら、実質想

定元本を拡大させて行ったものがあり、これらについては善管注意義務違反があるとして損害賠償義務を認めた)。

❹ 判決の分析・解説

(1) 判決の分析

本件の中心論点は、リスク管理体制に関する取締役の善管注意義務である。この点につき、本判決では、①相応のリスク管理体制が構築されていたかどうかを検討しつつ、②取締役・監査役の職責ごとに、立場の違いに応じて、負うべき義務の範囲を個別具体的に検討している。

① リスク管理体制構築の程度

判旨では、A社内で「相応のリスク管理の方針とリスク管理体制がとられていた」と判断されたが、その判断に至るまで以下のような言及・認定がされている。

イ　デリバティブ取引がリスクを伴う取引であることから、取引自体に対するリスク管理体制の構築が必要であるところ、どのようなリスク管理体制を構築するかの判断と担当役員が実際にどのような取引を行うかの判断については一義的に決まるものではなく、幅広い裁量があり、その判断の適否の検討にあたっては、現在の時点における知見ではなく、その当時の知見に基づき検討すべきであるとした。

ロ　そして、本件デリバティブ取引を、多額の含み損が明らかになった平成7年5月前後で分け、

(a)　平成7年5月以前については、デリバティブ取引の実現損益について、独立の勘定科目を設けて月次損益計算書にも表示し、毎月経営政策審議会に報告し、四半期・中間期・期末ごとに取締役会に報告し、さらに中間期・期末には有価証券報告書・半期報告書・株主総会添付資料等により投資家・株主にも開示していたこと、監査を行う監査室を管理本部から社長直属に組織変更したこと、監査法人も中間期及び期末にデリバティブ取引の内容等につき監査を行うという体制が採られており、リスク管理体制として相応に機能していたと認定した。

(b) 平成7年5月以降についても、資金運用の方針に関する常務会決定、デリバティブ取引に関する規程の整備、計算上の含み損の金額を監査室から報告させ常時把握するなどの監督体制の導入など、リスクの程度に応じてリスク管理体制を順次整備することで、取引を実施するY_1に対して想定元本額・計算上の含み損を指標とする制約や常務会決定などを課すことにより、デリバティブ取引のリスクを管理していたと認定した。

≪解説≫

日常における管理体制と、デリバティブ取引の規模が会社の財務内容との比較で相当の規模に拡大し危険性が具体化した時期とで分けて分析されている。そして、いずれにおいても、その体制の内容については、広範な裁量を認めている点が特徴といえる。

② 善管注意義務・監視義務の範囲について（職責ごとの検討）

判旨では、職責ごとに善管注意義務を負う範囲を検討しているが、その内容については、結論として幅広い裁量を認めている。

イ 取引を担当する取締役

取締役会等の会社の機関において定められたリスク管理の方針、管理体制に従い、そこで定められた制約に従って取引する注意義務を負うとともに、個々の取引の実行にあたっては、法令・定款・社内規則等を遵守したうえで、事前に情報を収集・分析・検討して市場の動向等につき適切な判断をするよう務め、かつ、取引が会社の財務内容に悪影響を及ぼすおそれが生じた場合には、取引を中止するなどの義務を負う。

ロ 代表取締役、事後チェックを担当する経理担当取締役

デリバティブ取引が会社の定めたリスク管理の方針・管理体制に沿って実施されているかどうか等を監視する義務を負うが、A社ほどの規模の事業会社であれば、広範な職掌事務を有しており、かつ、金融取引の専門家でもないので、個別取引を一から精査することまでは求められておらず、下部組織（資金運用チーム・監査室・監査法人等）が適正に職務を遂行していることを前提とし、そこから上がってくる報告に明らかな不備・不足があるといった特段の事情がない限り、その報告等を基に調査・確認すれば注意義務を尽く

ハ　その他の取締役

　相応のリスク管理体制に基づいて職務執行に関する監視が行われている以上、特に担当取締役の職務執行が違法であると疑わせる特段の事情がない限り、担当取締役の職務執行が適法と信頼することには正当性が認められ、善管注意義務違反に問われることはない。

ニ　監査役

　リスク管理体制の構築及びこれに基づく監視の状況について監査すべき義務を負っているが、ロと同様、監査役自らが個別取引の詳細を一から精査することまでは求められておらず、下部組織が適正に職務を遂行していることを前提とし、その報告等を基に調査・確認すれば注意義務を尽くしたことになる。

≪解説≫

　本判決では、個々の取締役・監査役ごとに詳細な分析がされている。取引を直接担当する取締役以外は、個別取引を一から精査することまでは求められておらず、リスク管理体制を構築したうえで、それが適正に運用されている限り、特段の事情がない限り善管注意義務違反とはならないとしている。

(2)　判決が取締役の責任を認定するために重視した事情

　当該デリバティブ取引を行っていた財務担当取締役Y_1については責任が認められているが、ここでは会社が定めたリスク管理体制としての想定元本の限度額規制を超えた取引が行われていた点もさることながら、Y_1が限度額規制を遵守していたように装っていた点も厳しく指摘されている。すなわち、①計算式にレバレッジを織り込んで実質想定元本を拡大させる方法をとって、取引報告書を見ても実質想定元本が判然としないようにしていたことや、②役員会においてこのような隠れレバレッジの説明をせず、名目的な想定元本のみを報告し、表面上は想定元本の限度額規制を遵守しているように装っていたという点も、責任を認める事情として重視されているといえる。

(3)　本件事案の特殊性（当時の世情・時代背景）

　なお、本件を分析するにあたっては、デリバティブ取引に対する当時の時

代背景も理解しておく必要があるであろう。具体的には
- ・デリバティブ取引の危険性への周知度が一般的に低かったこと
- ・金融機関ですらリスク管理体制を整備していなかった時代であること
- ・監査室や監査法人から指摘がなかったこと
- ・株価も高く、計算上の含み損額も多額ではなかったこと

これらの事情が、取締役の裁量の判断にも影響していることが考えられる。

5 会社・役員の注意点・対応策

　デリバティブ取引のような投機取引に際しては、会社として十分なリスク管理体制を設けることが必要となる。平時においては、担当部署・担当役員から取引実態を報告させ、会社として取引実態を把握できる体制を敷くことが必要である。そのうえで、取引担当部門とは独立した組織（監査部門・監査法人等）による監査を受ける体制にあることが必要である。

　また、一旦多額の損失が表面化した後は、計算上の含み損の額を把握したうえで、想定元本額・計算上の含み損を指標とする取引金額の制限、役員会への報告等の制約などによる相応の管理体制を構築することが必要といえる。

CHECK LIST

投機取引に直接関わる担当取締役に関する項目

- ☐ 会社の機関に定められたリスク管理方針・管理体制による制約に従っているか。
- ☐ 個々の取引の実行にあたって、法令・定款・社内規則を遵守し、事前に十分な情報収集・分析を行っているか。
- ☐ 取引が会社の財務内容に悪影響を及ぼすおそれが生じた場合には取引の中止を検討したか。

投機取引に際して会社のリスク管理体制に関する項目

（平時の体制）

- ☐ 一応の管理体制にあるかどうか。
  - ・取締役会をはじめとする役員会に必要な情報が開示され、取引実態の把握ができる体制にあること。
  - ・事業の執行部門とは、別に独立した監査部門や監査法人による監査体制がとられていること。
- ☐ 取引規模が財務内容と照らし過大かどうか。

（取引の危険が現実化した後の体制）

- ☐ 危険に相応するリスク管理体制が確立されているか。
  - ・想定元本額を増大させない、単純な期日延長は行わない、契約条件の変更を認めないといった取引規模・リスク拡大についての制約を設けていること。
  - ・個別取引について資金運用部門以外による監視体制の有無。
- ☐ 計算上の含み損額を把握しているか。

（檜山正樹）

★業界：かつらメーカー
◆判断場面：新株発行・自己株売却

19 非上場会社における自己株式の処分価額及び第三者割当による新株発行の発行価額の決定につき取締役の責任が一部認められた事例－アートネイチャー株主代表訴訟事件（東京高判平成25・1・30金融・商事判例1414号8頁）(控訴棄却、上告・上告受理申立、係属中）

1 事案一覧表

原 告	株式会社アートネイチャー（以下「A社」という）株主
被 告	取引当時のA社取締役 Y_1 ～ Y_4 （Y_1 は代表取締役）
責任を問われた内容	・取締役らの善管注意義務・忠実義務違反 （有利発行に必要な手続を怠った法令違反、不公正発行） ・株式の通謀引受責任
請 求 額 （請求内容）	・本件自己株式処分につき、10億2155万5618円 ・本件新株発行につき、　　12億3016万円 　　　　　　　　　　　合計22億5171万5618円
賠 償 額 （判決内容）	一部請求認容（2億2000万円：裁判所が認定した公正な価額と本件新株発行価額との差額分） その余は請求棄却

1　製造業

かつらメーカー

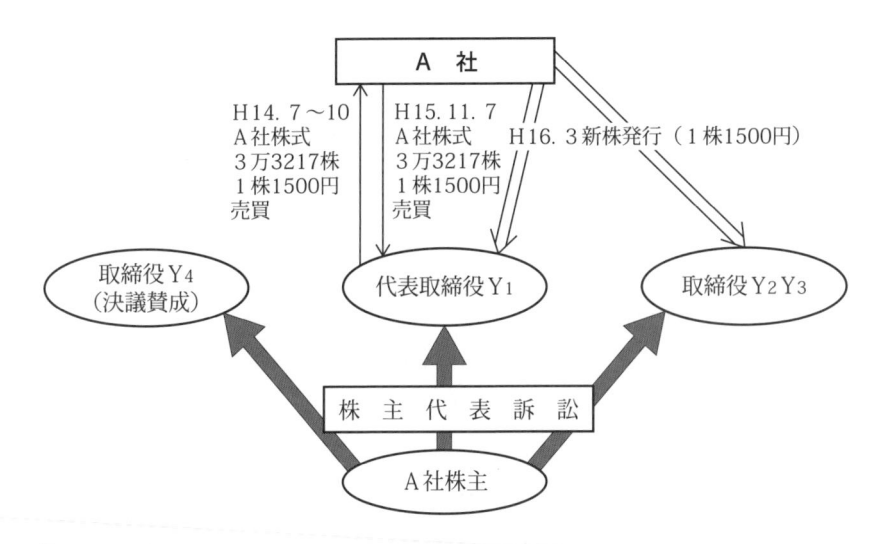

```
                    ┌─────────┐
                    │   A 社   │
                    └─────────┘
      H14.7〜10      H15.11.7
      A社株式        A社株式      H16.3 新株発行（1株1500円）
      3万3217株      3万3217株
      1株1500円      1株1500円
      売買           売買

  ┌─────────┐   ┌─────────┐   ┌─────────┐
  │ 取締役Y4  │   │代表取締役Y1│   │取締役Y2Y3│
  │(決議賛成)│   │           │   │          │
  └─────────┘   └─────────┘   └─────────┘
         ↑           ↑             ↑
         株　主　代　表　訴　訟
                     ↑
                ┌─────────┐
                │  A社株主  │
                └─────────┘
```

2 事案の概略

(1)　A社は、毛髪製品の製造及び販売、毛髪育成指導及び美容業・理容業等を目的とする株式会社である。

A社は、本件自己株式処分及び新株発行当時、株式譲渡制限会社で、本件新株発行直前の発行済株式総数は40万株、資本の額は2億円。

(2)　A社定時株主総会で、代表取締役Y1からの自己株式取得を出席株主の議決権の3分の2以上の賛成で決議（議決権ある株式総数の過半数を有する株主が出席）。その後、A社は、自己株式合計3万3217株を1株当たり1500円でY1から買受け。

(3)　本件自己株式処分

①　A社取締役会で、Y1に対し、自己株式3万3217株を1株当たり1500円で売却する決議。その際、Y1は特別利害関係者として決議に不参加、Y2〜Y4は決議賛成。

②　続いて、A社臨時株主総会で、上記自己株式処分議案を出席株主の議決権の3分の2以上の賛成で承認可決（議決権ある株式総数の過半数を有する株主が出席）。有利発行（処分）前提の説明なし。

③　その後、Y1は上記自己株式取得代金をA社に払込。

(4) 本件新株発行

① A社取締役会で、第三者割当での新株発行を決議。Y₁～Y₄賛成。

内容は、1株当たり1500円で、Y₁に2万3000株、Y₂に5000株、Y₃に1000株、その他4名に計1万1000株割当。

② A社臨時株主総会で、上記新株発行議案を、出席株主の議決権の3分の2以上の賛成で承認可決（議決権ある株式総数の過半数を有する株主が出席）。有利発行前提の説明なし。

③ その後、Y₁らは、株式の割当を受け、各自1株当たり1500円の金額をA社に払込。

(5) その後、A社では、臨時株主総会で、Y₁らを割当先とし（株式分割前）1株当たり9000円相当とする第三者割当、及び取締役らにストックオプション目的で有利な条件で新株予約権無償発行する旨の特別決議を実施。また、A社は、ジャスダックに上場。公募価格は（株式分割前）1株当たり7万円相当、上場時終値は（株式分割前）1株当たり6万7800円。

(6) A社株主が、本件自己株式処分及び本件新株発行は著しく不公正な価額により行われたとして、提訴請求するも、A社が拒絶したため、平成19年10月1日、同株主は、取引当時のA社取締役4名に対し、旧商法211条3項・280条の11・266条（会社法212条・423条）に基づき、A社に対する損害賠償を求める本件株主代表訴訟を提起。

―事件の経過―

H14.6.28 A社定時株主総会で、Y₁からの自己株式取得（4万株、6000万円限度）を議決権ベースで3分の2以上の賛成で決議。

H14.7～10 A社は、Y₁から自己株式合計3万3217株を1株当たり1500円で買受け。

H15.10.16 A社取締役会で、Y₁への自己株式同株数で同額での売却を決議。Y₁決議不参加、Y₂～Y₄賛成。

H15.11.6 A社臨時株主総会で、本件自己株式処分議案は、議決権ベースで3分の2以上の賛成で承認可決。有利発行前提の説明なし。

H15.11.7 Y₁は自己株式取得代金をA社に払込。

H16.2.19　A社取締役会で、第三者割当の方法による新株発行（1株当たり1500円）を決議。Y₁〜Y₄賛成。

H16.3.8　A社臨時株主総会で、本件新株発行議案は、議決権ベース3分の2以上の賛成で承認可決。有利発行前提の説明なし。

H16.3.24　Y₁ら、株式割当を受け、払込。

H17.6.8　A社株主が提訴請求。

H17.8.1　A社は提訴請求拒絶通知。

H18.3.9　A社臨時株主総会で、Y₁らに対する第三者割当、ストックオプションとしての新株予約権無償発行を特別決議。

H19.2.14　A社、ジャスダックに上場。

H19.10.1　本件訴え提起。

H24.3.15　一審判決（一部請求認容）。

H25.1.30　控訴審判決（控訴棄却）。

H25.2.12　最高裁へ上告・上告受理申立。

3 裁判所の判断

(1) 本件自己株式処分が著しく不公正な価額で行われたかどうか

① 非上場会社の自己株式処分時の公正な価額の算定は、自己株式の処分に関する規制の趣旨、目的（新株発行の諸規制の潜脱防止、払込金額の公正や譲渡制限会社の株主間の持株比率確保）を踏まえつつ、自己株式処分が行われた経緯や目的、数量、会社の財務状況等、諸般の事情を考慮して、事案にふさわしい方法によって判断するのが相当。

② 本件では、後記4(2)で列挙したように、過去の取引実態や、自己株式の経緯・目的、A社の財務状況や既存株主への影響の度合いなどから、本件自己株式処分における公正な価格としては、過去の類似取引における取引価格ともいいうる、取得価格と同額の1株当たり1500円とするのが相当。

③ したがって、本件自己株式処分は、著しく不公正な価額によって行われたものではないから、取締役の義務違反もない。

(2) 本件新株発行が著しく不公正な価額で行われたかどうか

① 規制の趣旨、目的に照らすと、第三者割当の方法による新株発行における公正な価額の判断においては、新株発行時における旧株式の客観的な交換価値を基準とすべきであり、これに比して発行価額の不公正の程度が著しい場合は「著しく不公正な発行価額」に当たる。

そして、非上場会社で行われた新株発行の公正な価額の算定にあたっては、新株発行当時の会社の資産や収益の状況等、諸般の事情を考慮して、事案にふさわしい方法によって判断するのが相当である。

② 本件では、A社の株式価値は、平成12年5月の時点で1株当たり1万円（監査法人の算定結果に基づく新株予約権付社債の行使価格）、平成18年3月の時点で1株当たり9000円（時価純資産額を基礎とした当時の新株発行の発行価額）といえ、判明している数値を基に、一定の修正を施して算定すると、本件新株発行直前の株式価値は1株当たり7897円から7113円までの価額となることなどを併せ考慮すると、本件新株発行での公正な価額は、少なくとも1株当たり7000円を下らない。

③ したがって、本件新株発行価額（1株当たり1500円）は、公正な価額（1株当たり7000円）の4分の1にも満たず、著しく不公正な発行価額である。そして、本件新株発行価額と公正な価額との差額分が損害に当たる。

(3) Y_1〜Y_4の義務違反

Y_1〜Y_4は本件新株発行の割当先として発行価額に特別な利害関係を有していたから、発行価額決定には慎重な検討がなされるべきところ、緊急に資金調達すべき事情もないのに、専門家による株式価値の算定を経ずに発行価額を決定している。そして、著しく不公正な発行価額であるのに、株主総会での理由開示（説明）をしていない。

また、仮に新株発行を必要とする理由が開示されたならば、A社株主が反対し、特別決議がされずに新株発行が中止されたり、発行価額が変更されたり、特別決議がされた場合も新株発行の差止めや新株発行無効の訴えによって保有株式の価値の低下を回避することが可能だった。

これらからすれば、Y_1らは、新株発行につき、法令違反行為を行い、そ

の過失もあり、上記差額分の損害も発生している以上、損害賠償請求は認められる。

❹ 判決の内容・解説

(1) 判決の分析

本判決は、非上場会社の自己株式の処分及び第三者割当による新株発行での不公正発行及び有利発行に必要な手続（株主総会での説明、特別決議）を怠った法令違反における取締役の善管注意義務違反について、自己株式の処分については著しく不公正な価額で行われたものではないとして当該義務違反を否定し、新株発行については著しく不公正な価額であるとしたうえで当該義務違反を肯定した事例である。

時期が近接している本件自己株式処分と本件新株発行の価額の不公正さについて異なる結論となった点については、(3)で述べる。

なお、本判決は、非上場会社の事例であり、上場会社の場合には実際の株価が大きな考慮要素になるが、その場合でも、本判決のように諸般の事情も丁寧に検討する必要性は変わらないと思われる。

また、本件では、複数の私的鑑定について、いずれも不適当な方法で算定しているとして排斥し、限られた資料の中から公正な価額を検討しており、公正な価額の算定においても参考になると思われる。

(2) 判決が取締役の責任を認定するために重視した事情

① 自己株式の処分について

本判決では、自己株式の処分の価額決定の公正性における判断要素として、自己株式処分が行われた経緯や目的、数量、会社の財務状況等の諸般の事情を挙げている。そして、本件では、

・同族会社認定回避目的でY₁から取得した株式につき、当該目的との関係で保有し続ける必要がなくなったので、実質的に買戻しとして、自己株式の処分が行われたという経緯・目的

・従来から、A社株式は、役員・役員持株会等の関係者の間で1株当たり1500円で取引されてきた実態、経緯

・期間が1年程度と短く、価額は取得時と処分時で同額であるというA社の財務状況や既存株主への影響の度合い

　・価額決定において外部専門家の意見を踏まえたという一応の客観性

などを総合的に考慮して、著しく不公正な価額とはいえないとしている。

② **新株発行について**

　本判決では、第三者割当の方法による新株発行の価額決定においては、「新株発行時における旧株式の客観的な交換価値を基準とすべき」とし、その価額決定の公正性の判断要素として、新株発行当時の会社の資産や収益の状況等、諸般の事情を挙げている。また、特に、割当先が取締役といった特別利害関係者の場合は、公正な価額決定にあたって、情報収集及び慎重な検討が不可欠であるとしている（もちろん、通常の場合に、情報収集や慎重な検討が不要という趣旨ではない）。

　本件では、まず、公正な価額について、

　・本件新株発行前（平成12年5月）及び本件新株発行後（平成18年3月）の両時期の株式価値

　・A社資産及び収益見通し等

を検討し、できる限り新株発行時の公正な株式価値（価額）を算定して、実際の価額が著しく不公正な価額かどうか判断した。そのうえで、本件は割当先が取締役であることを踏まえ、

　・新株発行による資金調達の必要性・緊急性がない点

　・新株発行の価額決定のための外部専門家からの意見聴取を欠く点を指摘し、さらに

　・実際に有利発行で必要な株主総会での説明等の手続を経ず、既存株主の株式価値の低下を回避する機会・手段を奪っている点

も指摘して、最終的に新株発行について、取締役の善管注意義務違反、過失の存在を肯定した。

(3) **自己株式の処分と新株発行とで結論が異なった理由**

　本判決において、（新たに資金調達を行うという積極的な目的で行われる）新株発行では「旧株式の客観的な交換価値」に言及している点に着目すると、

既存株主の持株比率（価値）への影響や会社の（現実の）資本増加の観点をより意識して、（会社自身が保有する状態から、株主が保有するという本来の状態に戻す機能も有する）自己株式の処分よりも厳格な判断をしたとも理解できる。

しかし、本件では、自己株式の処分については、上記(2)でも挙げたように、取得と処分との期間が短く、実質的には買戻しであるなど、著しく不公正とは言い難い特殊事情があったのに対し、新株発行については、公正な株式価値と比較しても低額で、かつ、新株発行自体の必要性、緊急性はなく、公正な発行価額決定のための慎重な検討や株主総会での説明（理由開示）もなされていないという公正だったとは評価しにくいマイナス要素が重なっている。本件は、この事情の違いが自己株式の処分と新株発行とで結論を異にしたと思われる。

そのため、本判決から、直ちに、一般論として自己株式処分の価額決定のほうが新株発行のそれよりも裁量の余地が広く不公正価額と認定されにくいとまで理解すべきではないだろう。結局のところ、自己株式の処分、新株発行いずれの場合であっても、諸般の事情を見て総合的に判断する必要があることを本判決は示唆している。

(4) その他

本件訴訟については、執筆時点で、最高裁に上告・上告受理申立中であり、まだ最高裁の判断が出ていない。そのため、今後の最高裁の判断にも注目する必要がある。

5 会社・役員の注意点・対応策

本判決を踏まえて、会社としては、自己株式の処分や新株発行において、諸般の事情を考慮し、当該価額決定における外部専門家の意見を聴くなどして、できるだけ公正な価額算定に留意する必要がある。

特に、株式の割当先が取締役といった特別利害関係を有する者の場合は、慎重な検討が求められる。

また、本判決では、株主総会において理由開示（説明）を欠く点につき、既存株主保護の機会（手段）を奪っていることを指摘し、重要な手続として

位置付けている。そのため、会社（特に市場の株価という指標がない非上場会社）としては、後のリスクを低減するため、念のため、株主総会において、有利発行を前提とした十分な説明を行い、特別決議を経ておくことも選択肢の1つとして検討する必要があろう。

CHECK LIST
（自己株式処分ないし第三者割当による新株発行に際して）

目的・経緯等

- ☐ 自己株式の処分、第三者割当による新株発行を行う目的・経緯は正当かつ合理的であるか。
- ☐ 新株発行の場合は、資金調達の必要性があるか。
- ☐ 実施する規模は、必要かつ妥当な範囲といえるか。

価額決定

- ☐ 会社の資産や収益の状況等を考慮して価額決定をしたか。
- ☐ 有利な価額、著しく不公正な価額に当たる可能性がないか検討したか。

手続

- ☐ 価額決定において、当該価額について公認会計士等の専門家による株式価値の算定を経て、意見聴取をしたか。過去に実施した自己株式の処分、新株発行の際の外部専門家の意見を流用していないか。
- ☐ 取締役会などの場で、価額等について慎重な検討をしたか。
特に、第三者割当先・自己株式処分の相手方に、取締役といった特別利害関係者が含まれている場合、外部の専門家による価額等の意見を確認し、尊重しているか。
- ☐ 有利発行・処分になる可能性がある場合に、株主総会で、十分な説明（理由開示）を行ったか。

（岡村貴之）

2

建設業

★業界：建設業
◆判断場面：政治・行政対応

20 財務状況悪化時に行った政治献金につき取締役の責任が否定された事例－熊谷組株主代表訴訟事件

（名古屋高金沢支判平成18・1・11判例時報1937号143頁）
（上告棄却・上告不受理）

1 事案一覧表

原　　告	株主X
被　　告	歴代代表取締役社長　Y1、Y2、Y3
責任を問われた内容	法令違反（善管注意義務違反、公序良俗違反、公職選挙法199条1項違反、政治資金規正法22条の4第1項違反）、定款違反（現行会社法の任務懈怠責任に対応）
請求内容	Y1に対し熊谷組（以下、「A社」という）への4984万6000円の支払 Y2に対しA社への4928万7000円の支払 Y3に対し政治献金差止め
判決内容	請求棄却
その他参考事項	原審（一審）福井地判平成15・2・12判例時報1814号151頁。一審では、平成10年4月以降の寄付について、会社の経営状況を踏まえると、寄附が必要ないし有用であり相当であったことの主張立証はなく、会社の損害に当たるとし、一部認容してY2に2861万5000円の支払を命じ、他は棄却した。X、Y2が控訴。

－190－

2 建設業

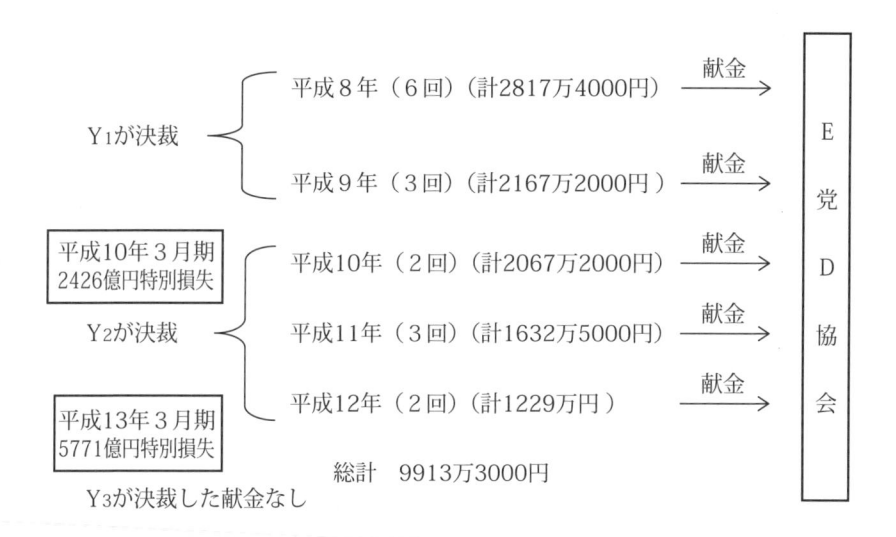

```
                         ┌ 平成8年（6回）（計2817万4000円）  ──献金──→  ┐
  Y₁が決裁  ────────────┤                                                   │
                         └ 平成9年（3回）（計2167万2000円）  ──献金──→  │
                                                                              │
 ┌──────────────┐                                                            │  E
 │平成10年3月期 │    ┌ 平成10年（2回）（計2067万2000円） ──献金──→  │  党
 │2426億円特別損失│   │                                                       │  D
 └──────────────┘    │                                                       │  協
  Y₂が決裁  ──────────┤ 平成11年（3回）（計1632万5000円） ──献金──→  │  会
 ┌──────────────┐    │                                                       │
 │平成13年3月期 │    └ 平成12年（2回）（計1229万円）    ──献金──→  ┘
 │5771億円特別損失│
 └──────────────┘
                     総計　9913万3000円
  Y₃が決裁した献金なし
```

2 事案の概略

① A社は、E党の政治資金団体である財団法人D協会に対し、平成8年〜平成12年の間、総計9913万3000円政治資金を寄付した。

② 平成8・9年分の献金は、当時代表取締役社長であったY₁が最終決裁を行った。

③ 平成10〜12年分の献金は当時代表取締役社長であったY₂が最終決裁を行った。

④ Y₃は一審及び控訴審の口頭弁論終結時の代表取締役社長である。

⑤ この間、A社は、平成10年3月期に2426億円の、平成13年3月期に5771億円の特別損失を計上している。

⑥ 本件は、このような巨額赤字を計上した会社における政治献金の適法性が争われた事案であり、A社の株主である原告が、旧商法267条（会社法847条）、旧商法266条（会社法423条）の法令定款違反を根拠に決裁当時代表取締役社長であったY₁及びY₂にA社への損害賠償請求を、旧商法272条（会社法360条1項）に基づきY₃には献金の差止めを求めた事案である。

―事件の経過―

S53・12　Y₁　Ａ社代表取締役社長就任。

H8　　6回計2817万4000円献金。

H9　　3回計2167万2000円献金。

H9・11　Y₂　Ａ社代表取締役社長に就任。

H9・12　Y₁　Ａ社代表取締役会長に就任。

H10・3月期　2426億円の特別損失計上。

H10　　2回計2067万2000円献金。

H11　　3回計1632万5000円献金。

H12　　2回計1229万円献金。

H12・12　Y₁　Ａ社代表取締役会長及び取締役を退任。

H12・12　Y₂　Ａ社代表取締役社長及び取締役を退任。

H12・12　Y₃　Ａ社代表取締役社長に就任。

H13・3月期　5771億円の特別損失計上。

H13　　訴訟提起

3 裁判所の判断

①　会社による政治資金の寄付は、国民主権、国民の選挙権ないし参政権を侵害するものとはいえないから、公序良俗に違反するものということはできない。

②　会社における目的の範囲内の行為とは、定款に明示された目的自体に限定されるものではなく、その目的を遂行するうえに直接又は間接に必要な行為であればすべてこれに包含される。

会社が政党又は政党資金団体に政治資金を寄付することも、客観的、抽象的に観察して、会社の社会的役割を果たすためにされたものと認められる限り、会社の定款所定の目的の範囲内の行為である。特定政党へ政治資金の寄付は、当然に予定されている。

③　本件政治資金の寄付は公職選挙法199条1項及び政治資金規正法22条の4第1項に違反しない。

④　取締役は、会社を代表して政治資金の寄付をなすにあたっては、その会社の規模、経営実績その他社会的経済的地位及び寄付の相手方など諸般の事情を考慮して、合理的な範囲内において、その金額等を決すべきであり、この範囲を越えて不相応な寄付をした場合には取締役の会社に対する善管注意義務違反となる。

　本件では、平成12年当時の資本の額が820億8500万円、売上高が8000億円～1兆円、業界において企業規模、経営実績は上位であることを摘示した。また、政治資金規正法21条の3第2項によるA社の場合の制限額8700万円と比較して、1年当たり1200万円ないし2800万円程度と寄付額が小さいこと、寄付額が年を追って減額されていることを考慮した。平成5年以降、自社の経営、財務体質の改善を進めており、特別損失の計上や欠損の発生も、むしろA社が過去の損失を一括処理しうるだけの体力があったことの証左であると認定した。

　また、日建連の献金要請に応じなければ、信用不安情報として伝播し資材購入条件、市場での信用、株価下落のおそれがあり、寄付をしないデメリットの方が大きいと判断した判断過程に著しい不合理はないとして、結論として、本件政治資金の寄付は不相応とまではいえないから、取締役の善管注意義務違反があったということはできないと判断した。

⑤　会社の取締役としては、以下の4点について慎重に審査すべき注意義務があるが、これを怠ったとは認められない。

イ　経営判断に具体的法令違反及び公序良俗違反がない。
ロ　経営判断が「会社のため」に行われた。
ハ　経営判断の前提となる事実の認識に不注意な誤りがない。
ニ　経営判断の内容及び経営判断に至る過程に著しい不合理がない。

4 判決の分析・解説

(1) 判決の分析

　裁判所の判断として示された規範の①～④は、八幡製鉄政治献金事件判例（最大判昭和45・6・24民集24巻6号625頁）に従ったものである。会社の規

模、経営実績その他社会的経済的地位及び寄付の相手方など諸般の事情を考慮して、合理的な範囲内において、その金額等を決すべきとの規範も示されている。この規範の射程については、取引安全等を考慮する必要がなく、行為に対する信頼が保護に値しない場合（贈賄など犯罪行為の場合など）を除いて広く及ぶものと考えられる。

裁判所の判断として示された規範の⑤は、経営判断原則についての裁判例（例えば東京地判平成5・9・16金融・商事判例1368号37頁）をベースとしたXの主張する規範に沿って判断したものである。本判決と同様な判断枠組みは、経営判断原則についての検討において広い場面で妥当すると考えられる。

(2) 判決が取締役の責任を認定するために重視した事情

結論として取締役の責任は認定されなかったが、その結論に至るにあたっての考慮要素としては、当時の資本の額、売上高、政治資金規正法21条の3第2項による制限額と比較が挙げられ、また年を追って寄付額を減額していった事実も考慮され、特別損失の計上や欠損の発生も過去の損失を一括処理しうる体力があるとして考慮された。

このように、相応な政治資金の寄付の範囲は広く認められた。本判決では特別損失の計上や欠損が発生している場合の寄付であっても相応と認められたが、どの程度まで財務状況が悪化していた場合に不相応な寄付と認定されるかは不明である。

もっとも、一審で取締役の責任が一部認容されたことからも、本件は、限界事例に近いものと考えた方がよいであろう。

(3) 当該業界特有の事情についての考慮の有無

当該業界の事情については、判決において「寄付要請を断ったという情報が日建連加盟会社全社に広く知れ渡り、激しい受注競争の中でA社の信用不安情報として同社に不利に働くおそれや、資材メーカーからの資材購入条件が厳しくなるおそれが大きく」などと取締役の責任を否定する要素として挙げられている。

このような業界内の信用不安情報の影響は特に建設業界に限ったものでは

なく、本件で業界の特有の事情が結論を左右したとまではいえないと考えられる。

ただし、政治献金は、国民的批判を浴びやすい行為であるので、レピュテーションの問題を考慮する必要がある。レピュテーションが会社経営に与える影響は、業界によって、特に顧客が一般国民か、企業や公的機関かどうかによって大きく異なるので、その意味で業界の事情は、実際の経営上大きく影響すると考えられる。

5 会社・役員の注意点・対応策

① 政治献金を行う場合には、当然のこととして政治資金規正法を確認し、適法性を確保する必要がある。

② 外国人の政治献金は禁止されており（政治資金規正法22条の5）、外国法人、外国籍の自然人は適法に政治献金をすることはできない。

③ 政治献金を行う場合には、会社の経営状況とのバランスを考慮し相当性・妥当性を検討する必要がある。欠損を生じ剰余金配当できない会社の政治献金であってもそれだけでは取締役の責任は生じないが、それ以上の状況の場合は判断が異なる可能性があるので留意すべきである。

④ 本判決では、業界団体の要請が取締役の責任を否定する要素として挙がっている。しかし、時代や事情の違いによって業界団体の要請が正当化にならない場合も考えられるので留意すべきである。また、外国企業が業界内に存在する場合には、外国企業が政治献金をできないこととの関係で、政治献金の正当化が難しくなる可能性もある。

⑤ 適法な政治献金でも、報道、ネットの書き込みなどを含め、レピュテーションからのダメージの大きさは検討すべきである。業界として、一般国民が顧客の場合は、売上が減る可能性も検討すべきである。

⑥ 本件については、株主オンブズマンの活動の一環として日本生命政治献金事件や住友生命政治献金事件と並行して提訴されたものであり、適法な政治献金でも、政治的意図をもった市民運動としての訴訟が提起される可能性があり、そのような訴訟の負担が生じる可能性は考慮すべきである。仮

に、会社に何らかの公的資金が投入されている場合は、国民が支払った税金が間接的に政治献金になったものとして、より厳しい批判を受ける可能性が高い。

CHECK LIST

社内体制整備についての項目

- ☐ 政治献金をするかどうかの判断過程についてルールが設けられているか。
- ☐ 政治献金の適法性について、政治資金規正法を含め法的チェックが可能な体制ができているか。

レピュテーションリスクについての項目

- ☐ 一般市民が重要な顧客となっているか（国民の批判が業績に影響する業界かどうか）。
- ☐ 批判的な新聞報道、ネット上の書き込み、訴訟等に耐えられるか。
- ☐ 外国企業が含まれる業界か（外国企業は政治献金ができず、国内企業を批判する可能性がある）。
- ☐ 自社に公的資金が投入されていないか（税金に基づく寄付としてより厳しい批判がされる可能性がある）。

具体的な行為の適切性に関する項目

- ☐ 政治献金に具体的法令違反及び公序良俗違反がないか。
- ☐ 政治献金が「会社のため」に行われたか。
- ☐ 政治献金の前提となる事実の認識に不注意な誤りがないか。
- ☐ 政治献金の内容及び政治献金に至る過程に著しい不合理がないか。

財務体質悪化時の献金の適法性に関する項目

- ☐ 献金額について、財務状況に応じた見直しを実施したかどうか。
- ☐ 献金の是非・金額につき、その必要性・相当性を検討したかどうか。
- ☐ 政治資金規正法上の限度額と比較して、相当な金額にとどめたもの

といえるか。

(杉野文祐)

【参考】

八幡製鉄政治献金事件（最判昭和45・6・24民集24巻6号625頁）

本件は、八幡製鉄の代表取締役2名が自民党に政治献金350万円を寄付したことが旧商法266条1項5号に規定する「法令又は定款に違反する行為」に当たるとして代表取締役2名に対し会社に305万円を連帯して支払うよう求めたものである。

(判決要旨)

一 会社による政治献金の寄付は、客観的抽象的に観察して、会社の社会的役割を果たすためになされたものと認められるかぎり、会社の権利能力の範囲に属する行為である。

二 商法254条ノ2は、通常の委任関係に伴う善管義務を敷衍し、かつ一層明確にしたにとどまり、これとは別個の、高度な義務を規定したものではない。

三 取締役が会社を代表して政治献金を寄付することは、その会社の規模、経営実績その他社会的経済的地位および寄付の相手方など諸般の事情を考慮して、合理的な範囲内においてなされるかぎり、取締役の忠実義務に違反するものではない。

★業界:建設業
◆判断場面:政治・行政対応

21 贈賄を行ったことにつき取締役の責任が認められた事例−間組株主代表訴訟事件(東京地判平成6・12・22判例タイムズ864号286頁)(認容・確定)

❶ 事案一覧表

原　　告	株主
被　　告	取締役(使用人兼務)
責任を問われた内容	刑法違反(贈賄)行為を行ったことについての改正前商法における取締役の法令、定款違反(現行会社法の任務懈怠責任)
請　求　額 (請求内容)	1400万円
賠　償　額 (判決内容)	1400万円
その他参考事項	上訴なく確定 本件の贈賄について刑事事件で有罪確定

❷ 事案の概略

① 間(ハザマ)組(以下、「A社」という)は、土木建築工事の設計、施工等の請負、受託等を目的とする株式会社である。

② 被告(以下「Y」という)は、平成3年6月27日から平成5年8月25日までA社の取締役であった。

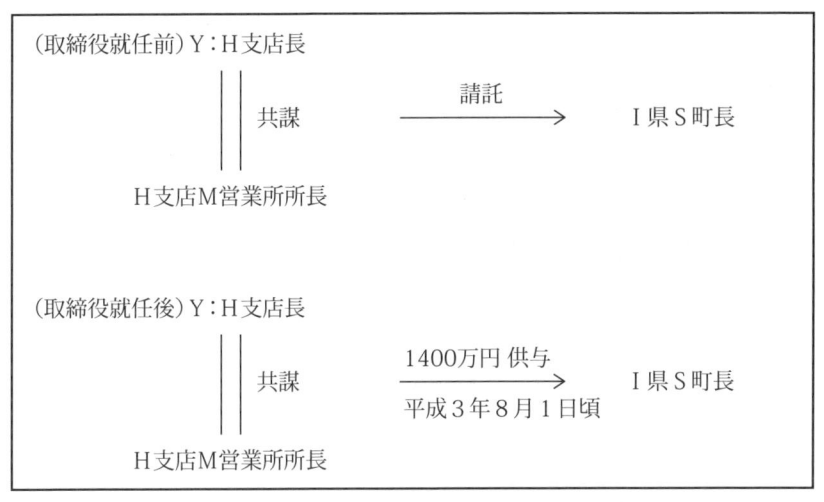

```
(取締役就任前)Y:H支店長
    ‖共謀     ──請託──→    I県S町長
    H支店M営業所所長


(取締役就任後)Y:H支店長
    ‖共謀    ──1400万円 供与──→    I県S町長
               平成3年8月1日頃
    H支店M営業所所長
```

③ Yは、A社M営業所所長（当時）と共謀（共謀時は取締役就任前）のうえ、I県S町長（当時）に対し、S町健康ふれあいスポーツセンターの新築工事をA社が受注できるように、同町の指名競争入札においてA社を指名業者に指定し、さらに工事の発注予定価格を教示するよう請託した。

④ その謝礼として、平成3年8月1日頃、町長に対し、A社の資金である現金1400万円を賄賂として供与した。

⑤ Yは、この行為に関する刑事事件において、贈賄の事実を認めており、平成6年2月15日、贈賄罪で懲役2年、執行猶予4年の有罪判決を受け確定した。

⑥ A社の株主は、Yに対し、旧商法267条（会社法847条）、旧商法266条（会社法423条）に基づき、A社に対する損害の賠償を求める株主代表訴訟を提起した。

―事件の経過―

H3.6.27以前 M営業所所長（当時）と共謀のうえI県S町長（当時）に対し請託。

H3.6.27 取締役就任。

H3.8.1頃 現金1400万円を賄賂として供与。

H5.8.25 取締役退任。

H6.2.15　贈賄罪で懲役2年、執行猶予4年の有罪判決。

❸ 裁判所の判断

① 旧商法266条1項5号（会社法423条1項に相当）にいう「行為」は、取締役の固有の権限に基づく行為に限られるものではなく、取締役の地位にある者が会社の業務に関してした行為であれば足りる。

② 本件贈賄は、共謀行為こそYの取締役就任前に行われているものの、その共謀に基づく賄賂交付行為はYの取締役就任後に実行されたのであるから、本件贈賄は、取締役としての行為であって、その責任の追及は代表訴訟の対象となる。

③ 会社がその企業活動を行うにあたって法令を遵守すべきであることはいうまでもないが、とりわけ贈賄のような反社会性の強い刑法上の犯罪を営業の手段とすることは許されるべきでない。それにより会社に利益がもたらされるとか、慣習化し同業者がやっているため贈賄をしないと仕事をとれないおそれがあるといった理由で、営業活動としての贈賄行為を正当化しうるものではない。贈賄のような反社会性の強い刑法上の犯罪行為は、たとえ会社のための営業活動の一環であるとの意識の下に行われたものでも、定款の目的の範囲内の行為と認める余地はない。

④ 刑法規範は、旧商法266条1項5号の「法令」に当たる。

⑤ 取締役がその任務に違反して会社の出捐により贈与を行った場合は、それだけで会社に出捐額の損害が生じたこととなる。特に贈賄の場合は不法原因給付として返還を求めることができないものであるから、会社の損害となることは明らかである。

⑥ 本件贈賄行為によりS町から工事を受注することができた結果、A社が利益を得た事実があるとしても、上記利益は、工事を施工したことによる利益であって、贈賄による損害を直接に填補する目的、機能を有するものではないから、損害の原因行為との間に法律上相当な因果関係があるとはいえず、損益相殺の対象とすることはできない。

❹ 判決の分析・解説

(1) 判決の分析・射程

① 本判決では、代表訴訟の対象となる行為は、取締役の固有の権限に基づく行為に限らず、取締役の地位にある者が会社の業務に関してした行為であれば足りると判示している。この取締役の固有の権限としては、一般にその取締役に業務執行権限がある場合や取締役会における代表取締役の行為に対する監視義務に関して検討されることが多いが、本件の場合、それを問題とするまでもなく従業員として行った自身の違法行為を取締役としての自分が阻止すべき場面であるから、代表訴訟の対象となる行為を限定的に解して、取締役自ら行った行為について取締役の責任を免除する理由はない。

そこで、本判決では、取締役の地位にある者が会社の業務に関してした行為であれば足りるものと判示したと考えられる。このような考え方からすれば、判示事項の射程は一定の事例に限定されるものではなく、取締役が責任を負うべき行為の範囲は広いと考えられる。

② 本判決ではさらに、反社会性の強い刑法上の犯罪行為は、たとえ会社のための営業活動の一環であるとの意識の下に行われたものでも、定款の目的の範囲内の行為と認める余地はないと判示している。

定款所定の目的の範囲は、一般に主として取引安全の観点から広く解されてきたが、贈賄といった犯罪行為の場合はそのような取引安全を図る観点は不要であることが本判決において狭く解したことの背景にある。判決では刑法上の犯罪について判断していることから、刑法上の犯罪以外に刑事罰が定められている行為一般も同様な判断がされるかが問題になるが、刑法上の犯罪以外の刑事罰が定められている行為についても一般には反社会性が強いと評価され得るので、そのような行為にもこの判断の射程が及ぶ可能性は十分考慮すべきであろう。もっとも、刑事罰を超えて不利益処分が定められている行為一般にまで射程が及ぶかどうかは明らかではない。

③ 本判決ではまた、刑法規範は、旧商法266条1項5号の「法令」に当たると判示している。この点については、旧商法266条1項5号の「法令」

については会社や会社関係者を保護する規定と狭く解する少数の見解もあるが、本判決では取締役の業務執行の適正を十分図るために広く解するという通説の立場に沿った判断がなされている。多くの裁判例において採用されていることからもこのような判断の射程は広く及ぶと考えられる。

④　本判決では加えて、取締役がその任務に違反して会社の出捐により贈与を行った場合は、それだけで会社に出捐額の損害が生じたものとされると判示している。この理由として、この出捐が不法原因給付に当たることを判示しているが、その他に、出捐が会社の利益になるなどの主張を排除する作用により出捐が不法であることを徹底することも考慮されたことも考えられる。

本判決では不法原因給付に当たらない場合についての損害の範囲については明言していないが、取締法規違反等の違法な出捐についても、広く射程が及ぶ可能性が考えられる。

⑤　本判決ではさらに加えて、本件贈賄行為により利益を得た事実があるとしても、上記利益は、損害を直接に填補する目的、機能を有するものではないから、損害の原因行為との間に法律上相当な因果関係があるとはいえず、損益相殺の対象とすることはできないと判示している。

この点については（保険などによる損益相殺を認めつつ）、出捐が会社の利益になるなどの主張を排除して出捐が不法であることを徹底するという考慮があるものと考えられる。

(2) 判決が取締役の責任を認定するために重視した事情

取締役の行為が反社会性の強い刑法上の犯罪行為といえるものであった点に争いがなく、それを前提に法的論点に関し考え方を示し、責任を認定したものと思われる。

(3) 当該業界特有の事情についての考慮の有無

判決では業界の事情を特に考慮していない。業界にかかわらず、会社取締役からの贈賄については、贈賄額全額について取締役としての責任を負うことになる。

5 会社・役員の注意点・対応策

①　本件では日本の公務員に対する贈賄について、日本の刑法に基づき有罪となり、取締役の責任も認められているが、日本の公務員以外であれば問題ないというわけではない。後述するように日本公務員以外への贈賄も処罰対象となる法律が日本法上も存在しており、取締役の責任も認められる可能性がある点に注意が必要である。

②　外国公務員に対する贈賄は、不正競争防止法に刑事罰が設けられている（同法18条・21条2項7号）。また、一定の場合には外国法による処罰対象となる。このような外国法としては、例えば、米国の海外汚職行為防止法（Foreign Corrupt Practices Act of 1977（FCPA）、英国のBribery Actが挙げられ、Bribery Actでは民間企業に対する贈賄も対象となりうる点に注意が必要である。

③　外国法違反であっても、日本法に基づく取締役の責任の有無の判断においても考慮要素になることがある。外国法令違反で取締役の善管注意義務違反が認められた例として大阪地裁平成12年9月20日判決（金融・商事判例1101号56頁）がある。

④　贈賄とまではいえないような贈与等について、儀礼の範囲として許容される範囲も国、時代により変化あり注意が必要である。

⑤　上述のように、企業活動のグローバル化に伴い、国際的な贈賄にも留意すべきである。

⑥　一連の行為が取締役となる前後にまたがっていた場合には、取締役としての責任を負うと考えておく必要がある。

CHECK LIST

社内体制整備に関する項目

☐ 経営トップの意思として贈賄禁止のメッセージが社内に徹底されているか。

☐ 贈賄禁止について社内規定（懲戒を含む）を設けているか。

☐ 贈賄禁止について社内教育がなされているか。

☐ 贈賄を未然に防止するようなチェック体制が設けられているか。

具体的行為を行う際の確認項目

☐ 利益を供与する相手は日本の公務員又は外国の公務員か。

☐ 供与する利益が、賄賂すなわち、「人の需要・欲望を満たすに足りる一切の利益」といえるか。

☐ 海外の特定人に利益を供与する場合、関係国の贈賄禁止法制とその実態を確認したか。

☐ 行為の一部が取締役の地位にある間になされたか（ただし、取締役の地位にある間になされていなくても取締役の責任とは別の責任（刑事責任等）を負うことがある）。

（杉野文祐）

3 サービス業

★業界：飲食店
◆判断場面：労務管理、役職員・グループ会社に対する監視・監督

22 労働者の生命・健康を損なわない体制の構築と長時間労働の是正方策を実行しなかったことにつき取締役の責任が認められた事例－大庄事件（大阪高判平成23・5・25労働判例1033号24頁）（上告棄却）

1 事案一覧表

原　　告 （被控訴人）	過労死した新入社員Ｘの両親（相続人）
被　　告 （控訴人）	Ｙ社、代表取締役、専務取締役、常務取締役２名
責任を問われた内容	労働者の生命・健康を損なうことがないような体制構築と長時間労働の是正方策実行に関する任務懈怠
請　求　額 （請求内容）	1億22万2000円
賠　償　額 （判決内容）	7862万7528円
その他参考事項	・請求額（請求内容）、賠償額（判決内容）は、会社及び各取締役ともに同じである。 ・各取締役は連帯して支払うように命じられた。 ・一審の京都地判平成22・5・25判例時報2081号144頁の結論が維持された。 ・最高裁は、平成25年9月24日付で会社側の上告を棄却する決定を行い、本判決は確定した。

3 サービス業

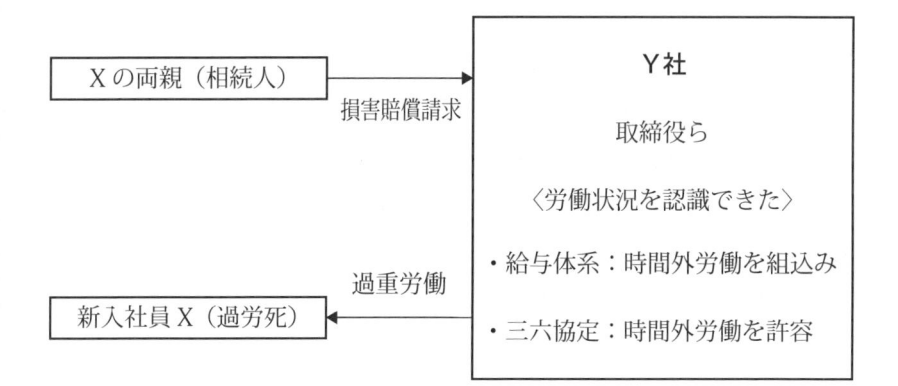

```
┌─────────────────┐         ┌─────────────────────────┐
│ Xの両親（相続人） │ 損害賠償請求 │ Y社                      │
└─────────────────┘ ────────▶│                         │
                              │ 取締役ら                 │
                              │                         │
                              │ 〈労働状況を認識できた〉   │
                              │                         │
                  過重労働      │ ・給与体系：時間外労働を組込み │
┌─────────────────┐         │                         │
│ 新入社員X（過労死）│ ◀────── │ ・三六協定：時間外労働を許容  │
└─────────────────┘         └─────────────────────────┘
```

2 事案の概略

①　Y社は、当時、資本金約861億2600万円、従業員数2826名、年間売上高約750億円の東証一部上場会社であり、大衆割烹店（居酒屋チェーン）を全国展開していた。

②　Xは、Y社の店舗勤務を開始した4か月後に、過労死した。

③　Xの両親（相続人）である原告らは、過労死の原因はY社での長時間労働にあると主張して、Y社に対する債務不履行（安全配慮義務違反）又は不法行為に基づく損害賠償、取締役らに対する会社法429条1項又は不法行為に基づく損害賠償をそれぞれ求めて提訴した。

④　一審は、Xの死亡の原因はY社での長時間労働にあると判断し、原告らの請求の大部分を認めた（一部認容判決となった）ため、これを不服とするY社及び取締役らが控訴した。

―事件の経過―

H19.4.1　XがY社に入社。

H19.4.10　Xが調理担当の従業員として店舗勤務を開始。

H19.8.11　Xが自宅において急性左心機能不全により死亡（当時24歳）。

H19.8.15　Xの葬儀。

H20.12.10　労働基準監督署長が労災認定。

H21.1.30　Y社が死亡弔慰金100万円を支払。

3 裁判所の判断

(1) 会社の法的責任

　会社は、雇用する労働者に従事させる業務を定めてこれを管理するに際し、業務の遂行に伴う疲労や心理的負荷等が過度に蓄積して労働者の生命・健康を損なうことがないよう注意する義務（具体的には、労働時間、休憩時間及び休日等が適正になるよう注意すべき義務）を負い、その義務に違反した場合、債務不履行責任及び不法行為責任を負う。

　Y社の給与体系（最低支給額に月80時間の時間外労働を前提として組込み）及び三六協定（6か月を限度として1か月100時間の時間外労働を許容）は、恒常的に長時間労働をする者が多数出現することを前提とした体制となっており、労働者の労働時間について配慮していたものとはまったく認められない。

　また、本件店舗では1か月300時間を超える異常ともいえる長時間労働が常態化しており、Y社としてそのような勤務時間とならないような休憩・休日等をとらせておらず、社員の長時間労働を抑制し労働時間が適正になるようにするための対策をとっていなかった。

　Y社は、上記義務を怠ったため、不法行為に基づく損害賠償責任を負う。

(2) 取締役の法的責任

　取締役らは、会社に対する善管注意義務として、労働者の安全に配慮すべき義務（具体的には、労働者の生命・健康を損なうことがないような体制を構築すべき義務）を負い、その義務を怠って労働者に損害を与えた場合、会社法429条1項の責任を負う。

　取締役らは、労働者の労働時間が過重にならないよう適切な体制をとらなかっただけでなく、厚生労働省の基準（労働者災害補償保険法の定める業務起因性の認定に関するものだが、経験則として重視できる）からして、一見して不合理であることが明らかな体制をとっていたのであり、それに基づいて労働者が就労していることを十分に認識し得た。

　取締役らは、悪意又は重大な過失により、会社が行うべき労働者の生命・

健康を損なうことがないような体制の構築と長時間労働の是正方策の実行に関して任務懈怠があったことは明らかであり、その結果、Xの過労死を招いたのであるから、会社法429条1項責任を負う。

そして、同様の理由から、取締役らの不法行為責任も優に認めることができる。

4 判決の分析・解説

(1) 判決の分析

本判決は、取締役が、悪意又は重大な過失により、労働者の生命・健康を損なうことがないような体制の構築と長時間労働の是正方策の実行をすべき義務を懈怠してXの過労死を招いたとして、会社法429条1項責任を認めた。

これまで、労働者の過労死について取締役の責任を認めた判例は、いずれも中小企業で、取締役が直接に死亡者の勤務状況を把握・管理する立場にあることを前提に会社法429条1項責任を認めているところ、本判決は、中小企業の判例と異なり、取締役が直接労働者の勤務状況を把握・管理する立場にないことを前提に会社法429条1項責任を認めたところに特徴がある。

なお、一審判決は、大企業の取締役が個別具体的な店舗労働者の勤務時間を逐一把握することは不可能であるから、個々の労働者について日頃の長時間労働から判断して休憩、休日をとらせるなど具体的な措置をとる義務（不法行為責任）を否定したが、本判決は、大企業であるY社の取締役らの不法行為責任も優に認めることができるとした点にも特色がある。

(2) 判決が取締役の責任を認定するために重視した事情

① 現実に恒常的な長時間の時間外労働を行っていたこと

Xは、現実に4か月にわたって毎月80時間を超える恒常的な長時間の時間外労働を行っていた。

	総労働時間	時間外労働時間数
死亡前の1か月間	約237時間	約95時間
死亡前の2か月目	約273時間	約105時間
死亡前の3か月目	約302時間	約129時間
死亡前の4か月目	約251時間	約78時間

② **取締役は現実の労働者の労働状況を認識することができたこと**

取締役のうち、人事管理部の上部組織である管理本部長や店舗本部長、店舗本部の下部組織である第一支社長は、本件店舗における労働者の労働状況を把握しうる組織上の役職者であって、現実の労働者の労働状況を認識することが十分に容易な立場にあったものであるし、その認識をもとに、担当業務を執行し、また、取締役会を構成する一員として取締役会での議論を通して、労働者の生命・健康を損なうことがないような体制を構築すべき義務を負っていたということができる。

すなわち、これらの取締役らは、Xの勤務実態を容易に認識しうる立場にあるのであるから、Y社の労働者の極めて重大な法益である生命・健康を損なうことがないような体制を構築し、長時間勤務による過重労働を抑制する措置をとる義務があることは明らかである。

他方、Y社の業務を執行する代表取締役も同様の義務を負っていたということができる。

すなわち、自ら業務執行全般を担当する権限があるうえ、仮に過重労働の抑制等の事項については他の取締役らに任せていたとしても、それによって自らの注意義務を免れることはできない（最大判昭和44・11・26判例タイムズ243号107頁参照）。

本件では、取締役らは、長時間労働が恒常化していたことを認識していたか、極めて容易に認識できたといえる。

③ **長時間の恒常的な時間外労働を前提とする体制にあったこと**

Y社の三六協定は、1か月100時間の時間外労働を6か月にわたって許容するものであったところ、これは厚生労働省が労災認定基準で定めている業

務と疾患発症との関連性が強いと評価できるほどの長時間労働であった。

また、Y社の給与体系は、本来なら基本給ともいうべき最低支給額に80時間の時間外労働を組み込んでおり、時間外労働が80時間に達しない場合には、不足分が控除される扱いとなっていた。

すなわち、雇用契約書では、「給与額19万4500円、内訳、基本給12万3200円、役割給7万1300円」とされており、「役割給」とは予め給与に組み込まれた固定時間外手当と固定深夜勤務手当であり、設定された時間に達しなかった場合はその時間分を控除する旨記載されていたが、設定された時間が何時間であるかの記載はなかった。

④ 三六協定と給与体系は会社の基本的な決定事項であること

本判決は、三六協定と給与体系は会社の基本的な決定事項であるため、これらの内容を取締役らが承認していたことは明らかであるとする。

すなわち、取締役らは、厚生労働省の基準を逸脱する「一見して不合理であることが明らかな体制」といえる三六協定と給与体系に基づいて労働者が就労していることを十分に認識し得た。

⑤ 就業規則上の義務違反等があったこと

Xについて、入社以後、健康診断は行われておらず、Y社の就業規則で定められていたことさえ守られていなかった（Xが入社にあたり提出した健康診断書は、入社1年前に大学で実施した簡易なものであり、就業規則所定の基準を満たしていなかった）。

本判決は、Y社が入社直後の健康診断を実施していなかったことが安全配慮義務違反であると判断するものではないが、Y社の社員の健康に関する安全配慮義務への視点の弱さを表す事実の1つとして指摘することは不当ではないとしている。

(3) 当該業界特有の事情についての考慮の有無

① 人件費が営業費用の大きな部分を占めること

本判決は、人件費が営業費用の大きな部分を占める外食産業においては、会社で稼働する労働者をいかに有効に活用し、その持てる力を最大限に引き出していくかという点が経営における最大の関心事の1つになっていると考

えられるため、自社の労働者の勤務実態について、取締役らが極めて深い関心を寄せるであろうことは当然のことであるとする。

飲食業界を含む外食産業等の人件費が営業費用の大きな部分を占める他の業界においては、他業界と比較し、仮に長時間労働による事故が発生した場合に、「取締役は個々の労働者の労働状況を認識することができた」と認定されやすいといえる。

② 正確な労働時間の把握が難しいこと

飲食業界の店舗勤務では、所定労働時間以外に自主的とも思われる作業（本件では、まな板やタオルを洗ったりする作業、包丁を研ぐ作業、「かつらむき」の練習など）が行われて正確な労働時間の把握が難しい場合がある。

また、本件のように、ワークスケジュールで設定した勤務時間より30分以上前に出勤しても打刻ができないシステムになっていたこと、労働者に店舗のカードキーが渡っていたこと（早朝等に出勤可能であること）は、正確な労働時間の把握を困難にさせる事情であり、取締役の責任を肯定する方向において考慮されることがあるため、留意すべきである。

5 会社・役員の注意点・対応策

本判決の判断内容や認定事実からは、会社・取締役にとって、以下の注意点・対応策が導かれる。

(1) 労働者の生命・健康を損なうことがないような体制の構築と長時間労働の是正方策の実行

本判決は、Y社の安全配慮義務の内容として、給与体系や三六協定の状況のみを取り上げているのではなく、会社において現実に全社的かつ恒常的に存在していた社員の長時間労働を抑制する措置がとられていなかったことをもって安全配慮義務違反と判断している。

給与体系は、時間外労働を除いたものを基本給として定め、求人情報を掲載する際にも時間外労働を除いた基本給を明記する必要がある。三六協定は、厚生労働省の基準を十分に反映した内容のものとする必要がある。

この点、労務の分野では、毎年のように法令、通知通達、行政のガイドラ

イン等が改正されることから、労働条件がこれらを満たしていることを随時確認していく必要がある。

　また、特に勤労意欲の強い社員は、所定労働時間以外に自主的とも思われる作業を行うことがあるため、会社としてそのような作業を禁止する旨を直截に伝える方法をとる必要もある（なお、「早く来ても給与に反映されないので、そのような作業はすべきではない。」といった説明等、その社員の個人的利害を説く方法は、勤労意欲の強い社員等に対して効果的ではないことがある）。

(2) 労働者の生命・健康を損なうことがないような体制の運用

　各店舗で作成する従業員のワークスケジュールは、予め時間外労働を組み込んでいないものとする必要がある。

　また、担当部署が労働者の正確な労働時間を把握すること、長時間の時間外労働が恒常化していないかを随時確認すること、これが確認された場合は速やかに休日をとらせる等の対応をすることが必要である。

　法令ないし就業規則所定の健康診断を実施することは、当然必要である。

CHECK LIST

労働者の生命・健康に配慮した体制の構築に関する項目

☐ 三六協定は、厚生労働省の基準を十分に尊重した内容になっているか。

☐ 給与体系は、時間外労働を除いたものを基本として定めているか。求人情報を掲載する際に、時間外労働を除いた基本給を明記しているか。

☐ 法令、通知通達、行政のガイドライン等の改正を踏まえ、労働条件を随時確認しているか。

労働者の生命・健康に配慮した体制の運用に関する項目

☐ 各店舗で作成するワークスケジュールに、予め時間外労働を組み込んでいないか。

☐ 担当部署は、労働者の正確な労働時間を把握しているか。

☐ 厚生労働省の基準を上回る時間外労働が恒常化していないかを随時確認しているか。

☐ 上記時間外労働の恒常化が確認された場合、速やかに休日をとらせる等の対応をしているか。

☐ 法令ないし就業規則所定の健康診断を実施しているか。

☐ 入社の際に提出された健康診断書は、法令ないし就業規則所定の基準を満たしているか。

(石﨑弘規)

COLUMN

不祥事発生の際の事後対応

　役員にとって社内の不祥事など起こらないほうがよいのはもちろんですので、まずは不祥事の発生を予め予防するための社内体制を整備しておくことが重要となります。しかし、そのような対策も功を奏せず、万一不祥事が発生してしまった場合、役員としてはどのような対応が求められるのでしょうか。

　この場合、今後の方針を適切に決定するため、役員としては、直ちに関係部署に命じて関連事実の報告を求めるとともに、社内調査委員会を設置して（社内では適切な調査が期待できないと疑われる事情がある場合には、外部の専門家等、信用性の高い第三者を入れた社外調査委員会を設置することもあります）、徹底的な調査を行う必要があります。

　この調査によって不祥事の全貌が明らかになった後は、関係法令に従って監督官庁や警察に届出をするとともに、場合によってはマスコミ等への公表を検討しなければなりません。公表するかどうかの判断にあたっては、不祥事が人の生命・健康を害するおそれがあるものであったり、不特定多数人の財産を害する等、社会の重大な関心事となる場合には公表の必要性が高くなりますが、他方、不祥事によって影響を受ける者が特定されており、緊急性も高くないような場合には、関係者に対する個別の通知で足りる場合もありますので、不祥事の内容に応じた慎重な判断が求められます。

　また、会社内部においては、今後同様の問題が起きないように、コンプライアンス体制を見直す等して速やかに不祥事の再発防止策をとらなければなりません。

　不祥事によって第三者に発生した損害については、相当な範囲で迅速に金銭賠償を行う等、加害者として誠意をもって積極的に行動する姿勢が重要となります。さらに、不祥事を起こした責任者（担当役員を含む）に対しては、社内規定に従って適宜懲戒処分等を行うとともに、必要に応じて会社に発生した損害について賠償を求めることも検討する必要があるでしょう。

（清水貴暁）

★業界：飲食店
◆判断場面：内部管理体制構築、品質・安全、不祥事対応

23 食品衛生法上使用が認められない添加物を含む商品が販売されていたことを後に認識しながらこれを世間に公表しなかったことにつき取締役・監査役の責任が認められた事例－ダスキン株主代表訴訟事件（大阪高判平成18・6・9判例時報1979号115頁）（上告棄却・上告不受理）

1 事案一覧表

原　告	株主
被　告	代表取締役Y1、取締役（Y2～Y10）及び監査役（Y11）
責任を問われた内容	発覚した不祥事を公表しない判断に対する善管注意義務違反
請　求　額 （請求内容）	106億2400万円
賠　償　額 （判決内容）	代表取締役（Y1）：5億2805万円 取締役（Y2）：5億5805万円 その他の取締役（Y3～Y10）及び監査役（Y11）：2億1122万円
その他参考事項	・平成20・2・12上告棄却、上告不受理により確定。 ・食品衛生法上の違法行為を直接行った取締役a、bに対しては、一審において弁論分離後、53億4350万円の賠償請求が認められた。

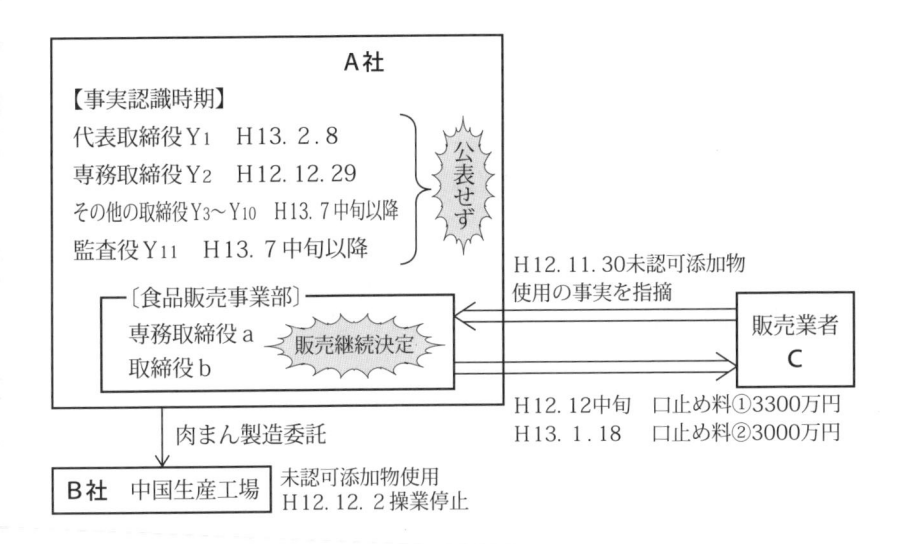

```
┌─────────────────────────────────────────┐
│                  A社                    │
│ 【事実認識時期】                         │
│ 代表取締役Y1   H13.2.8       ⟨公表せず⟩  │
│ 専務取締役Y2   H12.12.29                 │
│ その他の取締役Y3～Y10  H13.7中旬以降     │
│ 監査役Y11     H13.7中旬以降              │
│                          H12.11.30未認可添加物
│ 〔食品販売事業部〕        使用の事実を指摘    ┌─────┐
│  専務取締役a  ⟨販売継続決定⟩ ←──────────  │販売業者│
│  取締役 b              ──────────→  │  C   │
│                          H12.12中旬  口止め料①3300万円
│                          H13.1.18   口止め料②3000万円
│        │肉まん製造委託                  └─────┘
│        ↓
│ ┌──┐
│ │B社│ 中国生産工場  未認可添加物使用
│ └──┘             H12.12.2操業停止
└─────────────────────────────────────────┘
```

2 事案の概略

① 食品事業を営む株式会社ダスキン（以下「A社」という）が、食品衛生法上販売が許されていない添加物を使用した食品（肉まん）を販売した。

② 後に役員らがこれを認識したものの、公表しなかった。

③ 匿名による通報をきっかけとしてマスコミにより大々的な報道がなされた。

④ A社において、フランチャイジーに対する売上減少に伴う補償等の多額の出捐をすることになったとして、A社株主が取締役及び監査役の責任を追及する株主代表訴訟（旧商法267条（会社法847条））を提起した。

──事件の経過──

H12.5　A社において肉まんの販売を開始し、B社に製造を委託。

H12.11.30　取引関係者Cより、肉まんに未認可添加物が使用されている旨の指摘がある。

H12.12.2　B社の製造委託先において未認可添加物の使用を確認したため、工場の操業を停止（以下「本件事実」という）。

H12.12.8頃　担当役員a及びbは、本件事実を認識しつつ、在庫がある限

度で販売を継続する旨を決定。

H12.12.13～15　ｂないしＡ社より、Ｃに対し、業務委託料の名目で、口止め料3300万円の支払。

H12.12.20頃　在庫約300万個の販売完了。

H12.12.29　専務取締役 Y_2 が本件事実を認識したが、代表取締役 Y_1 や取締役会に報告しなかった。

H13.1.18　ｂより、Ｃに対し、追加口止め料3000万円の支払（最終的にＡ社が負担）。

H13.2.8　代表取締役 Y_1 が本件事実を認識したが、取締役会に報告しなかった。

H13.7中旬以降　その他の役員ら（Y_3 から Y_{11}）が本件事実を認識。

H13.9.18　社内に調査委員会を設置。

H13.11.29　取締役会開催。自ら積極的には公表しない旨の方針が事実上承認された。

H14.5.15　厚生労働省に匿名の通報があり、保健所が店舗に立入調査。

H14.5.20　記者会見を開き、上記一連の事実を公表。

H14.5.21以降　新聞等のマスコミにより、Ａ社の違法添加物を含んだ食品の販売継続、業者への口止め料支払、取締役らによる隠蔽疑惑が大々的に報道される。

H15.4.4　株主代表訴訟提起。

３ 裁判所の判断

　不祥事の公表義務、及び違法添加物の混入・販売の継続・口止め料の支払を防止するリスク管理体制構築義務について、以下のとおりの判断がなされた。

（1）　公表義務について

① 代表取締役 Y_1 について

　事実を認識した段階で事実関係を徹底的に調査し、早期に適切な対応をとる措置を怠り、ａ及びｂがとった措置の違法性を知りながら了承し、隠蔽を

事実上黙認したこと、公表の要否等を含め損害回避に向けた対応策を積極的に検討することを怠った点において、善管注意義務違反が認められる。

② **専務取締役Y2について**

違法添加物の混入や販売継続の事実を知ったにもかかわらず事実関係を調査しなかったこと、直ちに社長であるY1に報告したうえ、販売中止等の措置や消費者に公表するなどして回収の手だてを尽くすことの要否などを検討しなかったことについて善管注意義務違反がある。

③ **その他の取締役（Y3～Y10）について**

イ　未認可添加物が混入した違法な食品を、それと知りながら継続して販売したとなると、その食品添加物が実際に健康被害をもたらすおそれの有無にかかわらず、違法性を知りながら販売を継続したという事実だけで、当該食品販売会社の信頼性が大きく損なわれる。これに対応するには、自ら進んで事実を公表して、既に安全対策がとられ問題が解消していることを明らかにするとともに、隠蔽が過去の問題であり克服されていることを印象付けることによって、積極的に消費者の信頼を取り戻すために行動し、新たな信頼関係を構築していく途をとるしかない。

ロ　「自ら積極的には公表しない」という方針を採用することは、未認可添加物の混入や販売継続及び隠蔽のような重大な問題を起こした食品販売会社の消費者及びマスコミへの危機対応として到底合理的なものとはいえず、消費者やマスコミの反応を視野に入れたうえでの積極的な損害回避の方策の検討を怠った点において、善管注意義務違反が認められる。

④ **監査役（Y11）について**

自ら対応策の検討に参加しながら、取締役らの明らかな任務懈怠に対する監査を怠った点に、善管注意義務違反が認められる。

(2) リスク管理体制構築義務

本件では、①食品の品質確保のための措置が充分であったといえるか、②a、bによる販売継続につき、違法行為防止のための法令遵守体制が整備されていたといえるか、③a、bによる口止め料の支払につき、A社の支払稟議規定に不備があったといえるかが争点となったが、いずれもY1らの責任

は否定された。
　① **食品の品質確保のための措置が充分であったか（「混入」について）**
　イ　食品を販売する会社であっても、他の食品製造業者から食品の供給を受ける際、一律に自社において独自に検査等をし、試作品製造過程に自社の人材を派遣しなければならないということはできない。
　ロ　製造委託先が、当時農林水産省の認定工場であり、ＩＳＯ9002認証を確認していること、製造委託に先立ち、専門的知識を有する第三者と技術指導契約を締結して指導監督させていたこと、原材料の原産国・生産地等の記載の有る原材料規格書を徴求し、原材料の品質に疑いが生じた場合の追及可能性を確保していたことから、品質確保のための必要な措置を講じていたといえる。
　② **a、bによる販売継続につき、違法行為防止のための法令遵守体制が整備されていたか（「販売」について）**
　イ　整備すべきリスク管理体制（内部統制システム）の内容は、リスクが現実化して惹起する様々な事件事故の経験の蓄積とリスク管理に関する研究の進展により充実していくものであり、現時点で求められているリスク管理体制の水準をもって、本件の判断基準とすることは相当でない。
　ロ　どのような内容のリスク管理体制を整備すべきかは経営判断の問題であり、会社経営の専門家である取締役に、広い裁量が与えられており、当然にかつ一律に、コンプライアンス部門を設置しなければならないとか、違法行為等の情報を収集し取締役会に報告する独立した機関としての品質管理機関を設置しなければならないとまではいうことができない（大和銀行事件判決（大阪地判平成12・9・20）と同旨）。
　ハ　担当取締役は、経営上の重要な事項を取締役会に報告するよう稟議規定に定めており、従業員に対しても違法行為が発覚した場合の対応体制が定められていたこと、また実際に起こった食品会社の不祥事の事案を取り上げて注意を促すセミナーも開催していたことから、違法行為を未然に防止するための法令遵守体制が整備されていなかったとはいえない。

③　a、bによる口止め料の支払につき、A社の支払稟議規定に不備があったといえるか（「支払」について）

イ　各事業分野ごとに自律性・独立性の高い組織（事業部、事業部門、カンパニー等）を設け、当該事業部門に権限と責任を委譲することは、会社の組織のあり方として一定の合理性を有する。

ロ　上記のような組織体制を構築する以上、本社部門にどのような内容の経理体制を整備すべきかは経営判断の問題であって、取締役に広い裁量が与えられており、事業部門がその権限の範囲内で出捐をする場合に、本社部門が常にその出捐の必要性、相当性を審査しなければならないとまではいえない。

ハ　稟議規定に定められた決済権限の範囲内で、各事業部門の責任者のもとで、伝票入力・証票のチェック・伝票の承認行為に至るまでの処理が各事業部門内で完結され、経理本部がその出捐の必要性・相当性等を審査しないシステムを採用していたが、履歴付きの経理データをいつでも検索・照会することができるシステムを採用しており、疑義が生じた場合の追跡可能性が確保されており、善管注意義務違反は認められない。

❹ 判決の分析・解説

(1) 判決の分析

本判決は、食品衛生法上販売が許されていない添加物を使用した食品が販売されていたことを事後的に認識しつつ公表しなかった取締役及び監査役に対して善管注意義務違反を認定した。

一般に、企業内で不祥事が発覚した場合に当該事実を公表するか否かを判断する場合には、公表することによる不利益と公表しないことによる利益を比較衡量することとなるが、業界特有の事情や事案の性質によって当然に不祥事の公表義務が認定されることもありうる。

本判決では、食の安全性が消費者の健康に直結するものであって、食品会社に公表する社会的責任が認められること、また自ら公表せずに公になった場合には消費者の信頼を失い、食品会社としては存亡の危機をもたらす危険

性がある等、食品業界の特殊性について言及しており、これらが重視されて役員らの公表義務が肯定されたと考えられる。

(2) 損害額について

役員らが本件で公表すべきとされている事実を各人が認識した時期を重視し、これに応じて損害との因果関係を割合的に認定した（Y₁及びY₂については5％、Y₃～Y₁₁については2％）。

(3) その他

A社は　カンパニー制を採用しており、Y₂は、本件問題に関わる事業部門（食品販売事業）とは別の事業部門（クリーニング事業）を担当する取締役であったが、取締役の監視義務は部門ごとの限定なく他の部門にも及ぶため、Y₂の善管注意義務を免除することはできないと判断された。すなわち、他の取締役が担当している分野であっても、取締役がいったん違法行為を知った以上は、当然にそれに対処する法的義務が生じる点に留意する必要がある。

なお、A社の当時の社外取締役の1人は、マスコミに事実が発覚する前の平成13年10月28日付で、当時、代表取締役に就任していたY₂宛に、本件を早期に公表すべきである旨の詳細な提言書を提出したが、このためか当該社外取締役に対しては訴訟提起がなされなかったことにも注目したい。

5 会社・役員の注意点・対応策

本判決の判断内容や事実認定からは、会社・役員らにとって、以下のような注意点・対応策が導かれる。

(1) 事前予防措置

不祥事の発生を事前に予防するための対策としては、法令・定款等の遵守に係る基本方針や運用基準等を定めた法令遵守マニュアル・ガイドラインを作成すること、予め重点的なリスク箇所を特定・評価しておくこと、自社ないし同業他社で過去に問題となった事例等を題材に、社員研修や危機管理セミナー等を定期的に開催すること、これらの内規に反した場合に人事考課・賞罰への反映する仕組みを整えておくこと等の法令遵守体制を整備しておく

ことが必要である。
　また、将来不祥事が発生した場合に備え、予め情報を容易に追跡できる体制を整えておくとともに、取締役間・使用人間の相互の監視監督体制、内部通報、社外監査等の制度を整備するなど、情報を確実に収集・伝達するための仕組みを検討しておきたい。

(2) 事後対応措置

　不祥事が発生してしまった場合には、まず事実関係を迅速かつ徹底的に調査し、事件の全容を解明するとともに、将来同様の不祥事が再発しないよう速やかに対策をとる必要がある。

　さらに、調査の結果判明した事実関係を前提に、当該事実のマスコミへの公表や、監督官庁への事後的な届出等、業界や事件の特殊性を考慮しつつ、損害の拡大の回避に向けた対応策を積極的に検討しなければならない。

CHECK LIST

事前予防措置

●法令遵守体制

☐ 法令遵守マニュアルの作成及び周知・徹底、社員研修、危機管理セミナー等の開催による取締役・従業員らの意識啓発がなされているか。

☐ 行動規範に反する行為に対して罰則規定が設けられているか。

☐ 取締役間・使用人間において相互の監視監督がなされているか。

☐ 適切な情報管理体制（内部通報制度を含む）が整備されているか。

●品質管理体制

☐ 第三者に製造委託する場合、①製造業者の信頼性の確認、②製造業者に対する適切な技術指導や監督体制の構築、③問題が発覚した場合に追跡調査を行うための体制の整備は十分か。

●支払稟議規程
- □ 決裁権限を各担当者に合理的に配分した支払稟議規定となっているか。
- □ 疑義が生じた場合の追跡可能性が十分確保されているか。

事後対応措置

●不祥事発覚後の対応
- □ 速やかに事実関係を調査し、その全貌を徹底的に究明したか。
- □ 損害回避に向けた対応策（マスコミへの公表、監督官庁への事後的な届出の要否等）について積極的に検討したか。
- □ 公表が求められる業界特有の事情や事案の特殊性の有無について検討したか。
- □ 不祥事の再発防止措置をとったか。

（清水貴暁）

COLUMN

内部告発

●社外への内部告発リスク

　たびたびニュースでも報じられる粉飾決算、製品・サービス表示の偽装などの不祥事の多くが、企業内の役職員などがマスメディア、行政、警察などに内部告発したことで発覚したものといわれています。そのような事態になると、会社側が事態を把握する前に、報道や行政の調査、警察の捜査などが先行し、対応が極めて困難となります。

●経営陣に対して内部告発がされた場合

　内部告発者が、マスメディアや行政などの「外」に告発を行う前に、まず会社経営陣に不祥事情報を寄せてくれた場合は、会社として責任をもって調査を行い、再発防止策や責任者の処分の方針を検討したうえ、所管官庁などの行政機関への報告、社会への公表ができるため、適切な対応が行いやすくなります。そのためにも、不祥事に気付いた役職員がそれを経営陣に伝えやすい企業風土づくりや、ホットライン窓口の整備などが必要となります。また、会社内のしがらみにとらわれずに相談できるように、社内窓口だけでなく、外部弁護士事務所などの外部窓口を設ける企業も増えています。

●内部告発を放置し、社外に告発された場合

　内部告発を受け、役員が不祥事を把握した後、行政・警察などへの報告をしていない間に、つまり「自首」する前に、告発者が行政・警察やマスメディアなどの社外に告発を行って不祥事が社会に発覚した場合、「組織ぐるみで隠ぺいを行っていた」と捉えられ、行政・警察の追及姿勢は厳しくなり、社会からの批判も激しくなってしまいます。

　取締役が、内部告発を受け取った後も行政へ報告を行わなかったことにより、行政からの処罰が重くなり、代表訴訟での取締役の賠償額の高額化にも影響した事例としては、本書・大和銀行事件を参照してください。

　役員としては、不祥事についての内部告発を受け取った場合は、調査を進め、内部告発された不祥事が事実であれば、速やかに行政への報告を行うことが「善管注意義務」の一環として求められます。

（澁谷展由）

飲食店

★業界：飲食店

◆判断場面：組織変更関係、正しい情報開示

24 ＭＢＯにおける取締役の責任が否定された事例－レックス・ホールディングス事件（東京高判平成25・4・17金融・商事判例1420号20頁）（上告・上告受理申立）

1 事案一覧表

控　訴　人 （原　　告）	旧株主88名（X1～X88、以下「本件株主」）
被控訴人 （被　　告）	会社（Y1社）、代表取締役Y2（※1）、取締役（Y3～Y5）、監査役（Y6）、社外監査役（Y7）
責任を問われた内容	ＭＢＯにおける株主の共同の利益についての善管注意義務又は忠実義務違反及び不法行為責任
請　求　額 （請求内容）	本件株主88名（株式総数1752株）の請求の合計額は、損害額1億8740万4432円（1株当たり33万6966円（※2）と23万円との差額10万6966円）＋弁護士費用1874万443円
賠　償　額 （判決内容）	いずれも請求棄却
その他参考事項	※1　直近まで代表取締役かつ最高経営責任者（ＣＥＯ）で、実質的にY1社の発行済株式総数の約3割を保有していた創業者 ※2　ＭＢＯ（マネジメント・バイアウト）：会社の経営陣が株主から会社の株式を譲り受けて、当該会社の

| | オーナー経営者になること）の一環として行われたＡ社による全部取得条項付株式の取得決議に反対する、本件株主とは別の株主が、会社法172条1項に基づく株式価格決定の申立をし、裁判所が1株当たり33万6966円と決定（平成21年5月29日確定、以下「別件高裁決定」という）したことから、本件株主は33万6966円が適正な価格であると主張した。|

❷ 事案の概略

　Y₁社（当時の商号「株式会社ＡＰ8」、以下合併前の会社を「ＡＰ8」という）に吸収合併された株式会社レックス・ホールディングス（以下合併前の同社を「Ａ社」という）の株主が、ＡＰ8による株式公開買付け及びＡ社による全部取得条項付株式の取得によるＭＢＯの実施によって、その所有するＡ社の株式を1株当たり23万円という低廉な価格で手放すことを余儀なくされ、1株当たり10万6966円等の損害を被ったと主張して、Ａ社を承継したＹ₁社に対し会社法350条又は民法709条に基づき、Ａ社の代表取締役Y₂に対し会社法429条1項又は民法709条に基づき、Ａ社の取締役Y₃～Y₅又は監査役Y₆～Y₇に対し会社法429条1項に基づき、連帯して上記損害金等の支払を求めた事案である。

―事件の経過―

H18.2.17　Ａ社（ジャスダック上場）は、同年12月期の連結業績予想（売上高1900億円、経常利益105億円、当期純利益45億円）を発表した。

H18.4　創業者Y₂が、経営改善策の1つとしてＭＢＯの検討を開始した。

H18.5.24　Ａ社は第一四半期の財務業績の概況の公表、会計処理の変更の発表を行った（上記と同内容の同年12月期の連結業績予想を発表）。

H18.7.14　創業者Y₂が、バイアウトファンド（以下「ＡＰ」という）との間で、Ａ社のＭＢＯ及び株式非公開化に関する基本合意書を締結した。

H18.8.21　Ａ社が、特別損失と同年12月期の業績予想の下方修正（売上高

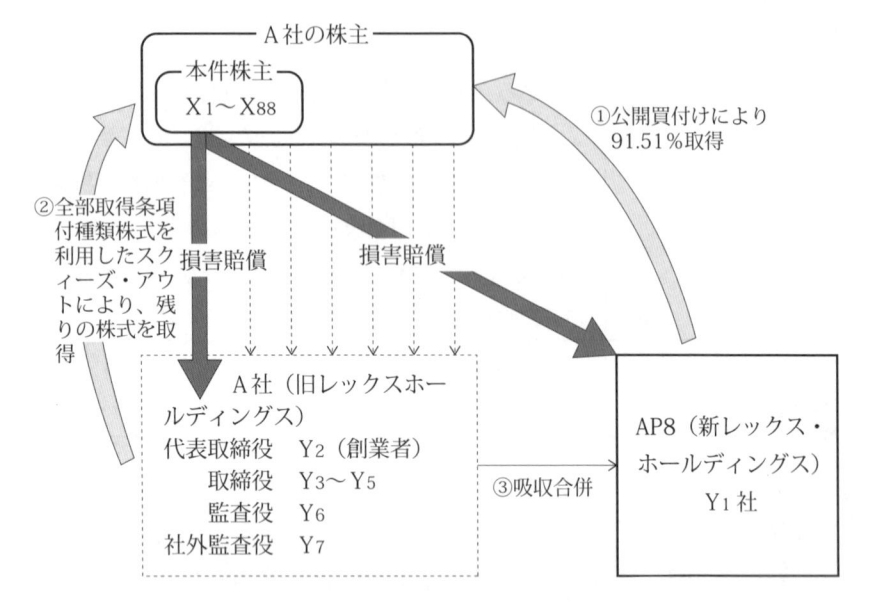

```
                    ┌─────────────────────────┐
                    │      A社の株主          │
                    │   ┌─────────────┐       │ ①公開買付けにより
                    │   │  本件株主   │◄──────  91.51％取得
                    │   │  X₁～X₈₈    │       │
                    │   └─────────────┘       │
                    └─────────────────────────┘
       ②全部取得条項       │            │
       付種類株式を    損害賠償     損害賠償
       利用したスク        │            │
       ィーズ・アウ        │            │
       トにより、残        ▼            ▼
       りの株式を取  ┌──────────────────┐    ┌──────────────────┐
       得           │ A社（旧レックスホー │    │ AP8（新レックス・ │
                    │ ルディングス）      │    │ ホールディングス） │
                    │ 代表取締役 Y₂（創業者）│──►│     Y₁社         │
                    │ 取締役   Y₃～Y₅    │③吸収合併            │
                    │ 監査役   Y₆        │    │                   │
                    │ 社外監査役 Y₇      │    │                   │
                    └──────────────────┘    └──────────────────┘
```

1700億円、経常利益64億円、当期純利益 0 円）を公表した。

H18.11.10 ＡＰ 8 による、買付価格を 1 株当たり23万円とするＡ社株式の公開買付けが公表された。同年12月期の連結業績予想を 8 月の発表からわずかに下方修正した。

H18.11.10 Ａ社が、本件公開買付けを賛同する旨の意見表明を行った。

H18.12.13 ＡＰ 8 は、Ａ社の発行済株式総数の91.51％を取得した。

H19.2.26 Ａ社は、平成18年12月期の業績予想（売上高1620億円、経常損失24億円、当期純損失91億円）を発表した。

H19.3.28 Ａ社は、会社法の手続を経て、Ａ社の普通株式に全部取得条項を付すことなどを内容とする定款変更及び全部取得条項付株式の取得決議を行った。

H19.3.29 Ａ社は、有価証券報告書の中で平成18年12月期の連結業績（売上高約1618億円、経常損失約24億円、当期純損失約91億円）を発表した。

H19.5.9 Ａ社は、株主から全部取得条項付株式を取得した。

H19.9.1 ＡＰ 8 がＡ社を吸収合併し、Y₁社に商号変更した。

❸ 裁判所の判断

(1) 公正価値移転義務について

① 取締役及び監査役の会社に対する善管注意義務は、会社、ひいては、株主の共同の利益を図ることを目的とする。

② ＭＢＯにおいて、株主は、取締役が企業価値を適正に反映した公正な買収価格で会社を買収し、適正な企業価値の分配を受けることにつき、共同の利益を有する。

③ ＭＢＯは、社会的評価の一方で、取締役と株主との間に利益相反的構造が生じることや、大きな情報の非対称性があることなどの弊害が指摘されているため、取締役及び監査役の善管注意義務による株主の共同の利益の保護が強く求められる。

④ したがって、取締役及び監査役は、善管注意義務の一環として、ＭＢＯに際し、公正な企業価値の移転を図らなければならない義務を負う。ＭＢＯを行うこと自体が合理的な経営判断に基づいている場合でも、企業価値を適正に反映しない（安価な）買収価格により株主間の公正な企業価値の移転が損なわれたときは、取締役及び監査役に善管注意義務違反が認められる余地がある。

(2) 適正情報開示義務について

① 取締役は、ＭＢＯの場合に当然に生じる特別な情報開示義務を負っているとは解されない。しかし、取締役は、一般に、会社の業績等に関する情報開示を行うときに、情報開示を適正に行うべき義務を、善管注意義務の一環として負っている。

② 本件ＭＢＯ当時においても、取締役は、善管注意義務の一環として、株式公開買付けにつき会社として意見表明をするときは、当該意見表明において、株主が株式公開買付けに応じるか否かの意思決定を行ううえで適切な情報を開示すべき義務を負っていた。

③ 賛同意見表明において、株主の判断のために重要な事項について虚偽の事実を公表したり、又は公表すべき重要な事項もしくは誤解を生じさせな

いために必要な重要な事実の公表をしなかった場合には、善管注意義務違反の問題が生じる。

(3) **価格最大化義務について**

取締役及び監査役が、売却価格を最大限に高めて、株主が共同所有により把握している企業価値を超えて利益を得ることまでの義務を負わない。

4 判決の分析・解説

(1) 本件は、経済産業省の企業価値研究会が作成した「企業価値の向上及び公正な手続確保のための経営者による企業買収（MBO）に関する報告書」（平成19年8月2日、以下「MBO報告書」という）及び「企業価値の向上及び公正な手続確保のための経営者による企業買収（MBO）に関する指針」（平成19年9月4日、以下「MBO指針」、合わせて以下「MBO指針等」という）が公表される前に行われたMBOに関するもので、本判決は、A社の経営者らによって行われたMBOによって適正な価格よりも廉価でA社の株式を手放すことになったとして、本件株主が適正な価格との差額につき損害賠償を求めた事案の控訴審判決である。

(2) 原審（東京地判平成23・2・18）は、取締役は、会社に対する善管注意義務又は忠実義務の一環として、株主の共同利益に配慮する義務を負っているとし、MBOが、取締役の株主の共同利益に配慮する義務に違反するかどうかは、当該MBOが企業価値の向上を目的とするものであったこと及びその当時の法令等に違反するものではないことに加え、当該MBOの交渉における当該取締役の果たした役割の程度、利益相反関係の有無又はその程度、その利益相反関係を回避あるいは解消するためにどのような措置がとられているかなどを総合して判断すべきとした。

そして、①本件MBOは、企業価値の向上を目的としたもので、本件公開買付手続も当時の関係法令に違反していないこと、②Y₂の利益相反の程度は相当強いものであったことは否定できないが（MBO及び株式非公開化に関する交渉を推進、AP8に対する出資割合が33.4%と非常に高い、取締役会長に就任予定など）、上記利益相反を解消するための措置も一応はとられていたこ

と（外部専門家の意見等の徴取、取締役会に出席した取締役全員が本件公開買付けに賛成、社外監査役を含む監査役全員が取締役会の賛同表明に賛成、Y2は特別利害関係人として決議には不参加、これらの事実を本件賛同意見表明に公表）を挙げ、Y2らが、株主の共同利益に配慮する義務に違反したとは認められないと判示していた。

(3) 本判決は、上記「3 裁判所の判断」にあるとおり、ＭＢＯの場面において取締役らが善管注意義務又は忠実義務の一環として負う義務の内容を、原審の「株主の共同利益に配慮する義務」という抽象的なものにとどめず、①公正価値移転義務（ＭＢＯに際し、公正な企業価値の移転を図らなければならない義務）、②適正情報開示義務（ＭＢＯの場面でのみ認められる特別な義務ではなく、一般に会社の業績等に関する情報開示を行うときに、当該情報開示を適正に行うべき義務）とより具体的に踏み込んで判示するとともに、③価格最大化義務（売却価格を最大限に高めて、株主が共同所有により把握している企業価値を超えて利益を得るようにする義務）を否定した。

(4) 本判決は、取締役らの責任について、①公正価値移転義務との関係では、Ａ社が依頼した第三者算定機関が作成した本件公開買付価格に関する評価書の評価は、第三者によるＡ社の企業価値についての客観的で合理的な評価と認めることができ、取締役らの公正価値移転義務違反は認められないとした。②適正情報開示義務との関係では、本件公開買付け実施前の平成18年8月に行われた業績予想の下方修正の公表自体に義務違反は認められないが、本件公開買付けに対する賛同意見表明に際して、本件ＭＢＯの準備が上記業績予想の下方修正の公表段階で具体的に進められていたことやかかる下方修正の公表が株価操作との疑いを払しょくする情報を開示しなかった点に上記義務違反が認められるとした。

しかし、もし情報開示が適正に行われていたとしても、本件公開買付けが成立・不成立いずれの場合でも、本件株主はＡ社株式一株当たり23万円を超える対価を取得できたとは認められず、本件株主に損害が発生したとはいえないとした。

(5) そのほか、本判決は実務上重要な次の2点についても判示する。

① 公開買付けが株主の多数の賛同を得た点について

本判決は、適正な買収価格には一定の幅があるため、その幅の中でどの程度の評価をもって企業価値を適正に反映した買収価格と認めるかは、最終的には、企業所有者である株主の総意に委ねられるが、株主が適正な判断をする前提として、取締役が会社に関する適切な情報を提供し、株主の判断の機会を確保する必要があるところ、本件MBOでは、適正情報開示義務が果たされていないため、株主の多数が賛同したことをもって公正な企業価値の移転があったと推認することができないとした。

② 別件高裁決定で株式の適正価格が33万6966円とされた点について

本判決は、別件高裁決定が訴訟手続における立証責任の分配に従って公正価値移転義務違反の有無について判断したものではなく、会社法172条1項に基づく取得価格決定の制度の趣旨を踏まえた裁判所の合理的な裁量により判断したものであるから、別件高裁決定の内容が、直ちに公正価値移転義務違反の判断に結びつくものではないとした。

5 会社・役員の注意点・対応策

本件は、経済産業省のMBO指針等が公表される前に行われたMBOであるが、原審の判決及び本判決ともに、MBO指針等の内容が検討されその内容も概ねMBO指針等の内容に沿うものである。

MBO指針は、今後のMBOを行う際に参考とされ企業社会においてベストプラクティスが形成されることを通じて今後のわが国におけるMBOの公正・健全な発展を目的とするもので、新たな規制を課すものではないが、今後MBOの場面での取締役及び監査役の善管注意義務又は忠実義務違反が問われた場合、裁判所は、当該MBOがMBO指針等の内容に沿うものか否かを、かかる義務違反の判断要素の1つとするものと思われる。そのため、実務においてはMBO指針に記載された利益相反の回避・軽減措置を参考にしながら実施することが重要と考える。

CHECK LIST

（ＭＢＯ指針20頁より。一部加筆修正）

①株主の適切な判断機会の確保に関する項目（共通して対応すべき事項）

☐ ＭＢＯのプロセス等について、公開買付け規制の改正・証券取引所の要請等の趣旨を踏まえた充実した開示を行っているか。

☐ ＭＢＯ成立のため意図的に市場株価を引き下げているとの疑義を招く可能性がある場合のより充実した説明をしているか。

☐ 取締役が当該ＭＢＯに関して有する利害関係の内容についてのより充実した説明をしているか。

☐ スクイーズアウト（少数株主から株式を買い集めること）に際して、株式買取請求権又は価格決定請求権が確保できないスキームの採用を禁止しているか。

☐ 特段の事情がない限り、公開買付けにおいて大多数の株式を取得した場合にはスクイーズアウトを実施しているか。

☐ 特段の事情がない限り、スクイーズアウトの価格について、公開買付価格と同一の価格を基準にしているか。

☐ 対応すべきか議論が分かれている事項
　◆ＭＢＯ後も一定期間、対象会社の状況に関する情報提供を継続
　◆ＭＢＯ後の中長期的な経営計画等・将来の可能性についての十分な説明

②意思決定過程における恣意性の排除

☐ （社外役員が存在する場合には）当該役員、又は独立した第三者委員会等に対するＭＢＯの是非及び条件についての諮問（※又はこれらの者によるＭＢＯを行う取締役との交渉）、及びその結果なされた判断の尊重することとされているか。

☐ 取締役及び監査役全員の承認がなされたか。

☐ 意思決定方法に関し、弁護士・アドバイザー等による独立したアドバイスを取得し、その名称を明らかにしているか。

- ☐ ＭＢＯの価格に関し、対象会社において、独立した第三者評価機関からの算定書等を取得しているか。

③価格の適性性を担保する客観的状況の確保

- ☐ ＭＢＯに際しての公開買付期間を比較的長期間に設定しているか（※ただし、個別案件の性質によって異なりうるので注意）。
- ☐ 対抗者が実際に出現した場合に、当該対抗者が対象会社との間で接触等を行うことを過度に制限するような内容の合意等を、当該ＭＢＯの実施に際して行わないこととしているか。

④その他（①の見地から株主意思確認を尊重）

- ☐ ＭＢＯに際しての公開買付けにおける買付数の下限を、高い水準に設定しているか（※なお、当該方法は、公開買付けの成否を著しく不安定にする恐れもあることから慎重に対応すること）。

※②～④はいずれもＭＢＯの透明性・合理性を高める実務上の工夫であり、互いに排斥しあうものではなく、個別具体的な案件に応じて、これらを組み合わせるなどして、より透明性・合理性を高めることも可能。

（濱田和成）

【参考】

ＭＢＯとは？

　マネジメント・バイアウト（Management　Buyout）の略語をいう。

　会社の経営者が当該会社の株主から自社株式を譲り受けたり、事業部門統括者が当該事業部門の事業譲渡を受けたりすることで、オーナー経営者として経営権を取得する方法のことをいう。

　ＭＢＯを行うには多額の資金を必要とすることから、経営者が買収のための十分な資金を持っていない場合、プライベート・エクイティ・ファンド等から資金支援を得て行うのが一般的である。

　ＭＢＯは、上場企業の非公開化の手段、事業承継、事業再生、他者買収への対抗策、「雇われ社長」として経営参画した者が自己所有化する場合など多様な場面で用いられている。

　経営陣ではなく従業員が株式を譲受する場合をＥＢＯ（Employee Buyout）、経営陣と従業員が共同で株式を譲り受ける場合をＭＥＢＯ（Management and Employee Buyout）という。

★業界：飲食店
◆判断場面：役職員・グループ会社に対する監視・監督

25 フランチャイザーのフランチャイジーに対する情報提供義務違反につきフランチャイザーの取締役の責任が認められた事例－フランチャイズ会社事件（東京高判平成22・8・25判例時報2101号131頁）（一部認容、確定）

1 事案一覧表

原　　　告	フランチャイジーX1ら
被　　　告	フランチャイザーA社の取締役Y1ら
責任を問われた内容	フランチャイジーX1らが、フランチャイザーA社による情報提供義務違反等により多額の損害を被ったとして、Y1らについて、A社の代表取締役の業務執行が適正に行われるよう監視すべき義務の任務懈怠が問われた。
請　求　額（請求内容）	X1：1777万5165円 X2：1533万7600円
賠　償　額（判決内容）	X1：1488万1645円（被告Y1につき761万8698円、同Y2につき726万29477円） X2：1022万422円（被告Y1につき572万1198円、同Y2につき449万9224円）

3 サービス業

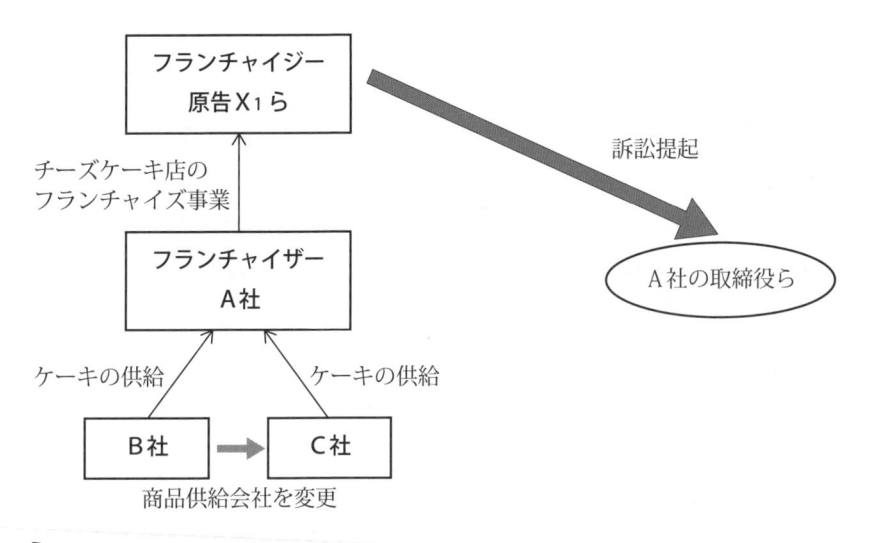

```
フランチャイジー
原告X₁ら
    ↑
チーズケーキ店の        訴訟提起 ⟶  A社の取締役ら
フランチャイズ事業
    
フランチャイザー
A社
  ↑       ↑
ケーキの供給  ケーキの供給

B社  ⟶  C社
商品供給会社を変更
```

2 事案の概略・時系列

① A社は、フランチャイザーとしてチーズケーキ店のフランチャイズ事業（以下「本件事業」という）等を行っていた。aはA社の代表取締役であり、aの叔父であったY₁はA社設立当時から取締役を務めていた。また、Y₂は、A社に従業員として就職した後、取締役に就任した者である。

② A社は、平成16年頃から、B社から商品供給を受けて本件事業を営むこととし、平成16年4月にB社と基本契約を締結した。平成16年末には直営店4店、加盟店6店となったが、いずれも安定的な売上を計上するには至ってなかった。A社においては、第二事業部長bを本件事業の担当者とするとともに、代表取締役aが自ら本件事業を取り扱っていた。

③ A社は、平成17年春頃、本件事業の拡大を目指して、B社に対し、商品の供給期間の大幅な延長とその供給量の大幅な拡大を求めたところ、逆にB社から平成17年8月24日以降の基本契約の更新を拒絶される結果となった。そこで、A社は、別の業者からチーズケーキの供給を受けることとし、後日、加盟店にその旨通知したが、加盟予定者には何ら情報提供しなかった。

④ X₁は平成17年6月、X₂は平成17年4月にそれぞれA社との間でフ

ランチャイズ契約を締結し、チーズケーキ店を開業した。

⑤ 代表取締役 a は、新たな供給業者によるチーズケーキの品質が B 社が供給していたものより落ちることを承知していたが、平成17年9月6日開催の取締役会において、b が設立した C 社を経由して当該供給業者から OEM 供給を受ける方針が承認され、同日 E 社との間で OEM 合意を行った。

⑥ X1は平成18年10月、X2は平成18年12月にいずれもチーズケーキ店を閉店するに至った。

⑦ 以上により、X1らは、A 社取締役である Y1らに対し、A 社代表取締役 a に対する監視義務違反を理由として、旧商法266条の 3（会社法429条）に基づく損害賠償を請求した。

一事件の経過一

H16.4 A 社が B 社との間で基本契約を締結し、本件事業開始。

H17春 A 社は、B 社に対し、商品の供給期間の大幅な延長とその供給量の大幅な拡大を求めたところ、逆に B 社から平成17年8月24日以降の基本契約の更新を拒絶される。

H17.4 X2が A 社との間でフランチャイズ契約を締結。

H17.6 X1が A 社との間でフランチャイズ契約を締結。

H17.8.14 A 社は、別の業者からチーズケーキの供給を受けることとし、加盟店にその旨通知した。

H17.9.6 A 社取締役会において B 社より品質が劣る別の業者から E 社を経由してチーズケーキの供給を受ける方針が承認。

H18.10 X1がチーズケーキ店を閉鎖。

H18.12 X2がチーズケーキ店を閉鎖。

3 裁判所の判断

(1) A 社の債務不履行について

A 社の従業員が、X1らに対し、月150万円から200万円の売上があり、手取りも月50万円ほどになる旨の説明をして、加盟店としての勧誘をしたこと、また A 社の本件事業の責任者が、チーズケーキの供給業者が変更され、

味の落ちる商品しか供給できなくなったにもかかわらず、その事実を告げなかったことは、欺瞞的な顧客勧誘行為であると同時に、正確な情報を提供すべき義務に違反し、A社は、X1らに対し、債務不履行の責任を負う。

(2) Y1の監視義務違反

① A社の取締役としてのY1の存在は、零細な家族企業における単なる員数合わせのための名目的な取締役などというようなものではなく、A社の業務の1つに欠かせない役割を有し、実際に、A社のために実質的な職務を遂行し、さらに新株予約権の割当を受けて、取締役として利益の一部を享受するとともに、上場を目指す企業の取締役としての行動を求められていたものというべきで、Y1の名目的な取締役に過ぎず、代表取締役の業務執行について監視義務を負わない旨の主張は理由がない。

② Y1は、上場を目指していたA社の取締役であり、実際に取締役会に出席したことがあるほか、数回にわたりaと面会していたのであるから、取締役として、担当者などから事業内容の報告を受けるなどして、A社において今後も本件事業を続けていくかどうかについて、経済的、合理的判断をし、それに基づき取締役の一員として行動することは可能かつ容易であった。

③ 取締役としての監視義務を重大な過失により怠ったものと認められる。

(3) Y2の監視義務違反

Y2は、控訴審で新たな主張を行っていないため、以下、原審（東京地判平成21・12・24判例時報2101号137頁）を引用する。

① Y2は、従業員としてA社に入社後、一時期本件事業のフランチャイジー募集業務を行って成約に至ったことがあること、その後は別のラーメン店に関する業務に従事していたが、そのフランチャイズ事業化を検討している際に、……担当部長であったbや代表取締役aに対し契約の改訂やフランチャイジーからのロイヤリティの減額を進言するなどし、これを受けてB社の間の契約改訂交渉が行われたこと（……）、……取締役就任後は主として第三事業部並びに公開準備及びM＆A戦略担当取締役として執務していた

飲食店

が、平成17年9月16日に開催された取締役会に出席し、B社からの商品供給が停止され、かつ、担当者であったbが退職してE社を設立する状況の下で、本件事業に関し、商品供給等に関してのOEM契約を締結する旨の議案に異議なく賛成した。

② Y2は、A社の本件事業の内容及び問題点を理解したうえで平成17年4月30日にA社の取締役に就任したものであり、その直後に抜本的な方針転換を代表取締役aに迫ることは事実上困難であったと考えられるものの、遅くとも平成17年9月16日の取締役会においてA社の方針を変更するまでには、担当取締役でなかったとはいえ、Y2がかねてから指摘していた懸念が現実化し、本件事業そのものの根底が揺らぐ事態になっていたことを認識していたことは明らかであるから、Y2としては、A社においてフランチャイジー募集を今後も続けていくかどうかについて経済的合理的な判断に基づき進言することは可能かつ容易であった。

③ 少なくとも重大な過失により取締役としての任務を怠ったと認められる。

4 判決の分析・解説

(1) 判決の位置付け

本判決は、代表取締役が主導していたフランチャイズ事業に関し、フランチャイジーに対する情報提供義務違反等の債務不履行責任が認められる場合において、他の取締役の第三者に対する責任が問題となった事案で、取締役として代表取締役による職務遂行に対する監視義務違反があったとして職務懈怠を認めたものである。

(2) 本判決が結論を導くうえで重視した事情

① A社の債務不履行責任

売上高等を過大に説明し、また供給業者の変更を告知せずになされたA社によるX1らに対する勧誘は、「欺瞞的な顧客勧誘行為であると同時に、正確な情報を提供すべき義務に違反するもの」であるとして、A社の債務不履行の責任を認めた。

② Y₁の監視義務違反

代表取締役 a の親族である Y₁ については、「取締役に就任することの法的義務や実務的な意味合いについて十分な認識」を持ったうえで取締役に就任し、現に A 社の事業の遂行に種々の協力をしていたこと等を踏まえて、Y₁ は、「零細な家族企業における単なる員数合わせのための名目的な取締役などというようなものではなく、A 社の業務の 1 つに欠かせない役割を有し、実際に、A 社のために実質的な職務を遂行し、さらに新株予約権の割当を受けて、取締役として利益の一部を享受するとともに、上場を目指す企業の取締役としての行動を求められていた」として、Y₁ による名目的取締役であることを根拠とした免責の主張を排斥し、Y₁ の監視義務違反を認定した。

③ Y₂の監視義務違反

従業員から取締役に就任した Y₂ については、「A 社の本件事業の内容及び問題点を理解したうえで平成 17 年 4 月 30 日に A 社の取締役に就任したこと」を前提としたうえで、「遅くとも平成 17 年 9 月 16 日の取締役会において A 社の方針を変更するまでには、担当取締役でなかったとはいえ、Y₂ がかねてから指摘していた懸念が現実化し、本件事業そのものの根底が揺らぐ事態になっていたことを認識していたことは明らか」であり、A 社におけるフランチャイジー募集の継続の是非について「経済的合理的な判断に基づき進言することは可能かつ容易であった」として、Y₂ の監視義務違反を認定した。

5 会社・役員の注意点・対応策

本判決によれば、代表取締役が主導して特定の事業を推進して行っていたが、当該事業について第三者に対し法的責任が認められる場合において、当該事業を担当していない他の取締役についても当該第三者に対し代表取締役による業務執行に対する監視・監督義務違反を理由とした任務懈怠責任を負う可能性が示されている。

このような場合、取締役及び会社との間において取締役としての職務を果たさなくてよい旨の合意の下に取締役に選任されている名目的取締役であったこと、代表取締役と取締役の人的関係又は具体的な業務執行の形態等を踏

まえると当該取締役による業務監視が不可能又は著しく困難であったこと等を根拠とした免責の主張がなされることもあるが、昨今の取締役の責任の厳格化に鑑みれば、上記のような理由では免責の主張が認められることは容易ではないといえよう。

　取締役の地位にある者は、会社に対し、忠実義務・善管注意義務を負うことに加えて、第三者との関係でも、代表取締役や他の取締役による業務執行に対する監視・監督義務を負うのであり、それは名目的取締役であっても同様である。取締役に就任する者は、取締役の職務の重大性も踏まえて、日頃から、会社の事業や代表取締役をはじめとする他の取締役の業務執行についても十分に認識・共有するとともに、監視・監督義務の実効性を担保できるような社内体制の整備・構築に務めることが求められる。

CHECK LIST

監視・監督義務

☐ 会社の事業について把握しているか。

☐ 代表取締役や他の取締役の業務執行を把握しているか。

☐ 取締役が問題となりうる事象を認識した場合に、会社又は他の取締役等に対し、問題提起や提言はしているか。

体制整備

☐ 会社の事業の状況や各取締役の業務執行について定期的に報告を受ける機会・制度はあるか。

☐ 取締役が問題となる事象を認識した場合に、取締役ら間で情報共有する機会・制度はあるか。

(三澤　智)

★業界：ホテル
◆判断場面：顧客・取引先対応、司法対応

26　仮処分命令に従わずにホテル施設使用を拒否した判断につき取締役の責任が認められた事例－プリンスホテル事件（東京高裁平成22・11・25判例タイムズ1341号146頁）（確定）

1 事案一覧表

原　　告 （被控訴人）	日本教職員組合（以下「X組合」という）（ホテル施設使用及び宿泊契約の締結相手方）ほか 1966 名（単位組合及びその組合員）
被　　告 （控訴人）	株式会社プリンスホテル（以下「A社」という）の全取締役 12 名
責任を問われた内容	施設を使用させる仮処分命令が確定したにもかかわらず、施設の使用を拒否したことについての注意義務違反
請　求　額 （請求内容）	2億9326万8015円
賠　償　額 （判決内容）	保全抗告棄却後に、施設使用拒否の方針立案及び遂行に関与した取締役ら4名に対し：1億2532万3015円 その余の取締役ら8名に対し：請求棄却
その他参考事項	・A社に対する債務不履行及び不法行為に基づく損害賠償請求訴訟が併合提起され、一部認容（上記賠償額）されている。

3　サービス業

ホテル

・取締役ら数名が旅館業法違反を理由として書類送検されたが、不起訴処分となった。これを不服とするX組合の申立を受けた検察審査会は、不起訴相当とした。

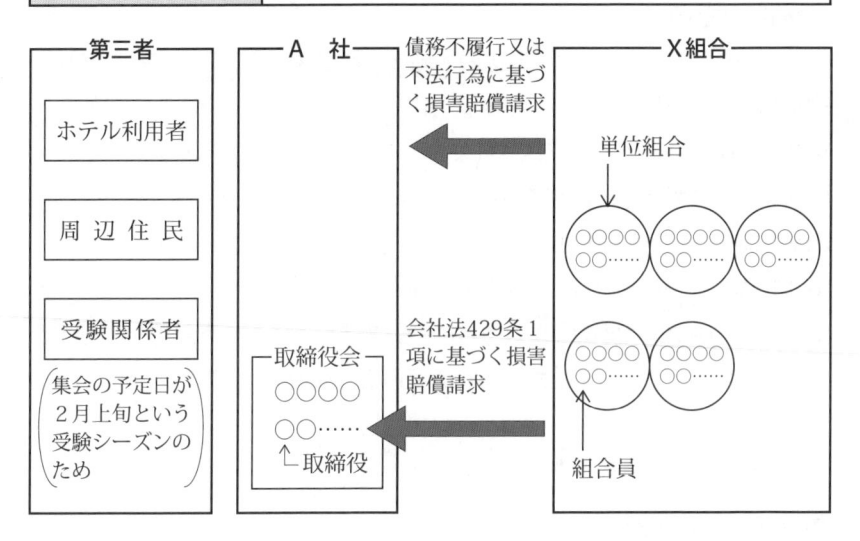

```
┌第三者─────┐  ┌A　社──┐                    ┌X組合──────────┐
│┌────────┐│  │         │  債務不履行又は    │         単位組合        │
││ホテル利用者││  │         │  不法行為に基づ   │           ↓             │
│└────────┘│  │         │  く損害賠償請求   │  ○○○○ ○○○○ ○○○○ │
│┌────────┐│  │         │ ←─────────    │  ○○…  ○○…  ○○…  │
││周 辺 住 民 ││  │         │                  │                        │
│└────────┘│  │         │                  │  ○○○○ ○○○○        │
│┌────────┐│  │         │                  │  ○○…  ○○…          │
││受験関係者  ││  │─取締役会─│ 会社法429条1    │           ↑             │
│└────────┘│  │ ○○○○ │ 項に基づく損害   │         組合員           │
│集会の予定日が│  │ ○○… │ 賠償請求          │                          │
│2月上旬という│  │  ↑取締役│ ←─────────   │                          │
│受験シーズンの│  │         │                   │                         │
│ため          │  └─────────┘                   └──────────────┘
└──────────┘
```

2 事案の概略

①　X組合は、教職員の労働条件改善、研修、福利厚生等に関する事業を行う組合である。

②　A社は、国内外におけるホテル、貸会場業等を営む株式会社である。

③　X組合は、教育研修のための集会を開催するため、A社との間で施設の使用契約及び宿泊契約を締結した。

④　その後、A社は、集会に反対する右翼団体の街宣活動等による他の顧客及び近隣への迷惑等を理由に、上記③の契約を解約したと主張してその使用を拒否した。

⑤　X組合は、施設の使用を求めて裁判所に仮処分を申し立て、申立どおりの決定を得た。この決定は、保全異議申立、保全抗告を経たうえで確定した。

⑥　それにもかかわらず、A社が引き続き施設の使用を拒否したため、X組合らは、集会を開催できなかった。

⑦　平成20年3月14日、X組合らは、A社の取締役らに対し、会社法429条1項に基づく損害賠償請求訴訟を提起した。

―事件の経過―

H19.3〜10　X組合が、A社との間で施設の使用契約及び宿泊契約を締結。

H19.11.13　A社が、X組合に対し、施設の使用契約を解約する旨を通知。

H19.11.26　X組合が、A社に対し、解約は認められない旨を通知。

H19.12.4　X組合が、地方裁判所に仮処分申立。

H19.12.26　地方裁判所が、施設の使用を認める仮処分命令を決定。

H20.1.30　高等裁判所が、保全抗告を棄却決定。

H20.2.1　（施設使用予定日）X組合の副委員長らが、A社を訪問して施設を使用させるように求めたが、A社は使用拒否を継続。また、A社は、A社のホームページに「X組合様との会場利用に関するトラブルについて」と題する記事等、A社の主張を掲載した。

3 裁判所の判断

①　解約の通知をしたのは、ホテル周辺の騒音及び混乱によりホテルの利用者、周辺住民、受験関係者等から批判がありうると予想したためであり、また、警備の状況等によっては、現実にそのようなおそれがあり得ないではなかった。したがって、施設使用契約の解約の意思表示をし、施設を使用しないよう求めたこと自体は、職務上の注意義務に違反する行為と評価することはできない。

②　また、X組合による仮処分の申立を争い、保全異議を申し立て、保全抗告を申し立てたことも、法定の手続により裁判を受ける権利を行使したものであって、このことをもって職務上の注意義務に違反する行為を行ったものと評価することもできない。

③　しかし、保全抗告が棄却された後は、司法判断が確定したわけであるから、当該司法判断に従うべき法律上の義務を負ったものであり、にもかか

わらず、これに従わない方針を立ててＸ組合の施設使用を拒否したことは、取締役としての職務上の注意義務に違反したものであり、この注意義務違反について悪意又は重大な過失があったものというべきである。

4 判決の分析・解説

(1) 判決の分析

本判決は、取締役らの行為を、①解約の意思表示をし、施設を使用しないよう求めた行為、②仮処分の申立を争い、保全異議を申し立て、保全抗告を申し立てた行為、③司法判断の確定後に、これに従わない方針を立ててＸ組合の施設使用を拒否した行為の3段階に分け、このうち③についてのみ、注意義務違反を認めている。その結果、③に関与したと認めるに足りる証拠のない取締役らの責任が否定されている。

これに対し、原審においては、全取締役の責任が認められている。すなわち、原審は取締役らの行為を段階で分けることなく、まず、施設の使用を「解約をもって一方的に拒否」した代表取締役らに注意義務違反を認め、それ以外の取締役らについては、取締役の監視義務を根拠として、代表取締役らが使用拒否に及ぶことを防ぐ義務があったとし、これを怠ったという理由で注意義務違反を認めた。

なお、いわゆる経営判断原則の適用に関する取締役らの主張に対しては、原審が「裁判所が示した判断に反する行為を行うことは、取締役に与えられた裁量の範囲を逸脱することは明らかであり、被告らの主張は失当である。」として一蹴しており、本判決においては、主張自体失当という原審の判断を是認してのことか、何も触れられていない。

(2) 判決が取締役の責任を認定するために重視した事情

上記のとおり、本判決は、取締役らが司法判断に従うべき法律上の義務を負ったにもかかわらず、これに従わない方針を立てて、施設使用を拒否したことを重視している。

(3) 当該業界特有の事情についての考慮の有無

本判決については、集会の自由といわゆるパブリックフォーラム論という

憲法上の権利の視点からの評釈が複数ある。この点については、A社は、その属するグループのホームページにおいて、「今回の件は、憲法で保障する『集会の自由』を脅かすものとのご指摘がございますが、これにはあたらないものと考えております。仮に申し込みがあった時点でお断りしていたならどうでしょう。『集会の自由』に反するということであれば、それすら許されないことになります。」と述べていた。

本判決は、集会の自由については直截に論じてはいないものの、解約の成否等の判断において、契約上履行されるべき内容又は侵害から保護されるべき法律上の利益の重要性という価値判断には影響していると思われる。

5 会社・役員の注意点・対応策

本判決からすると、確定した仮処分命令等の司法判断に従わない判断をした場合には、それだけで注意義務違反が認められてしまうことが明らかである。また、司法判断を受ける場合には、自己の主張が認められない場合をも想定したうえで、最悪の結果が出たときのことも踏まえた対応をする必要がある。本判決はこの点について不明確であるものの、原審が「仮処分命令を求める申立てがされた時点で、当該申立てが認められた場合に備えた措置を執るべきであ」ったと述べているのが参考になるだろう。

このように、司法判断を受ける段階になってしまうと、取締役の責任を免れることは困難になることが予想されることから、それ以前の段階での準備が重要となってくる。

つまり、契約自由の認められる余地の大きな契約の締結段階において、業法等の強行法規に反しない範囲で、契約締結の是非について慎重な判断をする必要がある。

また、契約内容においても、民法上有効と認められる範囲において、解除条項を適切に盛り込む必要があるといえよう。

CHECK LIST

契約の締結段階に関する項目

- ☐ 仮に契約条件を履行できなかったときの紛争リスクを詳細に検討したか。
- ☐ 契約に事案に応じた適切な解除条項を入れたか。

契約解除段階に関する項目

- ☐ 解除条項と事実関係に照らして、解除の有効性について吟味したか。
- ☐ 解除の主張に対する相手方の反応を想定して対応したか。

司法手続段階に関する項目

- ☐ 司法判断が確定するタイミングを見据えたうえで、自らの主張が認められなかった場合も想定した対応をしたか。
- ☐ 司法判断が確定したときは、それに従ったか。

（木村泰博）

★業界：ホテル
◆判断場面：役職員・グループ会社に対する監視・監督、労務管理

27 労働者の労働時間を管理する体制を整備していなかったことにつき取締役の責任が認められた事例－ホテル中の島事件（和歌山地判平成17・4・12労働判例896号28頁）（控訴審で和解）

❶ 事案一覧表

原　　告	過労死したホテル料理長Xの妻子（相続人）
被　　告	Y1社、代表取締役Y2、常務取締役Y3
責任を問われた内容	適正な労働条件を確保すべき注意義務違反（労働者の労働時間を管理する体制を整備していなかったこと）
請　求　額 （請求内容）	8492万2072円
賠　償　額 （判決内容）	2439万1350円
その他参考事項	・請求額（請求内容）、賠償額（判決内容）は、会社及び各取締役ともに同じである。 ・会社と各取締役は連帯して支払うように命じられた。

3　サービス業

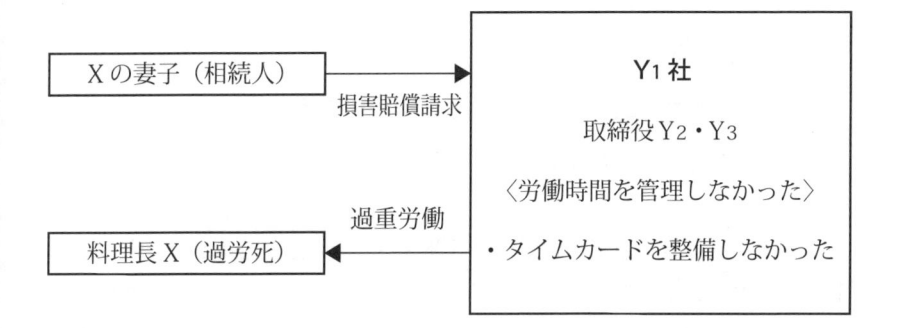

```
┌─────────────────┐                    ┌──────────────────────────┐
│ Xの妻子（相続人）│ ──損害賠償請求──→ │         Y1社             │
└─────────────────┘                    │   取締役Y2・Y3          │
                                        │ 〈労働時間を管理しなかった〉│
┌─────────────────┐                    │ ・タイムカードを整備しなかった│
│ 料理長X（過労死）│ ←──過重労働────  │                          │
└─────────────────┘                    └──────────────────────────┘
```

2 事案の概略

①　Y1社は、大規模な政府登録国際観光ホテル（当時、客室数225室、収容人員約1000名、年間宿泊者数約9万人）を経営する会社であった。

②　Xは、ホテル料理長、調理課課長及び副支配人を務めていた。

③　Xは、Y1社での定例会議中に重度のくも膜下出血を発症して入院し、その後、過労死した。

④　Xの妻子（相続人）である原告らは、過労死の原因はY1社での長時間労働にあると主張して、Y1社に対する債務不履行（安全配慮義務違反）又は不法行為に基づく損害賠償、Y2及びY3に対する旧商法266条の3（会社法429条1項）又は不法行為に基づく損害賠償をそれぞれ求めて提訴した。

⑤　一審判決後、双方がこれを不服としてそれぞれ控訴した。

―事件の経過―

S40　　XがY1社に入社して調理師として勤務開始。
S55頃　Xが料理長に就任。
H12.3.3　Xが定例会議中に脳動脈瘤破裂による重度のくも膜下出血を発症して入院（当時58歳）。
H14.7.2　Xが死亡。
H14.12.9　労働基準監督署長が労災認定。

3 裁判所の判断

(1) 会社の法的責任

会社は、その雇用する労働者に従事させる業務を定めてこれを管理するに際し、労働者との間の労働契約上の信義則に基づいて、業務の遂行に伴う疲労や心理的負荷等が過度に蓄積して労働者の心身の健康を損なうことがないよう注意する義務（具体的には、労働時間、休憩時間、休日、休憩場所等について適正な労働条件を確保し、さらに、健康診断を実施したうえ、労働者の年齢、健康状態等に応じて従事する作業時間及び内容の軽減、就労場所の変更等適切な措置をとるべき義務）を負う。

Y1社は、公休日の未消化分を含め、Xの超過勤務が月80時間前後ないしはそれ以上にまで達していたこと、タイムカードによる労働時間管理に代わる手段もとっていなかったことから、労働時間の管理につき、適正な労働条件を確保すべき義務に違反したといえ、Xが調理課全体の作業分担においてしわ寄せを受けているおそれがあることは十分に疑い得たはずであること、正確な勤務実態を把握するために具体的な勤務時間を調査する必要性は認識し得たことから、これを怠ったことについて、Y1社は、労働契約上の安全配慮義務違反があり、不法行為責任も負う。

(2) 取締役の法的責任

取締役は、会社の運営全般に責任を負い、かつ、日常的に会社の業務に関与していたものであるから、労働者について、業務上の負担が過大となることを防止するための制度を整備する義務を負う。

Y1社の取締役Y2・Y3は、Xの労働時間等の労務管理の状態を把握すべき立場にあり、かつ、把握できる立場にありながら、Xの労働時間を把握するための制度的な仕組みを十分に用意せず、労働時間を把握するための代替的な措置も講じていない状態を放置して、Xに適正な労働条件を確保すべき義務に違反した過失があるため、不法行為責任を負う。

なお、本件では重過失までは認められず、会社法429条1項の責任は負わない。

4 判決の分析・解説

(1) 判決の分析

　本判決は、取締役が、労働者の労働時間を把握するための制度的な仕組みを十分に用意せず、労働時間を把握するための代替的な措置も講じていない状態を放置したことに過失があるとして、不法行為責任を認めた。

　すなわち、労働者の恒常的な長時間の時間外労働を予防するために必要となる「労働時間を把握するための制度的な仕組み」を整備していなかったことについての責任を認めている点に、本判決の特徴がある。

　また、本事件は、Xが料理長（管理職）でもあった点、すなわち、献立作成等の自宅での作業時間が労働時間に算定されたこと、一次的には管理職であるXがX自身の出退勤・休日の管理を行っていたため、Xには他の料理課員のように明確な勤務時間が確定されず、X自身の判断で、結果的に長時間労働を余儀なくされたり、他の調理課員に十分な公休日を確保するため、自らは規定の公休を取得しなかったりしたことに特色がある。

　本判決は、これらX自身の判断が介在したとしても、Y1社及び取締役Y2・Y3が、Xの適正な労働時間を管理する義務があるとした。

(2) 判決が取締役の責任を認定するために重視した事情

① 現実に恒常的な長時間の時間外労働を行っていたこと

　Xは、恒常的に1日10時間以上の勤務をしたり公休日を月に3回程度削減したりしていたこと、公休日や勤務日の深夜まで別献立の作成などを自宅で行ったりする状態にあったことから、業務上の負担による肉体的疲労の蓄積及び精神的ストレスは相当大きかったものと考えられる。

　また、1か月当たりの時間外労働が、恒常的に、厚生労働省の基準（労働者災害補償保険法の定める業務起因性の認定に関するものだが、基本的には合理的なものとして、本件を検討するに際しても考慮に値すべきとされた）をはるかに超えていた（厚生労働省の基準で定める業務と疾患発症との関連性が強いと評価できるほどの長時間労働であった）。

　本判決別紙によると、Xの疾患発症前1か月合計総労働時間は360時間あ

り、時間外労働時間は188.57時間である。

なお、献立の作成や新しい料理の考案が料理長であるXの職責とされていたこと、ホテル内ではそれらの作業を遂行することは困難であるため、自宅で行わざるを得なかったこと、実際に、Xは、公休日や就労後に帰宅した後に自宅において献立を作成していたことなどの事実から、自宅における献立等の作成に要した時間（上記360時間のうち87時間）についても、Y1社における料理長としての業務を遂行していた時間と評価された。

② **取締役は労務管理の実態を把握することができたこと**

Y1社の常務取締役Y3は、業績悪化等に対応するため、増収、費用の削減を行い、収支改善を図り、経営の安定化を目指すことが主な職務である。Y1社の社長を補佐する立場にあり、労務管理についても、その管理の実態を把握することが可能な状況にあったにもかかわらず、Xの労働の実態を十分に把握することをしないまま、Xに対し、新規料理の発案というさらなる労務の増大を招き、さらには、定例会議（調理課職員の売上手当の一部削減を突如提案）において突発的負荷（部下の手当てが削られることについての心労）を与えたものといえ、Xに対して適正な労働条件を確保すべき注意義務に違反したという過失がある。

他方、Y1社の代表取締役社長Y2は、会社の業務全般を統括すべき立場にあり、業績悪化等に対する対応のほぼ全般につき、常務取締役Y3に委ね、Xの労働時間等の労務管理の状態を把握すべき立場にあり、かつ、把握できる立場にありながら、それを怠り、常務取締役Y3による売上手当削減を含む人件費削減等の措置を容認、了承してきたものであるから、Xに対して適正な労働条件を確保すべき注意義務に違反したという過失がある。

③ **労働時間を管理する体制を整備していなかったこと**

Y2・Y3らは、社長及び常務として、Y1社の運営全般に責任を負い、かつ、日常的にY1社の業務に関与していたものであって、Y1社の労働者については、業務上の負担が過大となることを防止するための制度を整備する義務があると解されるところ、Xの労働時間を把握するための制度的仕組みを十分に用意せず、また、労働時間を把握するための代替的な措置も講じてい

ない状態を放置したものであるから、この点について、違法性が認められる。

　すなわち、Y1社が、Xを含む調理課員の労働状況の管理のための手段として、タイムカードを用いるのではなく、調理課長であったX自身に委ねて、その責任において行わせることとし（Xの出退勤時刻や休日の割当は、X自身が自らの責任で直接管理することとされていた）、勤務簿において出勤状況を把握する制度には一定の合理性は認められるものの、事後的にでも具体的な勤務時間を把握したり、勤務簿の記載から過重労働が疑われる場合に具体的な勤務時間の調査を実施する体制を整えていなかったことによれば、取締役らには一定の過失が認められる。

　なお、Y1社総務課においても、Xから提出された出勤簿を見れば、Xのみが恒常的に本来取得するべき公休日を取得し切れていないことを容易に把握できたはずであるのにこれを把握していなかった。

(3) 当該業界特有の事情についての考慮の有無

　ホテル業界においては、人件費が営業費用の大きな部分を占めるため、人件費の削減（必要最小限の人員で業務を行うこと）が重要となり、また、業務の繁閑を予測することが難しいため、一部の者に業務が集中するおそれが高い。

　この点、本判決は、会社には、労働契約上の安全配慮義務の一内容として、労務負担に応じて適正な人員を配置する義務、事実上過重労働を強制されることがない程度に代替要員等を配置する義務があるとしている。

5 会社・役員の注意点・対応策

　本判決の判断内容や認定事実からは、会社・役員にとって、以下の注意点・対応策が導かれる。

(1) 労働者の労働時間を管理する体制の整備

　労働者の労働時間の管理は、原則として、タイムカード等、機械的に労働時間を記録するもので行う必要がある。

　タイムカード等を利用することができないやむを得ない事情がある場合

は、勤務簿等、労働者の手により労働時間を記録するものでこれを行うことになるが、この場合は、別途、所定の部署（当該労働者以外の者）が勤務簿等の労働時間の記録の正確性を確認する体制を整備する必要がある。

(2) 労働者の労働時間を管理する体制の運用

　所定の部署がタイムカードや勤務簿等の内容を随時確認し、長時間の時間外労働が認められる場合又は疑われる場合は、速やかに休日をとらせる等の対応を行う必要がある。労働基準法及び三六協定の遵守を確認することは当然必要となる。

　特に管理職の労働者については、上位の管理職又はある程度独立した部署が、一部の者に業務が集中していないか、業務を自宅に持ち帰っている者がいないという点について、タイムカードや勤務簿等の資料、本人との定期的な面談を通して、十分に確認し、場合により、適正人員ないし代替要員を配置したり、業務負担を軽減したりする必要がある。

　現場の意見（「過重労働となっている」、「人員が不足している」など）については、これを真摯に検討し、事実関係が確認できた場合は、速やかに適宜の対応を行う必要がある。

　法令ないし就業規則所定の健康診断を実施し、労働者の年齢や健康状態等に応じて、労働時間や業務内容を軽減したり、就労場所の変更をしたりするなど、適切な措置をとる必要もある。

CHECK LIST

労働者の労働時間を管理する体制の整備に関する項目

☐ タイムカード等(機械的に労働時間を記録するもの)により、労働者の労働時間を管理しているか。

☐ 勤務簿等(労働者の手により労働時間を記録するもの)により労働者の労働時間を管理している場合、別途、所定の部署(当該労働者以外の者)が勤務簿等の正確性を確認する体制を整備しているか。

労働者の労働時間を管理する体制の運用に関する項目

☐ 所定の部署が、タイムカード等や勤務簿等の内容を随時確認しているか。

☐ 厚生労働省の基準を超える時間外労働が疑われる場合、速やかに休日をとらせる等の対応を行っているか。

☐ 一部の者に業務が集中している場合や業務を自宅に持ち帰っている者がいる場合は、適正人員ないし代替要員の配置や業務負担の軽減等の対応を行っているか。

☐ 現場の意見(「過重労働となっている」、「人員が不足している」など)について事実関係を確認し、速やかに適宜の対応を行っているか。

☐ 法令ないし就業規則所定の健康診断を実施しているか。

☐ 労働者の年齢や健康状態等に応じて、労働時間や業務内容の軽減や就労場所の変更等の措置をとっているか。

(石﨑弘規)

★業界：ホテル
◆判断場面：役職員・グループ会社に対する監視・監督、労務管理

28 会社の割増賃金不払を放置したことにつき取締役・監査役の責任が認められた事例－昭和観光事件

（大阪地判平成21・1・15労働判例979号16頁）（確定）

1 事案一覧表

原　　告	昭和観光株式会社（以下「A社」という）の元従業員8名（X1～X8）
被　　告	A社の代表取締役（Y1）、取締役2名（Y2、Y3）、監査役（Y4）
責任を問われた内容	A社の割増賃金不払についての取締役らの善管注意義務・忠実義務違反
請　求　額（請求内容）	請求合計額1396万8855円（連帯による支払）X1らの各請求額は90万3186円～254万8014円の範囲
賠　償　額（判決内容）	合計額1396万8855円（連帯による支払）
その他参考事項	本訴訟前に、X1らはA社に対し、割増賃金の支払を求める別件訴訟を提起し、一部認容判決を得ている（大阪地判平成18・10・6労働判例930号43頁、確定）。しかし、その後にA社は一切支払をせず、執行も不能という事情があったようである。そこで、当時のA社の取締役及び監査役全員を被告とする本件訴訟

－258－

3 サービス業

が提起された。
なお、本判決は控訴されずに確定し、遅延損害金も含めて全額回収がされた。

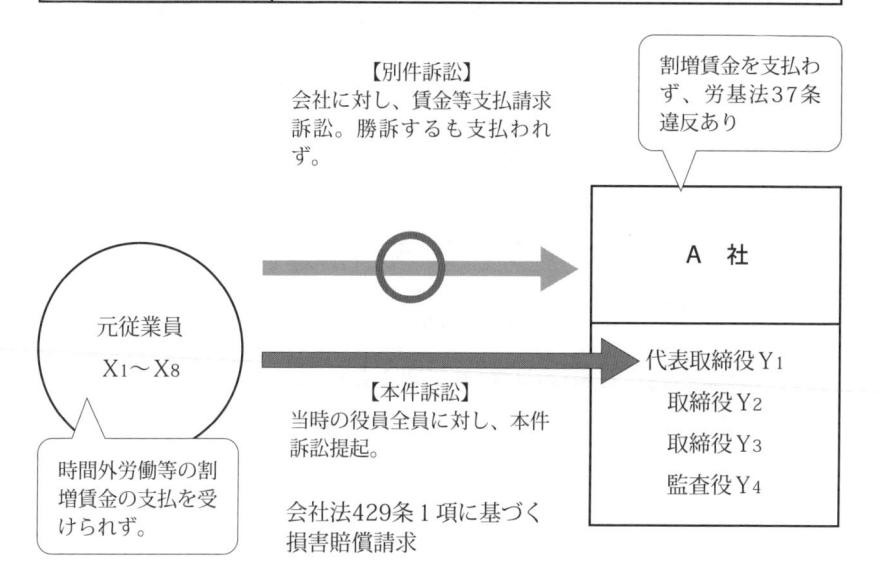

【別件訴訟】
会社に対し、賃金等支払請求訴訟。勝訴するも支払われず。

割増賃金を支払わず、労基法37条違反あり

A 社

代表取締役Y1
取締役Y2
取締役Y3
監査役Y4

元従業員
X1〜X8

時間外労働等の割増賃金の支払を受けられず。

【本件訴訟】
当時の役員全員に対し、本件訴訟提起。

会社法429条1項に基づく損害賠償請求

2 事案の概略

① A社の経営するファッションホテル(以下「本件ホテル」という)に勤務していたX1らは、所定労働時間を超えて、始業時刻前と終業時刻後及び就業規則上の休憩ないし仮眠時間も業務に従事していたが、適正かつ十分な割増賃金の支払がなされなかった。

② そこで、X1らはY1らに対し、Y1らが悪意・重過失により、取締役ないし監査役の任務を懈怠して、A社をして、X1らに時間外労働等の割増賃金を支払わせなかったことによって、同割増賃金相当額の損害を被ったとして、旧商法266条の3・280条1項(会社法429条1項)に基づく損害賠償請求をした。

―事件の経過―

H13.5.28以前 Y1がA社の代表取締役に就任。

H14.3～16.3　（Xらが割増賃金の支払を請求した期間）

H16.3.1　Y2が取締役に就任。

H16.3.20　Y3が取締役、Y4が監査役に就任。

H16.5.31　XらがA社に対し、割増賃金の支払を求めて訴え提起（別件訴訟）。

H17.8.31　Y4が監査役を辞任。

H18.1.20　Y2、Y3が取締役を辞任。

H18.10.6　XらのA社に対する割増賃金支払請求の認容判決。

H19　XらがYらに対し本件訴訟を提起。

3 裁判所の判断

(1) 取締役及び監査役の義務について

旧商法266条の3（同法280条1項）にいう取締役及び監査役の善管注意義務・忠実義務は、会社資産の横領、背任、取引行為など財産的範疇に属する任務懈怠だけでなく、会社の使用者としての立場から遵守されるべき労働基準法上の履行に関する任務懈怠も包含する。

(2) 代表取締役Y1の責任について

① A社が労働基準法（以下「労基法」という）37条に違反し割増賃金を支払わなかった期間に、代表取締役であったY1には、A社が倒産の危機にあり、割増賃金を支払うことが極めて困難な状況にあったなど特段の事情がない限り、取締役の善管注意義務・忠実義務に反する任務懈怠が認められる。

② Y1は、Xらに割増賃金を支払わないことが労基法37条に違反しないと認識していたか、あるいは、そのような認識を有しなかったことについて重過失が認められる。

(3) 取締役Y2・Y3及び監査役Y4の責任について

① Y2ないしY4（以下「Y2ら」という）は、割増賃金の未払の生じた後にA社の取締役ないし監査役に就任している以上、A社をしてXらに上記未払の割増賃金の支払をさせる機会はあったというべきであり、悪意又は重過

― 260 ―

失により、上記義務に違反して、未払割増賃金を支払わせなかった場合には、旧商法266条の3（同法280条1項）に基づき、X₁らに対して損害賠償責任を負う。

② Y₂らは、X₁らから時間外手当の請求があったことを知りながら、何らの対応をとらず、これを放置したと認められ、少なくとも重過失による善管注意義務・忠実義務違反が認められる。

(4) X₁らの損害

X₁らは現在まで未払割増賃金の支払をまったく受けておらず、X₁らの被っている損害とY₁らの悪意又は重過失による任務懈怠との間に相当因果関係の認められることは明らかである。

4 判決の分析・解説

(1) 判決の分析

本判決は、旧商法266条の3（同法280条1項）にいう取締役又は監査役の善管注意義務・忠実義務は、会社の使用者としての立場から遵守されるべき労働基準法上の履行に関する任務懈怠も包含するとして、強行法規である労基法違反が取締役等の任務懈怠を構成することを明らかにした点で、重要な判例である。

(2) 判決が取締役の責任を認定するために重視した事情

① 代表取締役Y₁について

イ 本判決は、Y₁には特段の事情がない限り、取締役の上記義務に違反する任務懈怠が認められるとしたうえで、Y₁に悪意・重過失が認められるかを検討している（結論は肯定）。この悪意・重過失の判断において重視された事情は下記ロのとおりである。

なお、Yらは、①A社の給与規定には職務手当の規定があり、同規定によれば、職務手当は時間外労働及び深夜労働の対価としての性格を有することになっていたこと、②2度にわたる労働基準監督署の調査でも、割増賃金の支払漏れがあるとの是正勧告はなく、Y₁らが労基法37条に違反していないと認識していたことはやむを得ないものであり、任務懈怠につき悪意・重過

失は認められないと主張していた。

【A社の給与規定における職務手当の定め】

> 第20条
> 1　職務手当は、一般職に従事する社員に支給する。
> 2　職務手当の額は、時間外及び深夜勤務等の特殊性を考慮して別に定める。
> 3　職務手当の支給を受ける者には、特に指定した場合を除き、時間外及び深夜勤務手当は支給しない。但し、時間外及び深夜勤務手当額が職務手当額を超える場合には、別途超過額を職務手当の追加分として支給する。

ロ　悪意・重過失の判断において重視された事情

・A社では、①X_1らの業務内容や勤務時間がそれぞれ異なるにもかかわらず、一律に毎月3万円の職務手当を支給したり、②従来から、時間外手当の金額が職務手当の金額の範囲内止まる場合であっても、時間外手当が支給されてきており、職務手当について、その給与規定の趣旨どおりの運用がなされていなかった。

・A社の給与規定は、フロント内の書棚等に備え置かれてはいたが、その趣旨が、本件ホテルにおいて周知されていなかった。

・Y_1は、代表取締役として、上記の運用の実態や周知の状況を認識していた可能性が高い。

・仮に、認識していなかったとしても、Y_1は取締役として、職務手当ての運用や周知について十分注意する義務を負うし、その実態を認識することは、Y_1が代表取締役であった以上、極めて容易なことであった。

・労働基準監督署の是正勧告書には、就業規則の周知がなされていないとの指摘があり、Y_1はこれにより、給与規定が周知されていないことを知ることができた。

②　取締役Y_2・Y_3及び監査役Y_4

Y_2らについては、未払期間の末期に就任していることもあり、「任務懈怠を理由とする損害賠償責任が問題とされることはあり得ない」という主張が

Y2らよりなされた。

　それに対し、裁判所は、Y2らも取締役ないし監査役としての義務を免れることはできないとしたうえで、同人らは、Xらから時間外手当請求のあったことを知りながら、何らの対応をとらず、放置したとして、少なくとも重過失による善管注意義務違反・忠実義務違反を認めている。

　この点は、株式会社の取締役等の就任期間と負うべき責任との関係で参考になるだろう。

5 会社・役員の注意点・対応策

(1) 取締役等の任務懈怠について

　本判決は、労基法違反を前提に取締役等の任務懈怠を認めるものである。このような判決の存在は、労働者にとって非常に有益であるが、会社・役員としては、不測の損害が生じることのないように、会社の労働環境・条件等を見直す契機としなければならない。

　すなわち、平時から定期的に、会社に労基法違反の行為はないかを調査・検討し、外部の専門家に相談する等してチェックし、組織を健全に保つ必要がある。

　また、Y2らのように、役員就任時に既に違法状態となっていた場合でも責任を問われうることにも注意が必要である。この対策としては、役員に就任した際には、速やかに社内の法令違反行為等の有無をチェックし、違反があったときは直ちにその是正を行う等の対応をすべきである。

(2) 特段の事情について

　本判決は、会社に労基法37条違反の行為がある場合には、「特段の事情」がない限り、取締役らに任務懈怠が認められるとする。そこで、会社の取締役らとしては「特段の事情」とは何か、気になるところであるが、本判決はその例示として、会社が「倒産の危機にあり、割増賃金を支払うことが極めて困難な状況にあった」という極限的な状況を挙げるのみである。

　そのため、取締役らとしては、「特段の事情」ありとして免責されることはほぼないものという認識に立ち、事前かつ定期的に、会社が労基法違反の行

為を行うことがないようにチェックをする必要がある。

(3) 悪意・重過失について

　法所定の割増賃金に代えて一定額の手当を支払うことも、法所定の計算による割増賃金額を下回らなければ適法であるので、A社の職務手当が給与規定の趣旨どおり運用がなされていれば有効である。なお、この給与規定は周知されなければならない（労基法106条）。

　本件では、Y₁は、給与規定20条の存在及び同規定に基づく割増賃金の定額払が労基法37条に違反しているという認識を持っていなかったこと等を根拠に悪意・重過失がなかったことを主張するが、裁判所は前記のとおり、Y₁は本件ホテルでの職務手当の運用実態や周知状況を認識していた可能性が高く、仮に認識していなかったとしても、取締役としてその運用や周知状況に十分注意すべき義務があり、実態の認識も容易であった等として、重過失を認めている。

　よって、取締役としては、会社にただ給与規定を設けるだけでなく、その運用や周知の状況についても把握しておかなければ、重過失ありと判断される危険性があることに注意すべきである。

CHECK LIST

社内の体制整備

- ☐ 適法な給与規定（就業規則）を定めているか。
- ☐ 給与規定の定めに従った給与・割増賃金の支払を行っているか。
- ☐ 給与規定の趣旨と実際の運用に齟齬は生じていないか。
- ☐ 就業規則、給与規定の内容を労働者に周知しているか。
- ☐ 社内チェックや弁護士等の外部からの意見聴取など、定期的に社内の法令違反を調査、検討する体制を整えているか。

会社に労基法違反等が認められる場合の役員の責任

- ☐ 取締役等の役員に就任した後、速やかに社内に法令違反がないことの確認を行い、もし違反が見つかった場合には直ちに是正措置を講じたか。
- ☐ 割増賃金不払による労基法違反の事実があった場合、会社が倒産の危機があり、割増賃金の支払が極めて困難などの特段の事情が認められるか。
- ☐ 役員に会社が労基法に違反しているという認識（悪意）又は認識を持つに至らなかったことについての重大な過失はないか。

（友納理緒）

★業界：介護・福祉
◆判断場面：取締役の報告義務、会社による役員責任追及、融資（貸付、社債引受け）

29　取締役会の承認なく社債を引き受けたことにつき取締役の責任が認められた事例－メデカジャパン事件（さいたま地判平成23・9・2金融・商事判例1376号54頁）（上告棄却）

1 事案一覧表

原　告	メデカジャパン（以下「X社」という）
被　告	X社の元代表取締役Y
責任を問われた内容	Yが、取締役会の承認を経ずに、11回にわたり総額76億円の社債を引き受けることを決定した点についての善管注意義務・忠実義務違反
請求額（請求内容）	4億円
賠償額（判決内容）	4億円
その他参考事項	本判決後、Y控訴。東京高裁において平成24年3月29日に控訴棄却。上告及び上告受理申立も最高裁が平成25年6月14日に棄却・不受理の決定をして、確定（刊行物未掲載）。なお、X社の株主はYに対し、本判決で認容された損害の残額のX社への支払を求めて株主代表訴訟を提起し、当該訴訟は現在も係属中である。

3 サービス業

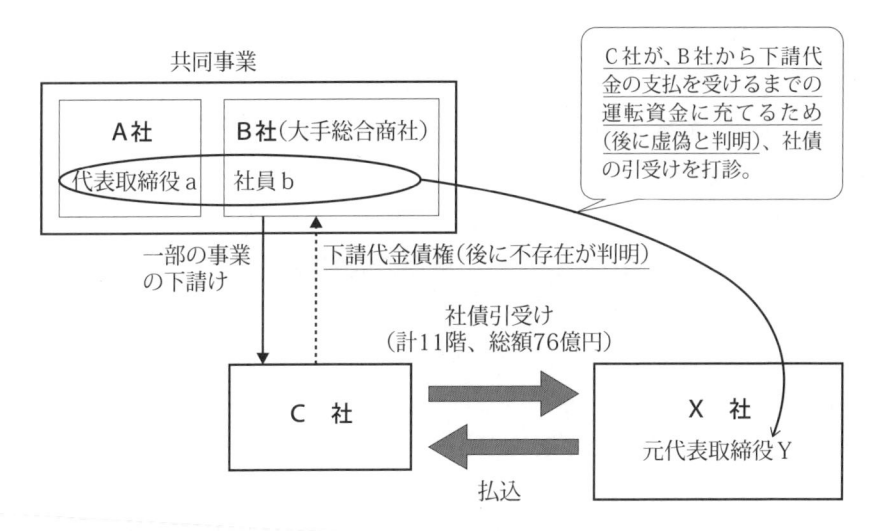

```
         共同事業
   ┌──────────────────────┐        ┌─────────────────┐
   │ A社    B社(大手総合商社)│        │C社が、B社から下請代│
   │代表取締役a  社員b     │        │金の支払を受けるまでの│
   └──────────────────────┘        │運転資金に充てるため │
        │      ┊                   │(後に虚偽と判明)、社債│
  一部の事業 下請代金債権(後に不存在が判明) │の引受けを打診。　　│
   の下請け   ┊                   └─────────────────┘
        ↓      ┊         社債引受け
               ┊      (計11階、総額76億円)
      ┌─────┐   ══════════════⇒   ┌─────────┐
      │ C 社 │                    │  X  社  │
      │     │   ⇐══════════════   │元代表取締役Y│
      └─────┘        払込         └─────────┘
```

2 事案の概略

① X社は、高齢者複合介護施設の運営、居宅介護支援事業等を営む株式会社であり、取締役会が設置されている。

② Yは、下記④に記載する社債引受けを決定した当時のX社代表取締役である。

③ C社は、医療、薬局、福祉機関からの診療、調剤、介護報酬債権の売買等に関する業務等を行うことを目的とする株式会社であり、A社とB社（某大手総合商社）が立ち上げた医療関係の共同事業において、B社の事業の一部の下請けをしていた。

④ Yは、a（A社の代表取締役）・b（B社の社員）から、C社がB社から下請代金の支払を受けるまでの運転資金に充てるため、C社の社債を引き受けてほしいと打診され、合計76億円の社債の引受けを決定した。なお、この決定に際し、YはX社の取締役会の承認を経ていなかった。

⑤ その後、社債の一部（合計35億円）が償還されないまま、C社の破産手続が開始され、同手続において、X社は合計6132万4634円の配当を受けるにとどまった。損害額は、同額を控除した34億3867万5366円。

⑥ そこで、X社がYに対し、④の行為につき、会社法362条4項、取締

役の善管注意義務・忠実義務に違反するとして、同法423条1項に基づき、X社が被った34億3867万5366円の損害の一部である4億円の損害賠償請求をしたものである。

―事件の経過―

（以下のうち、第1回、第8回ないし第10回社債は償還されている）

H19.4 a及びbがYに対し、C社の社債の引受けを打診。

H19.4.11 第1回社債の引受け（5億円）の引受け。

H19.5.7〜9 第2回ないし第4回社債（総額12億円）の引受け。

H19.6 第5回社債ないし第7回社債（総額18億円）の引受け。

H19.8 第8回、第9回社債（総額16億円）の引受け。

H19.11.5 第10回社債（20億円）の引受け。

H20.3.30 aらがB社の信用を利用して投資を募っているとの新聞報道を契機に、本件社債の前提となったA社又はC社とB社の取引がいずれも存在しないことが発覚（後にaらは別件の詐欺罪等で逮捕）。

H20.5.20 YがX社の代表権のない取締役会長に就任。

H20.8.4 C社の破産手続開始。

H20.8.28 YがX社の取締役を退任

H23.9.2 本判決によりX社のYに対する請求がすべて認容される。Yが控訴。

H24.3.29 本判決の控訴審で控訴棄却判決。Yが上告・上告受理申立。

H25.6.14 最高裁がYの上告を棄却、上告受理申立の不受理決定。

3 裁判所の判断

(1) 本件各引受行為が会社法362条4項に反するか

① ある財産の処分が、会社法362条4項1号の「重要な財産の処分」に当たるかどうかは、当該財産の価額、その会社の総資産に占める割合、当該財産の保有目的、処分行為の態様及び会社における従来の取扱い等の事情を総合的に考慮して判断すべきである（最判平成6・1・20民集48巻1号1頁）。

② 本件各社債の額やX社の総資産に占める割合等、X社における従前の

取扱い及び保有目的、取引の態様その他の事情に照らすと、本件各引受行為は、いずれについても、「重要な財産の処分」（会社法362条4項1号）に当たり、Yが取締役会決議を経ることなく各社債を引き受けたことは、会社法362条4項に反する。

(2) 本件各引受行為はYの取締役としての裁量を逸脱し、善管注意義務・忠実義務に反するか

① 株式会社における取締役の判断が善管注意義務・忠実義務に違反するかどうかは、取締役の経営上の判断が、その性質上、将来の企業経営や経済情勢についての予測等、不確実な事情を前提とする判断とならざるを得ないことからすれば、その判断の前提となった事実の調査及び検討について特に不注意な点がなく、その意思決定の過程及び内容がその業界における通常の経営者の経営上の判断として特に不合理又は不適切な点がなかったかどうかという点を基準として判断すべきである。

② 本件では、本件各社債の発行体の状況、その格付け状況及び償還原資を考慮すると、C社とB社の間の取引の存在、及びC社の資産等の調査が必要不可欠であったが、Yはそれをしなかった。

③ 本件各引受行為についてのYの調査・検討は不十分であり、その引受を決定した過程及び内容も合理性を欠く不適切なものであった。

④ よって、Yが本件各引受けを決定したことは、取締役としての裁量を逸脱し、善管注意義務・忠実義務に反するものであったというべきである。

(3) X社の損害及び因果関係

① X社は引き受けた社債のうち未償還の35億円から、C社の破産手続において配当を受けた6132万4634円を控除した34億3867万5366円が最終的に回収不可能となっており、同額の損害を被ったと認められる。

② 社債の各引受行為の是非についてX社の取締役会に上程されていれば、そのリスク等について慎重な調査等が提案され、結果的に社債の引受けが否決されていた合理的な可能性があった等の理由から、Yの社債引受行為と上記の損害との間には因果関係が認められる。

4 判決の分析・解説

(1) 判決の分析

本判決は、本件当事者同士の関わりや各社債引受けに至る経緯等について、詳細な事実認定をしたうえで、①本件各引受行為が「重要な財産の処分」に当たること、及び②Yの決定が取締役としての裁量を逸脱し、善管注意義務・忠実義務に違反することを判示している。

本判決の意義としては、①及び②の判断において、それぞれ規範を示したうえで、詳細に認定した事実を丁寧に当てはめている点が、今後、同種事例の処理をする際に参考になる。

なお、本判決は、Yの行為が会社法362条4項に違反し同法423条1項責任を負うとしながら、その判断が経営判断として取締役の裁量の範囲内にあるかを検討している。このような法令違反がある事例にまで同原則の適用があるかについては疑義なしとしないが、この点の先例的価値はともかく、経営判断の原則に関する具体的当てはめについては十分に参考となるものである。

(2) 判決が結論を導くうえで重視した事情

① 本判決は、本件各社債の引受けが「重要な財産の処分」に当たるかを判断するにあたり、以下の事情を重視している（結論は肯定）。

　イ　本件各社債の額やX社の総資産に占める割合等

・本件各社債の額は、4億円ないし20億円。

・X社の総資産額は、平成19年5月期は512億7814万2000円、20年5月期は395億5229万円であり、本件各社債額は各事業年度の総資産の0.78％ないし5％を占める。

・X社の現金及び預貯金残額は、平成19年5月期で43億0492万1000円、平成20年5月期で37億3837万5000円であった。

・以上からすると、本件各社債の額は少額とはいえない。

　ロ　X社における従前の取扱い及び保有目的

・X社の業務等提携先との契約内容、Yの本件訴訟提起前の言動及びX社

の従前の取扱いからすると、本件各社債引受け当時、少なくとも1億円以上の投資等の際には取締役会決議を要するとの慣行があった。

　ハ　取引等の態様、その他の事情

　・本件各社債の一部は、責任限定特約により償還原資となる財産が（B社の納品請求受領書に基づく支払金額に）限定されており、特にリスクが高いものであった。

　・本件各社債は、いずれもC社1社の社債であり、リスク管理という点からはより慎重な検討が求められるものであった。

　・本件各引受行為は、短期間（8か月）に11回にわたり繰り返し行われ、その引受残高も最高50億円と多額であるうえ、その目的も共通しており、Yが毎回社債の内容を検討していた等の事実もない。

　②　また、本判決は、Yの判断が経営判断として取締役の裁量の範囲内であるか判断するにあたり、以下の事情を重視している（結論は否定）。

　イ　前提事実の調査に不注意な点がないか

　・Yは、本件各社債の引受けにあたり、社債要項を確認したことはなく、責任限定特約の存在も認識していない等、本件各社債の内容や取引条件についての調査・検討すら十分に行っていなかった。

　・償還原資となる契約に関する書類やC社の資産調査も行わず、X社のリスクを判断するための基礎的な調査も欠いていた。

　ロ　前提事実の検討に不注意な点がないか

　・Yが社債引受けを打診されてから第1回の引受けを決定するまでの期間は極めて短期であり、Yが十分な検討を尽くしたとは解し難い。

　ハ　意思決定過程・内容がその業界の通常の経営者として不合理・不適切でないか

　・Yが本件引受けについて取締役会決議に上程すらしなかった等の意思決定の態様、本件各社債の額は少額とはいえず、一部には責任限定特約が付されている等のリスクの高いものであったことも加味すれば、Yにおいて本件各社債の引受けを決定したことが合理性を欠く不適切なものであったことは明らかである。

5 会社・役員の注意点・対応策

(1) 社債の引受けについて

　株式会社も資金運用の目的で社債を引き受けることはあり、本判決は、一律にこれを取締役会の決議事項としているわけではない。社債の引受けが、「重要な財産の処分」(法362条4項1号)に当たる場合に限り、取締役会の承認が必要とされるのである。前述のとおり、「重要な財産の処分」に当たるかどうかは、単に社債の額の多寡のみにより決せられるものではなく、会社の総資産に占める割合、従前の取扱い及び保有目的、取引の態様その他の事情を考慮する必要がある。

　したがって、取締役が社債の引受けを決定する際は、まず各考慮要素を検討し、それが「重要な財産の処分」に当たるか否かを判断したうえで、会社法上適正な手続を経なければならない。

(2) 経営判断の原則について

　取締役の法令・定款違反の行為によって会社に損害が発生した場合には、故意・過失ある取締役は、会社に対し損害賠償責任を負う(会社法423条1項)。この取締役の具体的な法令違反による責任は、経営判断原則により免責できないとされており、本件でYの責任が問われたのはある意味当然の帰結であったといえる。

　それよりも取締役として留意すべきは、本件のような事例においては、仮に取締役会の決議を経ていたとしても、社債の引受けが会社に多大な損害を与えた場合には、善管注意義務・忠実義務違反に問われる可能性があるということである。

　したがって、取締役が社債の引受けについて経営判断する際には、社債の内容・取引条件、償還原資、社債発行会社の資産等の調査を慎重に行い、社債引受けの合理性について、事前に取締役会や経営会議の場において、審議・検討しておくことが望ましい。

CHECK LIST

「重要な財産の処分」を判断する取締役に関する項目

●財産の価額

- ☐ 会社の総資産に占める割合からして高額ではないか。
- ☐ 会社の現金・預貯金残額からして高額ではないか。
- ☐ 社債引受けの適切な原資があるか。

●従前の取扱い

- ☐ 従前の取扱い等からして、取締役会決議を要するとの慣行はないか。

●取引等の態様

- ☐ 社債に責任財産限定特約が付いている等リスクの高いものではないか。

●その他の事情

- ☐ 社債の内容等について慎重に検討したか。

経営判断をする取締役に関する項目

●前提事実の調査

- ☐ 社債の内容や取引条件について調査・検討したか。
- ☐ 償還原資や資産状況を調査したか。

●前提事実の検討

- ☐ 重要な財産処分の検討を慎重に行ったか。

●意思決定過程・内容

- ☐ 事前に取締役会や経営会議等で審議・検討したか。

(友納理緒)

★業界：情報サービス
◆判断場面：取締役の報告義務、外部への支出、新株発行・自己株売却

30 退職金規定を超える退職金の支給、海外旅行費の支出、株主総会決議に違反する監査役報酬の支払、非上場自社株式の売買価格の決定が問題とされ、その一部について取締役の責任が認められた事例－情報センター沖縄株主代表訴訟事件（那覇地判平成13・2・27金融・商事判例1126号31頁）（控訴棄却・確定）

❶ 事案一覧表

原　　告	株主
被　　告	代表取締役、取締役Ｙら
責任を問われた内容	退職金支給規定所定の金額を超える退職金の支給、旅費の支出、株主総会により決議された額を超える監査役報酬の支出、自己株式の時価より安い価額での譲渡について、善管注意義務違反ないし忠実義務違反
請　求　額 （請求内容）	699万9755円
賠　償　額 （判決内容）	・海外旅行費用の内、株主又はその代理人の分 　→139万3000円 ・支給された監査役報酬から、本来支給されるべき監査役報酬を差し引いた分 　→11万555円 の計150万355円

3 サービス業

その他参考事項	・控訴が提起されたが、平成13年11月15日付けで棄却され、確定した。 ・海外旅行費用のうち、役員の分については役員報酬として処理されていることから、これが定款もしくは株主総会の決議に反するものであれば当然違法となるが、本件においては、監査役報酬を除いては、原告において、この点について違法の主張・立証がなされなかった。

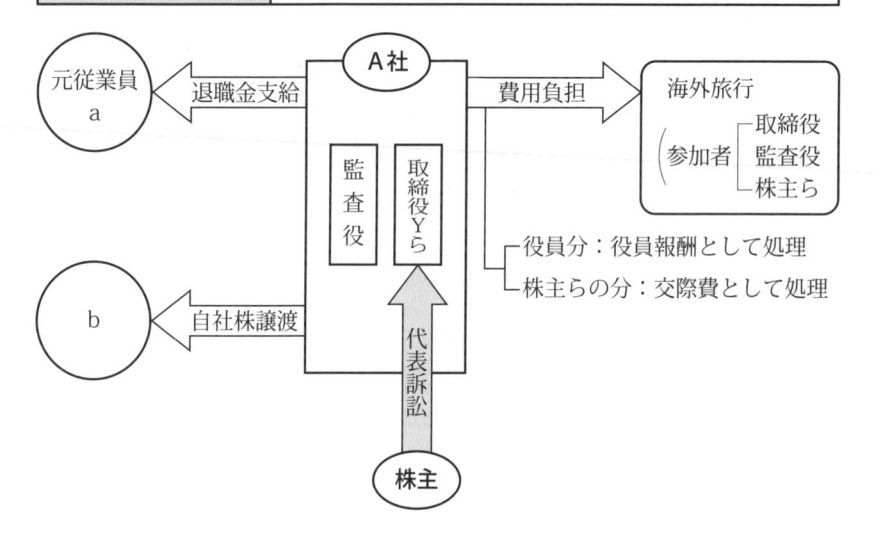

```
元従業員 a  ← 退職金支給 ← A社 → 費用負担 → 海外旅行
                        （監査役・取締役Yら）   参加者：取締役／監査役／株主ら
                                              ─役員分：役員報酬として処理
                                              ─株主らの分：交際費として処理
   b      ← 自社株譲渡 ← 
                        ↑ 代表訴訟
                        株主
```

2 事案の概略

① 株式会社情報センター沖縄（以下「A社」という）は、個人及び企業の資産信用状況に関する調査及び告知等を目的として設立された株式会社である。

② A社代表取締役が、A社を代表して、平成9年11月、業務遂行能力の欠如、業務命令失念、遂行の遅滞等の問題を抱える同社従業員のaに対し、退職することを要求し、平成10年7月末、早期退職の優遇措置として、退職金規定の定めより多額な退職金271万3600円を支払った。

③ 平成10年5月2日から同月5日にかけて、海外旅行が実施され、同社の株主、取締役、監査役等合計30名が参加した。旅費はＡ社が負担し、Ａ社は、税理士の指導に従って、取締役及び監査役の旅費は役員報酬として、株主ないしその代理人の旅費は接待交際費として会計処理した。

④ Ａ社の定款は「取締役及び監査役の報酬及び退職慰労金は、株主総会決議をもって定める。」と規定し、同社の株主総会では、監査役の報酬は年額50万円までと決議されたにもかかわらず、同社の19期（平成9年6月1日から平成10年5月31日まで）において、監査役報酬として合計61万555円が支出された。

⑤ Ａ社は、平成10年11月25日、ｂに対して自己株式50株を350万円で譲渡した。Ａ社株は1口50株であり、非上場株である。

⑥ 平成11年9月19日、Ａ社の株主は、Ａ社の代表取締役らに対し、旧商法267条（会社法847条）、旧商法266条（会社法423条）に基づき、Ａ社に対する損害の賠償を求める株主代表訴訟を提起した。

―事件の経過―

H9.11.28　Ａ社の取締役らがａに対し、Ａ社を退職するよう要求。ａは退職願いを提出。

H9.12.9　ａがＡ社に対し、上記の退職の意思表示は無効である旨通知をした。

H9.12.12　Ａ社の取締役会において、上記退職の意思表示の撤回を認める。ａはＡ社に、今後は業務に精励する旨のＡ社宛の誓約書を提出。

H10.3.12　ａが職務怠慢を理由とする始末書を提出。Ａ社の取締役会において、株主と役職員との海外旅行の企画が承認。

H10.4.9　原告の代表取締役が、Ａ社の取締役らに対し、上記旅行の実施は問題があり、将来代表訴訟が提起されることが予想されること等を通知。

H10.4.13　就業規則が作成、承認され、定年については満60歳までとされた。

H10.5.2　海外旅行を実施。旅費のうち、役員及び株主の代理人に要した費用はＡ社が負担し、役員の分については役員報酬として、株主の代理人の

分については接待交際費として会計処理がなされた。

H10.6.11　A社の取締役会において、aの処遇について、同年7月末で辞めてもらい、その優遇措置として退職金及び退職慰労金を10か月分支給するとの案が可決された。その後、aに確認すると、aは給与の10.6か月分の退職金の支給を認めてくれれば7月末に退職するとの返答をした。

H10.6.17　A社の取締役会において、aに対し退職金として給与の10.6か月分である271万3600円を支払うことを条件に7月末に退職してもらうことを決定された。

H10.7.30　株主総会において、平成9年6月1日から平成10年5月31日までの事業年度の貸借対照表、損益計算書及び利益処分案承認の議案が可決された。その際に本件旅行の実施についての質疑応答がなされ、その中で株主総会決議を超えた監査役報酬の支払等に対する批判が出た。

H10.7.31　aはA社を退職し、A社はaに対し271万3600円を支給した。

H10.9.10　A社の取締役会において自己株式50株を譲渡するという議題が提案された。

H10.10.8　A社の取締役会において、自己株式の査定の依頼を決定。

H10.11.12　査定を依頼された税理士から自己株式50株の時価は550万円であること等を内容とする報告書が提出された。

H10.10.13　A社の取締役会において、自己株式50株の譲渡価格を350万円とする決議がなされた。

H10.10.25　A社はbに対し、自己株式50株を350万円で譲渡。

3 裁判所の判断

(1) 退職金の支払について

退職金規定は当該規定よりも有利に取り扱ってはならないとの効力を有するものではなく、退職金規定を超える退職金を支給するかどうかは取締役の裁量に委ねられる。そして、その判断については、一応の合理性があり、会社に対する背信的な契機がない場合には、退職金規定より有利な退職金の支給をしても、取締役の裁量の範囲を逸脱しない。本件退職金支給は裁量の範

囲内である。

(2) 海外旅行の実施について

株主の旅費は接待交際費として会計処理されているところ、かかる旅費の支出は会社の業務との関連性がなく、そのような支出は取締役の裁量の範囲を逸脱している。

(3) 監査役報酬の支出について

A社の定款は、監査役の報酬は株主総会の決議によって定める旨規定しているところ、本件監査役に対する旅費の支出は役員報酬として処理されているのであるから、かかる支出は株主総会によって承認されていなければならない。しかし、本件では、これがなされていないのであるから、旧商法279条（会社法361条1項）に反し違法である。また、事後的に株主総会において決算書類を承認しても、その違法性は治癒されない。

なお、取締役に対する旅費の支出についてもこれと同様であるが、原告はこの点に関して主張、立証をしていない。

(4) 自己株式の譲渡について

本件自己株式の譲渡については、本件株は非上場株であること、A社株のこれまで行われてきた売買や第三者割当増資の際の価格から見て本件売買価格が不当に廉価であるとはいえないこと、他に広く買受希望者を募れば具体的にどの程度の価格による売却が可能であったかについて的確な証拠があるとはいえないことなどから、取締役の裁量の範囲を逸脱したとはいえない。

4 判決の分析・解説

(1) 判例の分析

本判決は、①退職金規定よりも有利な退職金の支給、②一部の株主に対する海外旅行費用の支出、③株主総会決議のない監査役報酬の支給、④非上場の自己株式の譲渡等、複数の論点について判断を下しているが、大きく分類すると、①②④は取締役の裁量権の逸脱の有無について、③は取締役の行為の違法性の有無についての判断であるといえる。

取締役がいかなる判断を下したのか、その判断内容に合理性が認められる

かという点は、取締役の裁量権の逸脱の有無を判断する際の重要な考慮要素の1つであるところ、本判決は、退職金の支給、株主に対する海外旅行費用の支出、自社株の譲渡のそれぞれに関して、その判断の合理性の有無をついて具体的に検討している。

(2) 判決が取締役の責任を認定するために重視した事情
① 退職金の支払について

A社の業務に関する知識を欠くなど、様々な問題を抱えていた従業員aについて、A社は雇用を止めたいと考えていたが、この者の意思に反して退職をしてもらうことが困難な状況にあった。そのような状況の下、円満に退職してもらうために優遇措置として退職金を上乗せし、また、その額も会社の規模や売上等からみて不当に高額ともいえなかったことから、一応の合理性が認められるものと判断された。

② 株主に対する海外旅行費用の支出について

株主に対する海外旅行費用について、会計上接待交際費として計上したのであるから、かかる旅行とA社の業務遂行との間に関連性が必要であるとしたうえで、本件海外旅行はその参加者の資格を株主又はその代理人に限定していることから、A社の業務遂行とは直接関係を有しないものであるとし、そのようなものについて会社が費用を負担するとの判断は裁量権の範囲を逸脱するものとした。また、Yらは、本件旅行費用を会社が負担することは問題である旨の警告を事前に受けていたにもかかわらず、これを無視して本件旅行を実施したという事情もある。

③ 株式総会決議のない監査役報酬の支給について

A社の定款は、監査役の報酬は株主総会の決議によって定める旨規定しているところ、本件で問題となった年度における各監査役の報酬の合計額の上限を50万円と決議していたということが責任判断の事情として挙げられる。

④ 非上場の自己株式の譲渡について

A社株が非上場であったこと等に加え、A社は株主資格及び持株数を制限しており、A社株の市場の規模は非常に小さかった、また、本件株式譲渡について寄付金として課税された形跡もなかったという点も判決を導く事情と

して考慮された。

5 会社・役員の注意点・対応策

(1) 退職金規定よりも有利な退職金を支給する際の注意点

判決がいう一応の合理性とは、退職金規定を超える退職金を支給する必要性があり、かつその額が相当なものであるということであると思われる。

よって、退職金規定を超える退職金を支給するときは、なぜ上乗せが必要なのか、またその額は会社の規模、売上、利益等から見て不当に高額ではないといえるかという点について検討を加える必要がある。

(2) 会社の費用負担による旅行の実施に関して

① 費用を福利厚生費としての処理する場合

ある費用につき福利厚生費として処理するためには、従業員全員に対する支出であり、かつ、社会通念上相当な額の範囲であることが必要がある。

よって、旅費を福利厚生費として処理する際には、まず、かかる2点を満たしているかチェックする必要がある。

② 費用を接待交際費としての処理する場合

交際費として支出するには、少なくとも、かかる支出が法人の業務遂行上必要なものであるといえる必要がある。

よって、旅費を接待交際費として処理する際は、かかる旅行が会社の常務遂行上どのような点において有益な行為であるのか具体的に説明できる必要がある。

(3) 定款もしくは株主総会決議に反する役員報酬を支給した場合

判決は、違法な報酬が支給された後に株主総会においてその支出を示した決算書類が承認されても違法性は治癒されないとしたが、決算書類のみの承認ではなく、どのような経緯、理由で定款もしくは株主総会で決議の定めに反する支給をしたのか等、具体的な事情も含めての承認があれば、違法性が治癒される可能性もあると思われる。

(4) 非上場株を譲渡する際の注意点

非上場株は、非上場故にその時価を適正に算定するのは非常で困難である

が、譲渡する際には適正な価格を算定しなければならないところ、それを決する際に参考となるのがこれまでの取引状況である。よって、非上場株を譲渡する際は、この点について調査する必要がある。

また、広く株式購入希望者を募っておけば、他に高額での購入希望者があらわれたはずであったとの主張を防ぐことができる。よって、非上場株式を譲渡する際は、できる限り、広く株式購入希望者を募るべきである。

CHECK LIST

退職金規定を超える退職金の支給に関する項目

- ☐ 退職金規定を超える退職金を支給することにつき、その合理性について説明できるか。
- ☐ 退職金の額を決める際、当該会社の規模、売上、利益等の点からも検討したか。
- ☐ 退職金支給につき、会社に対する背信的契機の有無について検討したか。

会社が費用を負担する旅行の実施に関する項目

- ☐ 接待交際費で処理した場合、かかる旅行が会社の業務遂行にどのような意味において役立つものであるのか具体的に説明ができるか。
- ☐ 役員報酬で処理した場合、定款または株主総会決議の範囲を超えていないか確認したか。

非上場株式の譲渡に関する項目

- ☐ 過去の取引における売買価格を調査したか。
- ☐ 株式の市場はどの程度なのか調査したか。
- ☐ 株式の購入希望者を広く募ったか。

（木田圭一）

4

小売業

★業界：百貨店
◆判断場面：他社対応

31 第三者に対する損害賠償請求権を行使・回収しないと判断したことにつき取締役の責任が否定された事例－三越株主代表訴訟事件（東京地判平成16・7・28判例タイムズ1228号269頁）（控訴棄却、上告・上告受理申立後、上告棄却・上告不受理）

1 事案一覧表

原　　告	株主
被　　告	代表取締役及び取締役
責任を問われた内容	会社の第三者に対する損害賠償請求権を訴訟提起により行使・回収をしないと判断したことについての善管注意義務違反
請　求　額 （請求内容）	41億8623万円
賠　償　額 （判決内容）	請求棄却

2 事案の概略

① 株式会社三越（以下「A社」という）は、昭和63年5月29日、株式会社内野屋工務店（以下「B社」という）との間で、B社がゴルフ場の用地買収・造成等を行い、その完成後にA社がゴルフ場の事業を引き継ぐ合意をした。

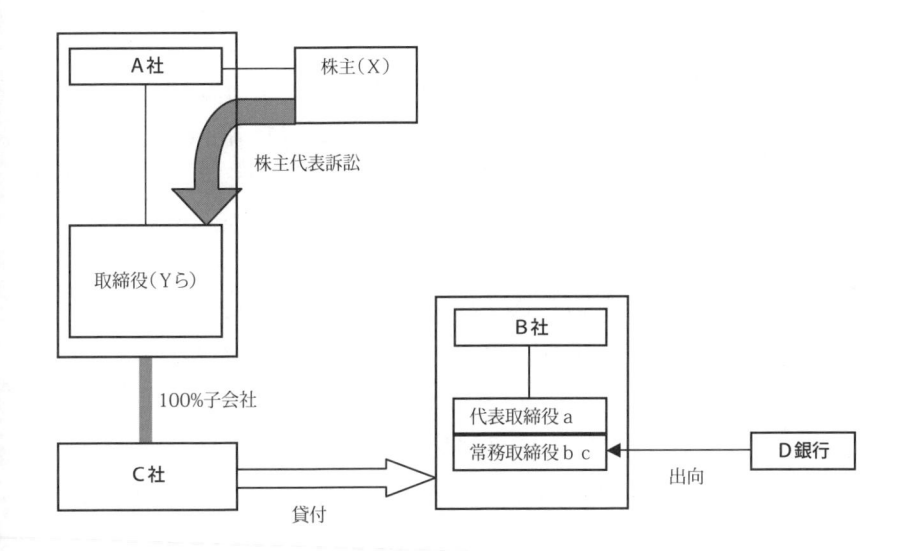

```
           ┌──────┐        ┌──────────┐
           │ A社  │────────│ 株主(X)  │
           └──────┘        └──────────┘
              │    ↘
              │     株主代表訴訟
              │        ↘
              │    ┌──────────┐
              │    │取締役(Yら)│
              │    └──────────┘
              │
              │ 100％子会社
              │                ┌──────────────┐
           ┌──────┐            │    B社       │
           │ C社  │──────────▶│代表取締役 a  │◀──── ┌──────┐
           └──────┘    貸付    │常務取締役 b c│ 出向 │ D銀行 │
                                └──────────────┘      └──────┘
```

② A社の100％子会社である株式会社レオ・エンタープライズ（以下「C社」という）は、B社に対し、平成3年3月から平成10年3月まで合計518億8920万5000円を貸し付けた。

③ 上記②の貸付には、平成8年3月29日から平成10年3月26日までの間の貸付金又は仮払金の名目で合計41億8623万円の支払が含まれている（以下「本件貸付」という）。この間のB社の代表取締役はaであった。

④ D銀行はB社のメインバンクであり、D銀行からB社に対しては、平成5年2月22日ころから平成7年5月9日まで、D銀行の従業員であるbの出向が行われ、bはB社の常務取締役に就任していた。

⑤ 同様に、D銀行の従業員であるcは、平成7年5月10日から平成10年5月9日まで、bの後任としてB社に出向し、B社の常務取締役に就任していた。

⑥ B社は、平成10年6月5日、裁判所において破産宣告を受けた。

⑦ 破産管財人及び警察によって、破産宣告開始直後から平成14年1月まで、本件貸付を含めてゴルフ場計画に投下された資金のB社における使途についての調査が行われたが、使途に疑問があるというにとどまり、それ以上の資金の使途及び流れは解明されず、刑事事件としての立件には至らなか

った。

⑧　Ａ社の株主であるＸは、平成13年12月18日から平成14年２月25日付書面によって、Ａ社に対し、Ｄ銀行及びａに対して損害賠償請求をするように求めた。

⑨　Ａ社は、平成14年１月15日から同年３月19日付書面によって、これに応じられない旨回答した。

⑩　Ｘは、同年４月４日付で書面到達後１か月以内にＤ銀行及びａに対し損害賠償請求をしない場合には、株主代表訴訟を提起する旨通知し、同通知は４月５日にＡ社に到達した。

⑪　Ａ社の代表取締役及び取締役であったＹらは、同年５月７日までに、Ｄ銀行及びａに対し、損害賠償請求をしないことを決定し、その旨原告に回答した。

⑫　Ｘは、平成14年10月10日、Ｙらに対し、ＹらがＤ銀行及びａに対して損害賠償請求をせず一切の回収行為をしないことが取締役の善管注意義務に違反し、Ａ社に損害を被らせたとして、本件訴訟を提起した。

－事件の経過－

S63.5.29　Ａ社とＢ社ゴルフ場の用地買収・造成等に関する合意が行われる。

H8.3.29〜H10.3.26　Ｃ社からＢ社へ41億8623万円の貸付が行われる。

H10.6.5　Ｂ社が破産宣告を受ける。

H10.6〜H14.1　破産管財人及び警察によりＢ社の使途不明金についての調査が行われる。

H14.4.4　ＸがＹらに対し、Ｄ銀行及びａに対する損害賠償請求を行うように要求。

H14.5.7　Ｙらは、Ｄ銀行及びａに対する損害賠償請求を行わないことを決定。

❸ 裁判所の判断

(1) 会社の債権の管理・回収に関する経営判断一般について

「取締役は、会社に対し、「善良ナル管理者ノ注意ヲ以テ」会社の業務を執行すべき義務を負い（旧商法254条3項、民法644条）、また、「会社ノ為忠実ニ其ノ職務ヲ遂行スル義務」を負うところ（旧商法254条の3）、上記善管注意義務及び忠実義務の内容として、会社の財産を適切に管理・保全し、このような会社の財産が債権である場合には、適切な方法によりこれを管理し、その回収を図らなければならない義務を負っているというべきである。したがって、会社が特定の債権を有し、ある一定時点においてその全部又は一部の回収が可能であったにもかかわらず、取締役が適切な方法で当該債権の管理・回収を図らずに放置し、かつ、そのことに過失がある場合においては、取締役に善管注意義務違反が認められる余地があるというべきである。

もっとも、債権管理・回収の具体的な方法については、債権の存在の確度、債権行使による回収の確実性、回収可能利益とそのためのコストとのバランス、敗訴した場合の会社の信用毀損のリスク等を考慮した専門的かつ総合的判断が必要となることから、その分析と判断には、取締役に一定の裁量が認められると解するのが相当である。」

(2) 不法行為に基づく損害賠償債権等の管理・回収に関する経営判断について

「不法行為に基づく損害賠償債権や取締役の任務懈怠に基づく第三者への損害賠償債権については、一般に裁判外において債務者が債権の存在を認めて任意に弁済を行うということは期待できないため、その管理・回収には特段の事情なき限り訴訟提起を要するところ、取締役が債権の管理・回収の具体的な方法として訴訟提起を行わないと判断した場合に、その判断について取締役の裁量の逸脱があったというためには、取締役が訴訟を提起しないとの判断を行った時点において収集された又は収集可能であった資料に基づき、①当該債権の存在を証明して勝訴しうる高度の蓋然性があったこと、②債務者の財産状況に照らし勝訴した場合の債権回収が確実であったこと、③

訴訟追行により回収が期待できる利益がそのために見込まれる諸費用等を上回ることが認められることが必要というべきである。」

(3) 本件事案における取締役の判断について

本判決は、aに対する損害賠償請求権については、当該債権の存在を証明して勝訴しうる高度の蓋然性（上記①の要件）があり、かつ、aの財産状況に照らし勝訴した場合の債権回収が確実であった（上記②の要件）が認められないとして、Yらがaに対して損害賠償請求権を行使しなかったことに善管注意義務違反がないとした。

次に、D銀行に対する損害賠償請求については、aの不法行為の存在を証明できる高度の蓋然性が認められない以上、aの不法行為を前提とするbの不法行為を証明できる高度の蓋然性が認められないこと、及び、aの不法行為を前提としない法律構成であっても、bの不法行為の存在を証明できる高度の蓋然性が認められないことから、D銀行に対する損害賠償請求を行わないことについての善管注意義務違反が認められないとした。

4 判決の分析・解説

(1) 判決の分析

本判決は、会社の債権管理・回収についての取締役の一定の裁量を認めたうえで、会社の債権管理・回収、特に、不法行為に基づく損害賠償請求権や取締役の任務懈怠に基づく第三者への損害賠償債権についての、具体的な判断基準を明示している点に特徴がある。

なお、本判決では、上記①ないし③の判断基準を述べる前に「債権の存在の確度、債権行使による回収の確実性、回収可能利益とそのためのコストとのバランス、敗訴した場合の会社の信用毀損のリスク等を考慮した専門的かつ総合的判断が必要となる」との判示がなされている。

これらの総合的判断の考慮事情として挙げられたものと、上記①ないし③の要件との関係が問題となりうる。具体的には、両者を比較した場合、「敗訴した場合の会社の信用毀損のリスク」が上記①ないし③の要件には挙げられておらず、「総合的判断が必要」との文言も挙げられてはいない。

この差異については、①ないし③については、特に「不法行為に基づく損害賠償請求権や取締役の任務懈怠に基づく第三者への損害賠償債権」において特に必要とされる基準であって、より広く「債権管理・回収」の具体的な方法について考慮されるべき事情としては、それに加えて「敗訴した場合の会社の信用毀損のリスク」も考慮した「総合的な判断」が必要とされるとも解されるのではないだろうか。

なお、本判決は控訴されたが、控訴審（東京高判平成16・12・21判例タイムズ1208号290頁）においても本判決の判断基準は維持された。

本判決は、不法行為に基づく損害賠償請求権など訴訟提起が必要な債権の回収についての判断基準を示したものとして、重要な意義を有する。

(2) 判決が取締役の責任の判断にあたって考慮した具体的事実

① aに対する損害賠償請求権を行使しなかった判断について

判決は、Yらが損害賠償請求権を行使しないと決定した基準時（平成14年5月7日）時点において、以下の理由によって、上記3(2)の①及び②の要件が認められないとして、Yらの善管注意義務違反を否定した。

すなわち、判決は、破産宣告前のB社の決算において多額の使途不明金を計上した記載、B社が保管していたゴルフ場用地買収に係る契約書とC社に提出された同一物件の契約書との間の契約書との間の多数の代金額等の不一致、B社が会社分割を計画した際に会計士が作成したメモにaに対する多額の仮払金を示す記載があることなどから、aの違法行為の存在を一定程度疑わせるものの、決算において計上された使途不明金については使途を具体的に明らかにする資料がないこと、段ボール箱25箱分に及ぶ元帳・伝票ファイル等の資料に基づき、破産宣告直後から平成14年1月まで破産管財人及び警察のチームが捜査したにもかかわらず、使途不明金の資金の流れが解明できなかったこと、売買契約書の金額等の不一致も裏金作りのためとは断定できないこと、会計士のメモも決算の計上と同額の数字に過ぎず、使途を明らかにする資料はないことなどから、aの違法行為を前提とする損害賠償請求権の存在を証明できる高度の蓋然性（上記3(2)の要件）が認められないとした。

なお、そもそも本件において、B社に対して金銭を貸し付けた主体は、A社の100％子会社であるC社である。このような関係において、そもそもA社が主体として、aに対する損害賠償請求権を法的にどのように構成するかという点は問題となりうる。この点について、原告側は、aがB社における使途不明金の存在を認識しながら秘して、「A社側」からB社に対して資金を支出させた行為が不法行為であると構成しているようである。これに対し、被告らは、法的構成及び立証の点から、訴訟を提起しても到底勝訴しうるものではないと反論している。

　判決は、この点について、損害賠償請求権の前提となるaの違法行為の立証自体を立証するに足るものがないとして、上記①の要件を否定しており、Xが主張している法律構成の適否自体については特に検討していないようである。

　また、判決は、勝訴した場合の債権回収の確実性（上記(1)②の要件）については、aはB社の連帯保証をしているにもかかわらず、B社の債権者はaに対して破産申立等の責任追及を行っていないこと、aの個人資産を調査した破産管財人もaからの回収を図った形跡がないこと、建設会社（訴外）がaに対する手形債権を無税償却したことから、債権回収が確実であったとはいえないとした。

②　D銀行に対する損害賠償請求権を行使しなかった判断について

　判決は、D銀行に対する損害賠償請求権については、基準時において、上記(1)①の要件が認められないとして、Yらの善管注意義務違反を否定した。

　すなわち、上記のとおり、aの不法行為の存在を証明できる高度の蓋然性が認められない以上、これを前提としたD銀行に対する損害賠償請求を証明できる高度の蓋然性（上記(1)①の要件）が認められないとした。

　また、aの不法行為を前提とせず、D銀行がA社の負担の下でD銀行の債権回収を図ったと解したとしても、D銀行の回収した金員がA社の出捐によるものと断ずることができないとして、D銀行に対する損害賠償請求を証明できる高度の蓋然性（上記(1)①の要件）が認められないとした。

5 会社・役員の注意点・対応策

　不法行為に基づく損害賠償請求権等、裁判外における任意の弁済が期待できない会社の債権の管理・回収において、取締役が訴訟提起を行うか否かの判断を行う場合には、まず、判断時における判断の基礎とする資料に注意する必要がある。

　本判決においては、判断時に取締役が収集している資料は勿論のこと、「収集可能であった資料」に基づいて、善管注意義務の有無が判断されているためである。

　したがって、判断時において収集可能な資料を十分に収集したかを確認する必要がある。

　そのうえで、判決が述べた判断基準、すなわち、①当該債権の存在を証明して勝訴しうる高度の蓋然性があるか否か、②債務者の財産状況に照らし勝訴した場合の債権回収が確実であるか否か、③訴訟追行により回収が期待できる利益がそのために見込まれる諸費用等を上回るか否か、を検討し、訴訟提起を行うか否かを判断することとなる。

　また、上記のように、①ないし③の要件には挙げられていないが、債権管理・回収一般について、敗訴した場合の会社の信用毀損のリスクも考慮した総合的な判断が必要であるとしている。

　したがって、訴訟提起の有無を検討する際には、敗訴した場合の会社の信用毀損のリスクについても考慮する必要があると考えられる。

CHECK LIST

債権回収に関する項目

☐ 債権の発生要件の有無につき検討したか。

☐ とりうる債権回収手段の方法（内容証明郵便の送付、訴訟外での和解、仲裁、訴訟提起等）の検討を行ったか。

☐ 各手段の回収可能性・容易性とコストの検討を行ったか。

☐ 敗訴した場合の会社の信用毀損のリスクを考慮したか。

☐ 収集可能な資料を十分に収集したか。

不法行為に基づく損害賠償請求訴訟の提起の判断に関する項目

●根拠資料の収集

☐ 不法行為性責任を裏付ける資料を十分に収集したか。

●訴訟提起の判断

☐ 当該債権の存在を証明し勝訴しうる高度の蓋然性があるか。

☐ 債務者の財産状況に照らし勝訴した場合の債権回収が確実であるか。

☐ 訴訟追行により回収が期待できる利益がそのために見込まれる諸費用等を上回るか。

☐ 訴訟に敗訴した場合の会社の信用毀損リスクを検討したか。

（萩原崇宏）

COLUMN

経営判断の原則

　後になって「不合理な経営判断」だったといわれて損害賠償責任を負わされるとすると、失敗をおそれるあまり、画期的な新事業を行うなどできなくなってしまうのではないでしょうか？

　取締役の業務執行についても、「不合理な経営判断」とされ、取締役としての善管注意義務違反が認められた場合には、当該取締役個人が会社に対し損害賠償責任を負うことになります。

　まず、前提として、法令違反や定款違反があった場合には、そもそも取締役に裁量は認められません。したがって、取締役が、会社が遵守すべき法令や定款に違反した状態で、新事業を行った結果、会社に損害を与えた場合は、原則として会社に対する損害賠償責任を負うことになります。

　次に、純粋な経営判断がいかなる場合に「不合理な経営判断」とされるかですが、一般に経営には冒険的判断が不可避であり、特に新事業の立ち上げに際しては、将来のビジネス環境が不透明かつ不確実な状況下において機動的に意思決定していくことが求められることからすれば、結果的に新事業が失敗に終わったことをもって事後的に「不合理な経営判断」だったとすることは現場の取締役の経営判断に萎縮的効果をもたらし、ビジネスの健全な発展・成長を阻害する要因となりかねません。

　そこで、取締役の経営判断については、専門的な知識経験を要する等の特殊性から、自ずと広い裁量が与えられるべきであり、裁量逸脱があったとして善管注意義務違反とされるか否かについては、いわゆる「経営判断の原則」が妥当するといわれています。かかる「経営判断の原則」によれば、「不合理な経営判断」といえるか否かは、①当時の状況に照らし、合理的だと思われる程度に情報収集・調査・検討等をしていたか（判断過程）、②その状況及び取締役に要求される能力水準に照らし、当該判断自体が不合理でないか（判断内容）、という観点から判断すべきものとされており、近時の最高裁の判決においても、「その決定の過程、内容に著しく不合理な点がない限り、取締役としての善管注意義務違反を負うものではない」と判示されています。

（三澤　智）

★業界：衣料品販売
◆判断場面：組織変更関係、正しい情報開示

32 公開買付け不成立の背景にあった利益相反行為を適切に開示しないことを理由とする取締役の責任が否定された事例－シャルレ事件（東京高判平成23・12・21判例タイムズ1372号198頁）（上告棄却、上告不受理・確定）

① 事案一覧表

控訴人 （原告）	株主25名（X_1～X_{25}、以下「本件株主」という）
被控訴人 （被告）	シャルレ（以下「Y_1社」という。委員会等設置会社）、取締役兼代表執行役Y_2、取締役Y_3（以下Y_2と併せて「Y_2ら」という）、社外取締役兼監査委員（Y_4～Y_6、以下併せて「Y_4ら」という）
責任を問われた内容	ＭＢＯにおける公表についての善管注意義務又は忠実義務違反及び共同不法行為責任
請求額 （請求内容）	本件株主25名（株式総数684,000株）の請求の合計額は、損害額3億641万9536円（取得価格と処分価格との差額又は所有株式の含み損害額相当分）＋弁護士費用3064万1953円（損害額の10％）
賠償額 （判決内容）	いずれも請求棄却

4 小売業

衣料品販売

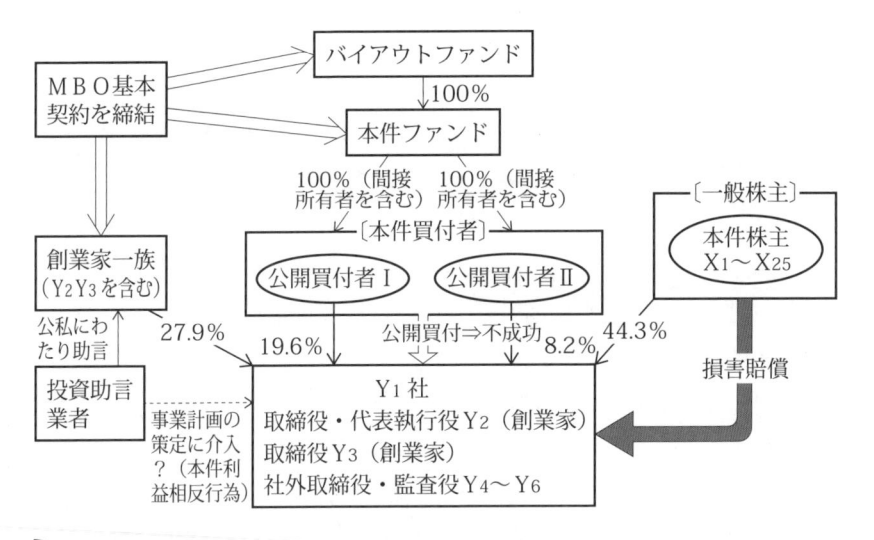

```
MBO基本契約を締結 → バイアウトファンド → 本件ファンド (100%)
創業家一族（Y2Y3を含む）
投資助言業者
    公私にわたり助言
    事業計画の策定に介入？（本件利益相反行為）
本件ファンド → [本件買付者] 公開買付者Ⅰ 100%（間接所有者を含む） / 公開買付者Ⅱ 100%（間接所有者を含む）
公開買付⇒不成功
[一般株主] 本件株主 X1〜X25
    27.9%    19.6%       8.2%    44.3%
Y1社
取締役・代表執行役Y2（創業家）
取締役Y3（創業家）
社外取締役・監査役Y4〜Y6
← 損害賠償
```

2 事案の概略

　本件は、Y1社（平成20年10月1日に旧商号「株式会社テン・アローズ」から「株式会社シャルレ」に商号変更）の旧経営陣Y2ら及びバイアウトファンドによるMBO（マネジメント・バイアウト：会社の経営陣が株主から会社の株式を譲り受けて、当該会社のオーナー経営者になること）の一環として行われたY1社の普通株式に対する公開買付けが不成立に終わったところ、MBO公表の前後にY1社の普通株式を購入した本件株主（公表時に同社の株主だった者は25名中2名）が、公開買付け不成立の背景にあったY2らによる利益相反行為が適切に開示されていれば、Y1社株式を取得することもなかったなどと主張して、MBOに参加したY1社の取締役Y2ら、MBOに参加していないY1社の社外取締役Y4ら及びY1社に対して、購入価格と処分価格の差額相当分等を損害として、会社法429条1項又は共同不法行為に基づき、損害の賠償及び遅延損害金の支払を求めた事案である。

―事件の経過―

H20.6頃　Y1社は、本件公開買付けに向けた準備を開始した。

H20.9.18　Y2らを含む創業家一族、バイアウトファンド及び本件公開買付けのために設立されたファンド（以下「本件ファンド」という）等との間で

MBO基本契約を締結した。

H20.9.18　Y₁社と本件買付者（もともと創業家一族が支配する会社であったが、本件MBOに先立ち創業家一族から本件ファンドに支配権が移された）は、Y₁社株式の買付価格を1株当たり800円と合意した。

H20.9.19　本件買付者が、Y₁社の普通株式について、買付期間を同月22日から同年11月5日までとし買付価格を1株につき800円とする本件公開買付を公表した。Y₁社も賛同意見を表明した（株価は609円）。

H20.10.16以降　Y₁社において本件買付価格の算定手続に違法又は不公正な点があった旨の複数の内部通報が行われた。

H20.10.26　Y₁社の取締役会が、本件賛同意見の表明に至る手続経過等の調査及び評価のために第三者委員会の設置を決議した。

（平成20年9月24日から平成20年10月30日の間、株価は771円から796円で推移）

H20.10.31　利益相反行為があったという合理的疑念を払しょくすることもできない旨の、第三者委員会による調査結果が公表された（株価は792円）。

H20.11.7　Y₁社は、上記賛同意見の撤回を公表した（株価は794円）。

H20.11.19　銀行が、本件買収融資を行わない旨を伝えた（株価は785円、1週間後の11月26日は488円）。

H20.12.2　Y₁社は、本件公開買付けに賛同することができない旨表明した。

H20.12.17　本件買付者が、本件公開買付けについて、応募株券等の総数が株式に換算した買付予定数の下限に満たなかったとして本件公開買付けに基づく応募株券等の全部の買付けを行わない旨を公表した。

H22.3.31　大株主応募撤回義務付け条項について、金融庁が「実質的には当該特定の事由を公開買付けの撤回事由とすることと同視されるため、公開買付けの撤回等に関する規制（金融商品取引法27条の11第1項参照）の趣旨が及ぶものと考えられる」との見解を公表した。

3 裁判所の判断

(1) 本件ＭＢＯの公表前の取得分について

本件株主のＹ₁社株式の取得の動機は、本件株主が主張するＹ₂らによる本件買付価格の形成過程における不当な干渉（以下「本件利益相反行為」という）とは無関係であることに加え、その後のＹ₁社の株価の推移などから、Ｙ₂らが、本件ＭＢＯ公表前に株式を取得した株主に対し、損害賠償責任を負わない。

(2) 本件ＭＢＯの公表後の取得分について

ＭＢＯは、取締役による自社の株式の取得という取引の構造上、既存株主と買収側取締役の間で利益相反状況を生じうるものの、ＭＢＯ公表時に株主でない者（投資者）との関係では、上記利益相反状況にあること自体が問題となることはない。また、ＭＢＯにおいては、上記のような取引の構造上、被買収側と買収側取締役の間の利益相反状況が内在することに鑑みれば、買収側取締役に利益相反行為の疑いが存したとしても、このことから直ちに、投資者がＭＢＯの実施による株価上昇予測を踏まえた投資によって被った損失に関して、買収側取締役に損害賠償義務を認めるのは相当でない。

当該利益相反行為につき、買収側取締役が、投資者の株式評価を含む投資判断のために重要な事項について虚偽の事実を公表したといえる場合、又は公表すべき重要な事項もしくは誤解を生じさせないために必要な重要な事実の公表をしなかったといえる場合に、上記損失に関して買収側取締役の義務違反を認め得るというべきである。

4 判決の分析・解説

一審判決も本判決も、本件株主のＹ₁社株式が取得されたのが本件ＭＢＯ公表前か後かで区別し、本件ＭＢＯ公表前、公表後に取得されたいずれの株式との関係でも、損害賠償責任を否定する。

(1) 本件ＭＢＯ公表前に取得された株式

まず、本件ＭＢＯ公表前の取得について、一審判決は、「取得の動機が本件

利益相反行為と無関係である」（本件利益相反行為はＭＢＯ計画があってはじめて生じうるものであるところ、ＭＢＯ計画の公表前に株式を取得した株主は、ＭＢＯ計画を知り得ない以上、〔ＭＢＯ計画の存在を前提とした〕本件利益相反行為の有無は、株式取得の動機となり得ない）ことのみを損害賠償責任を否定する理由としていた。

これに対し、本判決は上記の点に加えて、①本件利益相反行為の疑いがあったとの第三者委員会の調査結果の公表後も、Y₁社の株価が直ちに下落せず、さらに賛同意見の撤回公表後、銀行による本件買収融資の中止の公表前まで株価は上記公表前とほぼ同水準のままで、出来高も相応の水準で推移していたこと、②Y₁社の株価の急落は、銀行による本件買収融資（最大116億円）の中止が新聞等で公表された以降のことで、本件ＭＢＯ実施による株価の高騰を見込んで購入した投資者が株式の売却に走ったことが、その主な原因として考えられること、③本件買収融資の中止は、同年10月初頭のいわゆるリーマンショックを受けて信用不安が高まる中、四囲の状況を勘案した銀行の経営判断と推認されること、④リーマンショックの影響により、東証株価指数（TOPIX）が約24％下落した同じ時期、Y₁社の株価（終値）は約21％の下落にとどまっていることなどに鑑みれば、本件買収融資の中止の公表以降のY₁社の株価下落の原因が、直ちに本件利益相反行為にあったものと認めることはできないとして、損害賠償責任を否定する理由を本件の具体的な事実を拾い上げて丁寧に論じている。

本判決がこのように具体的な事実を拾い上げて丁寧な当てはめをしたのは、一般的にY₁社の取締役が既存株主に対して429条に基づいて損害賠償責任を負う余地はないとするのではなく、あくまでも本件における具体的事実との関係で、Y₁社の取締役の損害賠償責任が認められないという点を明確にするためであったと思われる（なお、ＭＢＯが成功した事例につき、ＭＢＯ実施の際に買収者側に立つ対象会社役員が、既存株主に対して、善管注意義務の一環として、公正価値移転義務及び適正情報開示義務を負うとする裁判例として、東京高判平成25・4・17本書226頁）。

(2) 本件ＭＢＯ公表後に取得された株式

次に本件ＭＢＯ公表後の取得については、一審判決も本判決もほぼ同じ判断基準を示したうえで損害賠償責任を否定した。

本判決は、「ＭＢＯは、取締役による自社の株式の取得という取引の構造上、既存株主と買収側取締役の間で利益相反状況を生じ得るものの、ＭＢＯ公表時に株主でない者（投資者）との関係では、上記利益相反状況にあること自体が問題となることはない。」「ＭＢＯにおいては、上記のような取引の構造上、被買収側と買収側取締役の間の利益相反状況が内在することに鑑みれば、買収側取締役に利益相反行為の疑いが存したとしても、このことから直ちに、投資者がＭＢＯの実施による株価上昇予測を踏まえた投資によって被った損失に関して、買収側取締役に損害賠償義務を認めるのは相当でない。」とし、「当該利益相反行為につき、買収側取締役が、投資者の株式評価を含む投資判断のために重要な事項について虚偽の事実を公表したといえる場合、又は公表すべき重要な事項若しくは誤解を生じさせないために必要な重要な事実の公表をしなかったといえる場合に、上記損失に関して買収側取締役の義務違反を認め得る」とする。これは、株主ではない投資者は本件ＭＢＯの公表を投資判断の拠り所とすることから、取締役等の義務を開示との関係で捉え、有価証券報告書虚偽記載の役員等の賠償責任に関する金融商品取引法24条の４を参考にしつつ、取締役等の義務を明らかにしたものといえる。

そして、本件では、１株800円という本件買付価格が不公正な価格であると認めるに足りる的確な証拠はなく、むしろ本件ＭＢＯ前６か月間における平均株価にプレミア20％を上乗せした価格に比しても150円以上高額であり、最終的に決定された本件買付価格が、本件利益相反行為を原因として不公正な価格となったと認めることができないとして、本件利益相反行為は、「投資判断のために重要な事項」又は「公表すべき重要な事項若しくは誤解を生じさせないために必要な重要な事実」にあたるとまではいえないとして、損害賠償責任を否定した。

(3) 大株主応募撤回義務付条項との関係

また、本判決では、控訴審において本件株主らが行った平成22年3月31日に大株主応募撤回義務付け条項(公開買付者と大株主との間の応募契約において、大株主が応募しない限り応募株券等の数が下限に達せず公開買付けが不成立となることが明らかな場合において、特定の事由が生じた場合に当該大株主が応募を取り止めることを義務付ける条項)に関する金融庁の回答を根拠にY2らが公開買付けの応募の撤回したことなどが違法であるとの追加主張についても、Y2らの応募撤回行為が直ちに本件株主らに対する損害賠償責任を肯定するに足りる義務違反にあたるとは認められないとして、本件株主の主張を退けている。

5 会社・役員の注意点・対応策

MBOは、取締役による自社の株式の取得という取引の構造上、既存株主と買収側取締役の間で利益相反状況を生じやすいため、利益相反の回避・軽減措置を講じるなどして、利益相反取引又はその疑いが生じることのないように注意する必要がある。

実務上は、経済産業省の企業価値研究会が作成した平成19年9月4日付「企業価値の向上及び公正な手続確保のための経営者による企業買収(MBO)に関する指針」(以下「MBO指針」)の内容に沿って当該MBOにおいて必要な利益相反の回避・軽減措置を講じることになろう(CHECK LIST参照)。

また、投資者が投資判断のために重要な事項について虚偽の事実を公表したり、公表すべき重要な事項もしくは誤解を生じさせないために必要な重要な事実の公表を行わないといったことのないように、MBO実施にあたっては会社が公表する内容についても慎重な検討を要する。

CHECK LIST

利益相反の回避・軽減措置に関する項目

☐ 経済産業省の企業価値研究会が作成した平成19年9月4日付「企業価値の向上及び公正な手続確保のための経営者による企業買収（MBO）に関する指針」に沿った内容で利益相反の回避・軽減措置を講じているか。具体的には、以下の項目に留意して利益相反の回避軽減・措置を講じているか（詳細は233頁のCHECK LIST参照）。

① 株主の適切な判断機会の確保に関する項目（MBOのプロセス、取締役がMBOに関して有する利害関係の内容などについての充実した開示、スクイーズアウトの手続や価格面での少数株主の保護など）

② 意思決定過程における恣意性の排除（独立した第三者委員会の設置、取締役・監査役全員の承認の取得、独立したアドバイザーの起用、MBO価格について独立した第三者評価機関からの算定書の取得など）

③ 価格の適性性を担保する客観的状況の確保（公開買付期間を比較的長期間に設定すること、対抗者と会社との接触を過度に制限しないことなど）

④ その他（①の見地から株主意思確認を尊重など）

開示に関する項目

☐ 投資者が投資判断をするために重要な事項（例えば、株価に著しい影響を与える事項など）について、適時に真実かつ正確な公表をしたか。

☐ 投資者が投資判断に影響を与える重要な事項もしくは誤解を生じさせないために必要な重要な事実を適時に真実かつ正確な公表をしたか。

（濱田和成）

★業界：玩具販売
◆判断場面：新規進出・新規事業

33　新店舗出店の判断により会社に損害が生じたことにつき取締役の責任が認められた事例－玩具店
株主代表訴訟事件(広島高判平成16・9・28)(公刊物未登載)

1 事案一覧表

原　告 （控訴人）	株主Ｘ
被　告 （被控訴人）	代表取締役Ｙ
責任を問われた内容	新店舗出店の判断を行ったことによる善管注意義務違反による損害賠償責任
請　求　額 （請求内容）	500万円
賠　償　額 （判決内容）	500万円
その他参考事項	一審においては、代表取締役の新店舗出店の判断について、過失がなかったと判示されている。また、新店舗出店の判断における善管注意義務違反以外にも、Ｘは、経営上必要のない協同組合の設立、及びＹの妻に対する退職金の支払についても損害賠償を請求している。これらの損害賠償請求については、一審及び二審において棄却されており、本稿では割愛する。

4 小売業

玩具販売

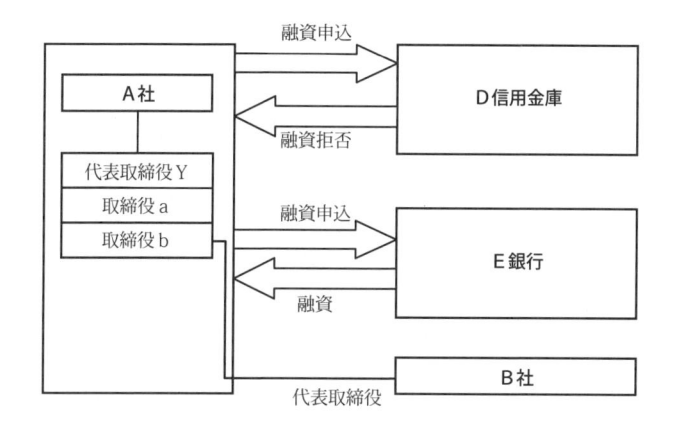

```
A社 ──融資申込──▶ D信用金庫
    ◀──融資拒否──
代表取締役Y
取締役a
取締役b ──融資申込──▶ E銀行
        ◀──融資──
              B社
         代表取締役
```

2 事案の概略

① A社は家具及び玩具販売等を主たる営業目的とする株式会社である。

② YはA社の代表取締役であり、XはA社の株主である。

③ Y、a、bはいずれもXの子であり、bは玩具店を営む別会社株式会社Hの代表取締役でもある。a、bは平成12年8月31日までA社の代表権のない取締役であった。

④ 平成10年年末又は平成11年初め頃、B社に対し、広島市のCにテナントとして出店してほしいとの要請があった。

⑤ bは、検討資料として「C店収支計画」と題する書面を作成し、検討の結果、Cへの出店のためには約4000万円の資金を要し、採算が合わないとして出店をとりやめた。

⑥ bから雑談の中でCへの出店の話を聞いたYは、これに興味を抱き、Yはaに対して、客の流れや平日、土、日の客数のデータをとるように指示し、平成11年1月8日頃、bを同行してCの管理事務所を訪れ、Cへ出店する場合の入居条件等について話し合った。

⑦ Yは、C出店の資金調達をD信用金庫に出向き相談したが、採算上問題があるとして断られた。

⑧ Yは、bが作成した収支計画とまったく同内容の書面を事務員に作成させ、E銀行に持参して融資を申し込み、3000万円の融資を受けた。

－303－

⑨　平成11年6月2日、A社はIへ出店した。
⑩　平成12年9月24日、A社はIからの撤退を決定する。
⑪　XがYに対し、新規出店の判断が取締役の善管注意義務に違反すること等を主張し、株主代表訴訟を提起した。

－事件の経過－

H10末～H11初め　B社に対し、Cへの新規出店の打診がある。

　b、検討資料作成のうえ、検討した結果、Cへの新規出店のためには4000万円の資金が必要であり、採算が合わないと判断し、出店を取り止めた。

　bがYに対し、B社がCへの出店を検討したことをA社の役員会の雑談で話す。

　Yがaに対し、客の流れや土日の客数のデータをとるように指示。

H11.1.8頃　Y、bとともにCの管理事務所にて入居条件について交渉する。

　Y、D信用金庫にC出店の相談をするも、融資を断られる。

　Y、b作成のB社の収支計画と同一の書類をE銀行に持参し、融資を申し込み、3000万円の融資を受ける。

H11.6.2　A社、Cへ出店。

H12.9.24　A社、Cからの撤退。

【A社の損益の推移】

H8.9.1～H9.8.31　経常利益882万6858円、当期未処分利益3736万5113円。

H9.9.1～H10.8.31　経常利益43万7631円、当期未処分利益3557万3994円。

H10.9.1～H11.8.31　経常利益－1640万9328円、当期未処分利益1897万3330円。

H11.9.1～H12.8.31　経常利益－5377万1304円、当期未処分利益－4093万9927円。

3 裁判所の判断

(1) 取締役の経営判断一般について

東京地裁平成5年9月16日判決（判例時報1469号25頁）を引用し、取締

役の経営判断においては広い裁量権が認められるとしながらも、「その前提となった事実の認識につき不注意な誤りがあった場合ないし当時の状況に照らして合理的な程度に情報収集・調査等をしたとは認められない場合、また、その事実に基づく意思決定の過程が通常の企業人として著しく不合理なものであったと認められる場合には、当該決定判断が特に緊急性を有するなどの特段の事情がある場合を除き、取締役の経営判断は許容される裁量の範囲を逸脱ないし濫用したものとなり、取締役の善管注意義務ないし忠実義務に違反するものとなると解するのが相当である。」と判示した。

(2) 本件における新規店舗出店判断について

Yは、「D信用金庫から採算上問題があるとして融資を断られ、またBを経営するbも出店を見合わせた状況を十分認識していながら、b作成収支計画以上の資料を作成することもなく、かつ新店舗出店の際などに経営者に対して通常求められる市場調査などの適切な調査を踏まえず、また、取締役会における十分な協議検討をしないままほぼ独断で漫然と出店を決定したと認めることができるのであって、これによれば、Yのした前記経営判断の過程において、被控訴人には善管注意義務違反の過失が認められる」と判示した。

4 判決の分析・解説

(1) 判決の分析

本判決は、取締役の経営判断について、広い裁量が認められるとしながらも、その判断の前提となる事実についての情報収集・調査等と、その意思決定の過程の双方について合理性を要求しており、この点で、判決で引用されている東京地裁平成5年9月16日判決において「前提となった事実の認識について不注意な誤りがなかったかどうか」「意思決定の過程が著しく不合理なものでなかったかどうか」との判示を採用したものといえる。

ただし、同判決以降の下級審裁判例には、判断の過程に加えて、その内容の合理性も要求するものが見受けられる（東京地判平成14・4・25判例時報1793号140頁等）。本判決は、判断の内容自体の合理性は考慮要素として挙げておらず、具体的な事情を考慮する際においても、その判断の過程の合理

性を検討しており、新店舗出店という判断内容それ自体の合理性には立ち入っていない点に特色が見られる。

(2) 判決が取締役の責任を認定するために重視した事情

本判決は、事実認定において、以下の事情が考慮されている。

① A社が、D信用金庫から採算上問題があるとして融資を断られたこと
② B社を経営するbが出店を見合わせていたこと
③ b作成の収支計画以上の資料を作成していないこと
④ 新店舗出店の際などに経営者に対して通常求められる市場調査を行っていないこと
⑤ 取締役会の十分な協議検討をしないままほぼ独断で漫然と出店を決定したこと

これらの事実のうち、①及び②の事実を認識していながら、③及び④の事実のとおり適切な調査を行わないまま、⑤の事実のとおり判断を行ったことから善管注意義務違反が認められている。

したがって、①及び②は、上記一般論の「当時の状況」に該当する事実であり、③及び④は、「合理的な程度に情報収集・調査等をしたとは認められない」ことを基礎付ける事実であり、⑤は、「その事実に基づく意思決定の過程が通常の企業人として著しく不合理なもの」であることを基礎付ける事実であると考えられる。

なお、取締役会における協議検討の状況については、以下の事実が認定されている。

・平成10年10月2日付取締役会開催通知において20日開催予定の取締役会において「玩具店出店の件」を議題とする旨の記載がある。

・平成11年10月18日付取締役会開催通知において29日開催予定の取締役会においてC店運営の件を議題とする旨の記載がある。

・平成12年3月3日付取締役会議事録が存在し、同議事録にはA社の取締役3名全員が出席し、取締役会において、議長であるYがC店の運営が思わしくない旨の説明をし、店舗の縮小及び販管費の削減等の計画を次回の取締役会に提出することを約して全会一致で承認可決したとの記載がある。

平成12年7月28日付の取締役会開催通知において8月8日開催予定の取締役会においてC店運営の件を議題とする旨の記載がある。
　判旨は、これらの事実に基づき、平成10年10月2日付取締役会開催通知については、議題が「玩具店出店の件」にとどまり、具体的にCへの出店を念頭に置いて検討したものではないとしている。さらに、Cへの出店前にCへの出店を議題とした取締役会が開催されたことを裏付ける証拠は見当たらないとし、仮に開催されていたとしても、「出店するいうことをもう決めとられました」とのbの証言から、取締役会で十分な検討がされたとは到底考えられないとしている。
　このような判旨からは、新規出店に際しては、事前に取締役会において十分な検討を行うことは当然のこと、結論ありきで形式的に議題とするだけでは不十分であると考えられる。また、取締役会において十分な討議されたとしても、その根拠となる資料や客観的見通しが重要であるとも判示されており、収支計画を立て、市場調査を十分に行うことが重要である。

(3)　当該業界特有の事情についての考慮の有無

　本判決は、出店に際して必要な市場調査等を行わず漫然と新店舗をIに出店したことが善管注意義務違反であるとのXの主張に対する、新店舗出店に際してaに集客数の調査を指示したとのYの反論について、「Yは、単に平日や土日の来客数を調査するように指示したに止まり、客層や売れ筋の商品の分析といったことも行われておらず」と述べている。この判示からは、本件のような事実関係（上記①及び②の事実の存在）の下では、合理的な調査として、単に平日や土日の来客数の調査では不十分であり、「客層や売れ筋の商品の分析」までの調査をする必要があることが前提とされていると解される。
　また、結果的にE銀行から融資を得られたとのYの主張については、それ以前にメインバンクであるD信用金庫からは融資を断られていること、Fに対する融資の申請の際に提出した資料がbの作成した収支計画そのままであったこと、並びにbが同資料に基づいて一度B社としての出店を断念していることから、Fからの融資をもって判断過程に過失がなかったとはいえないとしている。

このような判断は、Fから融資を得られたこと自体は判断過程の合理性に関して積極方向に働く事実ではあるが、本件においては、D信用金庫が一度融資を断っていること、及び同一の収支計画についてbが出店を断念していることという消極方向に働く事実が存在することから、Fから融資を得られたこと自体で合理性を基礎付けることはできないとの判断がなされたものと思われる。

(4) 損　害

本件において、Cへの新店舗出店についての判断におけるYの善管注意義務違反によって発生した損害として、500万円が認定されている。

この金額は、A社がCへの出店の際に差し入れた敷金1000万円から、原状回復費用等として500万円が控除されたため、この控除された500万円が損害であると認定されたものである。

(5) 原審との比較

本判決における原審は刊行物未搭載であり、詳細は明らかではないが、本判決が引用するところによると、①Yが、bが作成した収支計画を基に出店を計画したこと、②bの意見を聴いたうえで出店を計画したこと、③A社の取締役議事録にも出店につき検討したことが記載されていること、④出店後も店長会議を開催し、売上予測、目標、仕入計画等を検討させたことなどを理由に、過失がなかったと判断したもののようである。

これに比べて、本判決は、上記のとおり、b作成の収支計画が作成された経緯やその後bが出店を取りやめた経緯や収支計画に基づいてもメインバンクから融資が拒否されたこと等を具体的に認定している。さらに、取締役会議事録についても、その形式のみから検討の有無を判断せず、事前にCへの出店について具体的に十分に討議されたか否かを判断している。

また、Yがaに対して指示した調査についても、その内容について具体的に検討し、客筋や売れ筋商品の分析等不足している調査事項についても具体的に例示している。

このような判示からすると、本判決は、収支計画や取締役会議事録や出店のための調査について、形式上整っているか否かという点を超えて、より具

体的かつ慎重に情報収集・調査及び意思決定の過程の合理性を判断しているといえる。

5 会社・役員の注意点・対応策

　上記のように、本判決は、①及び②の事実が認められるという状況における善管注意義務違反について判断している。

　つまり、過去に金融機関、特にメインバンクから採算上問題があるとして融資を断られたことがある場合や、同一の場所について、同業他社が採算が合わないとして出店を取りやめたことについての認識がある場合においては、「通常求められる市場調査」を行うことに加え、過去に融資を断られた際に提出した収支計画や他社が採算が合わないとした収支計画以上の資料を作成することが求められているということができる。

　さらに、出店に際する調査については、単に平日や土日の来客数のみを調べるのではなく、客層や売れ筋の商品の分析等も行う必要があると解される。

　このように、出店の判断に際しては、形式的に情報収集・調査を行えばよいというものではなく、その調査内容についても、出店を行うか否かについて判断することができるだけの合理的な程度の情報収集・調査が要求される。また、具体的な判断過程においては、独断で行うのではなく、取締役会において、上記のような十分な調査結果を前提に討議を尽くしたうえで、判断を行うべきである。

CHECK LIST

新規出店の判断に関する項目

☐ 過去に新規出店のための金融機関からの融資を採算上の問題を理由に断られたことがなかったか。

☐ 過去に同一場所について同業他社が採算上の問題を理由に出店を見合わせたことがなかったか。

☐ 採算がとれることを基礎付ける収支計画を用意しているか。

☐ 出店に際しての調査において、単に平日や土日の来客数のみではなく、客層や売れ筋の商品の分析などの、出店後の店舗運営について見通すに足りる具体的な情報収集も行っているか。

☐ 適切な資料と客観的な見通しを前提に、取締役会で十分な討議を尽くしたか（議事録にも記載を残したか）。

（萩原崇宏）

5

IT業

★業界：ＩＴ業
◆判断場面：正しい情報開示

> 34 グループ会社の企業価値や売上等について虚偽事実を公表した行為につき代表取締役に風説流布・偽計使用罪、虚偽有価証券報告書提出罪が成立するとされた事例－ライブドア事件（東京地判平成19・3・16判例タイムズ1287号270頁、東京高判平成21・7・9判例タイムズ1302号297頁、最判平成23・4・25）（上告棄却決定により懲役2年6月の実刑が確定）

1 事案一覧表

被　告　人	Y（X社の元代表取締役社長兼最高経営責任者）
責任を問われた内容	第1事件：風説流布・偽計使用罪 第2事件：虚偽有価証券報告書提出罪
判　決　内　容	一審：Yを懲役2年6月に処する。 控訴審：控訴棄却 上告審：上告棄却（平成23年4月25日）により、実刑判決が確定。
	【本件と関係する刑事事件】 ① X社及びXマーケティング社の他の役員・従業員でありYと共犯関係にあるとされたa、b、c、dの各被告人については、平成19年3月22日に順に、1年2月（上告取下により確定）、1年6月、1年6月、1年（いずれも執行猶予3年）の懲役刑が宣告された。

－312－

その他参考事項	② 法人であるX社、MI社（Xマーケティング社が商号を変更したもの）については同年3月23日に、各々2億8000万円、4000万円の罰金刑が宣告された。 ③ 同日、公認会計士であるg、hの各被告人に対しては各々1年（執行猶予4年。一審は懲役10月の実刑、控訴審にて破棄自判）、1年（執行猶予4年）の懲役刑が宣告された。 【本件と関係する民事事件】 後記4(3)③参照。

〔X社株式の売却後の資金移動（一部）〕

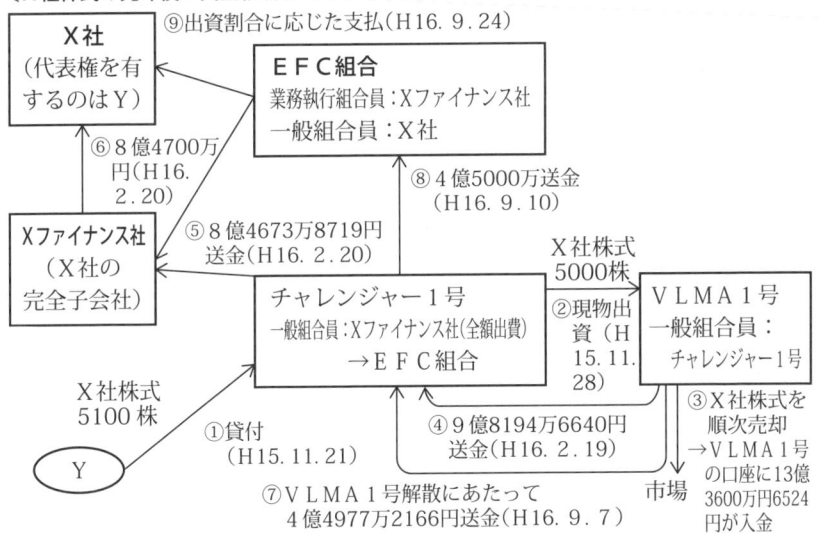

⑨出資割合に応じた支払（H16.9.24）

X社（代表権を有するのはY）

EFC組合
業務執行組合員：Xファイナンス社
一般組合員：X社

⑥8億4700万円（H16.2.20）

Xファイナンス社（X社の完全子会社）

⑧4億5000万送金（H16.9.10）

⑤8億4673万8719円送金（H16.2.20）

X社株式5000株

チャレンジャー1号
一般組合員：Xファイナンス社（全額出資）
→EFC組合

②現物出資（H15.11.28）

VLMA1号
一般組合員：チャレンジャー1号

X社株式5100株

①貸付（H15.11.21）

④9億8194万6640円送金（H16.2.19）

③X社株式を順次売却→VLMA1号の口座に13億6600万6524円が入金

Y

⑦VLMA1号解散にあたって4億4977万2166円送金（H16.9.7）

市場

2 事案の概略

① Xファイナンス社が、平成15年12月に、K社及びW社との株式交換を利用して発行したX社株式を投資事業組合名（VLMA1号、VLMA2号）で順次売却し、その売却益は、最終的にX社の平成16年9月期の連結

売上に計上された。

　②　Ｘ社において、平成16年9月期の業績予想値を達成するため、Ｃ社及びＲ社からの架空の発注（広告プロモーション費やコンサルティング費名目）などが行われた。

　③　Ｙは、他の役員らとともに、ＸファイナンスネコがＶＬＭＡ２号名義で買収済みであったＭＬ社について、その企業価値を過大に評価したうえ、一対一の株式交換によりＭＬ社をＸマーケティング社の完全子会社とする旨の情報、及びその際「株式交換比率（1対1）については、第三者機関が算出した結果を踏まえ両者間で協議のうえで決定した」旨の情報を、平成16年10月25日、東京証券取引所の適時情報開示システムＴＤｎｅｔ（Timely Disclosure network）で公表し、さらに、同年11月9日、Ｘマーケティング社株式の100分割に伴い、上記交換比率を100対1に訂正する旨を同じくＴＤｎｅｔで公表した。

　④　Ｙは、他の役員らとともに、Ｘマーケティング社においては平成16年12月期第3四半期通期に経常損失及び当期純損失が発生していたにもかかわらず、架空売上の計上等により「前年同期比で増収増益を達成し、前年中間期以来の完全黒字化を果たしている」等の事実を、平成16年11月12日、ＴＤｎｅｔで公表した。

　⑤　平成18年1月16日、東京地検特捜部がＸ社本社等に強制捜査に入り、同月24日、Ｙ、ａ、ｂ、ｃの4名が証券取引法197条1項7号（平成16年法律第97号による改正前）・同法158条違反（偽計と風説の流布）容疑で逮捕された（起訴日は同年2月12日）。

　⑥　平成18年2月22日、上記⑤の4名及びｄが（平成18年法律第65号による改正前）証券取引法207条1項1号・197条1項1号・24条1項違反（有価証券報告書虚偽記載）容疑で（再）逮捕された（（追）起訴日は3月14日）。

－事件の経過－

H15.7　ａは、Ｋ社の関係者から同社の買収（大株主らからの株式の取得）を持ちかけられた。

H15.10.23　ａ、ｃ、ｅ、ｆの4名は、Ｘファイナンス社の代わりに同社が

出資をして組成する投資事業組合がＹから貸株を受けること、株式交換比率の決定においてＸ社株式の評価額を低めに算定することで、実勢価格で計算した株式数よりも多くの株式数をＫ社の株主に割り当て、この株式を譲り受けた投資事業組合が市場で売却し、Ｋ社の株主に支払う代金を控除した残額を投資事業組合からＸファイナンス社に分配金として還流させ、これを利益として同社の売上に計上し、かつＸ社の連結売上にも計上することを決めた。

11.18 チャレンジャー１号が組成された。

11.26 ＶＬＭＡ１号が組成された。

H16.2 Ｋ社との株式交換を利用したＸ社株式売却益の利益計上スキームを知ったＨから、このままでは監査法人が困るとの指摘を受けたため、ｆはＸファイナンス社とチャレンジャー１号の間に別の投資事業組合を介在させようと考え、ｃにその旨提案した（同年３月中旬頃、ＥＦＣが組成され、日付を遡らせて平成15年11月11日付で組成したものとされた）。

また、ｆは、ＹからＶＬＭＡ１号が貸株を受け売却したことが発覚しないようにするため、同組合を清算し、別の投資事業組合を組成してＸ社株式を売却することを提案し、ｃがこれを了承した（これを受けて、ＶＬＭＡ２号が同年３月17日付で組成された）。

H16.8 ａは、ｄと相談して、サルベージ１号名義で買収済みであったものの同年９月期にはＸ社の連結対象に含めていなかったＣ社及びＲ社から、連結経常利益の不足額を補うために実態の伴わない発注を行うなどして、予想値を達成しようと考えた。ａは、８月下旬か９月上旬頃、ｃに対して、上記架空発注を行うよう指示した。

H16.11.18 Ｘ社は、Ｙも出席した取締役会において、株式交換を利用したＸ社株式売却益37億円余、並びに架空売上16億円弱を連結売上に含め、連結経常利益を50億円余りとする連結損益計算書に基づいて同年９月期の決算を承認した。

12.27 有価証券報告書の作成、提出義務の責任者となったｄらは、監査報告書を添付した有価証券報告書を電子開示システム（ＥＤＩＮＥＴ）によ

り関東財務局に提出した。

3 裁判所の判断

(1) X社が重要な事項につき虚偽の記載がある本件有価証券報告書を提出したか否かについてについて（争点5）

「会計処理上も、前記X社株式はXファイナンス社が売却したものとみるべきであって、その売却益37億6699万6000円は連結子会社による親会社株式の処分差益となり、これをX社の連結損益計算書上、売上として計上することは許されない」。

(2) 虚偽の記載のある本件有価証券報告書の提出に関する被告人Yの犯意及び共謀の有無について（争点6）

① X社株式売却益の連結売上計上について

「Yは、上記X社株式の売却が、投資事業組合名義でなされてはいるが、実質的にはXファイナンス社が売却したものと認識していたことを認めることができ、同売却益について、売上計上が許されないものであることを認識していたものということができる」。

② 架空売上の連結売上計上について

「Yは、(平成16)年11月18日開催の取締役会で、連結経常利益を約50億3421万1000円とする連結損益計算書に基づき同年9月期の決算を承認しているが、その際、上記連結経常利益に、(C社及びR社に対する)架空売上が含まれていることを認識していたということができる」。

(3) ML社との株式交換に関する平成16年10月25日及び同年11月9日のXマーケティング社の各公表が虚偽であるか否かについて（争点1）

「(Xマーケティング社)が、ML社との株式交換に関して、平成16年10月25日に行った公表は、株式交換比率を1対1とする部分、及び同株式交換比率は第三者機関が算出した結果を踏まえて決定したとする部分について虚偽がある」。

(4) 平成16年12月期第3四半期の業績状況に関する同年11月12日のXマーケティング社の公表は虚偽であるか否かについて（争点2）

「(Xマーケティング社)のC社に対する1億500万円の売上げは架空売上であるから、(Xマーケティング社)の同年12月期第3四半期の業績状況に関する上記公表は虚偽ということとなる」。

(5) 虚偽事実の公表に関するYの犯意及び共謀の有無について（争点3）

① ML社との株式交換に関する虚偽事実の公表について

「Yは、遅くとも（平成16年10月25日のXマーケティング社）取締役会までには、(Xマーケティング社)とML社の株式交換における株式交換比率について、真実は、ML社の企業価値を約1億円と評価していたところ、(Xマーケティング社)の合併手数料やC社に対する売上を上乗せするなどして4億円とし、それを前提として株式交換比率を1対1としたのに、ML社の企業価値をDCF法によって適正に算出した結果を踏まえて上記株式交換比率を決定したなど、虚偽の事実を公表することを認識、認容したものであり、かつ、同公表につき、aらとの間で共謀が成立したものであると認められる」。

② 業績状況に関する虚偽事実の公表について

「Yは、遅くとも（平成16年10月25日のXマーケティング社）取締役会までには、(Xマーケティング社)が、第3四半期通期において、C社に対する架空売上約1億円を計上し、それを前提とした虚偽の売上高、営業利益等の業績状況を公表することを認識、認容したものであり、かつ、同公表につき、aらとの間で共謀が成立したものである」。

(6) 虚偽事実の公表が、Xマーケティング社株式の売買のため、又は同株価の維持上昇を図る目的をもって行われたものか否かについて（争点4）

「Yらは、株式交換に伴って発行される（Xマーケティング社）株式を、市場で売却し、現金化することを予定していたのであるから、同株価が下落すると売却が困難となることは予想しており、また、株価の上昇を期待してい

たことがうかがえる。b、Yらが株式交換比率が買収対象の本来の企業価値にその価値とは関係のない手数料等を上乗せするなどして算出したものであることや、算出した機関が株式交換の実質的な当事者であることなど株価下落要因となる事実を公表しなかったのは、売却を予定していた（Xマーケティング社）の株価の下落を防ぐためであって、また、株式交換による企業買収は、確かに、東証の適示開示規則により公表事項とされていたという面はあるが、株価上昇要因であることは否定できず、結局は、この公表は、株価を上昇させるために行ったものということができる」。

4 判決の分析・解説

(1) 判決の分析

① 虚偽の有価証券報告書の提出（争点5、6）について

本判決は、「X社株式の売却は形式上は複数の投資事業組合を経由してなされてはいるが、同組合はいずれも、Xファイナンス社が違反者に刑事罰が科せられるような法規制等を回避するためにいわば脱法目的で組成した組合」であると認定して、当該組合の存在を否定するという論理を展開した。そのうえで、複数の投資事業組合を用いたX社株式の売却は、実質的にはXファイナンス社がX社株式を売却したもので、会計処理上も、Xファイナンス社が売却したものとみるべきであり、X社の連結損益計算書上、売上として計上することは許されないと論じた。

なお、争点6につき、本判決は、「虚偽有価証券報告書の提出罪における故意が成立するためには、……計上することが認められない何がしかの売上げが含まれていることの認識で足り、その具体的な数額等の認識は不要と解される。」としたうえで、役員間のメール等から認められる各間接事実や共犯者の供述から、Yの当時の認識の程度を推認した。

② 偽計・風説の流布（争点1～4）について

本判決は争点1に関し、公表事実の基礎とされた株式交換比率算定報告書の実質的な作成者はXファイナンス社の従業員のeであると認められるから、株式交換比率は第三者機関が算出した結果を踏まえて決定した旨の公表

内容は虚偽であるとした。

(2) 判決が取締役の責任を認定するために重視した事情

本件の宣告刑である「懲役2年6月の実刑判決」は、過去の類似の事案に関する裁判例との比較においてはもちろんのこと、原判決後に明らかになった会社の計算に関する事件との比較においても、最も重い類型に属する（巨額の粉飾決算が明らかになったオリンパス事件においては、5年間の決算で最大1178億円もの水増しが認定されたが、旧経営陣3人には執行猶予付きの判決が下されているし、日興コーディアルの約180億円の利益水増し問題については、証券取引等監視委員会による勧告（平成18年12月18日）のほかは、本稿執筆時点では逮捕者すら出ていない）。

本件がそのような類型に属することとなった最大の理由は、結局のところ、（控訴審から抜粋して構成するとすれば）「会計的側面や税務処理の面で必ずしも法的整備ができて」いない領域において、「投資者の保護という面で深刻な悪影響を及ぼし」、「社会一般に与えた衝撃にも無視し得ないものがある」ほどの結果を生じさせたことにあったものと思われる。

(3) 上級審等について

① 控訴審について

控訴審は、本件について、「ディスクロージャー制度の信頼を損ね、制度そのものを根底から揺るがしかねない犯行であって、強い非難に値するというべきである」と述べ、第2事件に関しては、「単純にその粉飾金額を比較する限りは、金額自体は少ない。しかし、中心的な量刑因子は各事例ごとに異なり、粉飾金額の多寡のみが決め手になる訳ではない。原審判決の『損失隠ぺい型』と『成長仮装型』とに分けての評価、すなわち（X社のような）後者では粉飾金額は高額ではなくても犯行結果は大きくなるとする評価には注目すべきものがあり、本件に関しては是認できる。もっとも、成長仮装型の事例はまだ少ないから、一般論としてこの評価の手法が是認できるかは、慎重を要するであろう」と説示している。

② 上告審について

上告棄却決定を下した最高裁第三小法廷（田原睦夫裁判長）は、具体的な

判断は示さず、「上告できる理由に当たらない」として弁護側の主張を退けた（5人の裁判官全員一致）。

③　民事事件について

イ　東京地裁平成20年6月13日判決（判例時報2013号27頁）（原告：一般投資家6社）

ロ　東京地裁平成21年5月21日判決（判例時報2047号36頁）（原告：一般投資家3340名（うち17名は請求棄却））

ハ　東京地判平成21年6月18日判決（判例時報2049号77頁）（原告：一般投資家2名）

ニ　東京地判平成21年7月9日判決（判例タイムズ1338号156頁）（原告：一般投資家410名）

ホ　東京高裁平成21年12月16日判決（金融・商事判例1332号7頁）（イ判決の控訴審）

ヘ　東京高裁平成23年11月30日（金融・商事判例1389号36頁）（ロ判決の控訴審。本稿執筆時点では上告審に係属中）

ト　最高裁平成24年3月13日判決（金融・商事判例1390号16頁）（ホの上告審）

5　会社・役員の注意点・対応策

本件において、相場変動の主たる原因となった行為は、大幅な株式分割であるが、（判決文を見る限り）裁判所が問題としたのは、2つの虚偽の事実の公表、すなわち、①企業価値を過大評価した株式交換比率について、第三者機関の評価に基づき決定された旨の公表をしたこと、②架空売上等により粉飾された業績を公表したことの2点についてである。

確かに、株式分割自体を捉えて風説の流布・偽計とすることはできない。しかし、「会社内部者に該当する者が、……事実を公表しないまま、株式交換により……株式を取得し、計画どおりに……株価を高騰させたうえで、高値で売り抜け……、投資事業組合を介在させることでライブドアマーケティング株式の取引の実態を不透明としたという、インサイダー取引的な不正が認められる点にもある」（梅本剛正「判批」別冊ジュリスト214号106頁）との指摘

のとおり、本件における問題の核心は、それ自体では企業の価値を上昇させる手法ではない株式交換が不正の取引の一環として行われた点にこそあったと見るべきである（一審も、本件各組合の脱法目的として、インサイダー取引規制や子会社による親会社株式の取得規制を回避する目的が存在したことを指摘している）。

CHECK LIST

会計処理や会計情報の開示・公表に関するチェック項目

- ☐ 資金調達等のためのスキームにおける会計処理の方針が、会社財産の状況、計算関係書類に及ぼす影響、適用すべき会計基準及び公正な会計慣行等に照らして適正であるか。
- ☐ 上記方針の適正性につき、監査役（監査役会）や会計監査人による検証が行われたか。
- ☐ 上記方針が変更される場合に、その相当性について、監査役（監査役会）や会計監査人による判断が行われたか。
- ☐ 上記スキームの実行に際し、公認会計士や外部弁護士などによる実質的な考慮・検討が行われたか（第三者の声を形式的に利用するなどの手法を用いていないか）。
- ☐ 会計処理や会計情報の開示・公表の内容が、投資家の投資判断を誤らせるような情報を含んでいないか。

（小野田峻）

★業界：ＩＴ業
◆判断場面：内部管理体制構築

35 従業員らの不正行為を防止するためのリスク管理体制を構築しなかったことにつき取締役の責任が否定された事例－日本システム技術事件（最判平成21・7・9判例タイムズ1307号117頁）（破棄自判）

１ 事案一覧表

原　告 （被上告人）	Ｙ社株主Ｘ
被　告 （上告人）	Ｙ社（東京証券取引所第２部上場）
責任を問われた内容	Ｙ社代表取締役ａの従業員らの不正行為を防止するためのリスク管理体制を構築する義務を怠った過失
請　求　額 （請求内容）	86万円 （株価下落による損害46万円及び慰謝料40万円）
賠　償　額 （判決内容）	請求棄却
その他参考事項	・一審（東京地判平成19・11・26判例時報1998号141頁）で、Ｘの請求を一部認容（Ｙ社に35万円7600円の支払を命じる）。Ｙ社が控訴したが、原審（東京高判平成20・6・19金融・商事判例1321号42頁）は棄却。そこで、Ｙ社が上告。 ・Ｙ社は、本件事件が発覚後、Ｙ社の事業部長ｂを

－322－

5　ＩＴ業

懲戒解雇処分とし、その後刑事告発した（ｂは、有印私文書偽造・同行使の罪で起訴され、有罪判決を受けた）。

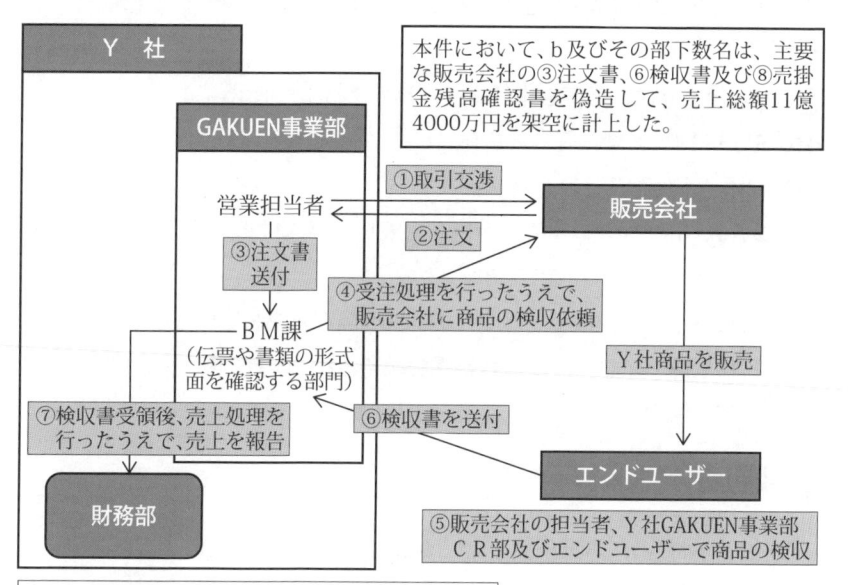

本件において、ｂ及びその部下数名は、主要な販売会社の③注文書、⑥検収書及び⑧売掛金残高確認書を偽造して、売上総額11億4000万円を架空に計上した。

```
Ｙ社
  GAKUEN事業部
    営業担当者 ──①取引交渉──→ 販売会社
              ──②注文──→
    ③注文書送付
    ＢＭ課
    （伝票や書類の形式面を確認する部門）
    ④受注処理を行ったうえで、販売会社に商品の検収依頼
    Ｙ社商品を販売 → エンドユーザー
    ⑥検収書を送付
    ⑦検収書受領後、売上処理を行ったうえで、売上を報告
    財務部
    ⑤販売会社の担当者、Ｙ社GAKUEN事業部ＣＲ部及びエンドユーザーで商品の検収
```

⑧　Ｙ社経理規定に基づき、売掛金残高確認書を販売会社に郵送し、販売会社による確認を受けた後、同書面を販売会社から返送を受ける

2 事案の概略

①　ｂは、高い業績を達成し続けて自らの立場を維持するため、部下に対し、後日正規の注文を獲得できる可能性の高い案件について、正式な受注がない段階で注文書を偽造し、売上を架空計上するよう指示した。

②　ｂは、次第に後日注文を獲得できる可能性が低い案件についても売上を架空計上するよう指示した（以上、①及び②の行為を総称して「本件不正行為」という）。

③　Ｙ社は、本件不正行為が発覚し、業績予想を修正した。

④　東京証券取引所が、Ｙ社の株式を監理ポストに割り当てた。

⑤　これらの事実が新聞で報道され、Y社の株価が大幅に下落した。
⑥　Xは、代表取締役aに従業員らの不正行為を防止するためのリスク管理体制を構築する義務を怠った過失があるとして、Y社に対して会社法350条に基づく損害賠償請求訴訟を提起した。

－事件の経過－

H12.9以降　bは、部下に本件不正行為をするよう指示。

H16.9.13~14　Xは、証券会社を通じてY社株式を1株1215円で取得。

H16.12頃　本件不正行為が発覚。

H17.2.10　Y社は、本件不正行為を公表し、平成17年3月期の業績予想を修正。

H17.2.10　東京証券取引所がY社の株式を監理ポストに割り当てる。

H17.2.10以降　これらの事実が新聞に報道され、Y社の株価は大幅に下落。

H17.2.18　Xは、Y社株式を1株510円で売却。

3 裁判所の判断

　Y社の従業員らが営業成績を上げる目的で架空の売上を計上した結果、有価証券報告書に不実の記載がされ、その後、同事実が公表されて同社の株価が下落したことによって、公表前に株式を取得したXが損害を被ったことにつき、以下の事情等からすると、代表取締役aには、従業員らによる架空売上の計上を防止するためのリスク管理体制を構築すべき義務に違反した過失があるとはいえないと判示した。

(1)　Y社は、

①　職務分掌規程等を定めて営業部の所属する事業部門と財務部門を分離し、売上については、営業部とは別の部署が注文書、検収書の確認などを行ったうえで財務部に売上報告がされる体制を整え、

②　監査法人との間で監査契約を締結し、当該監査法人及びY社の財務部が、それぞれ定期的に取引先から売掛金残高確認書の返送を受ける方法で売掛金残高を確認することとするなど、通常想定される架空売上計上等の不正行為を防止しうる程度の管理体制を整えていた。

(2) 本件不正行為は、bが部下である営業担当者数名と共謀して、取引先の偽造印を用いて注文書等を偽造し、これを確認する者を欺いて財務部に架空の売上報告させたうえ、上記営業担当者らが言葉巧みに取引先の担当者を欺いて、監査法人等が取引先宛に郵送した売掛金残高確認書を未開封のまま回収し、これを偽造して監査法人等に送付するという、通常容易に想定しがたい方法によるものであった。

(3) 財務部が売掛金債権の回収遅延につきbから受けていた説明は合理的なもので、監査法人も当該会社の財務諸表について適正意見を表明していた。

4 判決の分析・解説

(1) 判決の分析

本判決は、事例判断ではあるが、株式会社の代表取締役が負うべきリスク管理体制構築義務違反の有無について、最高裁としてはじめて判断したものである。

本判決は、上記義務違反の有無について、

① aが通常想定される不正行為を防止しうる体制を構築していたか

② 本件不正行為の発生を予見すべきであったという特別の事情があったか

という2段階の枠組みを示した。同種事案の判断指針として重要な意味を有すると思われる。

(2) 判決が取締役の責任を否定するために考慮した事情

本判決は、上記3で記載したとおり、①Y社は、通常想定される架空売上計上等の不正行為を防止しうる程度の管理体制を整えていたこと、②本件不正行為は通常容易に想定しがたい方法によるものであったこと、③監査法人がY社の財務諸表について適正意見を表明していたことという3点を主な考慮要素として代表取締役aの責任を否定したが、一審は、「aは、本件事務手続の流れを踏まえて、不正行為がなされる可能性を意識すれば、本件不正行為当時においても、aが上記リスクが現実化する可能性を予見することは可

能であり、また、当該リスクを排除ないし低減させる対策を講じることが可能であった」として、aの責任を認めており、また、原審も、「Y社は、本件不正行為当時の事業部の組織体制及び本件事務手続には、本件不正行為を行い得るリスクが内在していたにもかかわらず、適切なリスク管理体制が構築されず、aはそれが現実化する可能性を予見すること及び排除ないし低減させる対策を講じることも可能であ」ったとして、aにリスク管理体制の構築を怠った過失があると判示している。このように、通常想定される不正行為を防止しうる体制をいかに捉えるべきかは未だ明確になっているとはいえず、判例の積み重ねが必要である点は留意すべきである。

(3) 本件の特殊性～監査法人の適正意見と信頼の抗弁

ある程度の事業規模の会社の場合、取締役は、広範な職掌事務を有しており、取締役自らが個別取引の詳細を一から精査することまでは求められておらず、下部組織等（資金運用チーム、監査法人等）が適正に業務を行っていることを前提に、そこから上がってくる報告内容を基に調査、確認すれば足りると考えられている。

本判決では、取締役の責任を否定するために考慮した事情として、「監査法人がY社の財務諸表につき適正であるとの意見を表明していたこと」を指摘しているが、これはbらの本件不正行為が巧妙な偽装工作であったことの証左であると同時に、一種の信頼の抗弁を認めたものと評価することができる。

(4) 取締役に求められるリスク管理体制に関する従来の裁判例

取締役は、善管注意義務の一環として、従業員が不正行為を行わないよう監視する義務を負うが、ある程度の事業規模の会社の場合、取締役が個々の従業員を監視することは、事実上不可能である。その場合、従業員の不正行為を合理的に防止できるようなリスク管理体制を構築し、運用することが求められる。

従来の裁判例からすると、取締役に求められるリスク管理体制について、以下の点を押さえておく必要がある。

内部統制システムを構築すべきか否かは、その会社の事業内容、規模等に

応じて、取締役の裁量により判断すべき経営判断原則の問題である。
　もっとも、
① 　構築すべきシステムは、リスクが現実化して様々な事件事故の経験の蓄積とリスク管理に関する研究の進展により充実するものであること
② 　会社法上、リスク管理体制は事業報告で開示すべき内容であること
③ 　金融商品取引法上も内部統制報告書、内部統制監査の制度整備がなされていること

からすると、会社に求められる内部統制システムのレベルは年々上がっている（もっとも、リスクを完全に排除できるリスク管理体制を整備すべきことまでは求められていない）。

　本判決は、代表取締役に内部統制システム構築義務違反があるか否かを判断する際に、上記4(1)で記載したとおり①通常想定される不正行為を防止しうる体制を構築していたか、②本件不正行為の発生を予見すべき特別事情があったかという2段階の枠組みを示したうえで、aの責任を否定した。この判断枠組によると、仮にY社において、以前に同様の手法による不正行為が行われていたような場合には、aに内部統制システム構築義務違反という善管注意義務違反があったと判断されたものと推測される。

(5) 平成16年旧証券取引法（現金融商品取引法）改正との関係

　平成16年旧証券取引法（現金融商品取引法）改正により、有価証券報告書の重要な事項につき虚偽の記載があった場合における有価証券を取得した者に対する発行者（会社）の損害賠償責任に関する規定が新設された（旧証券取引法（現金融商品取引法）21条の2）。

　同条に規定する発行者（会社）の責任は無過失責任（役員の責任は、無過失責任ではないが、過失の立証責任が転換されている）であるため、同条に基づく請求であれば、本件のように代表者の過失の有無を検討することなく、発行者（会社）に対して責任追及が可能となる。もっとも、本件は、上記改正法施行日より前に提出された有価証券報告書であったため、同条による請求ができなかった（改正附則5条）。

5 会社・役員の注意点・対応策

(1) 他部署による売上管理のチェック

　本件は、別の課が注文書のチェック等をしていたが、不正を発見することはできなかった。その原因は、他部署が行っていたチェックが売上管理の全体ではなく、その一部に過ぎなかったため、他部署が十分なチェック機能を果たしていなかったことが挙げられる。そのため、十分な管理チェック体制を整備するために、例えば、管理部門による包括的な売掛金管理や一定金額以上の取引の場合には法務・財務部門の決裁や審査がなされるような管理体制を構築し、運用していくことが必要といえる。

　そのうえで、長期滞留債権などがある場合に当該債権をどのように取り扱うか（例えば、2年以上滞留している債権については、取引先に弁済見込等についてモニタリングしたうえで、滞留債権表等を作成し管理するなど）を社内で取り決めておくことが望ましい。

(2) 契約書等が真正なものであるかの確認

　金融機関と異なり、Y社のようなシステム開発・販売等を行う事業会社に対して、事前に取引先から印影の届出を要求することは現実的ではない。もっとも、一度社内で不正行為が発覚している会社の場合は、注文書の記名・捺印の真偽を確認する手続を整備しておく必要がある。そうしなければ、取締役が適切なリスク管理体制を構築・運用していなかったと評価される可能性が高い。

(3) 定期的な取引内容のチェック

　取引が実在するものかを確認するために、例えば、定期的な納品物の実物検品や、決算時に長期で滞留している債権の取引先に残高の問合せ・確認を事業部門から独立した管理部門が行うことが考えられる。また、その管理・運用について、確認表等を作成しておくことが望ましいと思われる。

(4) 役員等による定期的なモニタリング体制

　取締役は、単に内部統制システムを構築するだけでなく、構築後、そのシステムを機能させる仕組み（モニタリング体制）をも検討する必要がある。

どのような仕組みにするかは経営判断の問題といえるが、例えば、一定額以上の取引債権の管理状況については、取締役会の報告事項とする、あるいは、特定の取締役・執行役員への委嘱事項とすることなどが考えられる。

(5) コンプライアンス規程等の制定や社員への啓蒙教育の実施

社員に対して、会社が考える行動指針を徹底させるために「コンプライアンス規程」を制定したり、違反行為発見時に社員がコンプライアンス委員会等へ通報することができる制度の構築、社内担当者や顧問弁護士等によるコンプライアンスセミナー等を実施し、社員一人一人のコンプライアンスに対する意識を高めることも必要である。

CHECK LIST

- □ 売上管理が、営業担当者の所属部署以外の部署によってなされているか。
- □ 注文書の記名・捺印の真偽確認手続や売上計上証憑の真正確認手続を行っているか。
- □ 内部監査部門等が、架空取引の恐れがある取引がないかを定期的に確認しているか。
- □ 取締役が、取引内容を監視するための仕組みが構築されているか。
- □ 法令や会社規則を遵守させるための「コンプライアンス規程」が制定されているか。その内容は、同業他社の事例に照らし、同等のレベルが担保されているか。
- □ コンプライアンスに関する内部システムの構築や社員の啓蒙教育をしているか。

（松下 翔）

★業界：ＩＴ業
◆判断場面：取締役の報告義務、会社による役員責任追及

36 業務委託の判断に必要な情報を収集し分析・検討を加えて代表取締役への説明・報告すべき注意義務を怠ったことにつき取締役の責任が認められた事例－デジタル・ネットワーク・アプライアンス事件（東京地判平成22・6・30判例時報2097号144頁）（確定）

1 事案一覧表

原　告	Ｘ社
被　告	Ｙ
責任を問われた内容	端末の開発費用を支払うに際し、端末販売を担当する会社の資金調達状況について必要な情報を収集し、分析・検討を加えて代表取締役に説明・報告しなかった点について、善管注意義務違反
請　求　額 （請求内容）	1億円
賠　償　額 （判決内容）	請求認容
その他参考事項	・ＹからＸ社に対する500万円の貸金請求事件も併合審理されていたが、Ｘ社の相殺の抗弁により請求棄却。 ・Ｘ社をして、端末販売を担当する会社へ出資をさせた点、端末の販売システムの開発等を無断発注

した点についても、Yの善管注意義務違反が問題となったが、前者では義務違反を認められず、後者では義務違反を認めたものの、損害未発生のため請求に理由がないとされている。

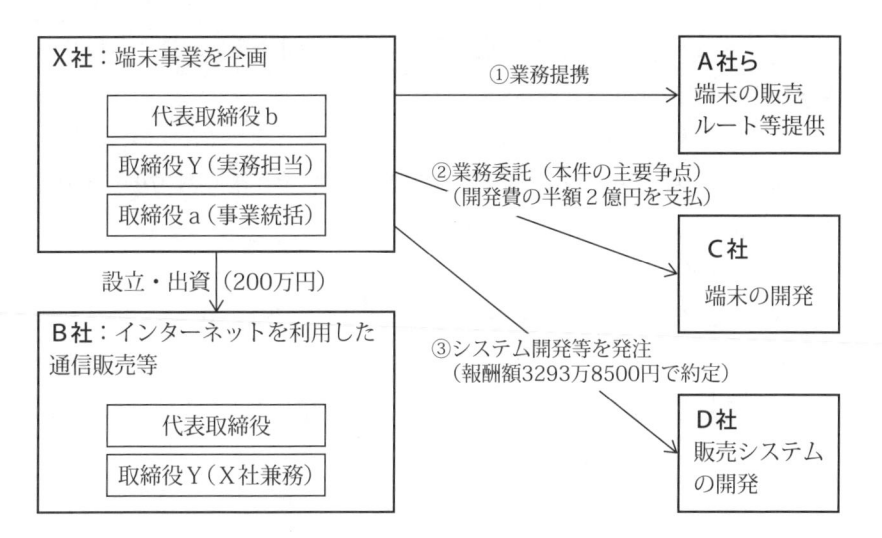

```
┌─────────────────────────┐          ┌──────────────┐
│ X社：端末事業を企画      │ ①業務提携 │ A社ら        │
│ ┌─────────────────────┐ │─────────▶│ 端末の販売   │
│ │ 代表取締役b         │ │          │ ルート等提供 │
│ ├─────────────────────┤ │          └──────────────┘
│ │ 取締役Y（実務担当） │ │ ②業務委託（本件の主要争点）
│ ├─────────────────────┤ │ （開発費の半額2億円を支払）
│ │ 取締役a（事業統括） │ │                ┌──────────┐
│ └─────────────────────┘ │───────────────▶│ C社      │
└─────────────────────────┘                │ 端末の開発│
       │                                   └──────────┘
       │ 設立・出資（200万円）
       ▼                      ③システム開発等を発注
┌─────────────────────────┐   （報酬額3293万8500円で約定）
│ B社：インターネットを利用した│                ┌──────────────┐
│ 通信販売等              │─────────────────▶│ D社          │
│ ┌─────────────────────┐ │                  │ 販売システム │
│ │ 代表取締役          │ │                  │ の開発       │
│ ├─────────────────────┤ │                  └──────────────┘
│ │ 取締役Y（X社兼務）  │ │
│ └─────────────────────┘ │
└─────────────────────────┘
```

2 事案の概略

①　IT企業X社（原告）は、インターネット接続による動画をテレビ画面上で再生できる端末（セットトップボックス）について、商社A社の独占的ルートを用いた通信販売等の事業を企画（取締役Y（被告）が実務担当、同aが事業統括）。

②　代表取締役bは、端末の調達条件等に関して報告を受け、A社らと業務提携し、インターネットを利用した通信販売等を行うB社の設立・出資を決定（X社の出資金200万円。Yは、B社取締役を兼務）。

③　bは、取締役会でYから、端末開発費用の半額2億円を業務委託先C社に支払わないと本件事業の進行に間に合わず、また、B社が資金を調達し、X社に端末代金2億円を支払うことができるとの説明を受けたため、B

社の資金調達が確実であることをＹに確認したうえ、Ｃ社へ端末開発費用を支払。

④　しかし、③の時点において、Ｂ社は資金調達に動いていたものの、その見通しは立っておらず、結局、資金調達をすることはできなかった。

⑤　また、Ｙは、ｂの決裁を受けずに、本件事業のうち、インターネットによる通信販売に関するソフトウェアのシステム開発等を、Ｄ社へ報酬額3293万8500円の約定で発注した。

⑥　Ｘ社はＢ社から費用の支払を受けることができなかったため、取締役Ｙの責任を追及して損害賠償請求訴訟を提起（損害金合計２億1079万2590円の内金１億円を請求）。

－事件の経過－

H16・6　ＹがＸ社の取締役に就任。

H18・6　Ｙら（Ｙ及び取締役ａ）によるＣ社との端末機器の調達価格に関する協議結果等に基づき、Ｘ社は本件事業への参加を決定（同６月以降、Ｘ社はＡ社らと業務提携の基本契約を締結）。

H18・7　取締役会において、Ｘ社の営業と同一の部類の取引を行うＢ社の取締役にＹが就任することについて競業取引の承認決議。

H18・8　Ｘ社の出資によりＢ社設立、Ｙは取締役に選任（Ｘ社は出資金200万円を同７月31日に支払）。

H18・9・11　Ｙが端末の通信販売システムの開発をＤ社へ発注（報酬額3293万8500円）。

H18・9・20　Ｘ社がＣ社に対し、端末機器の開発費用を一部支払（支払額１億7585万4090円）。

H18・10　ＹがＸ社に、500万円を送金。

H19・1　Ｂ社が解散（平成20年４月に清算手続が結了）。

H20・3　Ｘ社がＹへ損害賠償請求、その後、ＹもＸ社へ貸金返還請求。

3 裁判所の判断

(1) 端末の開発使用支払について

① Yは、本件事業を担当する取締役として、代表取締役が端末の開発費用を業務委託先に支払うべきか否か判断するため必要な情報を収集し、分析・検討を加えたうえで、説明・報告すべき注意義務を負っていたものというべき。

② Yは、端末販売を行うB社の取締役でもあったのであるから、B社が資金調達できるか否か知りうる立場にあった。

③ B社では資金調達のために動いていたものの、資金調達ができるとの見通しは立っていなかった。

④ Yは、代表取締役に対し、開発費の半額を支払わないと本件事業の進行に対して端末の製造が間に合わなくなるとの説明をしたうえ、B社が資金を調達し、X社に代金を支払うことができるとの報告・説明をなし、代表取締役から決裁に先立ち、B社の資金調達が確実であるか否かにつき確認を求められた際にも、資金調達ができるとの見通しは立っていないことを何ら伝えずにB社がX社に入金することができる旨等を説明した。

⑤ Yは、代表取締役が端末開発の業務委託をするか否かを判断するについて必要な情報を収集し、その分析・検討を加えたうえで代表取締役に説明、報告すべき注意義務に違反し、その結果、代表取締役をしてB社からの支払が確実であると誤信させ、その判断を誤らせ、これによってX社をして端末の開発費用を支払わせたと認めるのが相当である。

(2) その他の争点

① **B社へ出資をさせた点について注意義務違反があるか**

代表取締役は、本件事業についての報告をYらから受けたうえで、自らもYらと協議して端末の製造台数と製造台数との関係で決まる単価とを考慮して基本契約を締結し、B社への200万円の出資を決めた。

出資金の支出は、代表取締役の経営判断として行われたものであり、基本契約を締結するに至った前提となる事実の認識の過程（情報収集とその分

析・検討）には不注意な誤りはなく、その事実認識に基づく判断の推論過程及び内容にも著しく不合理な点があったということはできない。

そうだとすれば、X社がB社に200万円の出資金を払い込んだことは、代表取締役がX社に対して負担する善管注意義務違反となるものではなく、Yについても、代表取締役が上記決定をするための判断資料の収集、検討及び分析を行ったうえで、その都度その内容を代表取締役に報告し、協議したうえで代表取締役に上記決定をさせたということができるから、代表取締役に上記決定をさせたことがX社に対して負担する善管注意義務に違反したということはできない。

② D社に端末の販売システムの開発等を発注した点について注意義務違反があるか

代表取締役は、本件発注のための稟議書が上がってきたものの、決裁印を押捺せず、審議結果欄の稟議の可否の箇所にチェックをしないで本件発注を止めるように指示していた。

Yは、作成者をYとする本件発注に係る発注書を作成し、本件発注をしたことが認められ、これらの事実によれば、Yは、X社に対して負担する善管注意義務に違反して代表取締役の決裁を受けることなく本件発注をしたというべきである（もっとも、損害は発生しているとはいえないとして、本件発注に係るシステム開発費支払債務相当の損害金の支払を求める請求には理由がないと判断）。

4 判決の分析・解説

(1) 判決の分析

本判決は、端末開発の業務委託を決定するに際し、費用回収に重要な影響を与える端末販売会社の資金調達状況について必要な情報を収集し、これを分析・検討したうえで報告をしなかった取締役に対して善管注意義務違反が認められた事案である。

代表権のない取締役の善管注意義務の内容として、経営判断に必要な情報を収集して、分析・検討し、これを代表取締役に報告することが含まれるこ

とを指摘して、取締役の注意義務違反を肯定した事例と考えられる。

(2) 重視している事情

義務違反を肯定された取締役は、端末販売会社の取締役も兼務しており、本件業務委託の決定に重要な影響を与える端末販売会社の資金調達状況を知りうる立場であったと考えられる。

それにもかかわらず、正確な資金調達状況を確認せず、事実に反する情報を代表取締役に報告して、適切な判断をさせなかった点に基づいて、注意義務違反が肯定された（なお、代表取締役の決裁を受けず、端末販売のシステム開発等を勝手に発注した点についても、義務違反が肯定されているが、こちらは当然といえよう）。

(3) その他

X社は、端末販売会社の主要株主に当たると考えられる（判決文によると出資金1020万円のうち200万円を出資しているようである）。

義務違反を肯定された取締役は、X社の帳簿閲覧請求権を利用して端末販売会社の資金調達状況を調べることもできたことになるが、このような点も義務違反を肯定する一つの要素となると考えうる。

5 会社・役員の注意点・対応策

本判決の判断内容や事実認定からは、会社・役員らにとって、以下のような注意点・対応策が導かれる。

(1) 事前予防措置

役員・組織長などの重要な従業員に対しては、各取締役は必要な情報を分析し、検討・分析を加えたうえで、代表取締役に必要十分な情報を報告すべき義務があることを徹底することが有益である（本判決では、出資先の取締役を兼務する取締役に対し、出資先情報を収集しなかったことが問題となっており、役員の立場によっては、社外情報の的確な把握も注意義務の内容となることを理解できるようにすべきであろう）。

また、大型出資、多額の債務負担を伴う契約等の重要案件については、情報収集すべき範囲や、分析・検討すべき事項について、定型化できるものは

マニュアル化を進めることが有効であろう。そのほか、情報収集が適切に行われているか事前チェックを行う仕組みを構築すべきほか、事後的な監査の実施も重要である。

なお、経営判断の際、帳簿閲覧請求権などの少数株主権を出資先の会社へ利用できるなど、法務担当者等が適宜助言することも重要であろう。

(2) **事後対応措置**

各取締役の注意義務違反により、必要な情報を収集できていないなど不適切な事例を発見した場合は、原因を確認し、社内での報告、是正措置の実施など対策を着実に進めることも、再発防止のため必要である。

CHECK LIST

事前予防措置

●役員・組織長の意識向上

☐ 役員・組織長には代表取締役の経営判断に必要な情報を収集・分析・検討して報告する義務があることが徹底されているか。

☐ 出資会社の取締役兼任など役員が置かれている立場によっては、社外でも情報を収集する義務があることが徹底されているか。

●情報収集体制の整備

☐ 大型出資、多額の債務負担を伴う契約等の重要案件について、情報収集すべき範囲や、分析・検討を行うべき事項をマニュアル化しているか。

☐ 代表取締役、取締役会等の意思決定に必要な情報が収集・検討されているか事前チェックを個別に行う体制が構築されているか。

☐ 財務情報など、必要な情報が収集されていない案件について、法務担当者等が助言する機会が確保されているか。

●監査の実施

☐ 役員・組織長は、マニュアルの遵守を随時チェックしているか。

☐ 事業執行から独立した組織により、マニュアルの遵守が定期的にチェックされているか。

事後対応措置

●その他

☐ 情報収集が適切に行われていないなど不適切な事例が発見された場合、調査を行い、原因を確認しているか。

☐ 取締役会等への報告、是正措置の実施を行っているか。

(角田克典)

★業界：ＩＴ業
◆判断場面：他社対応、会社による役員責任追及

37 競業会社に移籍する際に取締役が部下である従業員を勧誘して競業会社に移籍させたことにつき取締役の責任が認められた事例－通信事業会社事件

（東京地判平成22・4・21判例タイムズ1354号176頁）（控訴、控訴審で和解が成立）

1 事案一覧表

原　　告	Ｘ社
被　　告	Y1：Ｘ社の元取締役 Y2社：Y1が移籍した会社
責任を問われた内容	Y1、Y2社がＸ社の事業部の中枢となる従業員を引き抜いてY2社に移籍させたことによりＸ社に与えた損害の不法行為責任等
請　求　額 （請求内容）	2億2592万3573円（連帯による支払）
賠　償　額 （判決内容）	Y1：5486万8289円 Y2社：請求棄却
その他参考事項	Ｘ社が控訴を提起。和解金としてY2社がＸ社に対して1200万円を支払う内容で、和解が成立した。

2 事案の概略

①　Ｘ社は、テレコミュニケーション事業部（以下「本件事業部」という）

5　ＩＴ業

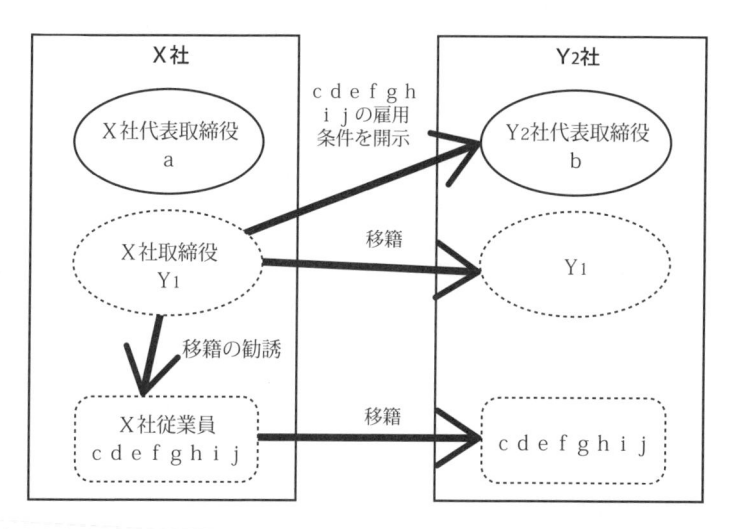

```
┌─────────────────────────┐       ┌─────────────────────────┐
│ X社                     │       │ Y2社                    │
│                         │cdefgh │                         │
│   ╱‾‾‾‾‾‾‾‾╲           │ij の雇用│   ╱‾‾‾‾‾‾‾‾╲           │
│  │X社代表取締役│──────条件を開示──→│Y2社代表取締役│          │
│  │    a     │          │       │    b      │          │
│   ╲_____╱           │       │   ╲_____╱           │
│                         │       │                         │
│   ╱‾‾‾‾‾‾‾‾╲   移籍     │       │   ╱‾‾‾‾‾‾‾‾╲           │
│  │X社取締役 │───────────┼───────→│    Y1     │          │
│  │   Y1    │           │       │           │          │
│   ╲____╱___╱           │       │   ╲_____╱           │
│       │                │       │                         │
│    移籍の勧誘           │       │                         │
│       ↓                │       │                         │
│   ┌────────┐   移籍    │       │   ┌────────┐           │
│   │X社従業員 │──────────┼───────→│cdefghij│           │
│   │cdefghij│           │       │           │           │
│   └────────┘           │       │   └────────┘           │
└─────────────────────────┘       └─────────────────────────┘
```

及び映像事業部の２つを事業の基礎とする情報処理事業者である。

②　Y2社は、ＩＰ電話システムに関するシステム・エンジニアリング・サービスを業務の中心とする情報処理事業者である。

③　Y1は、X社の取締役を務めていたが、平成19年12月31日、X社取締役を辞任し、同日にX社を退職した本件事業部の従業員７名とともに、平成20年１月、Y2社に入社した（平成20年２月、さらにX社の従業員１名がY2に入社）。

④　③の移籍によりX社には、受注が内定していたシステム構築業務を履行できなくなり辞退せざるを得なくなったこと等による損害が発生した。

⑤　X社は、Y1とY2社が、本件事業部の従業員を引き抜く計画を立て、共同して秘密裡かつ組織的に引き抜き工作を実施し、Y1がY2社に移籍するとともに本件事業部の中枢となる従業員を引き抜いてY2に移籍させたとして、両者に不法行為（予備的に、Y1に対して会社法423条１項、Y2社に対して会社法350条）に基づく損害賠償責任を求める訴えを提起した。

－事件の経過－

H19初頭　X社の財務状況悪化。

H19.9.11　b（Y2社代表取締役）がX社取締役のY1と面談。X社の従業員のY2社への移籍を含む業務提携を提案。

H19.11.7 Y₁がbと面談。本件事業部の従業員をY₂社に移籍させ、協業する方法を考えていることなどを述べる。Y₁は、bに対し、本件事業部の従業員宛のY₂社の内定通知書を出すよう要請。

H19.11.13まで Y₁は、Y₂社に対し、本件事業部の従業員のX社における雇用条件を開示。

H19.11.13 Y₂社は、Y₁から要求された内定通知書を作成し、Y₁に交付した。

H19.11.14、15 Y₁は、本件事業部の従業員を呼び、説得して、内定通知書を交付。

H19.11.15、16頃 Y₁は、内定通知書を受け取った4名を連れてY₂社を訪問し、bと面接をさせる。

H19.11.19 Y₁は、a（X社代表取締役）に対し、Y₁が10名近くの本件事業部の従業員を連れてY₂社に移籍する予定であることをはじめて伝える。これに対し、aはY₁に再考を促す。

H19.12.31 Y₁は、X社取締役を辞任。同日付でX社を退職した本件事業部の従業員7名とともに、平成20年1月、Y₂社に入社した。

H20.1.31 X社の従業員がさらに1名、X社を退職し、同年2月、Y₂社に入社した。Y₂社に移籍した8名の従業員のうち、1名が営業を統轄する営業部長であり、その他の7名はエンジニアであった。7名のエンジニアの中には、エンジニアのグループを統轄する部長1名と、マネージャー4名が含まれていた。

3 裁判所の判断

(1) Y₁の不法行為に基づく損害賠償責任

① X社に対するY₁の行為の背信性

Y₁は、X社の取締役の地位にありながら、X社に重大な影響を与える移籍について、最終段階で不意打ちのような形で明らかにするまで、aらX社の他の取締役に対して隠密裡に計画を進行させた。

かかるY₁の行為は、X社に対して著しく誠実さを欠く背信的なものである。

② X社に対するY₁の行為の不相当性

X社の資金繰りの困難な状況を打開する方策として、増資を選択するか、従業員の移籍を選択するかは、経営判断の問題である。

Y₁を含む本件事業部の従業員がY₂社に移籍することは、(人件費の削減という点で当面の資金繰りに貢献する面はあるものの、その反面)本件事業部の存続が困難となり、X社の事業規模の縮小につながることが必至であるという点でX社の事業に重大な影響を及ぼすものである。

したがって、従業員の移籍を行うにあたっては、本来、X社の取締役会における十分な議論を経る必要があったというべきである。

取締役会での議論を経ず、aら他の取締役に説明すらすることなく、従業員の移籍に向けて準備を進めたY₁の行為は不相当なものである。

③ 従業員に対するY₁の行為の不適切性

Y₁による本件事業部の従業員に対する勧誘の方法は、虚偽を含む事実を告げて不安を助長する面を含む不適切な方法だった。

④ Y₁の行為のX社の内規違反

X社には、従業員の雇用条件等の個人情報については、本人の同意がない限り、第三者へ提供することができない旨の内規が定められていた。

しかし、Y₁は、当該内規に反して本人の同意を得ることなく、Y₂社に本件事業部の従業員の雇用条件を開示した。

したがって、Y₁による本件事業部の従業員に対する移籍の勧誘は、取締役としての善管注意義務（会社法330条、民法644条）や忠実義務（会社法355条）に違反し、社会的相当性を欠くものであって、不法行為を構成するというべきである。

(2) Y₂社の不法行為に基づく損害賠償責任

Y₂社は、Y₁らの移籍がX社に重大な影響を与えることを認識しながら、Y₁との協議の下に勧誘・引き抜き（以下「勧誘行為」という）を行ったものであるが、Y₂社による移籍の勧誘は、Y₁による勧誘行為とは大きく異なるものであって、社会的相当性を欠く違法なものであったということはできない。したがって、Y₂社は、不法行為による責任を負わない。

また、同様に、Y₂社の代表取締役を務めるbの勧誘行為が社会的相当性を欠くものであったとも認められず、bが職務を行うについてX社に損害を加えたということはできないから、Y₂社は、会社法350条に基づく責任を負わない。

❹ 判決の分析・解説

(1) 競合会社への従業員の勧誘行為と忠実義務違反の判断枠組み

本判決は、自らが移籍する競合会社に従業員を勧誘した取締役の不法行為責任が問われた事案である。判決においては、取締役としての善管注意義務違反、忠実義務違反に基づき、不法行為の成立を認定している。

取締役が競合会社に対する従業員の勧誘行為を行うこと自体が忠実義務違反となるという考え方もあるが、本判決は、勧誘行為を直ちに同義務違反と認定するのではなく、従業員の勧誘行為の不当性という行為態様についても検討のうえで、忠実義務違反を認定している。

(2) 勧誘行為の不当性の判断において裁判所が重視した事情

裁判所が本判決において、Y₁の勧誘方法の不当性を判断するにあたり検討しているのは以下の諸事情である。

① 従業員の移籍がX社の事業に重大な影響を与えるものであったこと

本件事業は、平成19年度実績で、X社の売上の約58.2％を計上するX社の主要部門であり、移籍対象となった従業員（以下「対象従業員」という）は本件事業の中核を担っていた。

② Y₁が、対象従業員の移籍をX社の他の取締役に対して隠密裡に計画を進行させ、最終段階で不意打ちのような形でこれを明かしたこと

対象従業員の移籍については、本来、取締役会において十分な議論を経るべき事項であったが、それを行わずに密かに移籍の準備を進めたことにより、X社が資金調達のために努力を重ねていた増資の引受の内示がすべて撤回されることとなった。

③ 移籍の勧誘方法が不適切な方法によるものであったこと

イ 内規違反

対象従業員の内定通知書の発行を受けるために、Y1は、Y2社に対し、対象従業員の雇用条件等の個人情報を本人の同意を得ることなく開示しており、このことはX社の内規違反に当たる。
　ロ　虚偽を含む事実を告げて不安を助長
　Y1の勧誘行為は、対象従業員に対し、本件事業部のY2社への移転が確実であり、Y2社へ移籍しなければ現在の仕事を継続できないかのような印象を与えるものであって、虚偽を含む事実を告げて不安を助長する面があったものと評することができ、不適切な方法によるものであった。

(3) 経営判断の原則の否定

　裁判所は、「X社の資金繰りの困難な状況を打開する方策として、増資を選択するか、従業員の移籍を選択するかは、経営判断の問題であると考えられる」と判示し、経営判断の原則の適用の余地を残すものの、取締役会での議論や他の取締役への説明なく従業員の移籍に向けて準備を進めた行為の不相当性から、結論としては経営判断の原則は否定した。

(4) 移籍先企業の不法行為責任

　本判決において裁判所は、他社の従業員の移籍を引き受けた企業（以下「移籍先企業」という）であるY2社は対象従業員の移籍がX社に重大な影響を与えることを認識していたとしたが、以下の事情から、Y2社及び同社代表取締役のbの勧誘行為が社会的相当性を欠くものではないとして、不法行為責任を否定した。

① Y2社及びbが、X社から事業の譲渡を受けたり、X社の顧客を奪ったりすることを意図していたことまでは認められないこと
② Y2社にX社の資産の譲渡に関する交渉を有利に運ぶ目的があったとは認められないこと
③ bが、Y1らの移籍によって、X社の増資による資金調達に向けた努力を覆すことを認識・意図していたとは認められないこと
④ Y1がbに以下の内容の事情を告げ、その結果、bはY1から伝えられるままに認識していた可能性が十分にあること
　・a（X社代表取締役）が、Y2社の内定通知書の対象従業員への交付及

び対象従業員との面接の実施について認識していたという内容
　・対象従業員の移籍について、X社の役員が概ねよい反応をしていたという内容
⑤　Y1が内規違反を犯していることを認識していたとは認められないこと

5 会社・役員の注意点・対応策

(1)　自由競争の観点から各企業が優秀な人材の確保を行うことが認められている以上、他の企業の従業員に対して自社への移籍を目的として勧誘行為を行うことも一律否定されるべきではない。ただし、勧誘行為の方法や態様によっては、社会的相当性を欠くとして不法行為を構成する可能性もある（民法709条、会社法429条等）。

　仮に不法行為の成立が認められた場合には、移籍した従業員が移籍前に勤務していた企業（以下「移籍元企業」という）が、当該移籍によって受注できなくなった業務の代金、当該移籍によって自社で業務を遂行できなくなったため第三者に委託した場合の当該委託費用などを損害として請求されるおそれもある。

　したがって、移籍先企業においては、その引受行為が社会的相当性を欠くことがないように留意しなければならない。社会的相当性の判断にあたっては、以下の3点における移籍先企業の認識が重要となると思われる。

①　対象従業員の移籍の重大性の認識

　移籍先企業が、対象従業員の移籍が移籍元企業にとって重大であることを認識していることは、移籍先企業の責任を認める事情となりうる。

【移籍の重大性】の判断ポイント

・移籍する従業員の所属していた部署の当該会社における位置付け（当該部署の存続が困難になった場合には、会社全体の事業に影響があるか）。
・移籍する従業員の人数及び所属していた部署における割合。
・当該従業員の移籍によって当該部署の存続に影響があったか。

② 移籍元企業を害する意図・害する可能性の認識

　移籍先企業が、移籍元企業を害する意図や害する可能性の認識を有していることは、移籍先企業の責任を認める事情となりうる。

【加害意図・加害可能性の認識】の判断ポイント
従業員を引き受けることで、
・移籍元企業から有利な条件で事業の譲渡を受けることを意図していたか。
・移籍元企業の顧客を奪うことを意図していたか。
・移籍元企業とのビジネス上の交渉を有利に行うことを意図していたか。
・移籍元企業の資金調達を困難にさせることを意図していたか、又は困難になる可能性を認識していたか。

③ 勧誘行為の不適切性の認識

　移籍先企業が、移籍元企業の取締役が同企業内で行う従業員の移籍先企業への勧誘行為が適切さを欠いていることを認識していることは、移籍先企業の責任を認める事情となりうる。

【勧誘行為の不適切性】の判断ポイント
取締役の勧誘行為が、
・移籍元企業にとって不意打ち的に行われた（取締役は移籍元企業ときちんと話し合うことをせず従業員の勧誘行為を行っていた）
・移籍元企業の内規に違反をしていた
・虚偽の事実を従業員に伝えるなど、不適切なものであった
ことを認識していたか。

(2) 他方、移籍元企業からすれば、同企業の取締役による従業員の競業他社への勧誘・引抜きする行為を阻止する必要がある。そのための方法としては、取締役及び従業員に義務を課し、禁止行為を定めることが考えられる。具体的には次のとおりである。

① 競業避止義務	特約の締結	従業員との間で	在職中及び退職後における競業避止義務の特約を締結。
		取締役との間で	
	就業規則		従業員について、在職中に加え、退職後も対象とした競業避止義務を規定する。
② 秘密保持義務	特約の締結	従業員との間で	在職中及び退職後における秘密保持義務の特約を結ぶ。
		取締役との間で	
	就業規則		従業員について、在職中に加え、退職後も対象とした秘密保持義務を規定する。
③ 個人情報の漏洩禁止	特約の締結		移籍先企業が勧誘対象の従業員に対して雇用条件を提示しにくくすることを目的として、取締役との間で、在職中及び退職後において従業員の雇用条件等の個人情報の漏洩を禁止する特約を結ぶ。又は同内容の内規を設ける。
	内規		
④ 勧誘・引抜行為の禁止	特約の締結		取締役との間で、在職中及び退職後において従業員に対して移籍の勧誘行為を行うことを禁止する特約を結ぶ。又は同内容の内規を設ける。
	内規		

CHECK LIST

移籍先企業の引受行為における項目

☐ 対象従業員の移籍により、移籍元企業が重大な影響を受けることの認識がないか。

☐ 移籍元企業を害する意図、害する可能性の可能性についての認識がないか。

☐ 移籍の勧誘行為が不適切であることについての認識がないか。

移籍元企業における勧誘行為防止策

☐ 従業員・取締役に対して、在職中・退職後の競業避止義務を課しているか。

☐ 従業員・取締役に対して、在職中・退職後の顧客情報やノウハウ等についての秘密保持義務を課しているか。

☐ 取締役に対して、在職中・退職後の従業員の個人情報の漏洩禁止義務を課しているか。

☐ 取締役に対して、在職中・退職後の従業員の勧誘行為の禁止義務を課しているか。

（長谷川雅典）

★業界：ＩＴ業
◆判断場面：正しい情報開示

38 架空循環取引により売上を仮装していた会社の取締役の責任が認められた事例－情報処理機器販売会社事件（東京地判平成23・6・2判例タイムズ1364号200頁）（控訴棄却・確定）

1 事案一覧表

原　　告	Ｘ：Ａ社株式の譲受人
被　　告	Y₁：Ａ社の取締役 Y₂：Ａ社の相談役、Ａ社の顧問税理士、Ａ社の取引先4社
責任を問われた内容	架空循環取引による売上の仮装
請　求　額 （請求内容）	3億160万円
賠　償　額 （判決内容）	Y₁及びY₂：連帯して3億160万円 その他の被告：請求棄却
その他参考事項	Ｘは敗訴部分に関し一部控訴したが、控訴棄却。そのまま確定。

2 事案の概略

① Ａ社は、パソコン等の情報処理機器の販売を主たる事業内容とする株式会社である。

② Ａ社は、平成17年12月1日から平成18年11月30日まで、236億

5　ＩＴ業

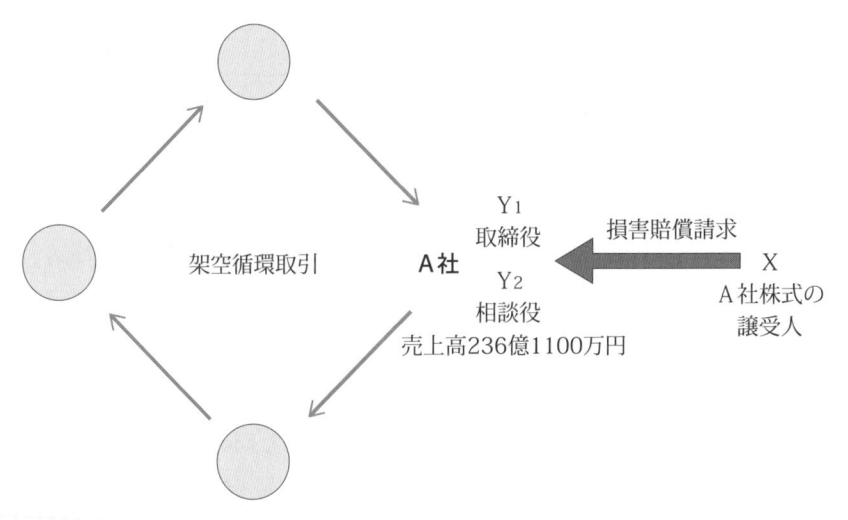

```
         ○
       ↗   ↘
                      Y₁
                    取締役          損害賠償請求
  ○  架空循環取引  A社  ←――――――――  X
                    Y₂                         A社株式の
                    相談役                      譲受人
       ↖   ↙      売上高236億1100万円
         ○
```

1100万円の売上高を計上した。

　③　Xは、平成18年11月期のA社財務資料に基づき作成されたA社株式評価資料をY₂から提示され、A社株式の公正な価値は1株当たり130万円であると信じ、平成18年12月16日、A社株式をY₁から代金3億160万円で譲り受けた。

　④　しかし、実際には、平成18年11月期の売上高236億1100万円のうち233億9300万円が架空循環取引による架空の売上高であったうえ、貸借関係も24億円超の債務超過の状態にあり、A社株式の価値はゼロであった。

　⑤　A社は、平成19年6月4日、破産手続開始決定を受けた。

　⑥　Xは、平成19年6月27日、Y₁及びY₂に対し、会社法429条1項又は民法709条に基づき、損害賠償を求める訴えを提起した（Y₁及びY₂以外の被告は省略）。

－事件の経過－

H17.12.1～18.11.30　A社、236億1100万円の売上高を計上。

H18.12.16　X、A社株式をY₁から代金3億160万円で譲受。

H19.6.4　A社、破産手続開始決定。

H19.6.27　X、訴え提起。

3 裁判所の判断

(1) 架空循環取引について
① 循環取引について

日本公認会計士協会は、平成17年3月11日に公表した「情報サービス産業における監査上の諸問題について」の中で、商社的取引（あるいは仲介取引）に関し、「近年、名目上は仲介取引であるものの、本来の仲介以外の目的で取引が実行され、不正取引に利用された事例も見受けられる」とし、問題がある事例として、(ア)複数の企業間で売上高の増額を目的として行われる仲介取引の事例（以下「スルー取引」という）や、(イ)自社が起点及び終点となってその間に商社的取引が行われ、自社が販売した商品・製品等が複数の企業を経由し最終的に自社にUターンして戻り、在庫として保有される事例（以下「循環取引」という）を挙げ、(ア)スルー取引については、「取引の形式よりも実態に着目し、売上を総額で計上する指標のいくつかを具備していると認められる場合には、総額で計上することが合理的であるが、単に手数料収入を対価として……仲介人として行動していると判断されれば、手数料収入のみを純額で計上することになる」とし、(イ)循環取引については、「取引の真実性の問題……であり、そもそも売上計上は妥当ではないと判断される」としている。

② 架空取引について

目的物が実在しないにもかかわらずスルー取引や循環取引が行われる場合もあり、そのような目的物が実在しない取引については、それが金融を目的としているものであれば、その契約目的に沿った法的効果が承認されることがあるものの、架空の売上を計上する粉飾決算を目的としているような場合には、売上を計上することは許されないというべきである。

(2) A社株式の客観的価値について

平成19年3月31日時点において、通常貸借対照表では約4億円の純資産があるが、非常貸借対照表では約24億円超の債務超過の状態にあり、A社株式の客観的価値はゼロであった。

(3) Ａ社の取締役Y₁の責任について

　Ａ社の取引が循環取引ないし架空取引であることをY₁が認識していたと認めるに足りる証拠はない。

　しかし、Y₁はＡ社が商社的取引（あるいは仲介取引）を行っており、それが平成18年11月当時のＡ社の売上の99％を占めていることを知っており、かつ、公認会計士ａの指摘から、それらの取引は通常の取引とはいえず、総額を売上として計上しているＡ社の財務資料が不当なものであるということを知ったのであるが、純額で財務資料を作成すべきとのａの正当な提案を取締役として否決した。

　上記事実によれば、Y₁が取締役としての忠実義務に反した職務執行をしたことは明らかである。

　Y₁の義務違反がなければ、Ａ社の財務資料は大きく修正されることになり、それらをＸに交付すれば、Ｘは本件株式譲渡契約を締結するには至らなかったと認められる。

　したがって、Y₁はＸに対し損害賠償責任を負う。

(4) Ａ社の相談役Y₂の責任について

　Y₂はＡ社の事実上の取締役であったと認められる。

　Ａ社の実質的な最高実力者であるY₂は、平成18年当時、Ａ社の取引の大半が循環取引ないし架空取引であることを認識し又は容易に認識し得た。

　Y₂は、Ｘに対するＡ社株式の譲渡交渉を積極的に行っていた。

　Y₂は、Ａ社株式が実質上無価値のものであること、Ｘがそうした事情を知ればＡ社株式を譲り受けることはなかったであろうことを知り又は知り得たものというべきであるから、Y₂はＸに対し不法行為責任を負う。

❹ 判決の分析・解説

(1) 判決の分析

　本判決は、日本公認会計士協会の公表文書を引用し、概念の整理をしているが、架空循環取引という概念は「スルー取引」「循環取引」「架空取引」等の集合概念として捉えられている。

① 「スルー取引」とは、例えば、A→Bという商流の間に入りA→C→Bという取引を行う商社的取引（あるいは仲介取引）のうち、商社的機能（あるいは仲介機能）の実現よりも、売上高の不正な嵩上げ等を真の目的としているものを指す。商社的取引のうち、何ら付加価値を付けず、単に商流の間に入り利鞘を得るだけの性格が強いものは、スルー取引である場合が多いと考えられる。

スルー取引は、それが循環取引（後述②）の一部であることを知りながら行われたものである場合には、循環取引による他社の粉飾決算を助けたものとして責任を問われることがありうるし、また、商品の実在性を確認せず、伝票と入出金の操作を行っているだけの場合には、知らぬ間に商品の実在しない架空取引（後述③）に関与しているといったことが起こりうる。

上記の例で、A→Cの取引が1000万円、C→Bの取引が1001万円とした場合、Cの会計処理に関し、A→Cの取引を仕入れ、C→Bの取引を売上として計上できるとすると、利鞘はわずか1万円であるものの、Cは1001万円の売上を計上できることになる（いわゆる総額計上）。これは、利益以上に売上高の成長性を演出したい企業（例えば、上場を目指すベンチャー企業等）にとっては好都合であり、そのような企業は売上高の嵩上げを目的としてスルー取引を行うことを望むようになるのであるが、売上を過度に追求するあまり、循環取引の一部であるスルー取引や、商品が実在しない架空のスルー取引にまで手を染めるといったことも起こりうる。

なお、日本公認会計士協会は、本判決中にもあるように、スルー取引の売上計上基準について、「取引の形式よりも実態に着目し、売上を総額で計上する指標のいくつかを具備していると認められる場合には、総額で計上することが合理的であるが、単に手数料収入を対価として…仲介人として行動していると判断されれば、手数料収入のみを純額で計上することになる」としている。したがって、純額（上記の例では1万円）で計上すべき場合に総額（上記の例では1001万円）で売上を計上することは不正な会計処理となる。本件で公認会計士 a は、A社の売上を純額基準で計上すべきことを指摘したが、Y_1及びY_2らは、その指摘に応じた措置をとらなかった。

②「循環取引」とは、例えば、A→B→C→Aのように、自社が起点及び終点となり、その間に商社的取引（あるいは仲介取引）が行われ、自社が販売した商品が他の企業を経由し最終的に自社にUターンして戻ってくるというものである。

なお、このような循環取引のうち問題となるのは、当初から買い戻す（循環させる）ことが決まっている場合であり、自社の販売した商品を偶然に再度購入することとなった場合には、問題はないと考えられる。

他方、当初から買い戻す（循環させる）ことが決まっている場合には、形式的には商品を販売しているように見えても、結局は商品が戻ってくるのであるから、実質的には企業外部に商品が提供されたとはいえず、これを売上として計上することは不正な会計処理となる。

しかし、売上を過度に追求するあまり、「必ず買い戻す（循環させる）から」という通謀のもと商品を購入してもらい、それを売上に計上し売上高の嵩上げを図るということが起こりうる。さらには、商品が実在せず伝票と入出金の操作を行うだけの架空の循環取引により売上を計上するということも起こりうる。

③「架空取引」とは、商品が実在しないのに行われる取引のことである。法律上は、売主が目的物を有していなくても売買契約は有効であるが、会計上は、そのような場合に売上を計上することは許されない。会計上は実際に商品が提供されたものについて売上を計上することとされている（企業会計原則の損益計算書原則三B）。本判決も、「問題となるのは、当該取引の私法上の効力ではなく、当該取引による売上を売上計上すべき」であったか否かである、としている。

また、架空取引の場合、仕入れたとされている商品が実在しないため、貸借対照表に計上されている在庫は実態がなく、表面上は資産超過であるものの、実際には債務超過に陥っているということが起こりうる。

(2) 判決が取締役の責任を認定するために重視した事情

本判決は、取締役Y₁及び事実上の取締役Y₂の責任を認定するにあたり、両者とも、①取締役会に出席し、A社の売上高の99％近くが商社的取引

（あるいは仲介取引）による売上であることを認識していたこと、②公認会計士ａから、Ａ社の売上の大半が通常の取引とはいえず、Ａ社の商社的取引に係る売上の計上基準を、売上として計上する総額基準から、手数料収入として計上する純額基準へ変更するよう指摘されながら、その指摘に応じた措置を取らなかったこと、を重視している。

また、特にY_2については、③Ａ社を実質的に支配していたことから、貸借対照表に計上されている在庫が架空取引のため実在しないことは容易に把握できたはずであるとしている。

(3) 当該業界特有の事情についての考慮の有無

ＩＴ業界では循環取引ないし架空取引が行われやすいとされている。これは、①売上至上主義的な風潮があること、②取引の目的物を「システム一式」とか「業務用機器一式」などと抽象的に表示することが多く、目的物が曖昧な場合が多いこと、③ソフトウェア等は商品の実態を外部から把握しにくく、商品が実在しない架空取引か否かを見極めることが難しいこと、④通常、ソフトウェア開発等には元請・下請等が複雑に関わることが多く、複雑な取引関係の適正性を見極めることが難しいことなどが理由とされている。

ＩＴ業界における大規模な架空循環取引の例として、メディア・リンクス、ＩＸＩ、ニイウスコー等の事件を挙げることができる。

5 会社・役員の注意点・対応策

(1) 経営方針

営業部署の報酬体系やノルマ等につき売上偏重の方針を採用している場合は、不正な取引を誘発しやすい。また、売上高の増加が異常な場合は、架空循環取引による売上の仮装が行われていないかを疑うことが必要である。架空循環取引を取締役自ら推進することが許されないことは勿論である。

(2) 会計基準の遵守

売上の計上が会計基準に適合したものであるかを、公認会計士等の外部専門家にチェックさせるなどし、確認する。会計基準に反する売上の計上を取締役自ら指示することが許されないことは勿論である。

(3) 個々の取引管理

　取引ごとに品目、単価、数量等に異常がないかをチェックする体制を整備する。単価が異常に高い場合や数量が異常に多い場合には、循環取引が行われていないかを疑うことが必要であるし、商社的取引の利鞘が異常に薄い場合には、スルー取引が行われていないかを疑うことが必要である。また、取引ごとに商品の実在性をチェックする体制を整備する。

(4) 債権管理及び在庫管理

　長期滞納債権のチェックや在庫の評価を行う体制を整備する。長期滞納債権や無価値の在庫の存在は、架空循環取引に起因している場合がある。

(5) 外部監査人の活用

　内部牽制機能や内部監査機能には限界があることが多いため、公認会計士等の外部監査を受け、不正な取引の排除に努める必要がある。

CHECK LIST

経営方針

- ☐ 営業部署の報酬体系はインセンティブ（成功報酬制）の比重が過度に大きくなっていないか。
- ☐ 営業部署に過度のノルマを課していないか。
- ☐ 売上高は異常な増加をしていないか。
- ☐ 取締役自ら架空循環取引を推進していないか。

会計基準の遵守

- ☐ 売上の計上は会計基準に適合しているか。
- ☐ 売上の計上が会計基準に適合しているかを、公認会計士等の外部専門家にチェックさせるなどし、確認しているか。
- ☐ 取締役自ら会計基準に反する売上の計上を指示していないか。

個々の取引管理

- ☐ 取引ごとに品目、単価、数量等に異常がないかをチェックする体制が整備されているか。
- ☐ 取引ごとに商品の実在性をチェックする体制が整備されているか。

債権管理及び在庫管理

- ☐ 異常な長期滞納債権がないかをチェックする体制が整備されているか。
- ☐ 在庫が貸借対照表の金額に見合う価値を有するものであるかをチェックする体制が整備されているか。

外部監査人の活用

- ☐ 公認会計士等の外部監査を受けているか。
- ☐ 外部監査人の指摘に応じた措置をとり、不正の排除に努めているか。

（関口敏光）

6

物流・交通

★業界：運輸
◆判断場面：役職員・グループ会社に対する監視・監督、労務管理

39 従業員の過酷な勤務体制を改善しなかったことにつき取締役の責任が認められた事例－井坂倉庫事件（名古屋高判平成20・12・25労働判例983号62頁）（確定）

1 事案一覧表

原　告 （控訴人）	交通事故の被害者遺族であるX1〜X4
被　告 （被控訴人）	代表取締役（Y1）、常務取締役（Y2）、加害運転手（Y3）、Y4社ほか管理職従業員2名
責任を問われた内容	運転手の過酷な勤務体制を改善すべき注意義務の違反
請求額 （請求内容）	Y1らの連帯による支払 ①X1に対し、9617万8724円 ②X2及びX3に対し、各4334万4492円 ③X3及びX4に対し、各3874万8972円
賠償額 （判決内容）	Y1らの連帯による支払 ①X1に対し、8527万8724円 ②X2及びX3に対し、各3805万6255円 ③X3及びX4に対し、各2935万8972円
	原審　名古屋地判平成19・7・31交通事故民事裁判例集40巻4号1064頁

その他参考事項	※刑事事件（いずれも確定） ・加害運転手Y3　懲役5年 津地判平成15・1・29業務上過失致死傷、道路交通法違反被告事件 ・管理職従業員2名　懲役1年執行猶予5年 津地判平成15・5・14各道路交通法違反被告事件 ・常務取締役　懲役4月執行猶予3年 　Y4社　罰金120万円 水戸地判平成16・3・31労働基準法違反、道路交通法違反、労働基準法違反各被告事件 ※本件交通事故の後の経過 ・平成14年10月8日　国土交通省関東運輸局がY4社に対し運送業の事業停止（23日間）等を命じた（平成14・10・8付共同通信より）。 ・平成20年2月4日　Y4社が関連会社3社とともに、水戸地裁に対し、民事再生手続開始を申し立てた（平成20年2月5日付東京商工リサーチ倒産速報より）。

2 事案の概略

① 加害運転手Y3は、業務のために大型トレーラーで高速道路を運転中、過酷な勤務状況に起因した疲労の蓄積等によって居眠りをし、aが運転しb及びcが同乗する車両に追突した（以下「本件事故」という）。

② 本件事故は、aらが乗る車両を含む5台の自動車を巻き込み、5名を死亡させ、6名に傷害を負わせる多重衝突事故となった（a〜cはいずれも死亡）。

③ 遺族であるXらは、Y3に対して民法709条に基づき、Y4社に対して自動車損害賠償保障法3条及び民法715条（使用者責任）に基づき、Y1、Y2

及び管理職従業員2名に対しては民法709条に基づき、それぞれ損害賠償を請求した。

　④　原審は、代表取締役であるY₁には不法行為責任は認められないとして請求を棄却し、その余のYらについては本件事故につき不法行為責任を認めた。

　⑤　Xらのうち、aの母親であったX₅は控訴しなかったが、X₁～X₄はこれを不服として控訴した（Y₁に対する民法715条2項及び旧商法266条の3第1項（会社法429条。以下「旧商法条項」という）に基づく損害賠償責任の主張を追加）。

－事件の経過－

H1 & H7　Y₄社は、労働基準監督署から法定の労働時間を超過していることの是正勧告を受けるも、是正はしなかった。

H1.11　Y₁がY₄社に入社。

H5以降　Y₄社において、居眠り運転を原因とする事故が5件発生。

H6　Y₁がY₄社役員に就任。

H8　Y₁がY₄社の代表取締役に就任。

H14.7.1　Y₃は、日立市にあるA社車庫から水戸までエレベーターのレールを配送した。

H7.2～7.4　Y₃は、日立市から大阪市住之江区まで家電製品を輸送し、その帰路に大阪市大正区から水戸までエレベーターのレールを輸送した（通常は20:00に日立市を出発し、翌日7:00に住之江区に到着、帰路はその翌日9:00に水戸に到着という2泊3日の行程が予定されていた（往復約1400km）。以下、Y₃の本行程を「大阪定期便」という）。

H7.4～7.6　大阪定期便（連続2往復）。

H7.7　Y₃の休日。

H7.8～7.10　大阪定期便。

H7.10～7.12　大阪定期便（連続2往復）。

H7.13　Y₃は、常陸那珂港から前橋まで巻紙を配送し、日立市から常陸那珂港まで家電製品を配送した。

6 物流・交通

運輸

原告側

X1（aの元配偶者／bの父親）
X5（aの母親で一審の原告（控訴せず））
×a
X2（aの子／bの兄弟）
b
X3（aの子／bの兄妹／cの母親）
X4（cの父親）
c

被告側 → 損害賠償請求 →

Y4社
代表取締役Y1
常務取締役Y2（労務関係管理責任者）
管理職従業員2名
・本社営業所長兼車両部長
・本社営業所車両係長
輸送運行指示
↓
加害運転手Y3

居眠り運転交通事故

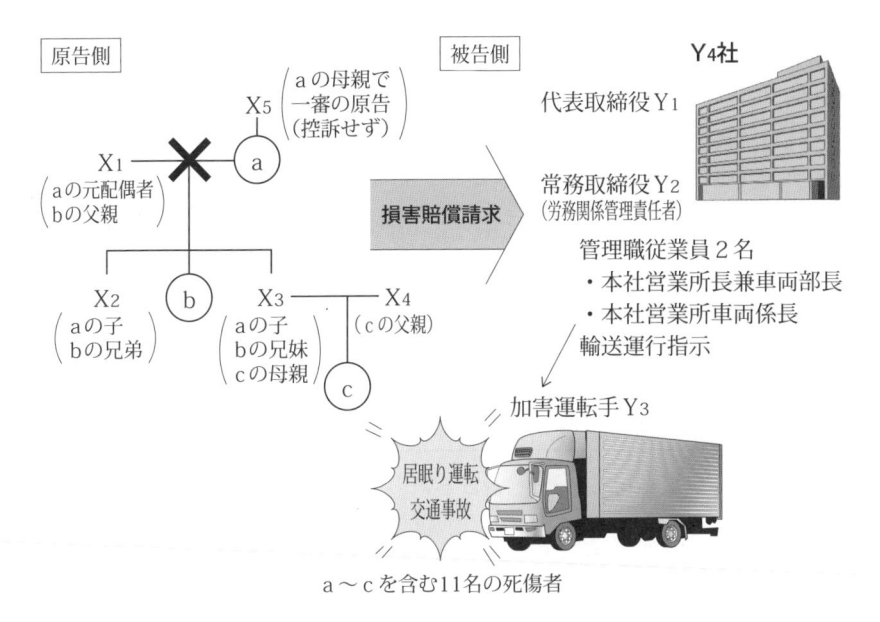

a〜cを含む11名の死傷者

- **H7.14〜7.16** 大阪定期便。
- **H7.17** Y3は、大井ふ頭から会社車庫まで荷物を輸送した。
- **H7.18** Y3は、常陸那珂港から福島県郡山市までビールを配送した。
- **H7.19** Y3は、常陸那珂港から千葉県富里町まで牛乳を配送した。
- **H7.20** Y3の休日（ただし、午前中は安全講習会に出席）。
- **H7.21〜7.23** 大阪定期便。
- **H7.23〜7.25** 大阪定期便（連続2往復）。
- **H7.25〜7.27** 大阪定期便（連続3往復）。
- **H7.28** Y3の休日。
- **H7.29〜7.31** 大阪定期便。
- **H7.31〜8.2** 大阪定期便（連続2往復）。
- **H8.3** Y3は、日立港から千葉県富里町まで牛乳を配送した。
- **H8.4** Y3は、日立港から神奈川県茅ヶ崎市まで牛乳を配送した（14:00出発、22:30到着）。その後、翌5日1:30まで車内で仮眠をとった。
- **H8.5** Y3は、1:30からタンクの牛乳抜き作業、洗浄をした後、水戸にエレベーターのレールを配送した。午後に車両整備等を行って17:00に帰宅し

H8.6　Y3は、2:30に出勤し、日立港から埼玉県八潮市まで巻き取り紙を配送して17:00に帰宅した。

H8.7～8.9　大阪定期便（8月8日、Y3は、亀山パーキングエリアにおいて19:00から22:00まで仮眠をとるつもりが、翌9日4:00まで寝過ごしてしまったため、休憩もほとんど取らずに連続9時間運転して13:00に水戸に到着となった）。その後、Y3は連続2往復目の大阪定期便に出発した。

H14.8.10　本件事故発生。

3 裁判所の判断

① 常務取締役Y2の責任について

労務関係を管理する責任者であったY2は、Y4社の運転手が過労状態に陥らないように超過する労働時間を是正する義務があり、Y3の運行状況及び時間外労働を把握して適切な是正措置を指示できたのにこれを怠り、その結果、本件事故を発生させているのであるから、Y2には民法709条に基づく不法行為責任が認められる。

② 代表取締役Y1について

Y4社の業務を統括し、管理する権原と責任を有するY1は、自ら先頭に立って陣頭指揮し、あるいは会社幹部に指揮、相談するなどして、会社の運転手の過酷な勤務態勢を改善すべき注意義務があったにもかかわらず、改善措置を何ら講じなかった。

Y3の居眠り運転事故は、特段の事情がない限り、Y1の過労・居眠り運転防止義務違反との間に相当因果関係があるというべきである。

本件事故は、Y3の個人的な特殊な過失による居眠り事故ではなく、それまでの業務の疲労の蓄積からもたらされた極度の過労から生じた事故である。

Y1自身がY3の本件事故当日の疲労状態について詳細に把握していないとしても、会社の運転手全般にもたらされている過労状況の1つの結果として、Y3の過労・居眠り運転は予見できることであり、上記義務違反と本件

事故との間の相当因果関係は認められる。

よって、Y₁は、X₁らに対し、民法709条に基づく損害賠償義務を負うと認められる（民法715条2項及び旧商法条項に基づく請求は判断せず）。

③　以上のとおり、Y₁らの各行為には客観的な関連共同があると認められるから、全行為が共同不法行為となる。

4 判決の分析・解説

(1)　本判決は、代表取締役であるY₁の不法行為責任を認めた点に意義がある。すなわち、労務関係の管理については直接には責任者である常務取締役Y₂が行っており、代表取締役Y₁自身はY₃の本件事故当日の疲労状態についてまでを詳細に把握していなかったとしても、Y₁が会社従業員全般にもたらされている過労状況を把握・助長している場合には、その解消に向けて努める義務があるとして、かかる義務を怠った責任が認められることになる。

(2)　原審は、Y₁の責任について、会社における労務管理をY₂が責任者として行っており、Y₁はY₃が過労状態で運転を継続していることを認識していなかったことから、個々の運転手の具体的な運行状況まで確認するべき責任があるとは認められないとして、Y₁の不法行為責任を否定していた。また、労働者の健康及び労働時間を管理する地位にあったY₂らは刑事責任を追及されて有罪となっているが、Y₁は刑事責任には問われていない。

それに対し、本判決は、以下の事実を認定し、運転手の過酷な勤務態勢を改善すべき義務に違反したことによる結果の予見は容易であったとして、Y₁の不法行為責任を認めたものである。

①　**運転手の過労状態を伸長させたこと**

Y₁は、運転手の労働時間を管理し、長時間労働を強いないように運行スケジュールを抜本的に改善するといった対策を講じることがなかったばかりか、自らの発案で大阪定期便の高速道路料金の支給額を減額し、運転手が事故を起こした場合には給料・賞与をカットし、運転手の手が空いたときには土木作業等の運転業務以外の仕事に従事すること等を指示していた。

また、土木作業を嫌がる運転手に対しては「代わりはたくさんいるんだから、辞めろ」といい、事実上の強制をしていた。
　② 居眠り運転を原因とする過去の事故を知っていたこと
　Y1は、過去5年弱の間に起きた5件の居眠り運転事故を知っていた。
　(3) 代表取締役は、会社の業務を統括し、労務管理の状態についても把握すべき立場にあるため、労務管理の責任を他の取締役に委ねていれば、自身の責任をすべて免れることができるというものではない。
　会社従業員全般にもたらされている過労状況を把握し助長している場合や労務管理の状況の把握自体を怠っている場合には、直接の責任者である取締役だけでなく、代表取締役も責任を負うことになる。

5 会社・役員の注意点・対応策

(1) 注意点について

　給与が歩合制の従業員の場合、本人に自主的な労働時間管理をさせれば、過労状態であったとしてもより多くの収入を得ようと無理な勤労体勢にも応じてしまうことがある。
　したがって、会社側が長時間労働を軽減する具体的な対応が必要になる。
　トラック等の運転手の場合には、過労が重なると、居眠り運転だけでなく、仮眠をし過ぎた時間を取り戻す等の理由でスピードの出し過ぎを伴うこともあり、本件事故のような重大な危険な状況を生じさせかねない。
　本判決では、Y1には「法律を遵守すると採算が取れないという認識」があったと認定されている。その結果、本件事故により11名の死傷者を生じさせ、A社やその役員らが多額の損害賠償責任と刑事責任を負うこととなり、その後A社は民事再生手続を申し立てることとなった点に鑑みても、労働基準法違反が常態化していた状況を放置した代償は余りにも大きいといわざるを得ない。

(2) 対応策について

① 労働条件の改善

　運送業の場合には、渋滞の発生等により長時間労働に陥るおそれがあるの

で、長時間労働を強いないよう運行スケジュールを改善する方策が必要となる。

運行スケジュール策定にあたっては、運転時間の限度を定め、運転手の休息時間を確保できるよう配慮すべきである。

国は、トラック運転者らの労働条件の改善を図るため、「自動車運転者の労働時間等の改善のための基準」（制定：平成元年労働省告示第7号、改正：平成12年労働省告示第120号。以下「本件基準」という）、「事業用自動車の運転者の勤務時間及び乗務時間に係る基準」（平成13年8月20日国土交通省告示第1365号）を策定している。

厚生労働省ホームページにおいて、本件基準のポイントをトラック運転手、バス運転手、タクシー運転手ごとにまとめて公表しているので参照されたい（下記CHECK LISTはトラック運転手の基準を基に作成している）。（http://www.mhlw.go.jp/bunya/roudoukijun/roudoujouken05/）

なお、この告示の違反に罰則はないが、行政処分の対象になる。

会社及び取締役は、労働基準法だけではなく、本件基準も配慮した労働環境を整備するべきであろう。

② 有給休暇の取得実現

長時間労働が必要な状況の場合でも、年次有給休暇を取得させる等の従業員の疲労を緩和することを検討されたい。その方法として、例えば、年度初めに、従業員の年休取得希望日をカレンダーに記入させて、業務の調整を図り、各人の年休取得日を決めていくことで、休暇をとりやすくさせる、いわゆる「年休カレンダー方式」が考えられる。

CHECK LIST

休息期間の確保体制

☐ 運転手の1か月間の拘束時間（作業時間、手待時間、休憩・仮眠時間の合計）が293時間以内（労使協定で別の定めをしている場合には、その範囲内）となっているか。

☐ 運転手の1日（始業時刻から起算して24時間）の拘束時間が13時間以内（延長する場合は16時間以内）となっているか。

☐ 運転手の1日の休息期間が継続8時間以上確保できているか。

☐ 1日の拘束時間が15時間を超える回数（休息期間が9時間未満）が1週間につき2回までとなっているか。

☐ 運転手の住所地での休息期間が、それ以外の場所での休息期間より長くなるよう努めているか。

☐ 運転手の休日が30時間を下回っていないか。

運転時間の限度

☐ 運転手の1日の運転時間は2日（始業時刻から起算して48時間）平均で9時間、1週間の運転時間は2週間ごとの平均で44時間を超えていないか。

☐ 運転手の連続運転時間が4時間以内又は4時間経過直後に30分間以上の休憩等を確保しているか。

休日労働の限度

☐ 休日労働が2週間に1回を超えていないか。

特　　例

☐ 業務の必要上、勤務の終了後継続した8時間以上の休息期間を与えることが困難な場合、一定期間における全勤務回数の2分の1の回数を限度として、休息期間を拘束時間の途中及び拘束時間の経過直後に分割付与（1日において1回当たり継続4時間以上、合計10時間以上）しているか。

- ☐ 運転手が同時に1台に2名以上乗務する場合、1日の最大拘束時間20時間以内、休息期間4時間以上となっているか（ただし、車両内に身体を伸ばして休息できる設備がある場合に限る）。
- ☐ 運転手が隔日勤務に就く場合、業務の必要上やむを得ないときは、2暦日における拘束時間が21時間を超えず、勤務終了後、継続20時間以上の休息期間を与えているか。
- ☐ フェリーに乗船する場合の休息期間の計算ができているか。

その他疲労緩和策

- ☐ 年次有給休暇を取得しやすい方策をとっているか。

（岸本寛之）

★業界：鉄道
◆判断場面：品質・安全

40 列車脱線転覆事故における現場付近でのＡＴＳ等の未整備につき安全担当取締役の刑事責任が否定された事例－ＪＲ福知山線列車脱線転覆事故事件

（神戸地判平成24・1・11）（確定）

1 事案一覧表

被告人	取締役鉄道本部長Ｙ （注：検察官が主張する過失対象期間当時における役職。鉄道事業法施行規則76条における「鉄道主任技術者」でもある。本件事故発生当時の役職は代表取締役社長）
判決内容	無罪
その他参考事項	1 Ｙは本件での在宅起訴を受け、社長を辞任。さらに当時の航空・鉄道事故調査委員会（現運輸安全委員会）委員を飲食接待し、最終報告書の公表前に事前入手したうえで、ＪＲ西日本（以下「Ａ社という」）にとって不利になる記載内容を最終報告書から削除するよう要請していた不祥事が発覚し、取締役も辞任した。 2 本件被告人Ｙとは別に、Ａ社の歴代社長３人について、検察審査会による２度にわたる起訴相当議決を受け、裁判所の指定する弁護士が検察官に代わって強制起訴（平成22年４月23日）。本件と同様

に、本件曲線での列車脱線転覆事故発生の危険についての予見可能性、及びＡＴＳ等の整備指示を怠った結果回避義務違反の有無が争点となった。平成25年９月27日、神戸地裁は３人全員に無罪判決を言い渡した。

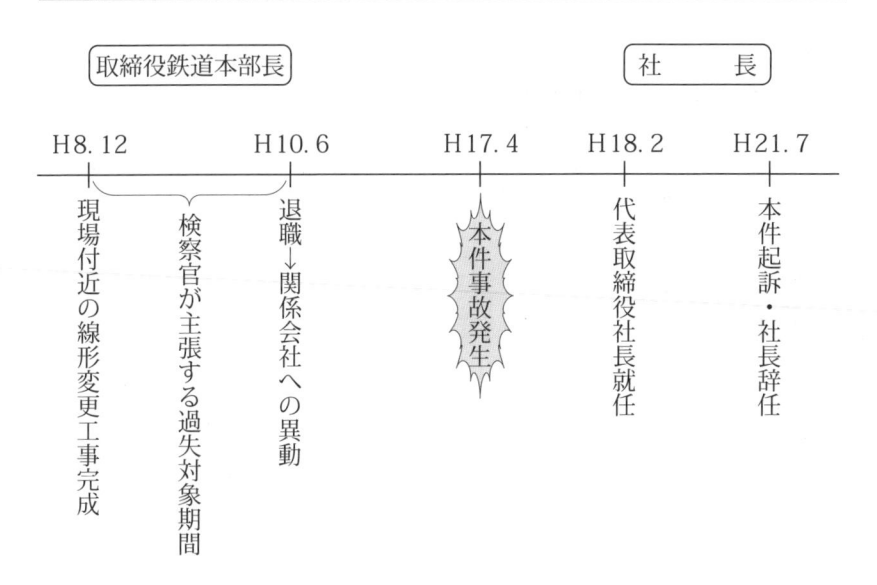

```
[取締役鉄道本部長]                          [社    長]

H8.12      H10.6         H17.4   H18.2    H21.7
  │          │             │       │        │
現場付近   退職→関係会社   本件    代表    本件起訴
の線形変   への異動        事故    取締役  ・社長辞任
更工事完                   発生    社長就任
成
    検察官が主張する
    過失対象期間
```

2 事案の概略

　本件は、いわゆるＪＲ福知山線列車脱線転覆事故を巡る刑事責任が問われたものである。取締役鉄道本部長の職にあったＹが、本件事故現場の曲線区間において曲線速度照査機能（注）を有する自動列車停止装置（ＡＴＳ－ＰないしＡＴＳ－ＳＷ、以下「ＡＴＳ等」という）を整備していれば本件事故を回避することができたとして、業務上過失致死傷罪で刑事訴追された事案である。

　（注）「速度照射機能」とは、速度制限区間手前に列車速度を検知する地上子を設置し、設定速度以上の速度で列車が通過すると自動的にブレーキをかける機能のことをいう。通常のＡＴＳは停止信号（赤信号）に対する冒進を防ぐものであるのに対して、速度照射機能の付いたＡＴＳは速度制限区間において

制限速度まで減速させる機能を持つ。このうち、設定速度を超過して列車が通過した場合に常用最大ブレーキをかけ設定速度まで減速したらブレーキを自動的に解除するタイプが「ＡＴＳ－Ｐ」、同様の場合に即時に非常ブレーキをかけ列車が停止するまで非常ブレーキを作動し続けるタイプが「ＡＴＳ－ＳＷ」である。以下、本稿では速度照射機能の付いたＡＴＳをもって「ＡＴＳ等」という。

－事件の経過－

(1) Ｙの経歴と本件事故との関係

S41.4 国鉄採用（技術系職員）。

S62.4 国鉄分割民営化、Ａ社発足（当時新幹線運行本部運輸部長）。

S63.10 鉄道本部運行管理部長。

H3.6 福岡支社長。

H5.4 鉄道本部副本部長兼安全対策室長。

H8.6 常務取締役、鉄道本部長、社内安全対策委員会委員長、鉄道事業法施行規則76条における「鉄道主任技術者」。

〔平成8年12月〜平成10年6月　検察官が主張する過失対象期間〕

H10.6 Ａ社退職（すべての役職を退任。以降、関係会社の代表取締役副社長・社長を歴任）。

H17.4 本件事故発生。

H17.5 Ａ社顧問。

H17.6 Ａ社代表取締役副社長。

H18.2 Ａ社代表取締役社長。

(2) 国鉄〜ＪＲにおけるＡＴＳ等の整備状況

S62.4 国鉄分割民営化時点で、Ａ社管内には曲線速度照査機能を有するＡＴＳなし。

H1.3 高密度運転線区を対象に曲線速度照査機能を有するＡＴＳ－Ｐ導入方針を決定（ただし福知山線は対象外とされた）。平成14年までに、当初整備予定区間におけるＡＴＳ－Ｐ整備完了。

H15.9 福知山線（尼崎駅－新三田駅間）にＡＴＳ－Ｐ整備決定（本件事故現

場の曲線にも整備されることとなったが、事故当時は使用開始されていなかった）。

H17.4 本件事故発生時点で、Ａ社管内に速度制限のある曲線は7749か所、うち速度照射機能を有するＡＴＳの整備は105か所。

3 裁判所の判断

　本件で問われたＹの刑事責任は、検察官が主張する過失期間（現場付近での線形変更工事が完成した平成8年12月頃から、ＹがＡ社鉄道本部長等の役職を退いた平成10年6月26日まで）当時において、ＹがＡ社管内の曲線の中から個別に本件事故現場の曲線を選び出してＡＴＳ等を整備するよう指示しなかったことが、注意義務違反となるかどうかである。

　そして、注意義務違反は予見可能性と結果回避義務により定められるところ、その前提として被告人が本件曲線について個別具体的に脱線転覆の危険性を認識していたかどうかにつき、裁判所の判断が示されている。

(1) **検察官が主張する予見可能性を基礎付ける事実についての評価**

① **鉄道業界で危険性が高い曲線についてはＡＴＳ等を整備する必要があると認識されていた事実について**

　裁判所は、本件事故前にＡＴＳ等が整備されていた転覆の危険度は様々であって、わが国の鉄道事業者において転覆の危険度により曲線を判別したＡＴＳ等の整備は行われていたとは認められず、また、「危険性の高い曲線」が客観的にどのような曲線か判然としないとした。

② **現場付近の曲線半径を半減させるような他に類例のない線形工事によって、本件曲線の半径がＡ社のＡＴＳ整備基準を満たすようになった事実について**

　裁判所は、検察官過失主張期間当時のＡ社におけるＡＴＳ－Ｐの設置基準は、必ずしも脱線転覆防止だけを目的にしたものではなく、転覆危険率を計算してＡＴＳ等を整備したわけでもないから、Ｙに脱線転覆への危険性を認識させるものではないとした。

また、半径600mの曲線に代えて新たに半径304mの曲線を設けたとしても、Ａ社管内だけで半径304m以下の曲線は80か所存在し、特に珍しいものではないから、本件曲線の脱線転覆の危険性の認識につながるものではないとした。

　③　福知山線に加速性能の高い新型車両が大量導入にされ、本件曲線を通過する快速列車が１日当たり34本から94本へ大幅に増加した事実について

　裁判所は、快速列車の本数増加や輸送密度の上昇が、本件曲線手前の区間で上り列車が回復運転をする確率を高めたり、制動措置の誤りの程度を大きくする要因となることを認める証拠はない。本件ダイヤ改正が、運転士が適切な制動措置をとらないまま列車を現場曲線に進入させた場合の脱線転覆の危険性を高めたとは認められず、ダイヤ改正後の福知山線の輸送密度が現場カーブを通過する各列車の脱線転覆の危険性に影響するとも認められないとした。

　④　平成８年に発生したＪＲ函館線での貨物列車の脱線転覆事故が、Ａ社内のＹが出席した会議で事故例として紹介された事実について

　裁判所は、Ａ社を含めた我が国の鉄道事業者において、同事故を契機として新たにＡＴＳ等の整備を行った事業者が存在するとは認められず、Ａ社管内に多数存在する曲線の中から本件曲線についての脱線転覆の危険性の認識につながるものではないとした。

　⑤　本件曲線の手前の制限速度が本件曲線の転覆限界速度を上回っていた事実について

　裁判所は、本件事故に至るまでわが国の鉄道事業者において、管内の個別の曲線ごとに列車の転覆限界速度を算出する曲線管理がされていたとは認められず、Ｙも本件曲線について計算上の転覆限界速度は認識していなかったのであり、本件曲線の手前の制限速度が本件曲線の転覆限界速度を上回っていると認識していたとは認められないとした。

　⑥　福知山線の線区最高速度は120km/hであり、本件曲線手前の４km超のほぼ直線区間において特別な速度制限はなく、本件曲線の制限速度は

70km/hであり、制限速度差が50km/hとなる事実について

裁判所は、検察官過失主張期間当時の鉄道業界において、速度差に注目したＡＴＳ等の整備基準を採用すべきと提言されていたことを認めるに足りる証拠はなく、当時の福知山線のダイヤは本件曲線の手前区間で120km/hで走行することを必要とするものではなく、標準的な運転速度はせいぜい100km/hであったことから、制限速度差を認識していたとしても、本件曲線の脱線転覆の危険性の認識につながるものとは考え難いとした。

(2) 予見可能性の程度について

検察官は予見可能性の程度について、「運転士が、何らかの理由により、転覆限界速度を超える速度で本件曲線に列車を侵入させること」についての予見可能性があれば足り、「いつかは起こりうるという程度に予見し得るもの」であれば足りると主張した。

これに対して裁判所は、「転覆限界速度を超えた侵入に至る経緯は漠然としたものであり、結果発生の可能性も具体的ではない。」「その内実は危惧感をいうものと大差なく、予見可能性の程度は相当低いものといわざるを得ない。」として、これを斥けている。

(3) 結論

結論としては、Ｙが本件曲線で速度超過による脱線転覆事故が発生する危険性を現に認識していたとはいえず、Ｙの注意義務違反を肯定するに足りる予見可能性は認められないとし、Ｙを無罪とした。

4 判決の分析・解説

(1) 判決の分析～「管理過失」における予見可能性の内容

本判決は、事故の発生を未然に防止する結果回避義務としての体制整備を尽くさなかった、いわゆる「管理過失」が問題とされた事例である。その中でも、取締役鉄道本部長であったＹ個人の刑事責任が問われており、組織としての判断ではなく、安全担当取締役としてのＹ本人の過失、つまり予見可能性と結果回避義務の有無を判断している点、及び過失の対象とされた期間が限定されている点が特徴である。

本判決は事例判断ではあるが、管理過失による刑事責任を検討するうえでのポイントを以下分析する。

① 予見可能性について、単なる曲線一般の脱線転覆の抽象的危険性に対する認識では足りず、本件曲線の個別具体的な脱線転覆の危険性の認識が必要とした。予見可能性は、無前提にその有無が問題となるのではなく、一定の結果回避義務を課すことの前提として問題となるべきものであり、被告人がＡ社においてどのような地位や立場にあったかによって直ちに決まるものではないとした。

② 予見可能性の程度については、検察官が「いつかは起こりうるという程度に予見しうるもの」という、いわゆる新々過失論に基づく危惧感で足りるとしたのに対して、本判決は予見可能性の程度は相当低いとして斥けている。これは具体的な予見可能性を要求する伝統的な過失論を維持したものといえよう。

③ 予見可能性については、本件と同様に管理過失責任が問題となったホテルニュージャパン火災事件（最決平成5・11・25）を検察官は援用していた。これに対して本判決は、同事件は消防法令に定められた防火設備の不備等の問題点が多数存在し、消防当局からも繰り返し改善等の指導があったという事案であり、ホテルの代表取締役であった同事件の被告人も建物に防火管理上の問題点が数多く存在することを認識していた事案であって、本件とは予見の容易さに関する事実関係が大きく異なると指摘している。

(2) 判決が取締役の過失を判断するために重視した事情

本判決がＹの過失を否定する判断に至るまで重視したと考える事情としては、以下の点が挙げられる。いずれも検察官主張の過失期間当時において

① 曲線へのＡＴＳ等整備は鉄道事業者に法令上義務付けられておらず、曲線にＡＴＳ等を整備していた鉄道事業者は一部にとどまっていたこと

② 本件事故に至るまで、Ａ社に限らず、その他の鉄道事業者においても、個別の曲線ごとに転覆限界速度を算出する曲線管理は行われておらず、数ある曲線の中から転覆の危険度の高い、あるいは転覆のおそれがある曲線を個別に判別して、ＡＴＳ等の整備が行われていたものとは認

めらないこと
③　Yは周囲から本件曲線について進言等を受けておらず、A社管内にある多数の曲線の中から本件曲線について脱線転覆の危険性の認識を抱かせるような事実があったとは認められないこと
(3)　当該業界特有の事情についての考慮の有無
　検察官は、鉄道事業者としての責務として、「常に鉄道事故や安全性に関する情報収集や調査・研究を怠らず、予め発生しうるあらゆる事態を想定し、事故の発生を未然に防止しうるような、万全の安全対策を講じるべき高度の責務を負っている」と主張した。
　これに対し、裁判所は、「組織としての鉄道事業者に要求される安全対策という点からみれば、本件曲線の設計やA社の転覆のリスクの解析及びATS整備の在り方に問題が存在し、大規模事業者としてのA社に期待される水準に及ばないところがあったと言わざるを得ない」としつつも、「A社の組織としての責務の存在が、個人としての被告人について注意義務違反を肯定するため予見可能性の程度を緩和する理由となるものではない」として、結論としては注意義務違反を肯定するに足りる予見可能性は認められないものとした。

5 会社・役員の注意点・対応策

　本件は、安全担当取締役個人の刑事責任が問われており、本件曲線における脱線転覆事故への認識という点で予見可能性が否定されたが、会社自体が安全対策を怠っていた点については、上記のとおり本判決でも厳しく指摘されている。
　また、過失の判断も、検察官が主張する過失期間についてのみの検討となっており、本件事故発生後の現在においても、必ずしも同様の判断とはならないであろうことはいうまでもない。
　それらを考慮すると、今後は脱線転覆事故への予見可能性は厳しく判断され、鉄道事業者による安全対策も、本件事故当時より高度なものが要求されると考えるべきであろう。しかしながら、安全対策の投資は無尽蔵にできる

ものではなく、当然に危険度とリスクの程度に応じた合理的な対策がとられていれば、結果回避義務は尽くされていたと評価されることになると思われる。

　具体的には、他社の事故例などの情報収集を通じて自社の危険個所やリスクを把握し、その対策を立案する過程で、合理的な基準づくりや優先順位設定をしているかどうかが問われることになると思われる。

CHECK LIST

安全体制構築に関する会社（組織）に期待される水準

☐ 法令上の安全配慮義務を尽くしているか。

☐ 他社で発生した事故情報、原因、対策等の情報収集を行っているか。

☐ 安全に関するリスク解析（例：曲線部の転覆限界速度の把握）と安全設計（ＡＴＳ等の整備）を行っているか。

☐ 曲線の速度制限などの運転取扱いの規則化、運転士への教育・訓練を実施しているか。

安全担当取締役（個人）に期待される水準

☐ 安全に関するリスク分析を基にした問題点・危険個所を把握しているか。

☐ 問題点・危険個所の程度に応じた具体的な対策につき、合理的な基準・優先順位を設定しているか。

（檜山正樹）

COLUMN

粉　飾

　新聞やテレビのニュースで「粉飾決算で取締役が逮捕！」と報じられると、「なんでそんなことするんだろう」と思われるかもしれません。

　ただ、財務状況が潤沢とまでいえない会社にとって、役員になり、会社の財務のかじ取りをするようになると、粉飾に対する誘惑が生じることは稀ではありません。「財務状況が改善しなければ追加で投資・融資しないぞ」とのメインバンクやベンチャーキャピタルからのプレッシャー、「財務状況が改善しなければ取締役を解任するぞ」との大株主からの声、「このままでは証券取引所の上場維持基準に財務状況が満たず上場廃止になってしまう」との苦悩……などなど。

　しかしながら、売上・利益などの財務情報について虚偽の開示を行った場合、それを信じて会社に投資した株主・投資家は、その後、それが虚偽と判明し株価が暴落した場合には大きな損害を被ります。

　そのため、金融商品取引法は、「有価証券報告書虚偽記載罪」などを設け、粉飾は「犯罪」であるとして処罰しています。「粉飾」というと、軽い犯罪というイメージがありますが、実際に取締役が刑務所に収容されたケースもあります（本書・ライブドア事件）。また、粉飾を犯した企業の取締役に対して、多数の株主が結集して集団訴訟を起こす動きが増加しています（本書・アーバンコーポレイション事件）。これにより、場合によっては、役員が個人として数億～数十億の損害賠償責任を負うこともあります。

　近年、企業が財務状況の評価基準について、従来の会計基準から国際財務報告基準（ＩＦＲＳ）へ移行するかどうかが焦点となっているように、財務情報の評価基準は、時代によって変化します。旧基準から新基準への転換期において、新基準を採用せず旧基準を採用したところ、粉飾ではないかとして、取締役が起訴されてしまったケースもあるため（本書・日本長期信用銀行事件）、注意が必要です。

　会社の財務状況の開示の内容に際しては、「このように開示することが、株主、投資家をだますことにつながらないか」という視点を持って財務情報の開示に対する経営判断を行うことが重要です。

（澁谷展由）

★業界：鉄道
◆判断場面：正しい情報開示

41 取締役が上場廃止事由に該当する事実を有価証券報告書等に記載しなかった行為につき会社・取締役に責任が認められた事例－西武鉄道投資家集団訴訟事件（東京地判平成21・3・31判例タイムズ1297号106頁、控訴・上告、原審破棄差戻し、東京地判平成20・4・24判例タイムズ1267号117頁、控訴、上告、原審一部破棄差戻し・一部破棄自判、東京地判平成17・10・27公刊物未登載など）

1 事案一覧表

原　　告	Y1社株主（個人株主、機関投資家、信託銀行等）（以下、「Xら」という）
被　　告	Y1社（西武鉄道株式会社） Y2社（株式会社プリンスホテル） Y3（Y1社及びY2社に吸収合併されたA社（株式会社コクド）の元代表取締役）ら取締役3名（事件によってはY3のみ）
責任を問われた内容	有価証券報告書に虚偽の記載をして、上場廃止事由に該当する事実を隠ぺいしたことに対する不法行為責任
請　求　額 （請求内容）	各事件により異なる。

賠償額 (判決内容)	請求認容 (賠償額は、各事件により異なるが、機関投資家16法人が損害賠償を求めた東京地判平成21・3・31では、合計約237億円の賠償額を認めた(二審では、約25億6000万円に減縮)) 損害論についての最高裁判決は、下記「その他参考事項」及び「4 判決の分析・解説(4)その他」を参照。
その他参考事項	本件は、Y1社の上場廃止を契機として提起された集団訴訟の一部ある。本件の最高裁判決(最判平成23・9・13)では、学説や下級審で判断が分かれていた有価証券報告書に虚偽記載をしたことと相当因果関係のある損害に関する基本的な考え方をはじめて示しており、同種事案の判断指針として重要な意義を有する。 本件に関連して、Y1社及びY3は、虚偽記載のあるY1社の有価証券報告書を関東財務局に提出した旧証券取引法(現金融商品取引法)違反の罪で、A社及びY3は、Y1社の有価証券報告書に虚偽記載をしていた事実を公表せざるを得ない状況になったことを知るや、その事実が公表される前にY1社株を売却したインサイダー取引に関する旧証券取引法(現金融商品取引法)の罪で起訴された(Y1社には、罰金2億円、A社には罰金1億5千万円、Y3には懲役2年6か月執行猶予4年及び罰金500万円の有罪判決(東京地判平成17・10・27))

2 事案の概略

① Y1社は、A社が所有するY1社株式の数を過少に虚偽記載した有価証

券報告書及び半期報告書を提出していた。

② Y1社は、前記虚偽記載を訂正した旨の訂正報告書を東京証券取引所に提出した。

③ 東京証券取引所は、Y1社の株式を「猶予期間入り銘柄」にするとともに、監理ポストに割り当てる旨、公表した。

④ 東京証券取引所は、Y1社が同取引所の上場廃止基準に該当するとして、同株式を上場廃止する旨を決定した。

⑤ Y1社の株式が上場廃止となった。

⑥ 当該虚偽記載の公表前にY1社の株式を取得したXらは、Yらが虚偽の有価証券報告書等を継続して提出して、その虚偽記載を訂正しなかったため、損害を被ったと主張して、

イ Y1社に対し、民法709条及び719条1項前段、又は平成17年法律第87号による旧商法261条3項・78条2項及び平成18年法律第50号による旧民法44条1項（会社法350条）に基づき、

ロ Y2社に対し、民法709条及び719条1項前段、又は民法719条2項及び1項前段、又は旧商法261条3項・78条2項及び旧民法44条1項（会社法350条）に基づき、

ハ Y3らに対し民法709条及び719条1項前段、又は平成16年法律第97号による旧証券取引法（金融商品取引法）24条の4・24条の5第5項・22条1項及び21条1項1号に基づき損害賠償請求訴訟を提起した。

－事件の経過－

S59.4〜H16.10 Y1社は、関東財務局長等に対し、A社が自社名義のほか個人名義でもY1社株式を有していた（いわゆる名義株）にもかかわらず、これを秘して、A社が保有するY1社株式を過少に記載した有価証券報告書等を提出。

H16.10.13 Y1社は、上記虚偽記載を訂正した旨の訂正報告書を東京証券取引所に提出。

H16.10.13 東京証券取引所は、Y1社株式は、少数特定者持株数が80％を超えており、同取引所の「株券上場廃止基準」に該当するため、同社株式

6 物流・交通

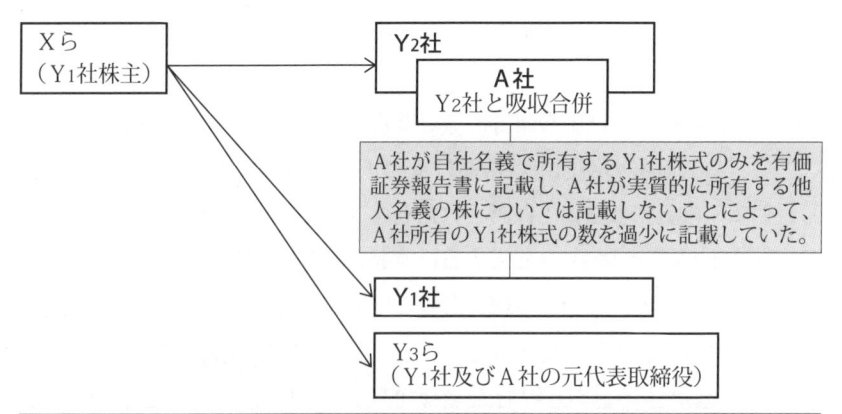

```
Xら                    Y₂社
（Y₁社株主）            ┌─────────────┐
                       │    A社      │
                       │Y₂社と吸収合併│
                       └─────────────┘
```

A社が自社名義で所有するY₁社株式のみを有価証券報告書に記載し、A社が実質的に所有する他人名義の株については記載しないことによって、A社所有のY₁社株式の数を過少に記載していた。

```
Y₁社

Y₃ら
（Y₁社及びA社の元代表取締役）
```

Y₁社が、同社の有価証券報告書に虚偽の記載をしていたため、当該株式が上場廃止に至ったことから、XらはY₁社、A社を吸収合併したY₂社及びY₃らに対して損害賠償請求訴訟を提訴した。

を「猶予期間入り銘柄」にすると共に、「財務諸表等虚偽記載基準」に該当するほか、「公益等保護基準」に該当するおそれがあるため、同社株式を監理ポストに割り当てることを決定。

H16.11.16 東京証券取引所は、Y₁社株式が上記「財務諸表等虚偽記載基準」及び「公益等保護基準」に該当するとして、同社株式の上場を平成16年12月17日付で廃止する旨を決定。

H16.12.17 Y₁社株式の上場廃止。Y₁社の上場廃止以降 Y₁社の株主が被告らに対して損害賠償を求めて提訴。

(参考)

Y₁社の株式の株価（1株当たり）の推移は下記のとおり。

H.16.10.13（有価証券報告書の虚偽記載が公表された日）1081円

H.16.11.16（上場廃止決定のあった日）268円

H.16.12.17（上場廃止による最終取引日）485円

3 裁判所の判断

(1) 有価証券報告書等は、容易かつ正確に発行会社や有価証券に関する情報を入手することのできる手段であり、また、個々の一般投資家が有価証券

報告書等に記載された情報を直接利用しなくても、その情報は株価等に反映される。

(2) そのため、有価証券報告書等の重要な事項について虚偽の記載をすることは、有価証券の流通市場における公正な価格形成及び円滑な取引を害し、個々の投資家の法律上保護された利益（有価証券報告書等の正確に記載に基づいて取引を行う利益）を侵害する行為といわなければならない。

(3) したがって、有価証券報告書等を提出する会社及び<u>当該会社の取締役は、有価証券報告書等の提出にあたり、その「重要な事項」について虚偽の記載がないように配慮すべき注意義務があり、これを怠ったために当該「重要な事項」に虚偽の記載があり、それにより当該会社が発行する有価証券を取得した者に損害が生じた場合には、当該会社及び当該取締役は、当該株式取得者が記載が虚偽であることを認識しながら当該有価証券を取得したなど特段の事情がない限り、不法行為による賠償責任を負う。</u>

(4) そして、株券上場廃止基準としての少数特定者持株数基準が設けられていることからすると、<u>A社が所有するY₁社株式の数の過少な記載は、前記「重要な事項」について虚偽の記載をしたものというべきである。</u>

4 判決の分析・解説

(1) 判決の分析

本判決は、組織ぐるみの不正事件として社会的に厳しい批判にさらされた事件を背景とする損害賠償請求事件であり、企業のコンプライアンスの徹底ないしモラルハザード防止の観点から参考にされるべきものである。

本判決は、有価証券報告書を提出する会社及び同社の取締役には、有価証券報告書の提出にあたり、虚偽の記載がないように配慮すべき注意義務があるという一般的な判断を示したうえで、本件虚偽記載がY₁社の株価に影響を与えることを十分に認識したうえで、あえて虚偽記載を継続していたと認められることから、虚偽記載を継続する行為は民法709条における不法行為に該当すると判断した。

なお、本訴訟の中には、個別銘柄を売買する個人投資家だけでなく、

TOPIXをベンチマークとしてインデックス運用をする機関投資家が原告となった訴訟もあった。この訴訟において、被告は、上記機関投資家は個別銘柄に着目していないため、法的保護に値しないと主張したが、裁判所は、上記投資家も株価変動結果を甘受すべき地位に立たされていたとはいえず法的保護に値するとして、Y側主張を斥けた。

(2) 判決がY3の責任を肯定するために考慮した事情

本判決においては、代表取締役Y3に関して、以下の事情を重視して不法行為責任を認めた。

① Y3は、A社がY1社の株式について他人名義株を保有していること、Y1社が有価証券報告書に記載するA社の保有株式数について、上記他人名義株を除外して過少に虚偽の記載をしていることを認識していた。

② Y3は、Y1社の代表取締役として、これらの虚偽記載を訂正し、公表するよう指示する等せず、漫然と上記他人名義株の維持・管理を認容していた。

③ Y3は、A社の代表取締役も兼任していたが、平成2年の旧証券取引法（現金融商品取引法）の改正により大量保有報告書の制度が導入され、上場会社の株式を50％を超えて所有する大株主に大量報告書の提出が義務付けられたことから、A社は、Y1社について大量保有報告書を提出したが、同報告書において、A社が所有するY1社の株式数を過小に記載し、その後も所有するY1社の株式数について訂正報告書を提出せず、名義株の公表もしなかった。

(3) 本件事案の特殊性

本件は、その全貌が明らかになっていないが、A社が上記虚偽記載を訂正する報告書を提出すると、非上場会社であるA社が上場会社のY1社の親会社であることが発覚してしまい、A社の財務状況を開示すべき要請が高まり、また金融機関への対応も必要となることをおそれ、長年にわたり虚偽の有価証券報告書を継続して提出していたという特殊性が認められる（東京地判平成21・3・31参照）。この点は、Y3の不法行為責任が比較的容易に認められた理由にもなっていると思われる。

(4) その他
① 本件に関する最高裁判決で示された損害論について

本件に関する最高裁判決（最判平成23・9・13）において、有価証券報告書の虚偽記載と相当因果関係のある損害については、
- イ　判決時において既に株式を処分している場合
    →取得価額と処分価額との差額
- ロ　判決時においても株式を保有し続けている場合
    →取得価額と事実審の口頭弁論終結時の株式市場価額（上場が廃止された場合においては、その非上場株式としての評価額）との差額

を基礎として、経済情勢、市場動向、当該会社の業績等当該虚偽記載に起因しない市場価額の下落分を上記差額から控除して、算定すべきとすることを明らかにした。

② 有価証券報告書等の「重要な事項」の虚偽記載について

本判決において、不法行為責任が認められる前提となる有価証券報告書等の虚偽記載は、「重要な事項」に限られる。これは、有価証券報告書等の虚偽記載により、株価の形成がゆがめられ、また真実が発覚した時に株価が変動するリスクの存在が認められた場合にのみ、その損害賠償責任を負担することになるとの考え方に基づくものといえる。したがって、「重要な事項」に該当する事実とは、上場廃止事由に該当する可能性のある事実など、その範囲は自ずと限定されるものといえよう（東京地判平成21・3・31参照）。

③ 他人名義株について

株券発行が原則であった旧商法と異なり、会社法改正によって株券不発行が原則となった。特に上場会社においては、すべての会社が株券不発行制度によって運用されることになったが、この株券不発行制度においては、株式管理は、振替口座簿によってなされるため、他人名義株は存在しないことになる（振替口座簿に記録されている者が株主となる）。

5 会社・役員の注意点・対応策

本件と同様の事態を防止するために、会社・取締役としては、以下のよう

な対応策を講ずることが考えられる。

(1) 株式事務に関する作業の専門機関への委託

本件虚偽記載が可能となった背景には、Y_1社自身が、株主名簿等の管理をしていたという事情がある。そのため、名義書換などの株式事務を自社で行っている場合には、情報開示の透明性を高めるためにも、株主名簿管理人を置くなどして、会社を第三者のチェックがなされる状態に置く必要がある。有価証券報告書等は会社の自己責任で金融庁に提出するものであり、証券取引所が事前のチェック等をするわけではないため、かかる株式事務の外部委託が1つの有用な方法といえる。

(2) 社内における内部監視システムの強化

株式事務管理等は、通常会社の総務部や法務部が担当することになると思われるが、部内でのチェック体制だけに任せることは不十分であり、社内における他部署等によるチェック体制を構築しておくことが必要である。例えば、企業倫理委員会や業務監査部を設置し、担当部署と取締役だけではなく、かかるチェック部門の決裁・確認等を通すプロセスを構築すること望ましいといえる。

(3) 中立公正な会計監査人の設置

本件において、Y_1社の決算監査は、2人の個人会計士が担当していたようである。

会社と十分なコミュニケーションをとり、信頼関係を築くことは、適正な監査を行うために必要なことではあるが、一方で、独立性が害され、会社と癒着関係にあることは防止しなければならない。そのため、複数の会計監査人を設置する、あるいは複数年ごとに主任監査人を変更することを検討すべきである。公認会計士法により、大規模監査法人の監査については、ローテーションルールが制定されているが、必ずしも大規模監査法人に限らず同様の措置が中小規模の監査法人や個人監査法人の監査においても必要と考える。

(4) 定期的な人事異動や強制的な連続休暇

会社の重要事項を取り扱う部署は、専門的知識が必要であり、担当者も長期にわたり同一案件を取り扱うことが業務効率の観点からも妥当であること

は否めない。しかし、本件だけでなくオリンパス事件などにも共通することであるが、同一の担当者が長期間にわたって同一業務を担当することは、隠ぺい等の不正の温床となっていることもまた事実である。

そのため、適切なジョブローテーションを実施し、担当者を一部でも交代させるとともに、担当者が長期にわたって休暇をとることなく業務を担当しているような場合には、その者に強制的に連続休暇をとらせることも必要と考えられる。このことによって、自身の担当業務を他の担当者が一時的に引き継がざるを得ないため、不正が見つかりやすく、また内部牽制につながるといえるからである。

CHECK LIST

- ☐ 株主名簿代理人が設置されている等、株式取扱いに関して、第三者のチェックがなされているか。
- ☐ 企業倫理委員会や業務監査部門等が設置されており、コンプライアンス体制を強化するための仕組みが整えられているか。
- ☐ 株主及び投資家に対して企業情報や経営戦略に関して適正な情報開示がなされているか。
- ☐ 財務諸表監査や内部統制監査に重点を置いた公認会計士等によるモニタリングや立入検査が実施されているか。会社から独立した監査人が選任されているか。
- ☐ 重要事項を取り扱う部署において定期的な異動が行われているか。
- ☐ 特定の担当者が連続して長期に渡って同一業務を担当していないか。担当している場合は、強制的に連続休暇をとらせるなどして、他の担当者のチェックがされているか。

(松下　翔)

7 エネルギー

★業界:電力
◆判断場面:外部への支出

42 原発の立地推進のために漁協に預託金支出をした行為につき取締役の責任が否定された事例－中部電力株主代表訴訟事件(名古屋高判平成11・11・17資料版商事法務189号247頁)(確定)

1 事案一覧表

原　　告 (控訴人)	株主ら19名(Xら)
被　　告 (被控訴人)	代表取締役社長(Y1)、代表取締役副社長4名(Y2～Y5)、常務取締役(Y6)、取締役(Y7)
責任を問われた内容	Yらが原発立地推進のために地元漁協に預託金2億円を支出した行為及び当該預託金の会計処理の方法
請　求　額 (請求内容)	金2億円
賠　償　額 (判決内容)	控訴棄却
その他参考事項	原審(名古屋地判平成10・3・19判例タイムズ987号236頁、判例時報1652号138頁、商事法務資料版169号123頁等)は、Xらの請求を棄却した。

7　エネルギー

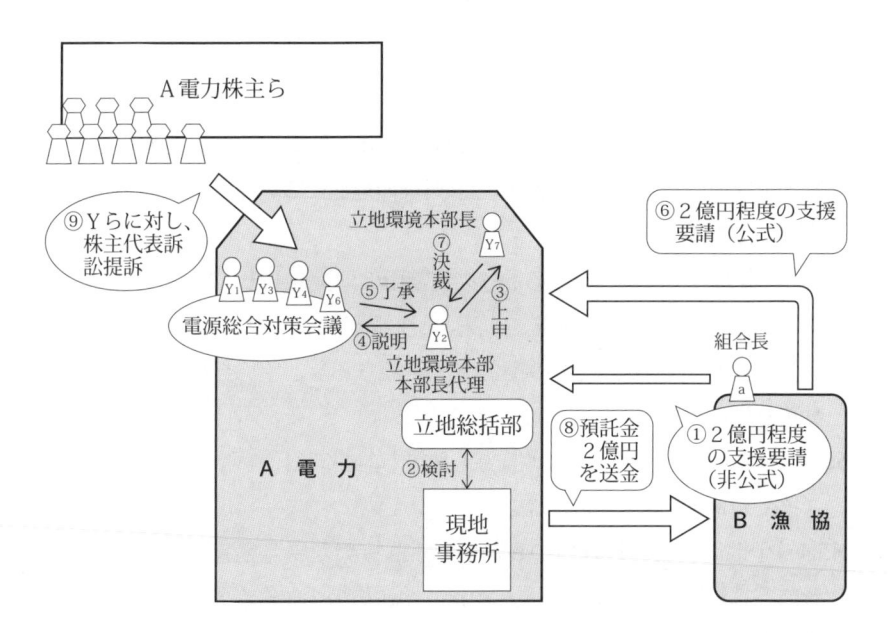

[図：A電力の組織と本件支出の流れ]
- A電力株主ら
- ⑨Yらに対し、株主代表訴訟提訴
- 立地環境本部長 Y7
- ⑦決裁
- ③上申
- ⑤了承
- Y1 Y3 Y4 Y6
- 電源総合対策会議
- ④説明 Y2
- 立地環境本部本部長代理
- ⑥2億円程度の支援要請（公式）
- 組合長 a
- 立地総括部
- ②検討
- ⑧預託金2億円を送金
- 現地事務所
- ①2億円程度の支援要請（非公式）
- A電力
- B漁協

2 事案の概略

①　電力会社A（以下「A電力」という）は、原発を建設するために必要な海洋調査を実施するため、調査対象地域に漁業権を持つ漁協の同意を得る必要があった。

②　原発建設予定地の甲地域に漁業権を持つ漁業協同組合（以下「B漁協」という）では経営悪化の改善が課題となっていたことから、財政健全化のため、B漁協は、A電力へ経済支援を求めた。

③　A電力は、将来、海洋調査が行われた場合における実害補償金の一部に充当することを条件として、B漁協の求めに応じ、2億円をB漁協へ預託した（以下「本件支出」という）。

④　A電力は、本件支出を甲地域における原発（以下「甲原発」という）の建設準備に要した費用として計上するとともに、電気料金算定の基礎となるレートベースには算入させないという会計処理をした。

⑤　Xらは、Yらに対し、上記③の2億円支出がYらの善管注意義務・忠実義務に違反しA電力に損害を与えたとして、旧商法267条・266条1項5

号（会社法847条・423条）に基づき当該損害を賠償するよう求め株主代表訴訟を提起した。

⑥　原審（名古屋地方裁判所）がＸらの請求を棄却したため、Ｘらは名古屋高等裁判所へ控訴し、上記④の会計処理の違法について主張を追加した。

－事件の経過－

S38　Ａ電力が甲地域における原子力発電所の建設を発表した。

S39.2　Ｂ漁協が原発反対決議、以来、反対派が大勢となった。

S60　三重県議会が原発立地調査推進を決議するなど甲原発推進に向けての動きが生じた。

S63　Ａ電力は、甲原発の立地推進を重要な経営方針としたが、地元住民による反対運動の動きもあった。

H5.4　甲地区の漁協権を持つＢ漁協に、はじめて原発推進派執行部が誕生した。Ｂ漁協では、養殖産業の低迷や組合員の漁業経営悪化等の改善が課題となっていた。

H5.7.26　Ｂ漁協理事会における外資導入の決議を受け、同漁協組合長ａ（以下「ａ組合長」という）が、Ａ電力に対し、Ｂ漁協へ３億5000万円の預金をするよう打診した。

H5.10.7　Ａ電力は、Ｂ漁協へ２億5000万円の預金をした。

H5.10上旬　Ａ電力は、原発推進の機運を壊さず、Ｂ漁協との関係を悪化させないよう、Ｂ漁協への支援策についての検討を開始した。

H5.11　Ａ電力は、Ｂ漁協への支援策として預託金方式を検討し、預託条件を以下のとおり整理した。

①　海洋調査の実害補償金の一部に相当する金員をＢ漁協に預託すること
②　預託金額は実害補償金の試算額を上回らないこと
③　実害補償金額の一部に充当されるものであること
④　預託期間は１年間とすること
⑤　預託期間内に実害補償金に充当できない場合には全額返済させること
⑥　返済方法はＢ漁協と協議すること

H5.12.3　Ｂ漁協理事会から経営打開策を一任されたａ組合長は、２億円程

度の支援を要請したい旨、非公式にＡ電力へ打診した。
H5.12.7　Ａ電力は、Ｂ漁協に対し、預託金方式であれば支援に応じられる見通しがついた旨連絡した。
H512.8　ａ組合長らは、Ａ電力に対し、２億円の支援を正式に要請した。
H5.12.15　Ａ電力とＢ漁協とは、上記預託に関する覚書を締結した。
H5.12.16　Ａ電力は、Ｂ漁協の口座へ２億円を振り込んだ（本件支出）。

3 裁判所の判断

(1) 本件支出への経営判断原則の適用の可否について

本件支出は、原発推進の観点からの必要性と回収可能性の観点からの許容性があるとの認識判断の下に経営上の判断として決まったものであるから、経営判断原則の適用がある。

(2) 本件支出したＹらの責任について

① 本件支出の目的について

本件支出は、原発立地の機運を壊さないようにするという目的の下になされたものであり、違法の点はなく、また、Ｂ漁協組合員の意思決定を歪める目的も認められない。

② 本件支出の前提事実の認識の誤り及び意思決定過程の不合理性が認められないこと

本件支出金額の決定、判断について、及び本件支出時における海洋調査実施の見込みの判断について、Ｙらにその前提となる事実の認識に誤りはない。そして、本件支出について、上記①に記載の目的の下に、当該海洋調査の見通しをもって支出金額を決定、判断した過程において、特に不合理、不適切なところはないから、Ｙらには、取締役としての善管注意義務違反ないし忠実義務の違反はないというべきである。

(3) ２億円の預託金の会計処理について

Ａ電力が整理した会計処理は、海洋調査の実害補償金に充当されることを前提にしており、電気事業法34条、電気事業会計規則３条及び旧商法32条（会社法431条）には違反しない。また、Ａ電力が、本件支出をレートベース

に算入せず、将来、原発建設計画が電源開発基本計画に組み入れられた以降の電気料金に反映させることとした措置は、会社及び株主の利益を損なうものではない。よって、Yらに善管注意義務・忠実義務違反はなく、原判決は相当である。

❹ 判決の分析・解説

(1) 本判決は、本件支出が、原発立地推進（必要性）と預託金回収可能性（許容性）があるとの認識判断の下に決定されたことから、経営判断原則が妥当するとした。そのうえで、その前提事実に誤りがなく、意思決定過程に不合理はないかという基準に上記認定事実を当てはめ、本件支出等には善管注意義務違反はないと判断したいわゆる事例判断である。

(2) しかし、担当取締役Y_7、最終決裁者たる取締役Y_2、その他の取締役とに視点を分けて分析すると、各役割を担う取締役としてはどのような行動をとったことが裁判所の評価対象となり、ひいて善管注意義務違反・忠実義務違反はないと判断されるのかを知るうえで参考になるように思われる。

① まず、Y_7のとった行動は以下のとおりである。

・海洋調査（原発建設に必要）実現の見通しと預託金保全の必要性を重点的に検討した。

・検討の結果、海洋調査実現はほぼ確実で、海洋調査による実害補償金がかかるから預託金の返還を求める可能性は低く、しかも預託金に見合う資産を有しているので保全措置は不要との結論に達した。

・a組合長から2億円程度の支援要請（非公式）を受けた後、実害補償額の試算を行ったうえで、海洋調査実現の見通しと預託金保全の必要性を再検討した。

・上記実害補償額を試算したところ、調査期間中の実害補償額が2億円を上回った。

・Y_2へ2億円の支援要請に応えられることを上申し、Y_2とともに海洋調査実現の見通しと預託金保全の必要性等を改めて検討した。

・電源総合対策会議において、B漁協への支援の内容、海洋調査実施の見

通し等を検討結果のとおり説明し、了承を受けた。
　つまり、Y7は、本件支出により見返りを得られることはほぼ確実であり、本件支出を保全する必要がないことまで詳細な試算結果に基づいて確認し、取締役会決議事項ではないもののY2の指示に従って主要な取締役らの参加する電源総合対策会議に報告し、了承を受けるなど、入念な準備を行ったうえで本件支出を行ったということができる。
　なお、本判決は、実害補償額の試算方法や内容についても詳細に認定している（海洋調査による魚類養殖への支障率約11％、一般漁業への支障率約6％とし、平均年間漁獲高や所得率は概ねB漁協の業務報告書によったこと等）。前提事実の認識に誤りがあるか否かを検討するために行ったものと考えられる。
　②　次に、Y2のとった行動は以下のとおりである。
　・現地事務所及び立地総括部の行った検討に随時参加し、検討事項等の指示をした。
　・Y7から、海洋調査実施の見通しと預託金保全の必要性等について上記上申を受け、協議検討した。
　・上記Y7との協議検討の結果、慎重を期し、電源総合対策会議にて社長以下に説明し意見を聞くようY7へ指示し、Y7とともに同会議に出席した。
　つまり、Y2は、受け身ではなく主体的に本件支出に向けた準備に参加し、電源総合対策会議から意見を得るよう指示するなど、重要な役割を果たしたということができる。
　③　そして、その他の取締役ら（Y1、Y2、Y4及びY6）のとった行動は以下のとおりである。
　・電源総合対策会議においてY7の上記説明を受け、海洋調査実施の見通しや預託案の詳細、預託金保全の必要性等について質疑応答のうえ、了承した。
　つまり、担当ないし決裁者でない取締役としては、正確な情報を得て論議を尽くしたうえで意見を述べれば足りるということができる。

5 会社・役員の注意点・対応策

(1) 担当取締役らについて

　会社が行った金員の支出についての取締役の責任は、当該支出が重要な経営方針を推進するための必要性からなされたと認められる限り、経営判断の原則の枠組みに従って判断される。

　したがって、金員の支出を行った前提事実に誤りがなく、その判断過程に企業経営者として特に不合理・不適切なところがない限り、当該支出を決定した取締役が善管注意義務・忠実義務に違反するものではないということになる。

　本件では、本件支出を決定したY_7は、本件支出の見返りである海洋調査の実現可能性及び支出金額の妥当性並びに回収可能性について多数回検討し、支出金額の妥当性については具体的なデータに基づいて詳細に試算している点等が参考となる。

　もっとも、取締役会設置会社の場合で、金員の支出が「重要な財産の処分」(会社法362条4項1号)等に当たるようなときには、当該決定を取締役に委任することはできないから、取締役会決議を経ていない場合の金員の支出は違法となる。「重要な財産の処分」に該当するかどうかは、金額の多寡だけで決まるものではなく、財産の価額、会社の総資産に占める割合、保有目的、処分の態様、従来の取扱い等の事情を総合的に考慮して判断されるものである。

　実務的には、取締役会規則等の内規において、取締役会に付議するべき行為態様、財産の種類、金額等の合理的な基準を定めておくことが望ましい。

(2) その他の取締役について

　金員の支出の判断過程が企業経営者として特に不合理・不適切であったとされないためには、取締役会を構成する個々の取締役においても、漫然と上程された金員の支出に賛成するのではなく、当該支出の必要性・許容性を検討し、担当者の調査結果や検討経過が妥当か否かを見極めなければならないし、判断するに足るだけの情報がないときには、情報の提供を求め、疑問

な点は納得できるまで質問をすることが必要となる。そのうえで、情報が不十分な場合や支出に賛成できない場合は、しっかりと反対意見を述べ、議事録にその旨を明記しておくべきである。

(3) 記録の保存

以上については、その前提事実に誤りがなく、判断過程に不合理・不適切なところがないことを明らかにできるよう、取締役会議事録を作成して議事の内容を記録するとともに、収集した情報、試算表、調査結果等の資料とともに保存しておくべきである。

CHECK LIST

- ☐ 金員の支出は、会社の重要な経営方針に沿った必要性から行われたものか。
- ☐ 金員の支出により期待できる利益は十分か。
- ☐ その利益の回収可能性は高いか。
- ☐ 利益の回収可能性が高くない場合に、保全措置がとれているか。
- ☐ 支出金額の妥当性につき、具体的な情報に基づいた試算を行ったか。
- ☐ 当該支出は、取締役の委任の範囲内又は取締役会の決議をとっているか。
- ☐ その他の取締役は、取締役又は関連会議において具体的な情報に基づき意見又は反対意見を述べたか。
- ☐ その他の取締役は、取締役会又は関連会議において、具体的な情報に基づき意見又は反対意見を述べたか。
- ☐ 上記検討や会議の経過を、事歴や会議の議事録等に記録し、収集した情報、試算表等とともに保存できているか。

(阿部貴之)

8

不動産

★業界：不動産賃貸斡旋

◆判断場面：組織変更関係、外部への支出

43 非上場会社の株式取得行為につき取締役の責任が否定された事例－アパマンショップ株主代表訴訟事件（最判平成22・7・15金融・商事判例1347号12頁）（破棄自判）

1 事案一覧表

原　告 （被上告人）	株主
被　告 （上告人）	代表取締役、取締役
責任を問われた内容	株式会社アパマンショップホールディングス（以下「A社」という）が、子会社の株主から子会社株式を1株当たり5万円で買い取ったことについて、取締役としての善管注意義務違反が問われた。
請　求　額 （請求内容）	1億3004万320円
賠　償　額 （判決内容）	請求棄却
その他参考事項	控訴審（東京高判平成20・10・29金融・商事判例1304号28頁）は、控訴人（原告、被上告人）請求額のうち、1億2640万円について一部認容。

- 398 -

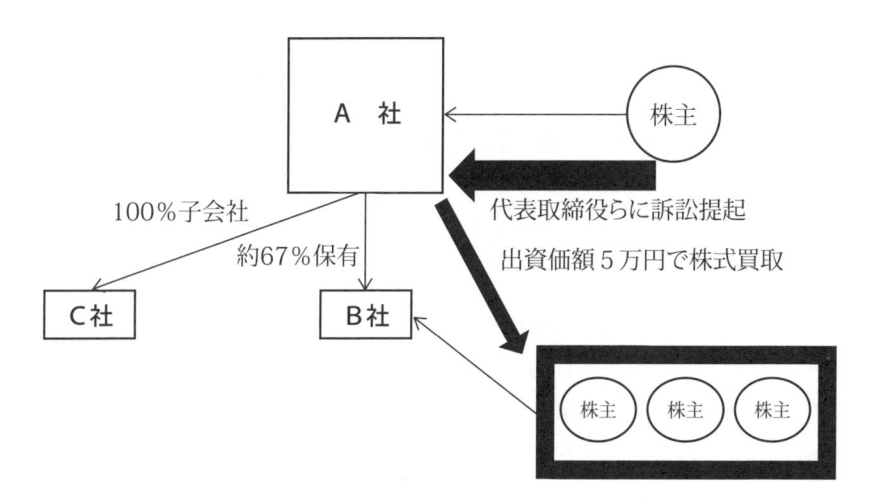

```
                                    株主
          A 社  ←――――――――――
                  ↑ ┃  代表取締役らに訴訟提起
  100％子会社   ↓ ┃  出資価額5万円で株式買取
          約67％保有
  ┌───┐       ┌───┐
  │C社│       │B社│←
  └───┘       └───┘  ┌─────────────┐
                        │ (株主)(株主)(株主) │
                        └─────────────┘
```

2 事案の概略

① A社は、経営会議において、グループの組織再編戦略の一環として、発行済株式のうち約67％を保有するB社（非上場会社）を、完全子会社のC社と合併することを前提に、B社株式の買取りを実施することを決定。

② A社は、上記決定を受けて、A社以外のB社株主のうち買取りに応じなかったD社を除く株主から、出資価格と同額の1株当たり5万円、総額1億5800万円で買取りを実施。

③ B社株式は、A社が実施するフランチャイズ事業の加盟店等が保有。

④ A社グループは、平成17年6月頃から、D社のグループ会社と紛争が生じ、複数の訴訟に発展していた。

⑤ A社は、B社を完全子会社化とするために後日実施を予定していた株式交換に備えて、外部専門家に対し、株式交換比率の算定を依頼していたが、監査法人による算定書では1株当たりの評価額は9709円とされ、投資銀行による算定書では類似会社比較法による1株当たりの株主資本価値は6561円～1万9090円とされていた。

⑥ A社の職務権限規程によれば、本件株式の買取りは社長の専権事項であったが、A社代表取締役Yの意向により、経営会議に諮ることになった。

⑦　A社代表取締役Yらは、一連の手法につき、外部の弁護士に対し、意見を求めたところ、基本的に経営判断の問題であり、法的な問題ではないこと、任意の買取りにおける価格設定は必要性とバランスの問題であり、合計金額もそれほど高額ではないから、A社の株主である重要な加盟店等との関係を良好に保つ必要性があるのであれば許容範囲である旨の回答を得た。

－事件の経過－

H18.5.11　A社は、経営会議において、B社株式について、1株当たり5万円で買取りを実施することを決定。

H18.6.9～6.29　B社株主のうち、1社を除く株主から買取実施。

H18.6.29　A社及びB社との間で株式交換契約を締結。

H18.8.4　A社株主Xが、A社監査役に対し提訴請求。その後、A社株主Xが、A社代表取締役Y₁らに対し、提訴。

H19.12.4　一審判決。

H20.10.29　控訴審判決。

3 裁判所の判断

　(1)　経営判断の原則について

　①　本件取引は、A社のグループの事業再編計画の一環として、B社をA社の完全子会社とする目的で行われたものであるところ、事業再編計画の策定は、完全子会社とすることのメリットの評価を含め、将来予測にわたる経営上の専門的判断に委ねられている。

　②　株式取得の方法や価格についても、取締役において、株式の評価額のほか、取得の必要性、A社の財務上の負担、株式の取得を円滑に進める必要性の程度等をも総合考慮して決定することができ、その決定の過程、内容に著しく不合理な点がない限り、取締役としての善管注意事務違反はない。

　(2)　本件事案について

　①　A社がB社の株式を任意の合意に基づいて買い取ることは、円滑に株式取得を進める方法として合理性があるというべきであるし、その買取価格についても、B社の設立から5年を経過しているに過ぎないことからすれ

ば、払込金額である 5 万円を基準とすることには、一般的に見て相応の合理性がないわけではない。

②　A社以外のB社の株主にはA社が事業の遂行上重要であると考えていた加盟店等が含まれており、買取りを円満に進めてそれらの加盟店等との友好関係を維持することが今後のA社及びその傘下のグループ各社の事業遂行のために有益であった。

③　非上場株式であるB社の株式の評価額には相当の幅があり、事業再編の効果によるB社の企業価値の増加も期待できた。

④　①〜③を踏まえると、買取価格を 1 株当たり 5 万円と決定したことが著しく不合理であるとはいい難い。

⑤　本件取引については、A社及びその参加のグループ企業各社の全般的な経営方針等を協議する機関である経営会議において検討され、弁護士の意見も聴取されるなどの手続が履践されているのであって、その決定過程にも、何ら不合理な点は見当たらない。

⑥　④⑤から、本件決定についてのYらの判断は、A社の取締役の判断として著しく不合理なものということはできないから、Yらが、A社の取締役としての善管注意義務に違反したということはできない。

4 判決の分析・解説

(1) 判決の位置付け

本判決は、最高裁が、民事責任に関し、はじめて経営判断の原則についての判断基準を明らかにし、そのうえで事案における取締役としての善管注意義務違反を否定したものである。

本判決に対しては、最高裁が取締役の経営上の判断及びそれに基づく行為についての善管注意義務違反が問題となった場合に、義務違反の判断をより抑制的な立場をとることを示したものと評価する見解もあるが、他方で、非上場会社の株式を加盟店等から当初の出資価額で買い取ったという事案の特殊性に鑑み、その射程を限定的に捉える見解もある。

(2) 本判決が結論を導くうえで重視した事情

① 決定の内容について

本判決は、事業再編計画の一環としての非上場株式の取得行為について、「B社の株式の評価額には相当の幅があり、事業再編の効果によるB社の企業価値の増加も期待できた」ことを前提としつつ、特に本件では、B社の株主にはA社が展開するフランチャイズ事業の加盟店が多く含まれていたことから、「買取りを円満に進めてそれらの加盟店等との友好関係を維持することが今後のA社及びその傘下のグループ各社の事業遂行のために有益であった」とし、出資価額である5万円を買取価格と設定したことに著しく不合理な点はないと認定した。

② 決定の過程について

次いで、本判決は、「A社及びその参加のグループ企業各社の全般的な経営方針等を協議する機関である経営会議において検討され、弁護士の意見も聴取されるなどの手続が履践されている」としたうえで、決定の過程についても不合理な点はないと認定した。

5 会社・役員の注意点・対応策

事業再編計画の一環としての非上場株式の取得行為について、取締役の経営判断に相応の裁量が認められたことは本判決において示されているが、非上場会社の株式を取得するに際し、取締役が当該金額で取得することについて一定の合理的な説明ができない場合には善管注意義務違反を問われる可能性があることに留意する必要がある。

したがって、取締役が非上場株式の取得について経営判断する際には、株式の評価額、株式取得の必要性、株式の取得を円滑に進める必要性の程度、株式取得行為に要する財務上の負担等を踏まえて、当該取得価格による取得の一応の合理性について、取締役会や経営会議の場において、事前に調査・検討しておくことが望ましい。なお、本判決では言及されていないが、A社の職務権限規程によれば、本件株式の買取りは代表取締役社長Yの専権事項であったが、Yの意向により、経営会議に諮ることになったとのことであ

り、取締役の善管注意義務が問題となりうる経営判断の場面においては、より慎重な意思決定手続を志向するものとして参考になろう。

　また、その際には、弁護士や会計士等の専門家に対する意見聴取も、取締役の経営判断に至る過程の合理性を裏付ける要素として考慮されるので、有益である。

CHECK LIST

内容について

●**株式の評価額**
- □ 外部専門家に依頼する等して、当該株式の評価額を算定したか。
- □ 買取価格はどのように設定したか。

●**取得の必要性**
- □ 株式取得の必要性は何か。
- □ 株式取得を円滑に進める必要性があるか。あるとしてどの程度か。

●**財務上の負担**
- □ 株式取得行為に要するコストはどの程度か。

過程について

●**手続**
- □ 取締役会や経営会議などで審議・検討されているか。
- □ 弁護士や会計士等の外部専門家に意見聴取はしているか。

（三澤　智）

★業界：建物総合管理
◆判断場面：役職員・グループ会社に対する監視・監督、労務管理、不祥事対応

44 代表取締役が従業員からのセクハラ被害の申立に対して十分な調査も適切な措置もとらなかったことにつき責任が認められた事例－建物総合管理会社事件（大阪地判平成21・10・16裁判所ウェブサイト掲載判例）（確定）

1 事案一覧表

原　　告	X：元従業員
被　　告	Y1社：会社、Y2：従業員（業務責任者）、ほか1名
責任を問われた内容	Y1社、Y2：Y2のセクシュアルハラスメント（以下「セクハラ」という）による不法行為・使用者責任 Y1社：代表者がY2の社内でのY2のセクハラを放置した不作為責任
請　求　額 （請求内容）	Y1社：910万4760円（Y2らとそれぞれ360万4760円の限度で連帯） Y2：360万4760円
賠　償　額 （判決内容）	Y1社：88万円（Y2と55万円の限度で連帯） Y2：55万円
その他参考事項	Y2に対する賠償額88万円のうち33万円はセクハラを放置した不作為による損害部分である（弁護士費用相当額1割を含む）

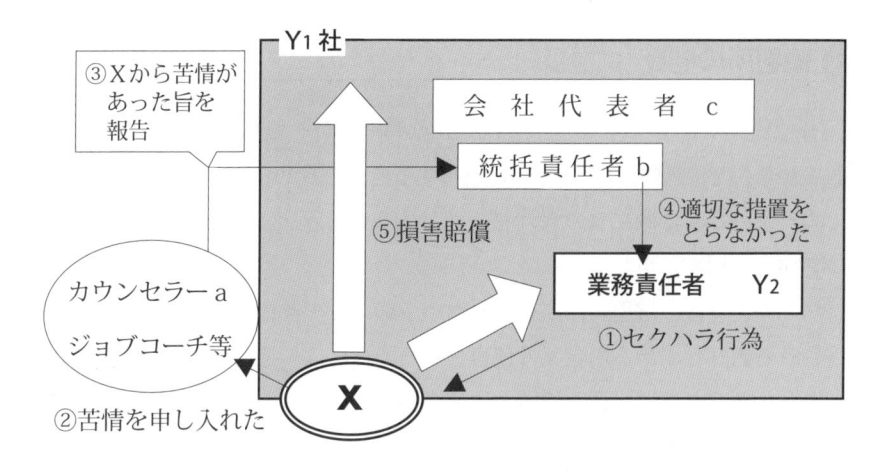

```
③Xから苦情が     Y₁社
  あった旨を                会 社 代 表 者 c
  報告
                        統括責任者b      ④適切な措置を
                ⑤損害賠償              とらなかった
                                業務責任者    Y₂
  カウンセラーa
  ジョブコーチ等                        ①セクハラ行為
                        X
  ②苦情を申し入れた
```

2 事案の概略

① X及びY₂は、Y₁社に勤める従業員であり、Y₂は業務責任者としてXの上司であった者である。

② Y₂は、平成19年3月頃、勤務中に、Xの背後から身体を密着させたり、Xの腰から臀部付近にかけて触るといったセクハラを行った。

③ Xは、就労支援等を行うジョブコーチ等に上記②の行為に対する苦情、相談を行った。その報告を聞いたカウンセラーaは、Y₁社の統括責任者bに、Xから苦情があった旨を伝えた。

④ bは、平成19年4月18日、Xとその父親に対し、セクハラと捉えられることがあったことを認めて謝罪し、Y₂に注意して再発を防止することを約束した。

⑤ Xは、しばらく勤務を続けた後、平成19年10月19日に自殺を図って入院し、その後休職扱いとなった。

⑥ Xは、Y₂のセクハラにより休職を余儀なくされたと主張し、Y₂に対する民法709条に基づく損害賠償、Y₁社に対する民法715条1項又は会社法350条に基づく損害賠償などをそれぞれ求めて提訴した（その後、Xは平成21年8月31日付けでY₁社を退職した）。

3 裁判所の判断

① Y2のXに対するセクハラは、勤務時間中に、職場で行われたものであるから、Y2の職務と密接な関連を有するものと認めるのが相当である。

② よって、これによりXが被った損害は、Y2がY1社の事業の執行について加えた損害に当たる。

③ 使用者は、被用者に対し、セクハラによって被用者の人格的利益が侵害される蓋然性がある場合又は侵害された場合には、その侵害の発生又は拡大を防止するために必要な措置を迅速かつ適切に講じるべき作為義務を負っている。

XがY1社に対し本件セクハラを訴えたにもかかわらず、bは、Y2から簡単な事情聴取をしただけで、セクハラの存否を確認しないまま、Y2に対しセクハラと誤解を受けるような行為をしないように注意したに過ぎない。

Y1社代表者cは、bらの担当者に対し、本件セクハラについて十分な調査を尽くさせないまま、適切な措置を執らなかったことが認められるのであって、cのこのような対応は、上記作為義務に違反するものといわなければならない。

そして、Xは、cのこのような対応によって、セクハラが生じた職場環境に放置され、人格的利益の侵害を被ったことが容易に認められる。

Y1社は、会社法350条に基づき、cの上記対応（作為義務違反）によってXが被った損害を賠償する責任がある。

4 判決の分析・解説

(1) 本判決の特徴は、社内で発生したセクハラ行為の使用者責任とは別に、会社代表者がセクハラについての十分な調査や適切な措置をとらなかったという不作為を重視して、会社に会社法350条に基づく損害賠償責任を認めた点にある。

(2) 本判決について、使用者責任とは別に損害賠償責任を認めたことの適否については議論の余地があるだろうが、使用者である会社は、社内のセク

ハラによる侵害発生又は拡大を防止する義務を負っているのであるから、セクハラの報告があれば十分な調査を尽くし、適切な措置をとる必要があることは明らかである。

(3) 本判決の構造を前提にすれば、社内で発生したセクハラに対し、適切な措置をとらなかった代表取締役自身も会社法429条又は民法709条による損害賠償責任を負う可能性があろう。

5 会社・役員の注意点・対応策

会社及び取締役がとるべき適切な措置とは、社内のセクハラ発生を防止するための事前予防措置と万一発生してしまった場合に拡大を防止するための事後対応措置に分けて考えることができる。

(1) 事前予防措置 ～社内でセクハラを発生させないために～

① 従業員の意識啓発

管理職や従業員に対し、どういった行為がセクハラとなるのかを周知し、セクハラは社内から排斥されるべきであるという意識を社内で共有することが一番の防止策となる。

そのための方法としては、会社が就業規則の服務規律にセクハラ防止義務を具体的に規定し、その違反を懲戒事由として定めることが考えられる。そのうえで、定期的に講習会や研修等を実施する、社内報で注意を呼びかけるといった体制をとることも必要となろう。

② 相談窓口の設置などの職場環境整備

社内でセクハラが発生した場合に、会社が迅速に対応するためには、その事実を速やかに把握できる体制が必要となる。

そのための方法としては、会社が相談窓口を設置し、その存在を従業員に周知することが考えられる。その相談窓口は、被害者が安心して相談できるよう、プライバシー・秘密を厳守する必要もあろう。

また、同僚や部下に遅刻・欠勤が増えたり、ミスが増える等の変化があった場合に周りの従業員が気を配れるような職場環境作りをすることも、社内問題の早期発見につながる。

(2) 事後対応措置　〜社内でセクハラが発生したら〜
① 公平・迅速な調査の実施
　会社は、セクハラ発生の報告があった場合にはその事実の確認をしなければならない。
　そのためには、当事者双方のみならず、目撃者等の関係者からも事情聴取を実施する必要がある。
② 配置転換等の措置
　イ　トラブル拡大防止のためには、場合によって当事者の配置転換も検討する。ただし、一方当事者の懲罰的異動にならないよう注意が必要となる。
　ロ　セクハラ等の問題が確認された場合には、加害従業員に対して注意・指導を行う。行為が悪質な場合には、懲戒処分も検討する。
　ハ　被害従業員に対しては、調査結果を報告するだけでなく、加害従業員とともに謝罪する等の精神的負荷を和らげる措置を執ることも検討する。本判決では、Y_2がXに直接謝罪していないことも慰謝料算定理由の1つに挙げられている。
③ その他
　イ　被害従業員がメンタルヘルス不調を発症した場合には、症状が悪化しないように産業医の受診を勧めることも検討する。症状如何によって、被害従業員の就業が難しいときは、休職させるといったことも検討せざるを得ない。業務上の傷病の場合には解雇制限があることを忘れてはならない（労働基準法19条1項）。
　ロ　問題が生じた原因を究明し、再発防止策を策定する。

CHECK LIST

事前予防措置

- ☐ 就業規則等にセクハラ防止の規定を設けているか。
- ☐ 従業員の意識啓発のために研修等を実施しているか。
- ☐ 相談窓口を設置して、各従業員に相談窓口の存在を周知しているか。
- ☐ 従業員の変化、健康状態にも気を配れる職場環境づくりができているか。

事後対応措置

- ☐ 当事者、関係者からの聴き取りなど、公平迅速な調査を実施したか。
- ☐ 配置転換等の措置をとったか。
- ☐ 加害従業員に対する指導・注意・処分等の措置を講じたか。
- ☐ 被害従業員に対する調査結果の説明、謝罪やメンタルヘルスの専門家対応等の精神面のケア等の措置を講じたか。
- ☐ 再発防止策を策定したか。

(岸本寛之)

★業界：不動産コンサルティング
◆判断場面：正しい情報開示

45 資金調達直後に調達額と同額の金銭を調達元に支払うスワップ契約を締結していた点を開示せず資金調達の事実のみを開示した行為につき取締役の責任が認められた事例－アーバンコーポレイション事件（最判平成24・12・21金融・商事判例1413号24頁）（破棄差戻し）

1 事案一覧表

原　　告 （被上告人）	個人投資家（X）
被　　告 （上告人）	株式会社アーバンコーポレイション（Y）
責任を問われた内容	資金調達時の開示に際しての臨時報告書・有価証券報告書の虚偽記載等を理由とする金融商品取引法（以下「金商法」という）21条の2に基づく損害賠償責任
請　求　額 （請求内容）	41万850円
賠　償　額 （判決内容）	破棄差戻し
その他参考事項	同種事案の東京地判平成24・6・22金融・商事判例1397号30頁では、Yの元代表取締役ら8名に対し、総額3億3032万3180円の賠償を命じる判決が下された。

8 不動産

不動産コンサルティング

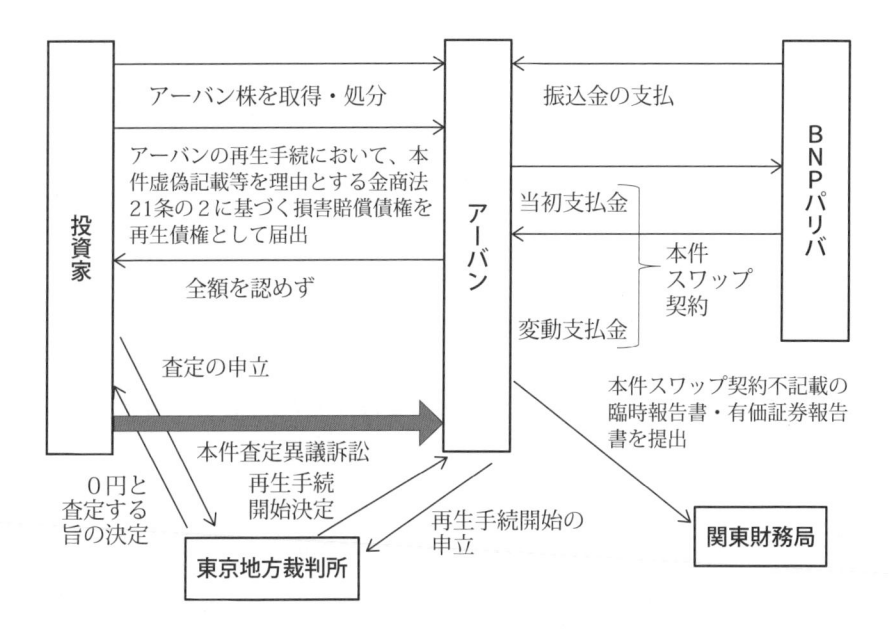

2 事案の概略

① 不動産に関するコンサルティング業務等を目的とする株式会社であるYは、その事業資金を金融機関からの借入金で調達していたが、不動産投資市場の冷え込み等により金融機関の不動産業界に対する融資姿勢が厳格化したため、新たな借入や借換えが困難となった。

② Yは、平成20年5月末頃から再生手続開始の申立等について検討するようになったが、メリルリンチ（以下「A」という）がYに対する株式の公開買付（以下「TOB」という）を実施することが見込まれるようになり、Yは、再生手続開始の申立の検討を一旦中止した。

③ Yは、さらに資金調達を図るため、BNPパリバ（以下「B」という）に発行総額を300億円とする転換社債型新株予約権付社債（以下「本件CB」という）を発行することとし、平成20年6月26日に取締役会においてその旨の決議をしたうえで、同年7月11日、本件CBを発行し、Bから払込金の支払を受けた。

④ 併せて、Yは、平成20年6月26日及び同年7月8日、Bとの間で、

-411-

要旨、(イ) Ｙが、同月11日、Ｂに対し、当初支払金として300億円を支払い、(ロ) Ｂが、同年６月27日から平成22年７月７日までの間を計算期間として、Ｙに対し、Ｙ株の平均市場価格に応じて計算された金額を変動支払金として支払う内容の契約（以下、併せて「本件スワップ契約」という）を締結した。

⑤　Ｙが平成20年６月26日に関東財務局長に提出し、公衆の縦覧に供された本件ＣＢ発行に係る臨時報告書（以下「本件臨時報告書」という）には、本件ＣＢの「手取金の使途」として、「本件取引により調達する資金につきましては、財務基盤の安定性確保に向けた短期借入金を始めとする債務の返済に使用する予定です。」とのみ記載されていた。本件ＣＢの発行による払込金が本件スワップ契約における当初支払金に充てられることは記載されていなかったし、本件スワップ契約の存在そのものについても何ら記載されていなかった。

⑥　Ｙが平成20年６月30日に関東財務局長に提出し、公衆の縦覧に供された有価証券報告書（以下「本件有価証券報告書」という）にも、本件ＣＢの発行の「資金の使途」として、「債務の返済」とのみ記載されており、本件スワップ契約については何ら記載されていなかった（以下、本件臨時報告書及び本件有価証券報告書における上記の内容の記載等を「本件各記載等」又は「本件虚偽記載等」という）。

⑦　Ａは、平成20年８月６日、Ｙに対し、ＴＯＢの実施を見送る旨通知した。

⑧　Ｙは、平成20年８月13日、関東財務局長に対し、本件臨時報告書の訂正報告書を提出したうえ、本件虚偽記載等の事実を公表するとともに、本件スワップ契約により58億円の営業外損失が発生したことを公表した（以下、Ｙが本件虚偽記載等の事実を公表した日を「本件公表日」という）。

⑨　併せて、Ｙは、平成20年８月13日、東京地方裁判所に再生手続開始の申立をして（以下「本件再生申立」という）、その旨を公表し、同月18日、再生手続開始の決定を受けた。

⑩　Ｙ株は、本件公表日の平成20年８月13日には、その市場価格が62円

（終値）であったが、翌日以降大幅に値下がりし、同年9月14日、上場廃止となった。

⑪　Xは、平成20年8月12日に3200株を22万800円で、同月13日に100株を6800円で購入し、本件公表日後の同月15日、上記3300株を2万9700円で売却した。

⑫　Xは、平成20年9月10日、Yの再生手続において、本件虚偽記載等を理由とする金融商品取引法（以下「金商法」という）21条の2に基づく損害賠償債権及びその不履行による損害金債権につき、再生債権として、その額を41万850円とする届出をしたが（以下、この届出に係る債権を「本件債権」と総称する）、Yは、その全額を認めなかった。

⑬　Xが査定の申立をしたところ、東京地方裁判所は、平成21年3月27日、本件債権につき、その額を0円と査定する旨の決定をしたため、Xは、これを不服として本件訴えを提起した。

－事件の経過－

H20.6.26　Yは、本件ＣＢを、Bを割当先として発行。

H20.6.26　Yは、Bとの間で本件スワップ契約を締結し、本件ＣＢの払込金の全額を本件スワップ契約の当初支払に充当。

H20.6.26　Yは、本件臨時報告書を関東財務局長に提出。

H20.6.30　Yは、本件有価証券報告書を関東財務局長に提出。

H20.8.12　Xは、Y株3200株を購入。

H20.8.13　Xは、Y株100株を購入。

H20.8.13　Yは、関東財務局長に対し、本件臨時報告書の訂正報告書を提出したうえ、本件虚偽記載等の事実を公表するとともに、本件スワップ契約により58億円の営業外損失が発生したことを公表。

H20.8.15　Xは、Y株3300株を売却。

H20.8.18　Yに対し再生手続開始決定。

H20.9.10　Xは、Yの再生手続において、本件虚偽記載等を理由とする金商法21条の2に基づく損害賠償債権及びその不履行による損害金債権につき、再生債権届出。

H20.9.14　Y株が上場廃止。
H21.3.27　Xの査定申立に対し、東京地方裁判所は、本件債権につき、その額を0円と査定する旨の決定。
H22.3.9　原々審（一審）判決（2割免責）。
H22.11.24　原審（控訴審）判決（減額を否定）。

3 裁判所の判断

①　金商法21条の2第4項及び5項にいう「虚偽記載等によつて生ずべき当該有価証券の値下り」とは、当該虚偽記載等と相当因果関係のある値下がりをいう。

②　本件公表日後1箇月間に生じたY株の値下がりは、本件虚偽記載等の事実と本件再生申立の事実があいまって生じたものであり、かつ、本件再生申立による値下がりが本件虚偽記載等と相当因果関係のある値下がりということはできないから、本件再生申立による値下がりについては、本件虚偽記載等と相当因果関係のある値下がり以外の事情により生じたものとして、金商法21条の2第4項又は5項の規定によって減額すべきものである。

③　Y株の値下がりによってXが受けた損害の一部には、本件虚偽記載等と相当因果関係のある値下がり以外の事情により生じたものが含まれているというべきであるのに、これを否定して、Xが受けた損害の全部が本件虚偽記載等により生じたものであるとして、金商法21条の2第4項又は5項の規定による減額を否定した原審の判断には、判決に影響を及ぼすことが明らかな法令の違反がある。

4 判決の分析・解説

（1）　判決の分析

本件においては、ライブドア事件（最判平成24・3・13民集66巻5号1957頁）で定立された前記3①の規範を前提として、本件再生申立による値下がりが、金商法21条の2第4項及び5項にいう「虚偽記載等によって生ずべき当該有価証券の値下り」、すなわち、当該虚偽記載等と相当因果関係のあ

る値下がりといえるか否かが争点となった。

　この本件の争点に対して、原審（東京高判平成22・11・24金融・商事判例1409号25頁）は、本件再生申立は、本件虚偽記載等の事実の公表に伴って必然的にとらなければならない対応であったとしていたが、本最高裁判決は、本件再生申立による値下がりは本件虚偽記載等と相当因果関係のある値下がりということはできないとした。

　具体的には、須藤正彦裁判官の補足意見に詳細に説明されており、本件臨時報告書、本件有価証券報告書提出の頃も、Ｙは、経営難に陥ってはいたが、Ａとの業務・資本提携などの対応策が実行の途次にあり、かつ、この後にその一部の実行をみたもので、その意味で事業の継続に著しい支障を来すという状態にあったというわけではないから、破綻状態に至っていたということはできなかったとして、経営難と経営破綻とを区別すべきとし、本件再生申立による株価の値下がりを、本件虚偽記載等と相当因果関係のある値下がり以外の事情により生じたものとした。

(2) 判決が会社の責任を認定するために重視した事情

　会社の責任を認定するためには、本件各記載等が金商法21条の2第1項にいう「虚偽記載等」に該当することが前提となるが、本最高裁判決はこの点について改めて判断していない。この点を事実認定の問題として、「原審の確定した事実関係の概要」の中で、本件各記載等が金商法21条の2第1項にいう「虚偽記載等」に該当することを前提として、前記(1)の損害論に入っている。

　本件各記載等の「虚偽記載等」への該当性については、原々審（東京地判平成22・3・9金融・商事判例1409号32頁）において詳細に検討されている。すなわち、①払込金300億円がそのままＹの資金繰りに寄与するわけではないことや、②本件各記載等が、株主、債権者及び投資家等に対し、本件ＣＢの発行により、割当先であるＢから払込を受けて、300億円の全額に近い金額がＹの短期借入金債務等の返済に充てられ、これによりＹの財務状況が大幅に改善されるとの誤解を生じさせるに足りることが重視されている。

(3) 本判決の特色

本件訴訟は、投資家が再生債権の届出査定に対する異議を申し立てたという訴訟形態ではあるものの、争点として金商法21条の2に基づく損害賠償請求権の有無・範囲が争われたという意味においては、ライブドア事件や西武鉄道事件（最判平成23・9・13民集65巻6号2511頁）と争点が共通し、臨時報告書・有価証券報告書への記載の要否・程度を検討するための重要なリーディング・ケースといえる。

特にライブドア事件や西武鉄道事件に比べれば、本件は「虚偽記載等」該当性の判断に争いが生じうる事例であったことから、今後、増加が見込まれる金商法21条の2に基づく損害賠償請求事件の検討にあたって大いに参考になる。

また、ライブドア事件においては「虚偽記載等」の発覚が経営破綻への発端となったのに対し、本件においては逆に、経営破綻への懸念が「虚偽記載等」に先行したという点に違いがある。

5 会社・役員の注意点・対応策

(1) 記載の要否・程度を検討する際一般の注意点・対応策

抽象論とはなるが、本件（同種事件を含む）から得られる教訓としては、役員や実務担当者として臨時報告書や有価証券報告書などへの記載の要否・程度に迷った場合には、次の観点から検討すべきという点である。

① 株主、債権者、投資家等の利害関係人の合理的な投融資、権利行使等の判断に影響を与える重要な事項を開示しているか

② 株主、債権者、投資家等の利害関係人が合理的な投融資、権利行使等の判断をするに際して重要な事実について誤解を生じさせていないか

この際、可能であれば、非開示とする予定の事実をも開示した場合に株価が変動するかどうかについて、自社又は他社において類似又は関連する事実が過去に開示又は非開示とされた際などの株価動向を分析・検討することが望ましい。そして、証券会社等の第三者的専門家に対し、このような分析・検討を委託することも検討に値する。また、分析・検討の内容・結果、及び

合理的な検討過程を経て開示・非開示の判断に至った過程を証拠化しておくことが望ましい。

(2) 資金調達時の開示における注意点・対応策

加えて、資金調達時の開示という側面に着目した場合、後記「CHECK LIST」の「資金調達時の開示に関する項目」に掲げた項目もチェックすることが望ましい。

会社の信用維持、経営破綻の回避、秘密保持、相場操縦行為等の禁止（金商法159条）など、様々な異なる観点からの要請もあることから、開示の要否・程度について、実務上は、極めて困難な判断を迫られることになる。しかし、上場会社として資本市場から資金調達することができるという便益を享受している以上は、金融商品の公正な価格形成を図り資本市場の機能を十全に発揮させるよう（金商法1条）、できる限り適時かつ公正かつ詳細な開示を行うよう努めるべきであると考える。

CHECK LIST

臨時報告書・有価証券報告書への記載の要否・程度を検討する際一般に関する項目

- ☐ 株主、債権者、投資家等の利害関係人の合理的な投融資、権利行使等の判断に影響を与える重要な事項を開示しているか。
- ☐ 株主、債権者、投資家等の利害関係人が合理的な投融資、権利行使等の判断をするに際して重要な事実について誤解を生じさせない配慮をしているか。
- ☐ 非開示とする予定の事実をも開示した場合に株価が変動するかどうかについて、自社又は他社において類似又は関連する事実が過去に開示又は非開示とされた際などの株価動向を分析・検討したか。
- ☐ 証券会社等の第三者的専門家に対し、このような分析・検討を委託することを検討したか。
- ☐ 分析・検討の内容・結果、及び合理的な検討過程を経て開示・非開

示の判断に至った過程を証拠化したか。

資金調達時の開示に関する項目

☐ 資金調達すると開示した金額がそのまま会社の資金繰りに寄与するかどうかを検討したか。

☐ 新株発行や社債発行などの手段と一体として見るべき取引（スワップ契約など）を非開示としていないかどうかを検討したか。

☐ 株価動向次第では、会社が開示した金額全額を資金調達することができないということにはならないかどうかを検討したか。

☐ 資金調達する金額を使用できる時期が開示事項と異ならないかどうかを検討したか。

☐ 株主、債権者、投資家等の利害関係人に対し、資金調達の成功により会社の財務状況が大幅に改善されるとの誤解を生じさせないかどうかを検討したか。

☐ 資金調達の手段について、普通株式の新株発行や社債発行などの通常の手段からかけ離れ、資本市場から、異常な手段によってしか資金調達ができなくなっているとの評価がされ、資金繰りに対する懸念を生じさせないかどうかを検討したか。

（鳥越雅文）

9

商社・卸売業

★業界：商社
◆判断場面：融資（貸付、社債引受け）

46 ゴルフ場の建設・運営会社に対して多額の融資を行ったことにつき取締役の責任が認められた事例－イトマン事件（大阪地判平成13・12・5金融・商事判例1139号15頁）（確定）

❶ 事案一覧表

原　告	X社（平成5年6月30日にイトマン株式会社（以下「Z社という」）を吸収合併。Z社から訴訟承継）
被　告	Y（融資当時のZ社代表取締役）
責任を問われた内容	融資にあたって、適切な事前調査等により融資先の信用状態を的確に把握し、十分な担保を徴求するなどの措置を講ずべきであったのにこれを怠った善管注意義務違反
請求額 （請求内容）	20億円
賠償額 （判決内容）	20億円
その他参考事項	Z社からは、当時、本件融資以外にも多額の資金が流出したものとされているところ、1991年に、Y、Z社元常務i、会社役員kなど6名が商法上の特別背任罪で起訴され、2005年に全被告の刑が確定した（Yが懲役7年、iが懲役10年、kが懲役7年6

9　商社・卸売業

商社

| 罰金5億円の刑を受けた)。 |

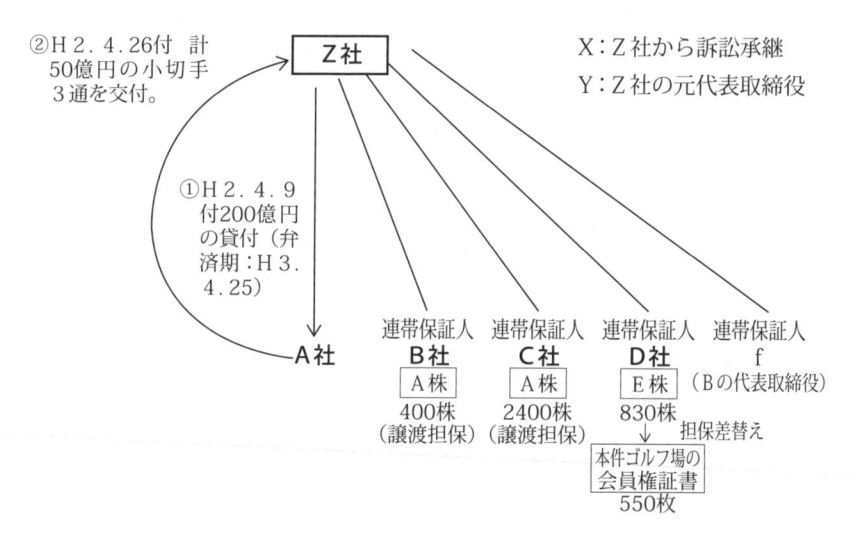

②H2.4.26付 計50億円の小切手3通を交付。

Z社

X：Z社から訴訟承継
Y：Z社の元代表取締役

①H2.4.9付200億円の貸付（弁済期：H3.4.25)

A社

連帯保証人　B社　A株　400株（譲渡担保）

連帯保証人　C社　A株　2400株（譲渡担保）

連帯保証人　D社　E株　830株　→　担保差替え　本件ゴルフ場の会員権証書　550枚

連帯保証人　f（Bの代表取締役）

2 事案の概略

①　Z社が、平成2年4月9日、A社との間で、金銭消費貸借契約（200億円の貸付等。弁済期は平成3年4月25日。以下「本件融資」という）及び根抵当権設定契約（A社が建設を進めていた鹿児島県のゴルフ場用地（以下、「本件ゴルフ場用地」という。）につき、極度額230億円で設定）を締結した。

②　Z社が、本件融資に基づき、A社に200億円を貸し付けた。

③　A社が弁済期（平成3年4月25日）を徒過した（以降もまったく弁済せず）。

④　平成5年2月9日、Z社は、Yに対し、旧商法254条3項（会社法330条）、旧商法266条（会社法423条）に基づき、20億円の損害の賠償を求める訴訟を提起した。

―事件の経過―

S63.5　A社が本件ゴルフ場用地に第1順位の根抵当権を設定。

S63.11　会社役員kが買収交渉の結果、A社を実質的に経営する体制を確立。

― 421 ―

H1.1.30及びH1.4.28 A社が本件ゴルフ場用地に第２順位の根抵当権を設定。

H1.9.25 A社が本件ゴルフ場用地に第３順位の根抵当権を設定。

H2.3 ｋは、Ｄ社名義で、Ｎ社代表取締役との間で、Ｅ社の株式約830万株を124億円で一括購入する旨の協定書を締結した。そこでｋは、当時Ｚ社の企画管理本部本部長であったｉに対し、Ｅ社の株式830万株の購入資金として140億円の融資を申し入れた。

H2.3.28頃 Ｚ社内部で本件融資に関する打ち合わせ（Ｙ出席）。

H2.4.9 Ｚ社が、Ａ社との間で、金銭消費貸借契約（200億円の貸付等）及び根抵当権設定契約（第４順位）を締結。

　　同日　Ｚ社が、Ｂ社、Ｃ社及びＤ社との間で、本件融資に基づくＡ社の債務について保証契約（Ｂ社、Ｃ社及びＤ社は連帯してＡ社を保証。Ｂ社はＡ社の株式400株を、Ｃ社はＡ社の株式2400株をそれぞれＡ社の債務を担保するために譲渡。Ｄ社は、Ｅ社の株式830万株をＡ社の債務を担保するために譲渡）を締結（なお、Ｂ社、Ｃ社、Ｄ社はｋが会長を務める企業グループ傘下の会社）。

　　同日　Ｚ社が、Ａ社との間で企画委任契約を締結。

H2.4.11 Ｚ社が、本件融資に基づき、Ａ社に200億円を貸し付け（うち124億円については、Ｎ社代表取締役名義の口座に振込送金にて交付）。

H2.4.16 Ｚ社において、新たな決済システム（不動産開発事業に関する５億円を超える融資については社長決裁が必要であり、10億円以上の社外貸付金については取締役会の付議事項とされるというもの）の実施。

H2.4.17 Ｙが条件付きで本件融資の申請を可とする決裁。

H2.4.26 Ｚ社がＡ社に対して交付した小切手３通のうち、金額30億円の小切手については本件企画委任契約に基づく企画料として、金額19億円の小切手については本件融資に基づく前受利息として、いずれもＡ社がＺ社名義の銀行口座に振り込み、金額１億円の小切手については消費税分としてＺ社が預かった。

H2.8.6 Ｂ社の代表取締役ｆが、Ｚ社との間で、Ａ社の債務について、200

9 商社・卸売業

億円を限度として連帯保証契約を締結。

H2.10 新しい決裁システムに則り、E社の株式が本件融資の担保から解放され、代わりに本件ゴルフ場の会員権証書合計550枚（券面額合計200億円）が本件融資の担保として差し入れられた。

H2.10.31 Z社の取締役会において、本件融資が他の融資案件と一括して付議され、承認された。

H3.9.9 本件ゴルフ場用地の不動産競売に基づく配当実施（Z社に対する配当は0円）。

H4.12.25 Z社は、G社に対し、本件融資金債権（残元本170億円及びこれに附帯する債権）を、7億1000万円で譲渡（なお、本件融資金につき、Z社が担保等から回収した額は、合計約4億1240円）。

H5.2.26 A社に破産宣告。

3 裁判所の判断

① Yは、平成2年3月28日頃、従業員に対し、本件融資の実行を指示し、同年4月17日、「限度決裁書・審査所見書」の決裁をしており、本件融資は、Yの決裁に基づいて行われた。

② Z社のA社に対する本件融資は、本件ゴルフ場の営業により得られる収益を返済原資とするものではなく、Z社において本件ゴルフ場の会員を募集し、ゴルフ会員権を販売することによって得られる販売代金を返済原資とするものであったが、本件ゴルフ場の会員権の販売見込み価格は、総額で200億円を上回ることがないうえ、販売代金は、まずもって本件ゴルフ場の開設に伴う債務を完済することに充てなければならず、せいぜい20億円程度しか本件融資の返済資金に充てる余地がなかったから、本件融資は、当初から、予定された返済を受けることが不可能であるという不正常な取引だった。

③ Z社が本件融資に当たり取得した担保には、高く見積もっても合計約64億円程度の担保価値しか認められず、大幅な担保不足の状況にあったから、本件融資は、当初から、担保権を実行したとしても貸付金の大部分を回

収することが不可能であるという異例の取引だった。

④　Yは、本件融資の申請が担当者から決済システムに従って上がってくる前に、ⅰらとの協議の結果、本件融資の実行を指示しているのであり、担当者の調査検討の結果を踏まえた申請を検討してこれを決裁したものではない。

⑤　Yは、本件融資の実行を指示するにあたって、本件ゴルフ場の会員権の販売見込み価格、本件融資にあたり徴求する担保の評価等につき、Z社社内において検討することを指示することも、検討結果を聴取することもなかった。

⑥　以上によれば、Yは、本件融資による貸付金額が200億円という多額であるにもかかわらず、貸付金の返済を確実に受け、あるいは、回収を確実に行うために必要な調査・検討を自ら行うことも、また、担当の取締役及び従業員に指示をして行わせてその結果の報告を受けることもなく、漫然と、上記貸付の決裁を行ったものであるから、少なくとも、取締役としての善管注意義務に違反したことは明らかである。

4 判決の分析・解説

(1)　判決の分析

本件は、事業会社がグループ企業ではない企業に対し行った融資に関して、取締役の責任が問われたという、比較的数の少ない事例に属するものであるところ（銀行による融資について商法266条（会社法423条）に基づく取締役の責任が追及された事例として、中京銀行事件判決（名古屋地判平成9・1・20金融・商事判例1012号14頁）が、グループ企業に対する融資について同様に取締役の責任が追及された事例として、東京都観光汽船事件判決（東京地判平成7・10・26金融・商事判例981号31頁）がある）、取締役の「経営判断の原則」の裁量の範囲内か否かについては論じられることなく、Yの責任が認められた。

これは、判示のとおり、本件融資が当初から予定された返済を受けることが不可能であるという不正常な取引であり、しかも、大幅な担保不足の状況

にあったから、担保権を実行したとしても貸付金の大部分を回収することが不可能であるという異例な取引であったためである。

(2) 判決が取締役の責任を認定するために重視した事情

本判決は、本件融資に際しての調査・検討等の状況や本件融資の実行状況等を認定する前提として、以下に示すとおり、本件ゴルフ場の会員権の販売見込価格や本件融資の担保価値等の各点ごとに事実認定を行っている。

① 本件ゴルフ場の会員権の販売見込価格等について

イ　Z社でゴルフ会員権の販売業務に携わっていた従業員らが、本件融資前の時点で、本件ゴルフ場の会員権の販売見込価格を最も高くても200億円であると述べているから、同価格は総額で200億円を上回ることはないものと評価するのが相当である。

ロ　本件ゴルフ場の会員権が仮に200億円という高値で販売できたとしても、その売却代金はまず、本件ゴルフ場のコース、管理センター、クラブハウス等の工事代金等（合計約180億2659万5000円）の返済に充てられ、本件融資の返済資金にはその残金しか充てることができなかったものと認められる。

② 本件融資の担保の価値について

イ　不動産鑑定士の鑑定書によれば、本件ゴルフ場用地の平成2年4月1日当時の正常価格は33億5912万5000円であると認められるところ、本件ゴルフ場用地には、本件融資当時、第1順位から第3順位までの先順位根抵当権（極度額合計131億円）が設定されており、その被担保債権の合計額は99億7200万円であったと認められるから、本件融資当時、本件ゴルフ場用地には本件融資のための担保価値はなかったものと認められる。

ロ　E社の株式価格は、同社が上場後も不安定な推移を示しており、平成2年4月当時の830万株の時価総額は約83億円にとどまるものと認められる。そして、株式の担保価値を評価するにあたっては、一般に、値下がりする危険性を勘案しなければならないこと、加えて、大量の株式を一時期に市場で売却しようとすると価格が暴落する可能性が高いこと等を考慮すると、E社の株式の担保価値は、平成2年4月当時、時価総額の7割程度である約

60億円を超えることはないものと認められる。
　ハ　B社、C社、D社がいずれもKが会長を務める企業グループの傘下の企業であり、fはBの代表取締役であること、平成元年当時、上記企業グループが80億円ないし90億円の負債を抱えていたこと、B社及びC社が毎期赤字の会社であり、D社がペーパーカンパニーであったこと等の諸事情によれば、本件融資に当たり連帯保証をしたB社、C社、D社及びfには、本件融資を弁済すべき資力がなかったものと推認することができる。

5 会社・役員の注意点・対応策

　本件は、経営判断の原則を論じるまでもなく取締役の責任が肯定されたという特殊な事案についての判断ではあるものの、事業会社がグループ企業ではない企業に対して融資を行った際の取締役の責任が問われたものとして参考になる。
　融資の回収可能性と取締役の善管注意義務の間には、子会社に対する救済融資のように、両者間に緊密な関係が認められるほど、取締役の裁量の範囲が広く認められる傾向があるが（田代有嗣「親会社取締役の子会社破綻責任」別冊商事法務185号102頁等）、融資を主要な業務とする金融機関の場合や、事業会社がグループ外の企業に対して融資を行う場合など、取締役の融資判断には様々な局面がありうる。その際、善管注意義務違反が問われる場面の多くは、「経営判断の原則」の名の下に判断される取締役の裁量権の逸脱・濫用の有無により決せられるのであるから、局面に応じて裁判所が考慮する事情の範囲には、事案の性質ごとにおのずと差異が生じるように思われる。

CHECK LIST

取締役の融資判断に関する項目

☐ 融資金の使途や融資先の経営状況など、融資の判断材料となる事情を事前に調査・検討したか。

☐ 融資金の回収可能性を調査・検討したうえで、適正・妥当な担保価値の把握に努めたか。

☐ 融資判断につき必要な調査・検討を担当の取締役及び従業員に指示し、その結果の報告を受けたか。

☐ 融資の決裁システムが適正に機能しているか(決裁システムを潜脱する例外的な取扱いが認められていないか)。

☐ 融資の是非を判断するに際し、自社の業務における融資業務の位置付けや融資先と自社との関係性などを考慮したか。

(小野田峻)

★業界：商社
◆判断場面：内部管理体制構築、役職員・グループ会社に対する監視・監督、他社対応

47　従業員がカルテルに関与したことにつき取締役・監査役の責任が否定された事例－三菱商事株主代表訴訟事件（東京地判平成16・5・20判例時報1871号125頁）（控訴棄却・確定）

1 事案一覧表

原　　告	株主
被　　告	取締役・監査役86名及び取締役・監査役であった者の遺族10名
責任を問われた内容	善管注意義務違反 ① 監督義務違反の有無 ② 法令遵守体制構築義務違反の有無
請　求　額 （請求内容）	400万ドル～1億9900万米ドル
賠　償　額 （判決内容）	請求棄却
その他参考事項	平成17年1月19日控訴棄却、上告されず確定。

2 事案の概略

①　三菱商事（以下「A社」という）は、平成3年2月黒鉛電極事業へ参入し、平成7年1月に撤退した。

9 商社・卸売業

黒鉛電極事業

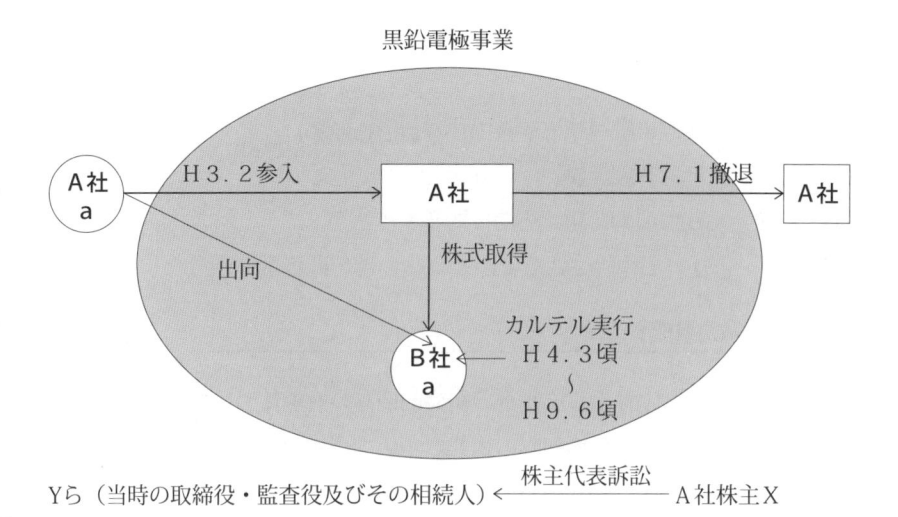

```
A社 ─H3.2参入→ A社 ─H7.1撤退→ A社
 a                │
  ╲               │株式取得
   ╲出向          ↓
    ╲          B社 ← カルテル実行
              a     H4.3頃
                    〜
                    H9.6頃
```

Yら（当時の取締役・監査役及びその相続人） ←株主代表訴訟─ A社株主X

② ①と前後して、欧米及び日本の黒鉛電極メーカーは黒鉛電極価格の引き上げ等に関するカルテルを行った（以下「本件カルテル」という）。

③ A社は、本件カルテルを教唆・幇助したとして、米国ペンシルバニア州東部地区連邦地方裁判所において有罪の評決を受け、米国司法省との間で1億3400万ドルの罰金を支払うこと等を内容とする量刑合意を行ったほか、米国において黒鉛電極の購入業者から損害賠償請求を提起され、和解金4500万ドルを支払った。

④ A社の株主であるXらは、本件カルテルに関する罰金、和解金、各事件の弁護士費用につき、本件カルテルの期間中に取締役又は監査役であった者（及びその相続人ら。以下「Yら」という）に対し、A社に損害を賠償することを求める株主代表訴訟を提起（旧商法266条・267、会社法423条1項・847条）した。なお、A社はYらに補助参加している。

―事件の経過―

H3.2 A社が黒鉛電極事業へ参入。

H4.3頃 本件カルテル開始。

H4.5 A社からB社に出向していたaがカルテルに参加。

H5.11 aがA社復職後、引き続きカルテルに参加。

H7.1　　A社がB社の全株式を売却。
H9.6頃　　カルテル終了。
H12.1.19　A社が米国連邦大陪審により起訴される。
H13.2.12　A社に有罪評決。
H13.4.19　A社が量刑合意、その後罰金を支払う。
H14年頃　A社が損害賠償請求事件で和解金を支払う。

3 裁判所の判断

① A社による本件カルテルへの組織的関与の有無について

本件カルテル及びA社の関与の様態について詳細な事実認定を行ったうえで、A社の組織的関与を認めるに足る証拠はないとした。

② Yらの監督義務違反の有無

「Yらの大多数及びその相続人らとの関係では、そもそも主張自体が失当であるというべきである。」

Yらのうち、aの直属の上司や担当部門の本部長を務めていた者（以下「Y₁Y₂」という）のみについて見ても、Y₁Y₂が「本件カルテルの存在及びAの関与を認識することが可能であったと認めるに足る証拠はないというべきであって、Yらに対する善管注意義務違反の主張も理由がない。」

③ A社の法令遵守体制構築義務違反の有無

「Xらは、……①A社の法令遵守体制についての具体的な不備、②本来構築されるべき体制の具体的な内容、③これを構築することによる本件結果（A社による本件カルテルの関与）の回避可能性について何らの具体的主張を行わないから、……Xらの法令遵守体制構築義務違反の主張は理由がない。」

4 判決の分析・解説

(1) 判決の分析

カルテルの教唆・幇助を行ったとして米国で起訴された日本企業が、陪審裁判によって有罪評決を受けて罰金刑に服したものの、それが量刑合意（sentencing agreement）に基づくものであって会社自身は刑事責任を自認し

ていない場合に、当該会社の取締役は旧商法266条1項5号に基づく損害賠償責任を負うか。

本件の争点は、本件カルテルについてのYらの善管注意義務違反の有無であり、その判断にあたって裁判所は、①A社による本件カルテルへの組織的関与の有無、②Yらの監督義務違反の有無、③A社の法令遵守体制構築義務違反の有無の3点を判断している。

① **A社による本件カルテルへの組織的関与の有無について**

この点につき裁判所は、「補助参加人（※著者注　A社を指す。以下単にA社という）が本件カルテルを教唆・幇助したとの起訴事実について罪とする陪審評決が、だれのいかなる行為をもってA社の違法行為と認めたのか、これについてA社の組織的関与を認めたのか、あるいは表見的責任を認めたに過ぎないのかは不明であるといわざるを得ない。」と述べ、改めて本件カルテル及びA社の関与の様態について詳細な事実認定を行ったうえで、M社の組織的関与を認めるに足る証拠はないとした。

具体的には、裁判所は、A社による本件カルテルへの組織的関与を否定する事実として5つの事実（下記イ～ホ）を挙げている。これらの事実は、1つ1つをとってみれば、その事実が直ちに組織的関与を否定するとまでは言い切れない。しかしながら、証拠として提出されたA社の内部資料にも、取締役が本件カルテルに関与したことはおろか、その存在を知っていたことをうかがわせる記載はなかった。そうだとすれば、5つの事実を総合して、いわば「合わせ技で1本」といった形でA社による組織的な関与を否定する判断は妥当だと思われる。

イ　平成4年夏以降、B社株式を売却するとの方向転換を図ったこと（仮にA社が本件カルテルの形成に関わっていたのならば、カルテルによる価格引上げにより中長期的な利益の獲得が見込まれる状況になっていたのに、かかる方向転換を行うのは不合理）

ロ　平成4年夏以降平成6年初めにかけて、B社のCEOで本件カルテルの中心人物の更迭を画策していること（仮にA社が本件カルテルに関与していたならば、カルテルの維持や秘密の保持の観点から本件カルテルの中心

人物であったBの更迭をちゅうちょするはず）
ハ　A社は、B社株式を売却した際、B社株主は法令に違反していない旨の表明保証を行っていること
ニ　A社は、本件カルテルの継続中に、保有する株式のすべてを売却していること
ホ　A社は、手数料引上げ等のコミッション減少に対する対策を講じていなかったこと（カルテルにより黒鉛電極価格が上昇したり、日本における黒鉛生産量が減少すれば、仲介取引を行うA社はコミッションの減少に直面するはず）

② Yらの監督義務違反の有無

Xらは、裁判所の再三にわたる釈明にもかかわらず、各Yの業務分担や担当部署をまったく無視して、専ら取締役あるいは監査役であったことのみを根拠として善管注意義務違反を主張するのみで、Yらの善管注意義務違反の内容を、その根拠となる違法行為の予見可能性及び回避可能性を具体的に特定したうえで主張しなかった。

そのため、裁判所の判断が上記のような内容となるのは、当然といえる。

③ A社の法令遵守体制構築義務違反

そもそも、法令遵守体制を含む内部統制システムの内容は、会社の業種や規模に応じて構築されるべきものであり、「リスクが現実化して惹起する様々な事件事故の経験の蓄積とリスク管理に関する研究の進展により充実していくもの」（大阪地判平成12・9・20［大和銀行事件］）である。

したがって、法令遵守体制構築義務違反の判断にあたっては、当該違法行為当時の法令遵守体制が、当時の企業経営組織の水準に照らして不適切であったかどうかという観点から検討すべきである。

本裁判例が、判断基準として①法令遵守体制についての具体的な不備、②本来構築されるべき体制の具体的な内容、③これを構築することによる結果の回避可能性を挙げるのは、このような観点に基づくものといえる。

(2) 判決が取締役の責任を認定（本件では否定）するために重視した事情

① 従業員に対する監督義務違反について

従業員に対する監督義務違反については、善管注意義務違反の根拠となる違法行為の予見可能性及び回避可能性を具体的に特定して主張するべきであるにもかかわらず、そのような主張がなされていなかったこと。

② 法令遵守体制構築義務違反について、

法令遵守体制構築義務違反については、抽象的に法令遵守体制の構築義務の不履行を主張するのみでは足りず、①Ａ社の法令遵守体制についての具体的な不備、②本来構築されるべき体制の具体的な内容、③これを構築することによる従業員の違法行為の回避可能性について、具体的に主張立証を行わなければならないにもかかわらず、そのような主張立証がなされていなかったこと。

5 会社・役員の注意点・対応策

(1) 法令遵守義務違反について

本件Ａ社の法令遵守体制は以下のような状況であったことが、Ａ社の提出した証拠で示されている。

① 業務マニュアルの制定

Ａ社の設立当時から法令遵守をうたった綱領があり、それを具体化した行動基準が全役職員に周知されていたこと、取引基本規定には取引に先立ち関係法令等を確認することが規定されており、これを具体的な場面に適用するための業務マニュアルが制定されていたこと、そのほか「わが社の企業理念と行動基準について」と題する役員宛通知、役職員行動規範、「わが社の行動基準について」と題する通知、「新入社員ハンドブック」、業務マニュアル一覧表、文書課ジャーナル、法務ジャーナル等を発行していたこと。

② 法務部門の充実

Ａ社の法務部は1990年代前半には30人を超え、他の大企業と比較しても遜色のないものであったこと。

③ 従業員に対する法令遵守教育の実施

独占禁止法に関する講習会などが実施されていたこと。

これらについて、裁判例は上記のとおり、「北米に進出する企業として、独占禁止法の遵守を含めた法令遵守体制をひととおり構築していた……」と認定している。

しかし上記のとおり、法令遵守体制を含む内部統制システムの内容は、会社の業種や規模に応じて構築されるべきものであり、「リスクが現実化して惹起する様々な事件事故の経験の蓄積とリスク管理に関する研究の進展により充実していくもの」(大阪地判平成12・9・20[大和銀行事件])であり、不断の見直しが不可欠である(志谷匡史「取締役の内部統制構築・運用責任―最判21年7月9日を素材に」月刊監査役561号8頁)。

したがって、法令遵守体制構築義務違反を理由とした善管注意義務違反を回避するには、これこれの法令遵守体制を構築すれば十分、といった答え(到達点)は、一義的に導き出せるものではない。各会社の業種や規模、それまでの事件事故の経験に応じて「できること」をする以外に道はないものと思われる。

(2) **監督義務違反について**

本裁判例では、善管注意義務違反の有無に際しては、法令遵守体制構築義務違反の有無のみならず、監督義務違反の有無を判断している。

すなわち、たとえ社内に一通りの内部統制システムが構築されていたとしても、個々の取締役において従業員の不正行為について疑念をさしはさむべき特段の事情を認識していたのであれば、その者は合理的な調査を行い、必要があれば是正装置を講じなければ、やはり善管注意義務違反になる可能性がある点に注意を要する。

9　商社・卸売業

CHECK LIST

法令遵守体制構築義務違反に関する項目

☐ 会社の業種や規模に応じた法令遵守体制が構築されているか。

☐ 法令遵守体制を定期的に見直しているか。

☐ リスクが現実化したことによって起きる事件・事故の経験をもとに、法令遵守体制の改善を行っているか。

監督義務違反に関する項目

☐ 個々の取締役において、従業員の不正行為の疑念をさしはさむべき特段の事情を認識していたか。

☐ 上記の認識があった取締役は、合理的な調査を行い、必要があれば是正装置を講じたか。

（生　和泉）

★業界：商社
◆判断場面：新株発行・自己株売却

48 取締役に対する自己株式の売却につき取締役の責任が否定された事例－高千穂電気株主代表訴訟事件（東京地判平成20・1・17判例時報2012号117頁、判例タイムズ1269号260頁）（一部訴え却下、一部請求棄却、控訴棄却・確定）

1 事案一覧表

原　　告	高千穂電気株式会社(以下「A社」という)株主(総務・法務・経理担当の元従業員)
被　　告	A社株式取得者であるA社代表取締役Y1 取引当時の他の取締役9名
責任を問われた内容	（代表）取締役に対する自己株式の売却における取締役らの善管注意義務・忠実義務違反（手続違反及び廉価売買）
請　求　額 （請求内容）	1　主位的請求（売却が手続上無効であることを前提に） Y1に対し 本件取得株式に係る株券の引渡し（予備的に同株式の時価相当額24億2915万3972円支払） Y1を含めた被告全員に対し 本件取得株式の配当金相当額(1億7919万3161円) 2　予備的請求（売却が有効であることを前提に）

商社

	Y₁を含めた被告全員に対し 平成12年3月29日時点の売買価額と適正価額との差額及び配当金相当額（合計5億1935万2627円） 又は 平成11年9月21日時点の売買価額と適正価額との差額（10億8468万8597円）
賠　償　額 （判決内容）	株券引渡請求：訴え却下 それ以外：いずれも請求棄却

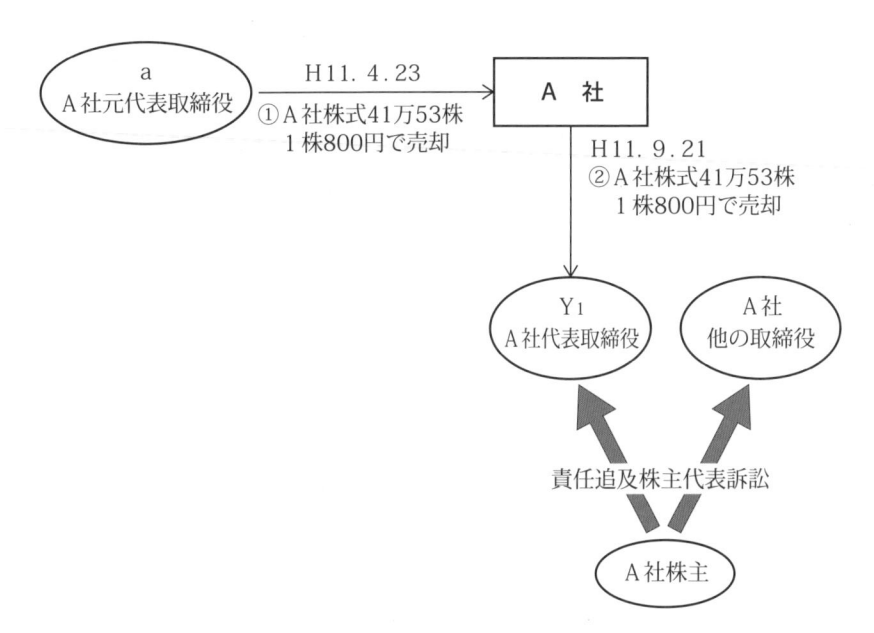

```
    a                  H11.4.23
A社元代表取締役  ─────────────→   A 社
                  ①A社株式41万53株
                   1株800円で売却
                                      H11.9.21
                                    ②A社株式41万53株
                                     1株800円で売却
                                            ↓
                      Y₁              A社
                  A社代表取締役      他の取締役
                        ↖          ↗
                         責任追及株主代表訴訟
                              ↑
                            A社株主
```

2 事案の概略

①　A社は、電気絶縁材料等の販売及び製造、加工等を目的とする株式会社であり、平成11年度当時の資本金1億8000万円、発行済株式総数360万株で、株式譲渡につき取締役会承認を要する株式譲渡制限会社。

②　A社の平成11年度当時の株主は、A社役員、同族関係者、持株会及びメインバンクのみ。

-437-

③　A社は、A社元代表取締役aから自己株式取得後、自己株式の早期処分のため、A社現代表取締役Y1に対し、同株式を1株当たり800円で売却。

④　A社元従業員であるA社株主が、A社監査役に対し、同売却に関し、①利益相反取引における取締役会の承認がないこと及び②廉価売却による取締役の責任追及を求める提訴請求をしたが、A社提訴せず。

そこで、平成17年8月25日、A社株主（以下「X」という）は、Y1らA社取締役10名に対し、旧商法266条（会社法423条）に基づき、A社に対する損害賠償を求める株主代表訴訟を提起。

―事件の経過―

H11.3.1　A社元代表取締役aが、A社に対し、C社へのA社株式譲渡承認を請求。

H11.3.10　A社は、当該譲渡承認を拒絶し、A社自身を株式譲受人に指定。

H11.4.23　A社は、aから、a保有の甲社株式41万53株を1株800円（代金合計3億2804万2400円）で買取り。

H11.8　Y1は、同株式（自己株式）の早期かつ適正処分のため、同族関係者全員に1株800円での買取りを打診するも応諾者がなく、Y1自身が買い取る方向に。

H11.9.21　A社取締役会において、同株式を買取時と同額でY1に売却することを、Y1を除く取締役全員で承認（原告はこの事実を否認）。

Y1は買受けを表明し、株式売買契約締結。

H12.3.30　約定どおり、Y1は株式売買代金を支払。

H16.12.27　A社株主がA社監査役に提訴請求。

H17.8.25　本件株主代表訴訟提起。

3 裁判所の判断

(1)　株券引渡請求について

株主代表訴訟の対象は、法が取締役の責任として特に定めたものに限られ、また条文上、金銭賠償のみ予定しているから、株券引渡しは株主代表訴訟で請求できない。したがって、株券引渡請求部分は不適法な訴えであり、

(2) 提訴請求書の記載の程度

（Yらが、本件訴訟での請求には提訴請求書に記載がない事項も含まれており、提訴請求を経ない不適法な訴えに当たると主張したことに対して）提訴請求書の記載は、会社がいかなる事実・事項について責任追及を求められているのか判断できる程度に特定されていれば足りる。

本件提訴請求書には、配当金相当額の損害に関する具体的記載はないものの、①本件A社株式売買が取締役会の承認を欠く利益相反取引としてY1との間では無効であること、②当該株式はA社が所有していること及び、③XとしてはA社に対し、利益相反取引により生じた損害についてYらに責任追及するよう求める旨の各記載がある。また、A社としては、Y1に対し配当金支払がされていると認識していた。

そうすると、A社としては、本件売買が無効であれば本来支払う必要のなかった配当金相当額を損害として責任追及するように（提訴請求者であるA社株主から）求められていたことは、容易に判断できた。

また、④提訴請求書中の「極めて低廉な価格で41万余株もの貴社株式を取得し、上場後、莫大な利益を得るとともに、会社ひいては会社所有者たる株主に重大な損害を与えたものである。」との記載から、A社としては、本件売買自体や取締役会の承認の存否のみならず、本件売買価額が適正価額だったかどうかも調査が求められているというべきである。そして、調査の結果、廉価売買だと判明すれば、廉価売買についてのYらに対する責任追及も（提訴請求者であるA社株主から）求められていることも容易に判断できた。

したがって、本件訴訟での請求内容は、いずれも提訴請求書の記載により会社に対して責任追及を求められていた事項に当たるから、提訴請求を経た適法な訴えである。

(3) 利益相反取引について取締役会の承認を経たか否か（事実認定）

確かに平成11年9月21日開催の取締役会議事録が作成されたのは平成12年4月以降と認定できるが、利益相反取引についての取締役会の承認自体は

存在し、本件自己株式売却はその取締役会と同日に行われたものであるとして、Xの主張を排斥。

(4) 本件自己株式売却価額が廉価といえるか否か

判決では、まず本件自己株式売却に関する事情を次のとおり認定した。

① A社は、本件自己株式売却時である平成11年9月当時、株式公開準備中の会社とはいえず、また、株式公開会社に準じた会社ともいえない。

② そして、実質的には元代表取締役Bから現代表取締役Y_1に本件株式が売却されたと同様の取引であると考えられるとしたうえで、最終的に平成11年9月30日時点でのA社株式1株当たりの時価を424円とした税理士法人作成の意見書について、評価の前提となる事実、評価の基礎なる数値や、その計算過程に誤りがあるとは認められず、他の公認会計士作成の意見書並びにA社の自己株式取得及び処分に関する事実経過とも齟齬がないことなどを併せ考慮すると、内容は合理性があり、正当なものであるというべきである。

③ A社が自己株式取得した際の1株当たりの買取価額800円は、税理士作成に係る株式評価を参考に協議のうえ、決定されたので一定の合理性を有する。

④ 本件売却当時、A社株式は、役員や従業員等の内部関係者の間で1株当たり300円で取引されており、原告自身も本件売却後の平成12年6月及び同年8月にA社株式を1株当たり300円で取得している。

⑤ 本件株式を1株当たり800円で買い取ることを申し出た者は、Y_1以外には存在しなかった。

そして、上記①から⑤などの事情に照らすと、本件自己株式売却の価額を、BからA社が買い受けた際の取得価額と同額の1株当たり800円としたことには一定の合理性があり、廉価売買と認めることはできないとして、本件損害賠償請求を棄却した。

4 判決の分析・解説

(1) 本判決の位置付け、射程

本判決は、複数の事項について判断を示しているが、中心的な判断は、会社の取締役（代表取締役）に対する自己株式売却が廉価ではないとして、取締役の善管注意義務・忠実義務に違反はなかったとした部分である（なお、本判決文では「善管注意義務」や「忠実義務」という語が登場しないが、価額決定につき「合理性」という言葉を用いており、取締役のかかる義務について検討したものである）。

本判決は、自己株式の売却における価額決定について、規範を定立してはおらず、あくまで事例判断に過ぎない。また、本判決の事例は、自己株式の取得保有が厳しく制限されていた旧商法時代のものであるので、自己株式取得・保有規制が緩和された現行会社法の下とは多少環境が異なる。しかし、後述のように、取締役の善管注意義務・忠実義務違反の有無の判断にあたり、直接問題となった「取締役に対する自己株式の売却」のみに注目して判断するのではなく、その経緯等も考慮している点は、現在において他の事例を検討する際も参考になると思われる。

また、本判決においては前提的・付随的論点ではあるが、株券引渡請求が株主代表訴訟の対象とならないことや提訴請求書の記載の程度についての基準、判断を示した点も意義がある。

提訴請求書の記載の程度については、本判決と同様の裁判例が存在するところであり、現行の会社法施行規則217条2号が「請求の趣旨及び請求を特定するのに必要な事実」の記載を要するとしているのも同趣旨といえる。

株券引渡請求と株主代表訴訟については、(3)で述べる。

(2) 本判決が結論を導くうえで重視した事情

本判決は、各争点の判断において、それまでの経緯を詳細に検討し、指摘したうえで判断した。

① 廉価売却か否かの点について

まず、廉価売却か否かの点については、前記3(4)のように、前提事実・数

値及び検討過程に誤りのない専門家の意見を参考にしているかどうかや、当時の取引価格、売却の経緯、売却の困難性などを検討し、それらを総合的に考慮したうえで、一定の合理性があれば、廉価売却とはいえないとした。

また、本件では、本件自己株式の取得・売却が、実質的にはBからY₁への株式譲渡であって、A社自身はその通過点に過ぎないと評価できるうえ、本件自己株式取得の経緯は、元代表取締役Bからの株式譲渡承認請求というA社側ではない者の事情によるものであり、同株式売却も、前述の当時の自己株式取得・保有規制の関係から、取得した自己株式を早期に処分する必要があるとのことで実施されたものである。これらの事情は、判決で明示していないが、前提事実として詳細な事実認定を行い、専門家の意見の前提事実の誤りの有無の検討に用いていることからすると、実質的に考慮していると評価できると考えられる。

② 提訴請求書の記載の程度

また、提訴請求書の記載についても、前記3(2)のように、形式的に判断するのではなく、同書面の具体的な記載から、提訴請求者が何を問題として指摘しているかを読み取り、そこからどのような責任追及が想定されるかまで検討している。

(3) 株券引渡請求と株主代表訴訟

本判決は、株券引渡請求を却下した理由として、株主代表訴訟の対象は法が取締役の責任として特に定めたものに限られ、また条文上、金銭賠償のみを予定していることを挙げている。

しかし、本判決が出た後である平成21年3月10日に、最高裁が、株主代表訴訟の対象には「取締役の地位に基づく責任のほか、取締役の会社に対する取引債務についての責任も含まれる」と判示し、本判決と異なる見解を採用することを明確にした。この最高裁判決の理解については、議論があるところであり、当該最高裁判決により、株券引渡請求も株主代表訴訟の対象になると判断されたわけではない。しかし、今後、株券引渡請求といった請求も株主代表訴訟において認められるとの判断が出る可能性もあることに留意されたい。

5 会社・会社の注意点・対応策

(1) 自己株式の処分、株式の割当について

本判決からすれば、自己株式を特定の者に処分（売却）する際の価額については、取締役の経営判断として一定の合理的な裁量が与えられていると評価できるものの、様々な事情を総合的に考慮し、合理性が認められなければ、取締役は善管注意義務（・忠実義務）違反を問われる可能性があることに留意する必要がある。特に、自己株式を取締役（など内部者）に売却する場合には、利益相反取引の観点に留意した慎重な対応が求められる。

また、これらの注意点は、自己株式の処分以外の形式で株式を割り当てる際も、一部妥当すると思われる。

したがって、自己株式の処分において経営判断をする際には、当時の取引価格、売却の目的・経緯、より好条件の売却を行うことの困難性などを考慮するほか、前提事実・数値及び検討過程に誤りのない専門家からの意見聴取を行うなどして、当該処分について（一定の）合理性を有することを、取締役会などの場で、調査・検討すべきである。

また、後に争われてしまう場合に、手続の適法性、合理性及び妥当性について十分かつ容易に説明できるよう、法律上作成が義務付けられている株主総会議事録や取締役会議事録等は当然として、重要な手続については逐次記録に残すよう徹底しなければならない。必要に迫られたときに（後日）関係書類を作成していると、仮に内容が正しかったとしても、本判決の事例（取締役会に立ち会っていない従業員が、後日、各取締役の個別の確認・承諾を経ずに三文判で押印して作成）のように、取締役会議事録の真否自体も争われかねない。

(2) 提訴請求に対する対応

本判決によれば、株主から提訴請求を受けた会社としては、提訴請求書に具体的に記載されていない事項であっても、記載事項からいかなる取締役との責任追及を株主が求めているかを実質的に判断して、適宜の対応をとることが求められているといえる。

そのため、会社としては、提訴請求書からどのような取締役等への責任追及を求めていると解釈できるか、検討して対応すべきである。
　本判決の事例の場合は、提訴請求書において、取締役会の承認を欠く利益相反取引であることや、廉価売買（不適正に低い価額での売買）であることは記載されていたわけであるから、会社としては、指摘された取引・売買が無効である場合の損害賠償請求として考えられるものについては、検討することが求められていたといえよう。

CHECK LIST

自己株式の処分（株式の割当）について

- ☐ 外部専門家の意見を参考に、価額決定をしたか。
- ☐ 外部専門家の意見の根拠について、前提事実・数値及び検討過程に誤りがなく、合理的といえるかどうかを、会社、取締役として（可能な限りで）検証しているか。
- ☐ 自己株式の処分（株式の割当）の目的、経緯等について、合理的な説明ができるか。
- ☐ 自己株式の処分（株式の割当）について、予定しているものよりも好条件で実施可能なものがないかどうかを検討しているか。
- ☐ 取締役に対する自己株式の処分の場合のように利益相反取引に当たるときに、取締役会の承認など必要な手続を確実に行っているか。
- ☐ 重要な手続について、後日必要になったときにはじめて記録（議事録等）を作成するのではなく、逐次作成するなど、日頃から証拠化する措置を講じているか。

株主からの提訴請求に対して

- ☐ 提訴請求書（又は提訴請求の電磁的記録）において、違法（不当）と指摘されている行為による責任追及として考えられるものについて、形式面にとらわれることなく検討し、必要な調査を行ったか。

（岡村貴之）

★業界：卸売業
◆判断場面：融資（貸付、社債引受け）、役職員・グループ会社に対する監視・監督

49　粉飾決算を行っていた子会社に対する融資等につき取締役の責任が認められた事例—福岡魚市場株主代表訴訟事件（東京高判平成24・4・13金融・商事判例1399号24頁）（上告棄却・上告受理申立については係属中）

1 事案一覧表

原　　告（被控訴人）	株主X
被　　告（控訴人）	代表取締役Y1、取締役Y2・Y3
責任を問われた内容	子会社の不良在庫について適切な調査をしなかった監視義務違反 適切な調査をせずに子会社の債務を連帯保証し、また子会社に融資した経営判断に対する忠実義務・善管注意義務違反
請　求　額（請求内容）	18億8000万円
賠　償　額（判決内容）	18億8000万円
その他参考事項	上告棄却、上告受理申立事件については係属中

9 商社・卸売業

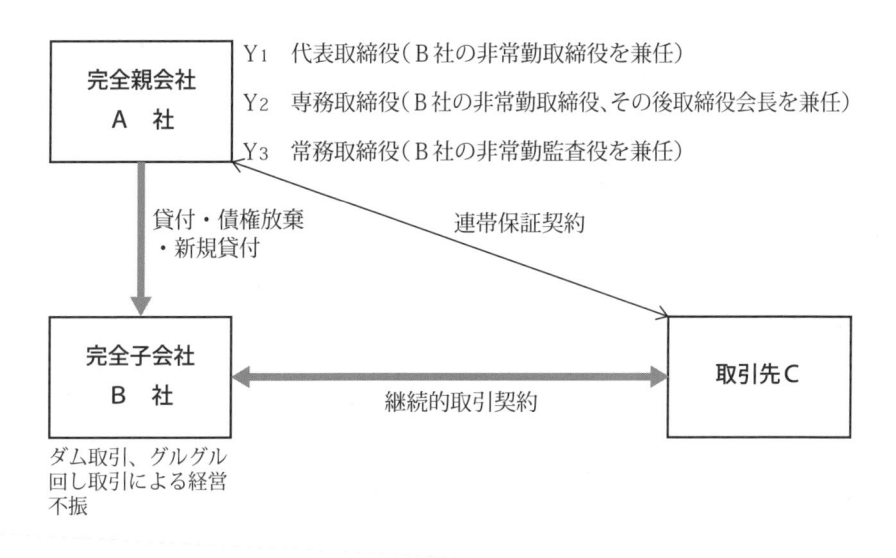

```
┌─────────┐   Y1  代表取締役（B社の非常勤取締役を兼任）
│ 完全親会社 │
│   Ａ 社   │   Y2  専務取締役（B社の非常勤取締役、その後取締役会長を兼任）
└─────────┘   Y3  常務取締役（B社の非常勤監査役を兼任）
     │
     │ 貸付・債権放棄        連帯保証契約
     │ ・新規貸付
     ↓
┌─────────┐        継続的取引契約        ┌─────────┐
│ 完全子会社 │ ←───────────────────→ │  取引先Ｃ  │
│   Ｂ 社   │                              │          │
└─────────┘                              └─────────┘
```
ダム取引、グルグル
回し取引による経営
不振

2 事案の概略

① 株式会社福岡魚市場（以下「A社」という）の完全子会社で、水産加工食品の開発・生産、水産総合食品の販売を行うB社は、A社を含む資金の豊富な仕入業者に対し、一定の預かり期間に売却できなければ、期間満了時に買い取る旨約束したうえで、商品の輸入を委託していた（「ダム取引」）。さらにB社は、預かり期間満了時に、同期間内に売却できなかった在庫商品を仕入業者から一旦買い取り、その後当該仕入業者又は他の仕入業者に対し、再度一定の預かり期間に売却できなければ期間満了時に買い取る旨約束して当該商品を買い取ってもらい、その後、同期間満了時に、同期間内に売却できなかった場合には、同じことを繰り返すという取引を行った（以下「グルグル回し取引」という）。

② B社がグルグル回し取引を継続したことにより、B社の不良在庫問題が表面化したが、A社はB社に対する十分な調査を行うことなく、B社の再建のために融資を行った。

③ その後、B社は破綻し、A社による貸付金のうち18億8000万円が回収不能となった。

④　A社株主Xが、同社の代表取締役であるY1、当時の取締役であったY2及びY3に対し、B社に対する不正融資等によりA社が損害を被ったと主張して、旧商法267条3項（会社法847条3項）に基づき、A社への損害賠償を請求する株主代表訴訟を提起した。

―事件の経過―

H9～H10頃　A社・B社間において、ダム取引開始。

H11.1　A社の常務取締役兼B社の非常勤取締役であったY1が、B社に不良在庫の問題があることを認識。

H11.4.1　B社の取締役会で、不良在庫総額が約3400万円あり、上記以外に不良在庫はないと報告がある。

H14.11.18　A社の取締役会において、公認会計士がB社ほか子会社を含めて在庫管理を適切に行うよう指導。

H15.3.1　A社とB社の取引先Cとの間で、BC間の取引によって生じるB社のCに対する一切の債務について、極度額の定めなくA社がCに対して連帯して（根）保証する旨の契約を締結（以下「本件連帯保証契約」という）。

H15.12頃～H16.3上旬　A社の専務取締役兼B社の取締役会長であったY2が、B社の当時の取締役の1人より、B社の在庫に不審な面がある旨の報告を受ける。その後、Y2がY1に対し、B社の在庫に問題がある旨を報告したことから調査委員会が発足。Y2が調査委員長、A社の常務取締役兼B社の非常勤監査役であったY3が調査委員となる。

H16.3.31　調査委員会の調査の結果、B社の在庫・売掛金含み損が13億7829万9000円あるとの報告を受ける（以下「本件調査報告書」という）。

H16.6.29～H16.12.29　A社はB社に対し、合計19億1000万円を貸付（以下「本件貸付」という。このうちA社が最終的に本件貸付金より回収できた金額は5億5000万円）。

H16.12.29頃　Y1は、B社の実際の含み損が22億6242万円である旨の報告を受ける。

H17.3.24　A社は、本件貸付金残額のうち、15億5000万円の債権を平成17

年度に放棄する旨を決議（以下「本件債権放棄」という）。
- **H17.4～5** A社はB社に対し、合計3億3000万円を再度貸付（以下「本件新規貸付」という）。
- **H17.7.7** A社株主XがA社に対し、Y₁らのA社に対する損害賠償責任を追及する訴えの提起を請求したものの、A社は訴えを提起しなかった。
- **H17.11.4** Xにおいて、A社の代表取締役であるY₁、当時の取締役であったY₂及びY₃に対して、子会社に対する不正融資等によりA社が損害を被ったと主張して、A社への損害の賠償を請求する株主代表訴訟を提起。

3 裁判所の判断

裁判所は、Y₁らが子会社であるB社の不良在庫問題に関する調査を怠った点、これにより本件連帯保証契約を締結し、本件貸付を行った点についてそれぞれY₁らの忠実義務及び善管注意義務違反を認めたが、他方、本件債権放棄及び本件新規貸付については忠実義務及び善管注意義務違反を認めなかった。

(1) 子会社の監視義務違反について

原判決を引用し、A社及び子会社であるB社の在庫が増加した原因を解明すべく具体的かつ詳細な調査をし、又はこれを命ずべき義務があったといえ、上記の調査義務を怠った点について、忠実義務及び善管注意義務違反を認定した。

(2) 本件連帯保証契約の締結

原判決を引用し、詳細な調査や検討を行うことなく安易に極度額の定めのない本件連帯保証契約を締結したとして、忠実義務及び善管注意義務違反を認定した。

(3) 本件貸付について

以下のように判断して、Y₁らの忠実義務ないし善管注意義務違反を認めた。

ダム取引は、資金繰りの関係からダム取引を繰り返さざるを得なくなるものであって、その発展形であるグルグル回し取引への移行は当然であった。グルグル回し取引等は、実質的には商品を担保とする借入と返済を繰り返す

取引であるのに、商品売買として売上ないし利益が帳簿上計上され、不良在庫が処分された形式をとるものであるから、その財務状況が帳簿上正確に反映されず、むしろ実体を伴わない売上ないし利益が積み重ねられて巨額の架空売上ないし利益が計上されるため、その関係会社における粉飾決算の原因とならざるを得ないものであった。ダム取引ないしグルグル回し取引は、営業上の必要ないし短期間の資金繰りの必要等からのやむを得ない経営上の事情等があるときに、後にそれに対する適正な回復処理が行われることを前提に、例外的な場合に限って行われたものでない限り、会社経営上において違法、不当なものであることは明らかである。

B社の再建にはその経営困難に陥った原因解明が必要不可欠であったのに、それをなさないで、そして現実の経営回復の裏付けがないため回収不能による多大な損失が出ることが当然予測されることが認識できたのに、本件貸付けなどの支援をB社に行ったことは、A社の取締役としての経営判断として合理性はなく、正当なものであったとはいい得ない。

(4) 本件債権放棄について

原判決を引用し、上記判断の前提となったB社の特別損失額等の事実に関するY₁らの認識に誤りはなく、回収が期待できない債権に固執するよりも、これを放棄してB社の債権を期待するという判断も企業経営者として特に不合理、不適切とはいい難く、これをもって取締役としての裁量の範囲を逸脱するものとはいえないとして、Y₁らの忠実義務あるいは善管注意義務違反を認めなかった。

(5) 本件新規貸付について

原判決を引用し、本件新規貸付けは、実質的な期限の猶予（B社から見た、いわゆる借換え）の性格を有し、まったく新たな貸付を行ったものではないとして、忠実義務あるいは善管注意義務違反を認めなかった。

4 判決の分析・解説

(1) 判決の分析

本件は、大量の不良在庫により破綻の危機に陥った完全子会社に対して融

資を行ったものの、結果的に回収不能となったことから、融資を行った親会社の取締役らに対して株主が提起した代表訴訟につき、取締役の責任を認めた原判決の判断を肯定した控訴審判決である。

本判決は、基本的に原判決の判断を引用するが、特にダム取引ないしグルグル回し取引に対しては、粉飾決算の原因になることを理由に会社経営上原則として違法である旨を明言したうえ、B社の再建には経営困難に陥った原因の解明が必要不可欠であったのにそれをせず、回収の見込みがないのに漫然とB社に貸し付けたとして、A社の取締役らの忠実義務・善管注意義務違反を認めた。

一般に、経営判断に際して取締役の忠実義務及び善管注意義務が尽くされたか否かは、①判断の前提となった事実の認識に重要かつ不注意な誤りがないか、②意思決定の推論過程、内容が特に不合理といえるかどうかで判断される。本判決では、上記のような判断基準は直接的には明示されていないものの、全体として同様の枠組みに沿って判断されたものと解釈できる。

(2) 判決が取締役の責任を認定（ないし否定）するために重視した事情

① 子会社の監視義務違反（責任肯定）

イ　A社及びB社において従前から問題とされてきた在庫の増加について、取締役会等において指摘・指導がなされていたにもかかわらず、これが改善されないことを認識していた。

ロ　A社の取締役会において、公認会計士がB社ほか子会社を含めて在庫管理を適切に行うよう指導した。

ハ　個別の契約書面等の確認、在庫の検品や担当者からの聴き取り等のより具体的かつ詳細な調査をしなかった。

ニ　損害の拡大を防止するための具体的な対策をとることなく、B社ひいては親会社であるA社の損害を拡大させるに至った。

② 本件連帯保証契約の締結（責任肯定）

イ　本件連帯保証契約を締結する際、B社から提供された資料のみを検討しただけで詳細な調査や検討を行わなかった。

ロ　極度額の定めのない連帯（根）保証契約を締結した。
③　**本件貸付について（責任肯定）**
イ　ダム取引、グルグル回し取引等は、必然的に関係会社における粉飾決算を生じさせるものであった。
ロ　Ｂ社の再建には、不良在庫の発生に至る真の原因等を探求してそれに基づいて対処することが必要不可欠であった。
ハ　非正常な取引がなされていたことは、在庫状況や借入金の増加、及び帳簿上の商品単価、数量等の徴表を総合すると明らかであった。
ニ　業績回復の具体的な目途がなく、貸金の回収は当初から望めなかったにもかかわらず貸付を実行した。
④　**本件債権放棄（責任否定）**
イ　判断の前提となったＢ社の特別損失額等の事実に関するＹ₁らの認識には誤りがなかった。
ロ　回収が期待できない債権に固執するよりも、これを放棄してＢ社の再建を期待するという判断も企業経営者として特に不合理、不適切とはいい難い。
⑤　**本件新規貸付について（責任否定）**
本件新規貸付は、Ｂ社に対する支援策として融資枠内で既に行われていた３億6000万円について、３億3000万円に減額したうえでの実質的な期限の猶予（Ｂ社から見た、いわゆる借換え）の性格を有する。

(3)　その他
本件ではＹ₁らについて子会社であるＢ社の監視義務違反を認定しているが、Ａ社はダム取引・グルグル回し取引の当事者として関与しており、またＹ₁らはＢ社の役員を兼務していたという特殊事情があることから、本件を親会社役員の子会社に対する監視監督義務を一般的に肯定した事例として把握できるかについては疑問の余地がある。

5 会社・役員の注意点・対応策

(1) 子会社に対する監視義務

　親会社の役員が、従前から子会社の経営不振の原因を究明する必要性が外部の専門家から指摘・指導されていたにもかかわらず、これを放置し、あるいはこの原因を究明するための具体的かつ詳細な調査をしない場合には、これによって子会社の財務状況が悪化し、ひいては親会社の有する子会社の株式価値や債権の回収可能性等に影響を与えることになるため、親会社の取締役に対し子会社の監視義務違反が認められる可能性がある。

　したがって、子会社の経営不振の原因が明らかでない場合には、これを明らかにするため、外部専門家や中立な第三者に委任する等して信頼性の高い調査を実施する必要がある。また、調査にあたっては、単に対象会社の財務状態を把握するために必要な調査を単に指示するのみならず、当該調査結果に疑念があれば、さらに個別の信用性の高い客観資料（財務帳簿等）の裏付けを伴う追加調査を実施しなければならない。

(2) 子会社への支援（連帯保証・融資・債権放棄等）に関する経営判断

　連帯保証・融資・債権放棄をするか否かの決定に際しては、子会社を支援する場合の親会社の利益と支援しない場合の親会社の損失を十分に利益衡量して、合理的な判断をしなければならない。

　これらの経営判断にあたっては、まず前提となる事実について確実な情報収集を行わなければならないが、本件のように子会社の経営不振を理由に連帯保証・融資・債権放棄等の措置をとる場合には、子会社の再建可能性に対する検討が不可欠となる。したがって、仮に子会社が経営不振に陥った原因について疑念が残るような場合には、前述のように信用性の高い客観資料に基づいた慎重な調査を実施する必要がある。

CHECK LIST

子会社に対する監視義務

- ☐ 子会社の経営不振の原因が明らかになっているか。
- ☐ 子会社の経営不振の原因が明らかでない場合、これを究明するために外部専門家や中立な第三者による調査が実施されたか。
- ☐ 調査結果の信用性に疑問がある場合には、個別の客観資料（帳簿等）の裏付けを伴う十分な追加調査が実施されたか。

子会社への支援（連帯保証、融資、債権放棄等）に関する経営判断について

- ☐ 子会社の経営不振の原因が究明されたといえるか（調査方法につき、上記項目参照）。
- ☐ 子会社に支援をする場合の親会社の利益予測及び子会社の支援をしない場合の親会社の損失予測が合理的か（特に子会社の再建計画が現実的といえるのか）。
- ☐ 子会社への支援をする場合の親会社の利益と支援をしない場合の親会社の損失を利益衡量のうえ、子会社への支援が最終的に親会社にとってよりメリットが大きいと客観的な資料から合理的に説明できるか。

（清水貴暁）

10 金融

★業界：銀行
◆判断場面：正しい情報開示

50　選択した会計基準に基づく有価証券報告書の提出・配当につき代表取締役に有価証券報告書虚偽記載罪・違法配当罪が成立しないとされた事例－日本長期信用銀行事件（最判平成20・7・18判タ1280号126頁）（破棄自判・無罪）

1 事案一覧表

被告人	株式会社日本長期信用銀行（以下「A銀行」という）の代表取締役頭取Y1、代表取締役副頭取Y2、Y3
責任を問われた内容	有価証券報告書虚偽記載罪、違法配当罪
判決内容	無罪
その他参考事項	・本件一審では、Y1は懲役3年猶予4年、Y2・Y3は懲役2年、猶予3年の有罪判決。二審も一審の有罪判決を支持していた。つまり、本判決は逆転無罪判決である。 ・新生銀行（A銀行から商号変更。以下「B銀行」という）は、Y1、Y2、Y3を含む旧取締役に対して、違法配当を理由とした損害賠償請求訴訟を提起し、整理回収機構がB銀行から訴訟引受けをしていたが、一審は請求を棄却、二審、最高裁もその結論を支持した（東京地判平成17・5・19判例タイムズ1183号129頁、東京高判平成18・11・29

－456－

判例タイムズ1275号245頁、最高裁平成20・7・18日経新聞平成20年7月19日朝刊)。
・A銀行と同様、長期信用銀行であった日本債券信用銀行の会長、頭取、副頭取も、本件に類似した事実関係を下に、有価証券報告書虚偽記載罪により起訴され、一審で会長が懲役1年4月猶予3年、頭取、副頭取が懲役1年猶予3年の有罪判決がなされ、二審もそれを支持していた。しかし、最高裁はこれを破棄差戻しとし、差戻審は本件同様に3名を無罪として確定した(東京地判平成16・5・28刑集63巻11号2400頁、東京高判平成19・3・14刑集63巻11号2547頁、最高裁平成21・12・7判例タイムズ1318号119頁、東京高裁平成23・8・30判例時報2134号127頁)。

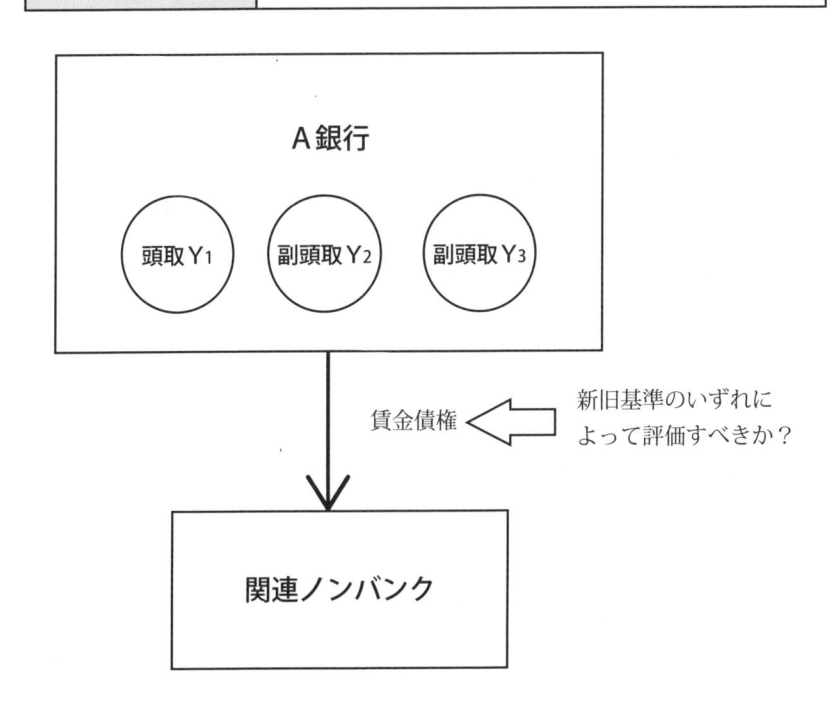

```
┌─────────────────────────────────┐
│            A銀行                 │
│                                  │
│  ( 頭取Y₁ )  ( 副頭取Y₂ )  ( 副頭取Y₃ ) │
│                                  │
└─────────────────────────────────┘
              │
         賃金債権  ⇐  新旧基準のいずれに
              │        よって評価すべきか？
              ▼
     ┌──────────────────┐
     │   関連ノンバンク    │
     └──────────────────┘
```

2 事案の概略

①　A銀行は、平成10年3月期決算（平成9年4月1日～平成10年3月31日）に関し、同社関連ノンバンクに対する貸出金について平成9年7月31日改正後の「決算経理基準」ではなく、改正前の同基準、「税法基準」に基づいて自己査定を行った。

②　A銀行は、定時総会で①の査定に基づき作成された利益処分計算書案を可決し、配当を実施した。

③　A銀行は、①の査定に基づき作成された有価証券報告書を財務局に提出した。

④　A銀行の頭取Y1、副頭取Y2、副頭取Y3は、②が違法配当であり、③が有価証券報告書虚偽記載であるとして起訴された（刑法60条、旧商法489条3号（会社法963条5項2号）、旧証券取引法197条1項1号・207条1項1号・24条1項1号（金融商品取引法197条1項1号・207条1項1号・24条1項1号）。

⑤　一審、二審は、被告人Y1、Y2、Y3を有罪とした。

⑥　最高裁は、被告人Y1、Y2、Y3を逆転無罪とした。

－事件の経過－

S57.4.1　大蔵省は「基本事項通達」（平成57年4月1日・蔵銀第901号）発出。

→この通達の発出以降、銀行は、「税法基準」に従った会計処理を行っていた。

※税法基準……銀行の貸出金については、回収不能又は回収不能見込みとして、法人税法上、損金算入が認められる額について、当期に貸倒償却・引当をする義務があるが、銀行が関連ノンバンク等に対する金融支援を継続する限りは、毎期において確定支援損として損金算入が認められる範囲で段階的な処理を行うことができるという基準。

→銀行の関連ノンバンク等に対する貸出金については、一般取引先に対する貸出金とは異なり、銀行が関連ノンバンク等に対する金融支援を継続する限りは、償却・引当はほとんど行われていなかった。

H6〜H7 信組、銀行などの倒産が続く。

H7.12.22 大蔵大臣の諮問機関「金融制度調査会」「金融システム安定化委員会」が、金融機関経営の健全性の確保のための方策として「早期是正措置」の導入を提言

　※早期是正措置制度……内閣総理大臣が、自己資本比率という客観的な指標に基づき必要性がある場合に、銀行に対し、業務改善、業務の停止、財産の供託などを命じる制度。

H8.6.21 金融3法成立・公布。平成10年4月1日以降の「早期是正措置制度」が導入が決定。

H9.3.5 大蔵省大臣官房金融検査部長、金融証券検査官等宛に貸出金の査定方法を定めた「資産査定通達」発出。金融業界に公開。

H9.3.12 全銀協・融資業務専門委員会、「資産査定」に関するQ&Aを全国の金融機関に送付。

H9.4.15 日本公認会計士協会、自己査定に係る内部統制の検証、貸倒償却、貸倒引当金の監査に関する実務指針「4号実務指針」を公表。

H9.4.21 大蔵省大臣官房金融検査部管理課長、金融証券検査官等に宛てて、「金融機関等の関連ノンバンクに対する貸出金の査定の考え方について」と題する事務連絡「9年事務連絡」を発出。

H9.7.28 全銀協・融資業務専門委員会、「9年事務連絡」についての「Q&Aの追加」を全国の金融機関に送付。

H9.7.31 大蔵省銀行局長が基本事項通達発出。決算経理基準の「貸出金の償却」及び「貸倒引当金」の規定など改正（「改正後の決算経理基準」）。

　→平成9年度決算から適用することとされた。

H9.11.17 北海道拓殖銀行倒産。

H9.11.22 山一証券、自主廃業発表。

H10.3.30 A銀行、関連親密先会社に対する貸出金に関する自己査定基準を策定。

　→A銀行は、平成10年3月期決算（平成9年4月1日〜平成10年3月31日）について、この基準によって、関連親密先会社に対する貸出金の資産分

類、償却・引当の実施の有無を自己査定。この査定は、
- 「改正前の決算経理基準」・「税法基準」によれば、直ちに違法ではない。
- 「改正後の決算経理基準」の方向性からは逸脱。

H10.3.31 Ａ銀行常務会、自己査定の結果に基づいて策定された平成10年３月期決算の基本方針を承認。Ａ銀行、金融機能安定化緊急措置法に基づき1779億円の公的資金の注入を受ける

H10.4.28 Ａ銀行取締役会、平成10年３月期決算案を承認。

H10.6.25 Ａ銀行役員Y_1、Y_2、Y_3は、定時株主総会において、平成10年３月期決算を報告。親密関連先会社に対する当期未処理損失が2716億1500万円であることを前提に任意積立金を取り崩し、１株当たり３円の割合による71億7864万7455円の利益配当を行う旨の利益処分計算書案を議案として提出し、可決承認。

→これを受け、Ａ銀行は株主に合計71億6660万2360円を配当。

→この点について、起訴事実は、当期未処理損失を2716億1500万円としたのは過少査定。取立不能のおそれがあって取立不能と見込まれる貸出金合計3130億6900万円の償却又は引当をしていない。実際は配当すべき剰余金は皆無。71億6660万2360円の配当は違法配当とした。

H10.6.29 Ａ銀行、平成10年３月期貸借対照表、損益計算書、利益処分計算書を掲載するなどした、平成10年３月期の有価証券報告書、関東財務局長に提出。

→この点について、起訴事実は、未処理損失を過少の2716億1500万円に圧縮して計上した、貸借対照表、損益計算書、利益処分計算書を掲載するなどした、虚偽記載有価証券報告書提出であるとした。

H10.7.30 小渕内閣発足。

H10.8.7 臨時国会招集　金融問題・Ａ銀行問題が最大の論議に。

H10.9.27 日本リースなどＡ銀行の関連３社が会社更生手続開始申立。

H10.10.12 金融再生法成立。

H10.10.16 金融機能早期健全化法成立。

H10.10.23 Ａ銀行、金融再生法適用申請、特別公的管理に。

H10.12	日債銀、金融再生法適用申請、特別公的管理に。
H11.5	Ａ銀行元副頭取ａが自殺。
H11.6.10	Ａ銀行新経営陣、Y$_1$、Y$_2$、Y$_3$を虚偽有価証券報告書提出罪、違法配当罪で告訴、同日逮捕。
H11.6.30	Y$_1$、Y$_2$、Y$_3$起訴。
H11.12	Ａ銀行新経営陣、違法配当金の返還請求の民事訴訟提起。Ａ銀行株式をリップルウッドに譲渡する基本合意締結。
H12.3.1	Ａ銀行の特別公的管理終了。
H12.3.2	新・Ａ銀行、スタート。
H12.6	新・Ａ銀行、「Ｂ銀行」に名称変更。
H14.9.10	東京地裁において本件第一審判決。Y$_1$は懲役３年、猶予４年、Y$_2$・Y$_3$は懲役２年、猶予３年。
H17.5.19	東京地裁Y$_1$、Y$_2$、Y$_3$を含む旧取締役に対する民事賠償請求事件について請求棄却判決。
H17.6.21	本件について東京高裁、東京地裁判決の結論を支持。
H18.11.29	東京高裁、Ａ銀行民事事件について東京地裁の結論を支持。
H20.7.18	本件判決及びＡ銀行民事事件について上告棄却決定。

3 裁判所の判断

(1) 多数意見

　本判決は、(旧)商法上の「公正ナル会計慣行」として行われていた「税法基準」の考え方によって関連ノンバンク等に対する貸出金についての資産査定を行ったことを「直ちに違法であったということはできない」として、無罪判決を導いている。

(2) 古田裁判官補足意見

　他方、古田裁判官は補足意見で、多数意見に結論としては賛成しつつも、Ａ銀行のように旧基準による資産査定については「直ちに違法とはいえ」ないが、「企業の財務状態をできる限り客観的に表すべき企業会計の原則や企業の財務状態の透明性を確保することを目的とする証券取引法における企業会

計の開示制度の観点から見れば、大きな問題があった」と述べている。

4 判決の分析・解説

(1) 判決の分析

本件では、銀行が改正前の基準により貸金の査定を行い、それに基づいて配当や財務情報開示を行った場合、取締役に、違法配当罪、有価証券報告書虚偽記載罪が成立し、刑罰を科されるか、という点が問われた。

この点、本件の下級審は、改正後の基準によるべきであったとして、Y1、Y2、Y3に対し有罪判決を行った。

しかし、本最高裁判決は、以下のような点を重視して、被告人3名を無罪とした。

(2) 判決が取締役の責任を認定するために重視した事情

本判決が、会計処理について旧基準によったことも違法ではないと認定するために重視している事情は以下の点である。

【新基準の不明確性】

本判決は、新基準が以下のようなものであったとした。

① 大枠の指針を示す定性的なもので、定量的な基準とはなっていなかった。

② 具体的適用が必ずしも明確となっていなかった。

③ 新基準に従った資産査定を厳格に徹底するものであるか否か自体も明確ではなかった。

④ 新基準の一部は、金融機関一般には公表されていなかった。

⑤ 新基準の一部は、具体的な計算の規定と計算例がないなど、これに基づいた計算が容易ではなかった。

⑥ 新基準の一部は、資産分類について触れた規定がなかった。

【旧基準を許容する当時の実務慣行】

本判決は、当時の実務慣行が以下のようなものであったとした。

① 関連ノンバンク等に対する貸出金の資産査定については、一般取引先と異なる会計処理が認められていた。

② 平成10年３月期の決算に関して、多くの銀行では、新基準によるべきものとは認識していなかった。

(3) 当該業界特有の事情についての考慮の有無

本件は、銀行経営者が、財務情報開示、配当額算出にあたっての貸付金の査定について新基準によらずに旧基準によった場合、違法となるかという点が問題となっているため、一義的には銀行業界に特有の事情に関する事例といえる。

しかし、銀行以外の会社においても、会計基準改正の移行時期の前後において、財務情報開示、配当額算出にあたっての資産評価をするに際し、新旧いずれの基準によるべきかという点は問題となりうるため、参考となる事案である。

5 会社・役員の注意点・対応策

(1) 本事案にみる経営判断上の「リスク」

筆者は、取締役の責任を否定した本刑事判決及び民事訴訟（「1　事案一覧表」「その他参考事項」参照）の結論は妥当と考えている。

ただし、本事案から離れ、一般論として考えた場合、「ある財務情報の算定についての会計基準が旧基準から新基準への移行期にあった場合、旧基準によっても責任を問われることはない」とは必ずしも限らないと考える。

本件では、一審、二審では有罪判決が出ている。

また、古田裁判官補足意見は、多数意見の結論に賛成しつつも、本件の財務情報開示の姿勢について、「大きな問題があった」と苦言を呈している。

とすれば、同種の争点が問題となる別件において、「新基準の明確性の度合い」「当時の実務慣行が旧基準を許容する度合い」、その点の立証の成功度合いなどの各事情が本件と異なってくれば、取締役が刑事責任、民事責任が負うリスクも生じてくる。

また、取締役個人の責任のみならず、会社が業務停止命令などの行政処分を受けるリスクもある（銀行法26条など）。

本件のように最終的には無罪、民事責任なしとの結論を勝ち得たとして

も、約10年に及ぶ刑事・民事訴訟の間の当事者やその家族の精神的・肉体的苦痛は極めて大きく、逮捕・起訴や提訴のタイミングで社会的評価が大きく傷つきかねないというレピュテーションリスクも抱えることになる（本件におけるこれらの点については、国広正『修羅場の経営責任』100頁以下に詳しい）。

(2) 本事案から導かれる注意点、対応策

計算書類を承認し、配当の内容を決め、財務情報の開示を決定する取締役としては、「会計基準の移行期における新旧会計基準の選択」といった極めてテクニカルな決断を理由にして、思いがけずに上記のような法的リスク、レピュテーションリスクを負ってしまうことを避ける必要がる。そのためには、以下のように慎重な対処をしておくことも検討すべきである。

① 採用した基準が妥当であるとの、会計監査人から意見を取得しておく。
② どの基準を採用すべきか悩ましい場合は、可能であれば、採用した基準が妥当であるとの意見を、会計監査人以外の公認会計士、監査法人からも、セカンドオピニオンとして取得しておく。
③ 採用した基準が妥当かどうかを財務局に確認しておく。
④ 上場企業の場合は、採用した基準が妥当かどうかを上場している取引所の所管部署にも確認しておく。
⑤ 新旧基準を比較して、自社の財務状況をより正確に株主・投資家に伝えることができる基準を選択する。

CHECK LIST

- ☐ 採用した基準が妥当であるとの会計監査人からの意見を取得したか。
- ☐ どの基準を採用すべきか悩ましい場合は、会計監査人以外の会計士・監査法人からもセカンドオピニオンを取得したか。
- ☐ 採用した基準が妥当かどうかを財務局に確認したか。
- ☐ 採用した基準が妥当かどうかを取引所に確認したか。
- ☐ 新旧基準を比較して、自社の財務状況をより正確に株主・投資家に伝えることができる基準を選択したか。

（澁谷展由）

★業界：銀行
◆判断場面：内部管理体制構築

51 銀行の代表取締役に「内部統制システム構築義務」違反があったとして責任が認められた事例－
大和銀行株主代表訴訟事件（大阪地判平成12・9・20判例タイムズ1047号86頁）（控訴審で和解成立）

❶ 事案一覧表

原　告	株主
被　告	大和銀行（以下「A銀行」という）の会長、頭取、副頭取を含む代表取締役、取締役、監査役ら（Yら）49名
責任を問われた内容	内部統制システム構築義務違反、米国法違反
請求額 （請求内容）	原告の請求は、無断取引による損害額11億ドル ＋米当局への罰金３億4000万ドル ＋弁護士費用1000万ドル
賠償額 （判決内容）	Y1：５億3000万ドル 米国法違反→２億4500万ドル（7割負担） Y2、Y3、Y4、Y6、Y7：賠償額１億0500ドル（3割負担） Y5、Y9、Y11：7000万ドル（2割負担） Y8：２億4500万ドル（7割負担） Y10：１億5750万ドル（4割5分負担）
その他参考事項	・控訴審において、取締役が連帯して２億4850万円を支払う和解が成立した（日経新聞平成13年12

－466－

10　金融

銀行

・原告はA銀行の監査役に対しても提訴したが棄却された（月12日朝刊）。
・会社に損失を与えた従業員aはNY南部地区連邦地裁で禁固4年、200万ドルの罰金刑を受けた。

日本・本社

会長 Y_2

頭取 Y_3

副頭取 Y_4

総務人事担当取締役 Y_6、経理担当取締役 Y_7
大蔵省担当取締役 Y_9、取締役企画部長 Y_{11}

取締役 Y_5（大蔵省OB）

ニューヨーク支店
（ミッドタウン）

ニューヨーク支店
支店長
Y_1 → Y_8 → Y_{10}

カストディ業務出張所
（ダウンタウン・ウォール街）

a
損失穴埋めのために
顧客、A銀行の財務省証券
を無断売却

2 事案の概略

①　昭和59年6月から平成7年にかけてA銀行ニューヨーク支店（以下「NY支店」という）の米国財務省証券担当のトレーダーaが、証券取引による損失を隠蔽すべく、顧客所有の証券の無断売却により顧客に合計約11億ドルの損害を与えた。

②　平成7年7月24日、aは無断売却の事実を Y_3 取締役頭取に報告した。

③　しかし、A銀行の取締役は、無断売却の事実の日米の当局への報告を

-467-

行う以前に、無断売却して存在しない証券が存在するかのように報告書等に虚偽の記載をすることを了承するなどしていた。

　④　上記の事実の発覚・摘発を受け、Ａ銀行の株主らが、取締役Y₁らに対し、代表訴訟を提起した（旧商法267条（会社法847条）・266条1項5号（会社法423条））。

－事件の経過－　（判決の認定事実以外に報道に基づく事項も含む）

S59.2　　ａ、米国財務証券取引担当トレーダーとなる。

S59.6～H7（ａの犯行手口）

①　取引停止を避けるため、財務省証券取引によって生じた含み損を隠蔽すべく、無断かつ簿外でＡ銀行及び顧客所有の米国財務省証券の売却を行って約11億ドルの損害をＡ銀行及び顧客に与えた。

②　財務省証券の再保管会社からＡ銀行に郵送されてくる保管残高明細書をつくり変えた。

S61.9　　ＮＹ支店所在地をミッドタウンのロックフェラープラザに移転しつつ、カストディ業務はダウンタウン・ウォール街に出張所を残す。

H4.7　　ａ、ダウンタウンのカストディ業務出張所の最上席者になる。

H7.7.24　　Y₃取締役頭取、ａから無断売却の事実を記載した書簡を受領。

H7.7.28　　Y₈取締役、ａからヒアリング。ａに秘密とすること、書簡の破棄など指示。

H7.7.31頃、Y₁₀取締役支店長、ＦＲＢ宛「コールレポート」で無断売却された財務省証券6億ドル分が存在するかのような虚偽を記載、帳簿にも虚偽の記載。Y₈取締役は事前に指示・了解、Y₁取締役、Y₃取締役は少なくとも事前に了解。

H7.8.1頃、Y₁₀取締役支店長、虚偽内容の保管残高証明書を作成。

H7.8.8　　Y₃頭取、大蔵省銀行局長・銀行課長に事実の概要を報告。

H7.8.15頃　　Y₁₀支店長、ａが無断売却した顧客に対し、利息相当額を支払ったうえ、帳簿に米財務省から利息を受け取って利払に充てたという虚偽の記載、虚偽の保管残高証明書を作成。

H7.9.7　　Y₁、経営会議で無断売却の件の概要を報告。Y₉取締役らが無断売

却について知った。

H7.9.13頃 Y₁₀支店長ら、無断売却されて実際には存在しない財務省証券をＡ銀行本社に移管するかのような虚偽の移管指示書を作成、Y₁、Y₃、Y₈はこれを指示あるいは了解していた。Y₁₀支店長は虚偽の保管残高証明書も作成。

H7.9.14 Y₁、Y₅、日銀副総裁に無断売却の件を報告。

H7.9.18 Y₁、Y₁₀、ＦＥＤ副総裁に無断売却の件を報告。Y₃、ＦＢＩに報告。

H7.9.23 ＦＢＩ、ａを逮捕。

H7.9.25 Y₃、役員連絡会で無断売却の件を説明。監査役らが知った。

H7.9.26 Y₃、監査役らや会計監査人に無断売却の件を説明。

H7.9.31 Y₁₀支店長、ａが無断売却した顧客に対し、利息相当額を支払ったうえ、帳簿に米財務省から利息を受け取って利払に充てたという虚偽の記載、Y₁、Y₃、Y₈はこれを指示あるいは了解していた。

H7.10 ａ、起訴される。Y₁₀取締役、ＮＹ支店長退任。

H7.10.23 Ａ銀行株主、Ａ銀行に対し、本件被告取締役及び監査役へ無断売却損失11億ドルの賠償を求めるよう提訴請求。

H7.11 Y₃取締役、起訴される。

H7.11.1 ＦＲＢ、ＮＹ州など各州Ａ銀行当局、Ａ銀行の米国内Ａ銀行業務停止命令。

H8.2.28 ＮＹ南部地区連邦地裁、Ａ銀行に対し罰金3億4000万ドル等の支払を命じる判決。

H8.3.17 Ａ銀行株主、Ａ銀行に対し、本件被告取締役及び監査役へ米当局への罰金３億4000万ドル＋弁護士費用1000万ドル分の賠償を求めるよう提訴請求。

H8.3.31 Ａ銀行、平成７年４月１日～平成８年３月31日決算において無断売却による損失1132億8600万円、罰金358億3600万円の計1491億2200万円を特損処理。

H8.10.25 Y₃取締役、ＮＹ南部地区連邦地裁で禁固２か月、10万ドルの罰

金刑。

H8.12.16 ａ、ＮＹ南部地区連邦地裁で禁固４年、200万ドルの罰金刑。

H13.12.10 控訴審で、取締役が連帯して２億4850万円を支払う和解が成立（日経新聞平成13年12月12日朝刊）。

❸ 裁判所の判断

（1） 内部統制システム構築義務の内容

① 管理体制の大綱を取締役会で決定する。

② 代表取締役及び業務担当取締役は、①の大綱を踏まえ、リスク管理体制を具体的に決定する。

③ 取締役は、②の義務の履行の有無を監視する。

④ 監査役は、取締役がリスク管理体制の整備を行っているか否かを監査する。

⑤ リスク管理体制の水準の判断基準は判決時点ではなく、当該経営判断当時を基準とする。

⑥ どのような内容のリスク管理体制を整備すべきかは経営判断の問題であり、取締役に広い裁量あり。

（2） 大規模企業のトップの監督義務の程度

① 財務省証券の保管残高の確認については、担当する検査部、ＮＹ支店の担当取締役が適切な業務執行を行うことを予定して組織が構成されている。

② したがって、頭取、副頭取は、各担当取締役に担当業務遂行を委ねることが許され、担当取締役の業務執行の内容につき疑念を差し挟むべき特段の事情がない限り、監督義務懈怠の責を負わない。

（3） 本判決の各被告ごとの結論のまとめ

甲事件：内部統制システム構築義務違反（財務省証券の保管残高の確認方法を不適切な方法で行い、また、改めなかった責任）
乙事件：米当局の検査の妨害、虚偽記載など連邦法違反の未然防止を怠った責任及び事件を知った後に隠ぺいした責任。

ＮＹ支店担当取締役・副頭取・代表取締役Y1	① 5億3000万ドル（甲事件） ② 2億4500万ドル（乙事件・7割負担）
会長・前頭取Y2	1億0500ドル（乙事件・3割負担）
頭取・代表取締役Y3	1億0500ドル（乙事件・3割負担）
副頭取・代表取締役Y4	1億0500ドル（乙事件・3割負担）
大蔵省ＯＢ・代表取締役Y5	7000万ドル（乙事件・2割負担）
総務人事担当取締役・代表取締役Y6	1億0500ドル（乙事件・3割負担「米当局への届出を行わなかった」「検査妨害を未然に防止しなかった」）
経理担当取締役・代表取締役Y7	1億0500ドルの賠償責任（乙事件・3割負担）
ＮＹ支店担当取締役・代表取締役Y8	2億4500万ドル（乙・7割負担） ・甲事件については「ＮＹ支店長を務めたが、不適切な保管残高確認方法を行い、改めず」だが損害の立証なしとされた。
大蔵省担当取締役Y9	7000万ドル（乙事件・2割負担）
ＮＹ支店担当取締役・代表取締役Y10	1億5750万ドル（乙事件・4割5分） ・別途、ＮＹ南部地区連邦地裁で禁固2か月、10万ドルの罰金刑も受けた。 ・甲事件については「ＮＹ支店長を務めたが、不適切な保管残高確認方法を行い、改めず」だが損害の立証なしとされた。
取締役企画部長Y11	7000万ドル（乙事件・2割負担）

4 判決の分析・解説

(1) 判決の分析
① 本判決の意義、射程

本判決は、裁判所の判断としてはじめて、取締役に「リスク管理体制」を構築する義務があると判示したものとして重要な意義を有している。

本判決は、会社法制定前、旧商法時代になされたものであるが、業務適正確保体制の整備について、取締役会が決議すべきとし、大会社かつ取締役会設置会社では必ず決議を要するものとした会社法362条4項5号、同条5項、それを具体化した会社法施行規則100条の制定に影響を与えた。

本判決は、結論についての批判もあるものの、上記のような重要性から、今後の裁判例においても同種事案について同様の判断枠組みが採用される可能性がある。

② 本判決の判断が導かれた根拠

本判決は、取締役が「リスク管理体制構築義務」を負うことの根拠として、「健全な会社経営」のためには「リスク管理」が必要であることを挙げている。「リスク管理」の具体的な内容としては、「信用リスク、市場リスク、流動性リスク、事務リスク、システムリスク等の状況を正確に把握し、適切に制御すること」と定義している。

(2) 判決が取締役の責任を認定するために重視した事情
① 内部統制システム構築義務違反について

本件では、会社のＮＹ支店に対する監査方法が、予め「監査基準日」を設定し、ＮＹ支店に対し、<u>保管残高明細書を入手しておくように予め通知し、ＮＹ支店が取り寄せた保管残高明細書と帳簿を照合</u>する方法であった。

そのため、 a が保管残高明細書を作り変える余地があった。

判決は、この点に着目して、本件の監査方法は「著しく適正さを欠く」と認定し、ＮＹ支店長を務めたＹ₁の本件における内部統制システム構築義務違反を認定した。

② 米国法違反について

本判決は、各被告取締役の米国法違反の点については、「検査妨害を未然に防止しなかった」「虚偽記載を未然に防止しなかった」「発覚後も米当局への届出を行わなかった」という点を重視して、善管注意義務違反を認定している。

(3) 当該業界特有の事情についての考慮の有無

本件では、取締役Y_1について「ＮＹ支店長を務めたが、不適切な保管残高確認方法を行い、改めなかった」として責任を肯定した部分は、Ａ銀行など金融機関特有の事情であるといえる。

ただし、本判決が各取締役の責任の内容として認定している部分は、どのような内部管理体制、特に、不正、リスクが発生する可能性がある部署の担当者に対する監査体制、チェック体制をどのように構築すべきか、という点について他業界の企業の参考にもなる。

5 会社・役員の注意点・対応策

本判決の判断内容や認定事実からは、会社、取締役にとっての、以下のような注意点・対応策が導かれる。

(1) 「リスク管理大綱」の決定、履行状況の監視・監査

本判決は上述の「3　裁判所の判断」「(1)内部統制システム構築義務の内容」にあるようなリスク管理体制構築への関与を各役員に求めている。

各役員はこれら義務を怠りなく履行し、かつ、後に責任追及された場合に備え、取締役会での質問・発言、具体的調査活動の実施など、どのようなリスク管理体制構築への関与を行ったかを文書化しておくことが重要である。

(2) チェック対象者の上席者によるチェック

本判決では、ＮＹ支店のチェック体制について、調査対象者本人が行っていることが、チェック体制の不備と認定されている。重要事項のチェックについては、チェック対象者本人ではなく、その上席者などが行う体制をとることが必要である。

(3) 証憑の入手をチェック対象者に任せない

本判決では、チェックのための証憑の取寄せを、チェック対象者に依頼していたことも問題とされた。このような体制では、チェック対象者による恣意的な取捨選択が可能となってしまうことから、チェック者がチェック対象場所現地に赴いて直接確認を行うことなどが必要となる。

(4) 担当者の定期的な異動の必要性

本件では、従業員aは、昭和59年から不正が発覚する平成7年までの約12年間、米国財務証券取引担当トレーダーを務めていた。このように同一の担当者が同一の部署を長期間担当することは、他者からの不正の隠ぺいが容易となる要素となる。特に重大リスクが発生する可能性のある部署については、担当者を定期的に異動させることが必要である。

(5) 担当者の適切な休暇取得の必要性

報道によると、本件の従業員aは、「12年間一度も休暇をとっていなかった」とのことである（東京新聞平成19年2月27日記事）。担当者が休暇をとらずに担当業務を囲い込んだ場合、他のスタッフがその担当者の不正に気付きにくくなる。特に重大リスクが発生する可能性のある部署については、担当者が適切に休暇を取得しているかどうかという点のチェックも不正防止のために有用である。

(6) 不正把握後の迅速な当局報告とそのための研修・教育

本件で取締役の責任が認められた根拠としては、経営陣が、従業員aからの不正の申告を受けた後も直ちに当局に報告しなかったことが重視されている。不正を把握した場合、速やかな監督当局への報告を行うべきであり、また、それが行われるよう、日頃から、研修、教育を行うことが「リスク管理体制の整備義務」の履行として重要である。

CHECK LIST

- ☐ 取締役会は「会社経営の根幹に係わるリスク管理体制の大綱」を決定したか。
- ☐ 代表取締役及び業務担当取締役は「大綱を踏まえ、担当する部門におけるリスク管理体制を具体的に決定」したか。
- ☐ 各取締役は「代表取締役及び業務担当取締役がリスク管理体制を構築すべき義務を履行しているか否か」の「監視」を果たしているか。また、その実践を書面の記録に残しているか。
- ☐ 監査役は「取締役がリスク管理体制の整備を行っているか否か」の「監査」を行っているか。また、その実践を書面の記録に残しているか。
- ☐ 重要事項のチェック作業について、調査対象者本人ではなく上席者が行っているか。
- ☐ 証憑取寄せを調査対象者に依頼せず、現物確認や直接確認をしているか。
- ☐ 重大リスクの発生可能性がある部署の担当者について定期的な異動を行っているか。
- ☐ 重大リスクの発生可能性がある部署の担当者について定期的な休暇取得をさせているか。
- ☐ 経営陣が不正を把握した後、速やかに監督当局へ報告・相談する必要があることを研修、教育などで徹底しているか。

(澁谷展由)

★業界：銀行
◆判断場面：内部管理体制構築、会社による役員責任追及、投資、不祥事対応

52 親会社の役員が子会社の役員に対して代表訴訟を提起しなかった判断につき責任が否定された事例－りそなホールディングス株主代表訴訟事件（大阪地判平成15・9・24判例タイムズ1144号252頁）（控訴棄却・確定）

1 事案一覧表

原　　　告	株主2名（合併前にC銀行株式を取得） ※参加人も株主（りそなホールディングス（以下「A社」という）の株主）
被　　　告	A社の代表取締役、取締役、監査役　17名
責任を問われた内容	①　A社代表取締役：B銀行・C銀行の取締役・監査役に対して代表訴訟を提起しなかった判断 ②　その他A社取締役：①の責任追及訴訟を提起するよう監督しなかった判断 ③　A社監査役：①の責任追及訴訟を提起するよう警告しなかった判断
請　求　額 （請求内容）	責任追及をしていれば回収できた金額と同額の損害として、 ①　全被告に対して14億5500万ドルから2億5000万円を控除した金額

	② 監査役Y15以外の役員に対し56億円および500万ドル
	③ 監査役Y15に対し35億円
賠償額 （判決内容）	請求及び参加請求を棄却
その他参考事項	原告は控訴。大阪高裁平成16年3月16日判決は、一審判決を引用して控訴を棄却。本件事件は確定した（山田泰弘「銀行の取締役の責任を追及しなかったことについて持ち株会社の取締役に任務懈怠は認められないとされた事例」商事法務1772号47頁参照）。

2 事案の概略

① 大和銀行（以下「B銀行」という）ニューヨーク支店で、従業員aが簿外取引によりB銀行に11億ドルの損失を与え、B銀行が米国当局に刑事訴追され罰金を支払った。

② あさひ銀行（以下「C銀行」という）ニューヨーク支店で、同支店の行員bが、金庫室に保管していた現地金融当局の検査資料を無断で使用した等の疑いを指摘され、C銀行が民事課徴金を支払った。

③ B銀行及びC銀行は、日本債券信用銀行（以下「D銀行」という）の新株を引き受け、払込を行った。

④ B銀行、C銀行とも、A社の完全子会社になった。

⑤ 本件は、上記①〜③の点について、A社の株主が、A社の役員に対して、B銀行、C銀行の当時の役員の責任を追及しなかった点について善管注意義務違反があるとして代表訴訟を提起した（旧商法267条（会社法847条）・266条1項5号（会社法423条））。

－事件の経過－

S59〜H7 B銀行ニューヨーク支店で従業員aが簿外取引によりB銀行に11億ドルの損失を与える。B銀行は米国当局に刑事訴追され罰金3億

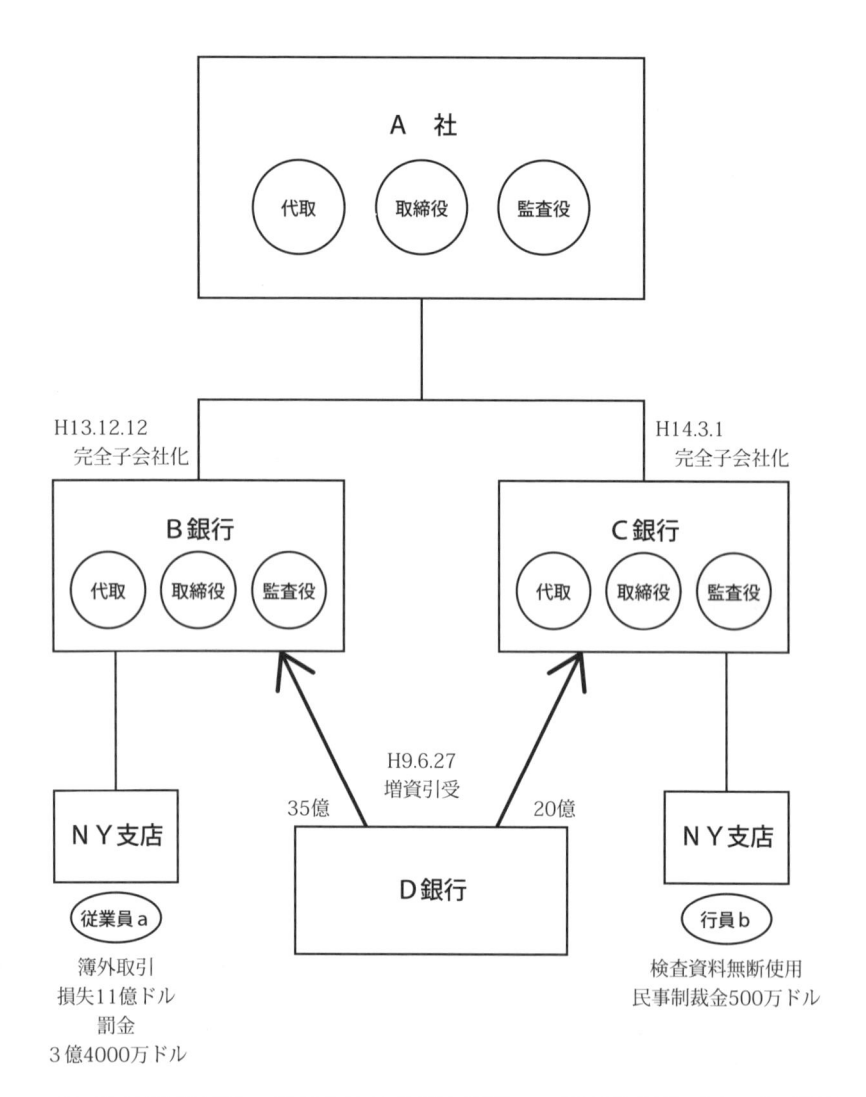

```
                    ┌─────────────────────┐
                    │        A 社          │
                    │  (代取)(取締役)(監査役)│
                    └──────────┬──────────┘
         H13.12.12              │              H14.3.1
         完全子会社化            │              完全子会社化
         ┌─────────────┐        │        ┌─────────────┐
         │    B 銀行    │        │        │    C 銀行    │
         │(代取)(取締役)│                 │(代取)(取締役)│
         │      (監査役)│                 │      (監査役)│
         └──────────────┘                 └──────────────┘
              ↑                                  ↑
   ┌────────┐ │         H9.6.27                  │ ┌────────┐
   │ N Y支店 │ │         増資引受                  │ │ N Y支店 │
   └────────┘ │ 35億              20億            │ └────────┘
   (従業員a)   └──────┐        ┌────────┘          (行員b)
              ┌──────┴────────┴─────┐
              │       D 銀行         │
              └─────────────────────┘
```

簿外取引　　　　　　　　　　　　　　　　　　　検査資料無断使用
損失11億ドル　　　　　　　　　　　　　　　　　民事制裁金500万ドル
罰金
3億4000万ドル

4000万ドルを支払。そのための弁護士報酬1000万ドル支払（以下「Ｂ銀行ＮＹ支店案件」という。本書466頁・大和銀行事件参照）。

H7　Ｂ銀行の株主がＢ銀行の役員ら（本件の被告Y₁を含む）に対し、代表訴訟提起（本書466頁・大和銀行事件参照）。

H9.2.13　原告の主張では、Ｃ銀行ニューヨーク支店で、同支店の行員が、金庫室に保管していた現地金融当局の検査資料を無断で使用した等の疑い

を指摘され、Ｃ銀行が民事課徴金500万ドルを支払い、弁護士報酬1億円を支払った（以下「Ｃ銀行ＮＹ支店案件」という）。

H9.4.1 大蔵省がＢ銀行、Ｃ銀行に対し、Ｄ銀行の経営再建のための資本調達計画への協力要請。

H9.6.27 Ｂ銀行がＤ銀行の新株35億円を引き受け、払込（以下「Ｂ銀行増資引受案件」という）。Ｃ銀行がＤ銀行の新株20億円を引き受け、払込（以下「Ｃ銀行増資引受案件」という）。

H13.12.10 Ｂ銀行株主がＢ銀行役員らに提起した代表訴訟で和解が成立（和解金２億5000万円。本書466頁・大和銀行事件参照）。

H13.12.12 Ｂ銀行が大和銀ホールディングス（以下「Ｂ銀行ＨＤ」という）の完全子会社になる。

H14.3.1 Ｃ銀行がＢ銀行ＨＤの完全子会社になる。

H14.3.5 本件原告がＢ銀行ＨＤに対し本件被告らに対する提訴を行うよう請求。→Ｂ銀行ＨＤは提訴せず。

H14.10.1 Ｂ銀行ホールディングスがＡ社に商号変更。

3 裁判所の判断

(1) Ｂ銀行ＮＹ支店案件に関し提訴しなかった責任

① 代表訴訟（本書466頁・大和銀行事件参照）において和解金を２億5000万円とする和解が成立したことにより、同額を超える部分については、Ｂ銀行が免除の意思表示をした。

② Ｂ銀行はＢ銀行の役員に２億5000万円を超える部分について損害賠償請求権を有しない。

③ Ａ社代表取締役がＢ銀行の役員を提訴しなかったことについて善管注意義務違反はない。

④ Ａ社の取締役、監査役にも善管注意義務違反はない。

(2) Ｃ銀行ＮＹ支店案件に関し提訴しなかった責任

① Ｃ銀行ＮＹ支店の「コンプライアンス体制」、「不祥事の発覚の経緯」についての「認定事実の下では」Ｃ銀行の取締役らに善管注意義務違反はな

い。
　②　A社は、C銀行の当時の取締役らに対して損害賠償請求権を有しない。
　③　A社代表取締役がC銀行の役員を提訴しなかったことについて善管注意義務違反はない。
　④　A社の取締役、監査役にも善管注意義務違反はない。
(3)　B銀行・C銀行のD銀行増資引受案件に関し提訴しなかった責任
　①　取締役は経営の専門家として、職務遂行にあたり広い裁量が与えられている。
　②　取締役の「過去の経営上の措置」が善管注意義務、忠実義務に違反するとして責任を追及するためには、「その経営上の措置を執った時点において、<u>取締役の判断の前提となった事実の認識に重大かつ不注意な誤りがあったか</u>、あるいは、<u>その意思決定の過程、内容が企業経営者として特に不合理、不適切なものであったことを要する</u>」
　③　B銀行・C銀行の当時の取締役らは、D銀行から必要な資料を受領し、弁護士に意見照会したうえで、取締役会で審議・検討し、一応の合理性があるとして増資引受けを決定した。
　④　取締役の判断の前提となった事実の認識に重大かつ不注意な誤りがあったとは認められず、意思決定の過程、内容も企業経営者として特に不合理、不適切なものであったといえない。
　⑤　B銀行・C銀行の当時の取締役らは善管注意義務違反はない。
　⑥　A社代表取締役がB銀行・C銀行の役員を提訴しなかったことについて善管注意義務違反はない。
　⑦　A社の取締役、監査役にも善管注意義務違反はない。

4 判決の分析・解説

(1)　判決の分析
　本件では、「B銀行NY支店案件」「C銀行NY支店案件」「B銀行・C銀行のD銀行増資引受案件」について、A社の役員が、B銀行、C銀行の当時の

役員の責任を追及しなかった点について善管注意義務違反があるか否かが直接的には問われている。

しかし、「3　裁判所の判断」で上述したとおり、判決は、B銀行・C銀行の当時の役員に責任はない、そうである以上、A社の役員が、B銀行・C銀行の当時の役員の責任を追及しなかったことについても責任はないとの論理展開をしている。つまり、本判決は、実質的には、「B銀行NY支店案件」「C銀行NY支店案件」「B銀行・C銀行のD銀行増資引受案件」についての当時の役員の責任の有無を主たる判断対象としている。

「B銀行・C銀行のD銀行増資引受案件」の判断の際、判決は、取締役は経営の専門家として、職務遂行にあたり広い裁量が与えられていることを理由として、取締役の経営判断について善管注意義務違反が成立する要件として、以下のように成立を限定する2要件を上げている。

①　その経営上の措置をとった時点において、<u>取締役の判断の前提となった事実の認識に重大かつ不注意な誤りがあったこと</u>

②　<u>その意思決定の過程、内容が企業経営者として特に不合理、不適切なものであったこと</u>

(2)　判決が取締役の責任を認定するために重視した事情

①　「B銀行NY支店案件」

判決は、「B銀行NY支店案件」に関して別途B銀行の役員に対して提起され終結した代表訴訟（本書466頁・大和銀行事件参照）において和解が成立しているため、和解額を超える部分については、既にB銀行が役員の責任を免除しており、損害賠償請求権が存在しない、と判断しており、B銀行の当時の役員に善管注意義務違反があったか否かの判断には立ち入っていない。

②「C銀行NY支店案件」

判決は、「C銀行NY支店案件」に関する当時の役員の責任を否定する事情として、以下の点を挙げている。

イ　C銀行本部は、海外拠点長に対し、法令違反、現金過不足事故などの事務上の事故、システムトラブル、災害等が発生した場合には、即日か遅くとも翌日の午前中に連絡するよう通知していた。

ロ　ＮＹ支店は、内部監査部門に「公認銀行監査人」「公認内部監査人」の両資格を有する「内部監査人」、公認会計士・弁護士の両資格を有する「コンプラアインス担当」を配置していた。

ハ　ＮＹ支店は、平成６年、平成７年に「銀行秘密法」についてのセミナーを開催していた。

ニ　平成７年、ＮＹ支店で守秘義務に関する銀行法の遵守状況の内部監査を行ったところ「優秀」との評価であり、特に指摘すべき点がなかった。

ホ　不祥事発覚後、Ｃ銀行本部は、ＮＹ支店に直ちに報告を求めた。

ヘ　不祥事発覚後、法律事務所に「第三者的立場で事実関係を徹底究明するよう調査を依頼」した。

ト　不祥事発覚後、Ｃ銀行本部は、総合企画部担当取締役を、事案救命のためにＮＹ支店に派遣した。

チ　調査後、直ちに現地当局へ報告した。

③「Ｂ銀行・Ｃ銀行のＤ銀行増資引受案件」

判決は、「Ｂ銀行・Ｃ銀行のＤ銀行増資引受案件」に関する当時の役員の責任を否定する事情として、以下の点を挙げている。

イ　取締役らは、Ｄ銀行から再建計画、今後の利益見込みなど増資引受判断のために必要な資料を受領していた。

ロ　増資引受判断の是非について弁護士にも意見照会をしていた。

(3) 当該業界特有の事情についての考慮の有無

「Ｂ銀行ＮＹ支店案件」「Ｃ銀行ＮＹ支店案件」については、米国銀行法違反の防止体制構築、違反発覚後の対処についての責任が問題となっているが、上述の「Ｃ銀行ＮＹ支店案件」について判決が重視した事情は、他の業態の会社の不祥事防止体制、不祥事対応の参考にもなる。

「Ｂ銀行・Ｃ銀行のＤ銀行増資引受案件」で判決が重視した事情についても、他の業態の会社が他社の増資を引き受ける際の対応方法として参考になる。

5 会社・役員の注意点・対応策

　本判決が役員の責任を否定した判断の内容、認定事実から、会社、役員が責任を負わないための以下のような注意点・対応策が導かれる。

(1) 行っておくべき不祥事の事前予防策

　① 代表取締役、取締役会などは、各部署、各支社・支店などに対し、法令違反、事務上の事故、システムトラブル、災害等が発生した場合には、迅速に本部に連絡を行うよう周知徹底しておく。

　② 内部監査部門、コンプライアンス担当部門に、内部監査についての専門家を配置しておく。

　③ 定期的に内部監査を実施する。

　④ 各部署、各支店のスタッフに対して、関係法令、コンプライアンスなどについての研修を定期的に開催しておく。

(2) 不祥事が発覚した場合に行うべき対応策

　① 代表取締役、取締役会などは、不祥事が発覚した場合、発生した部署に対して、直ちに報告を求める。

　② 不祥事発生部署、支社・支店などに、速やかに担当役員を中心とした調査チームを派遣する。

　③ 不祥事の調査の際、自社での調査と併せて、外部法律事務所など「第三者的立場」にある者による調査も行う。

　④ 速やかに調査をしたうえ、所管当局に報告を行う。

(3) 他社の増資を引き受ける場合の指針

　① 増資を行う会社の財務状況、利益見込みなど増資引受判断のために必要な資料を受領する（適正な財務デューディリジェンスを行う）。

　② 増資引受判断の是非について弁護士にも意見照会をする（適正な法務デューディリジェンスを行う）。

(4) 子会社役員に対して提訴しない判断をする場合の指針

　子会社で不祥事が発覚した場合や、子会社が行った取引が大きな損失につながった場合、本件の「Ｃ銀行ＮＹ支店案件」「Ｂ銀行・Ｃ銀行のＤ銀行増資

引受案件」のように、子会社の役員に善管注意義務違反が認められないのであれば、その責任を追及しない親会社の善管注意義務違反も認められないこととなる。

　したがって、親会社の役員としては、子会社の不祥事や子会社の損失発生について、子会社役員が善管注意義務違反を負わないかどうかについて、弁護士から法的意見を取得し、子会社役員が責任を負うと判断される場合であれば親会社として責任を追及する必要がある。

CHECK LIST

不祥事の事前予防策

- ☐ 各部署、各支社・支店などに対し、法令違反、事務上の事故、システムトラブル、災害等が発生した場合には、迅速に本部に連絡を行うよう周知徹底したか。
- ☐ 内部監査部門、コンプライアンス担当部門に、内部監査についての専門家を配置したか。
- ☐ 定期的に内部監査を実施しているか。
- ☐ 各部署、各支店のスタッフに対して、関係法令、コンプライアンスなどについての研修を定期的に開催しているか。

不祥事が発覚した場合の対応策

- ☐ 不祥事が発覚した場合、発生した部署に対して、直ちに報告を求めたか。
- ☐ 不祥事発生部署、支社・支店などに、速やかに担当役員を中心とした調査チームを派遣したか。
- ☐ 不祥事の調査の際、自社での調査と併せて、外部法律事務所など「第三者的立場」にある者による調査も行ったか。
- ☐ 速やかに調査をしたうえ、所管当局に報告を行ったか。

増資を引受け判断の指針

- ☐ 増資を行う会社の財務状況、利益見込みなど増資引受判断のために必要な資料を受領したか。
- ☐ 増資引受判断の是非について弁護士から意見を取得したか。

子会社役員を提訴しない判断の指針

- ☐ 子会社の不祥事や損失発生について、子会社役員が善管注意義務違反を負わないかどうかについて、弁護士から法的意見を取得したか。

（澁谷展由）

★業界：銀行
◆判断場面：融資（貸付、社債引受け）

53 県からの要請を受けて追加融資を行った行為につき銀行の取締役らの責任が認められた事例－四国銀行株主代表訴訟事件（最判平成21・11・27金融・商事判例1335号20頁）（一部破棄差戻、一部上告棄却）

1 事案一覧表

原　　告	株主
被　　告	代表取締役頭取（Y0承継人 Y1、Y2、Y3） 代表取締役専務（Y4）、取締役5名（Y5、Y6、Y7、Y8、Y9）
責任を問われた内容	つなぎ融資、追加融資についての善管注意義務違反
請　求　額 （請求内容）	融資金のうち未回収額16億3861万4000円
賠　償　額 （判決内容）	3億500万円
その他参考事項	差戻控訴審において和解が成立（和解金：3億500万円）

10 金融

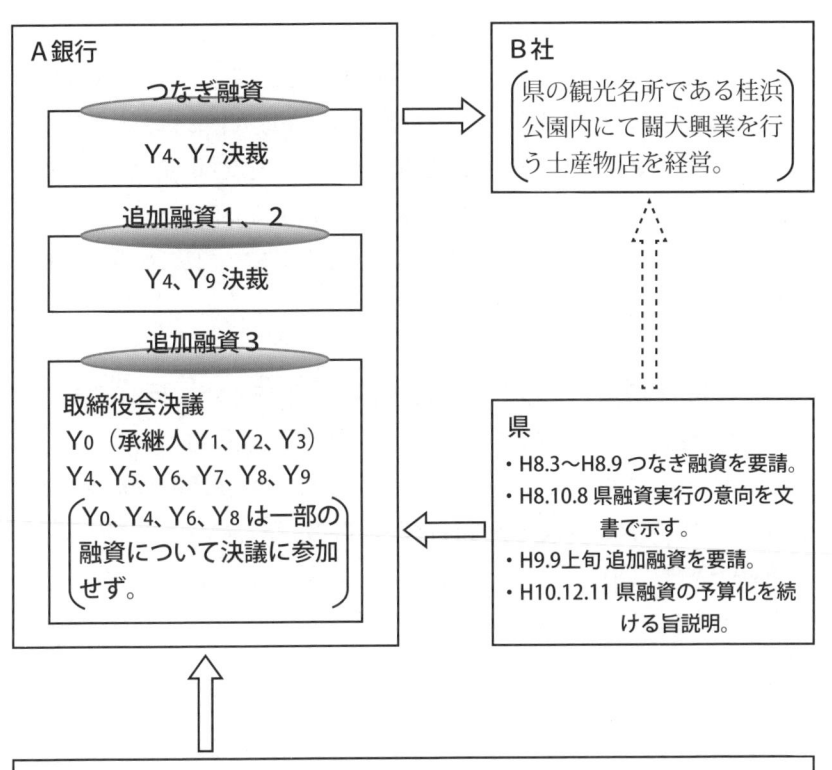

銀行

```
┌─A銀行─────────────────┐      ┌─B社──────────┐
│   つなぎ融資              │ ───▶ │県の観光名所である桂浜│
│    Y4、Y7 決裁           │      │公園内にて闘犬興業を行│
│                          │      │う土産物店を経営。   │
│   追加融資1、2           │      └──────────────┘
│    Y4、Y9 決裁           │              ▲
│                          │              ┊
│   追加融資3              │              ┊
│   取締役会決議           │      ┌─県──────────────┐
│   Y0（承継人Y1、Y2、Y3）  │ ◀─── │・H8.3～H8.9 つなぎ融資を要請。│
│   Y4、Y5、Y6、Y7、Y8、Y9  │      │・H8.10.8 県融資実行の意向を文│
│   (Y0、Y4、Y6、Y8は一部の │      │　書で示す。                │
│    融資について決議に参 │      │・H9.9上旬 追加融資を要請。  │
│    加せず。)             │      │・H10.12.11 県融資の予算化を続│
│                          │      │　　　　　　ける旨説明。      │
└──────────────────────┘      └──────────────────┘
            ▲
            │
┌─株主──────────────────────────────────┐
│決裁等に関与した者に対してはこれを行った点、その余の者について│
│は監視義務を怠った点で、それぞれ善管注意義務違反を主張。      │
└──────────────────────────────────────┘
```

2 事案の概略

① 四国銀行（以下「A銀行」という）は、県からの要請を受け、県において再建資金の融資の計画をしていたB社に対し、つなぎ融資として9億5000万円を融資した。

② その後、B社に追加融資してもその回収を容易に見込めない一方で、これをしなければB社が破綻、倒産する可能性が高く、上記つなぎ融資まで回収不能になるおそれがある状況下で、B社に対し約3年の間に数十回にわ

たり合計8億5000万円余りの追加融資をした。

③　これらの融資について、Ａ銀行の株主は、融資実行の決裁や取締役会での承認決議（以下「決裁等」という）に関与した取締役には、その決裁等を行った点で、その余の取締役には監視義務を怠った点で、それぞれ善管注意義務違反があるとして平成17年法律第87号による改正前の商法266条1項5号（会社法423条1項）の責任を負う旨主張して、同法267条（会社法847条）に基づき株主代表訴訟を提起した。

－事件の経過－
(1)　つなぎ融資（平成8年10月1日から平成9年1月31日まで行われた合計9億5000万円の融資）に関する時系列

S48.2.28　ａ（のちのＢ社取締役会長）がＡ銀行と銀行取引を開始。
H7.6.1　Ａ銀行のａに対する与信額が3億7900万円に達する。
H7.6.29　Ａ銀行はａへの貸増しを回避する方針を採用。
H8.3　ａが営むＣ事業の取引先の手形が不渡りとなり、資金繰りが悪化。県は、県によるＣ事業再建のための直接融資までの暫定的な対応としてＡ銀行に対し、つなぎ融資の実行を要請することとした。
H8.7下旬頃〜H8.8上旬頃　県の企画部長がＡ銀行長浜支店支店長に来庁を求め、つなぎ融資を要請。
H8.8.8〜9.2　企画部長や商工労働部長など県の担当者が、Ａ銀行本店を計4回訪れ、つなぎ融資の実行を要請。
H8.9.30　副知事がＡ銀行本店を訪れ、Y_0及びY_4に対し、つなぎ融資を要請。
H8.10.8　県の企画部長がＡ銀行に対し、県がＤ事業を会社組織化したＢ社に融資を実行する意向を有していることを示す文書を提出。
H8.10.17　Ｂ社設立。
H8.10.25　県の商工政策課が県融資に係る予算を盛り込んだ平成9年度予算見積書を作成。
H9.3.21　県議会において平成9年度予算案が承認される。

(2) **追加融資１（平成９年９月30日から平成９年12月30日まで行われた合計２億円の融資、及び平成10年１月28日から平成10年３月２日まで行われた合計9700万円の融資）に関する時系列**

H9.6.6　県の審査会において、Ｂ社の経営を委ねることができる人材の登用による経営強化を条件として、Ｂ社を融資支援対象企業とする旨決議された。

H9.6.20　県の商工労働部長，商工政策課長がＡ銀行に対し，Ｂ社に人材を派遣すれば県融資が実行できる旨連絡。

H9.8.8　県の商工政策課長がＡ銀行に対し、県の財政課の基本的承認は得られた旨連絡した。

H9.9上旬　Ｂ社がＡ銀行に対し、手形決済資金等の不足を理由として追加融資を要請。

H9.12.24　Ａ銀行は、県融資を実行するための条件を満たすべく元支店長をＢ社に派遣。県の元農林水産副部長もＢ社の取締役に就任。

(3) **追加融資２（平成10年６月30日から平成11年３月１日まで行われた合計１億6500万円の融資）に関する時系列**

H10.3　県議会において平成10年度予算案が承認される。Ｂ社への融資の原資として９億5000万円が計上されていた。

H10.5.21　県の商工政策課長がY_5らに対し、知事が県融資にストップをかけた旨、知事はＢ社のＣ会長一族を経営から排除することをＢ社への融資支援の条件としている旨を伝えた。

H10.7.31　Ａ銀行公務部長が商工労働部長宛に10月末日を期限として県融資の実行を求める要望書を発出。期限を過ぎても県融資は実行されず。

H10.12.11　県の商工労働部長がＡ銀行に対し、ａ会長が退陣しない限り県融資の実行について知事の了解が得られない旨、県の担当者がａ会長に対し退陣するよう説得中である旨、いつでも県融資を実行できるよう予算化は続ける旨を説明。

H10.12.21　Ａ銀行公務部長が、再度、平成11年３月末日を期限として商工労働部長宛に県融資の実行を求める要望書を発出。

(4) 追加融資3（平成11年4月28から平成12年9月29日まで行われた合計3億9350万円の融資）に関する時系列

H11.3頃 県議会において平成11年度予算案が承認される。B社への融資の原資として9億5000万円が計上されていた。

H11.3.31 A銀行において、B社の債務者区分を要注意先から破綻懸念先に変更し、B社への融資の承認を取締役会付議事項とする。

H11.5.10 A銀行の審査部長らが県庁を訪れ、商工政策課長に対し、同月31日までに県融資の実行日時を回答するよう要請。

H11.8.5 A銀行は、公認会計士に対し、B社の企業実査及び経営改善計画書の作成を依頼。

H11.9.27 公認会計士作成の「調査報告書」と題する書面がA銀行の取締役会に提出される。

H12.1.24 長浜支店作成のB社に係る長期経営計画書がA銀行の取締役会に提出される。

H12.4.6 副知事及び県の出納長がA銀行を訪れ、県融資の実行は現状では厳しい旨述べた。

H12.5.1 A銀行取締役会において、県融資の実行が極めて難しい状況にあることが報告された。

(5) その後の時系列

H13.1.30頃 B社が民事再生手続開始の申立を行う。

H13.3.16 民事再生手続開始決定がなされたが、最大債権者であるA銀行が反対したため廃止。

❸ 裁判所の判断

(1) つなぎ融資について

① つなぎ融資の実行を決裁することに合理性が認められるのは、県融資が実行されることにより、つなぎ融資の融資金相当額をほぼ確実に回収することができると判断することに合理性が認められる場合に限られる。

② 本件では、

イ　平成8年8月から同年9月までの間に、県の要職にある者が、再三、A銀行を訪れ、県がB社の事業に融資を実行する旨言明していたこと
ロ　同年10月8日には、県からA銀行に、県融資を実行する意向を有していることを示す文書が提出されていること
ハ　B社に対する融資原資に充てることを企図して9億5000万円が計上された予算案が県議会で承認され、既存の融資制度を本件融資制度に改めるための要綱も作成されていたこと

から、Y_4及びY_7が、つなぎ融資の実行を決裁する際、県融資の実行により、つなぎ融資の融資金相当額をほぼ確実に回収することができると判断することには合理性が認められる。

(2) **追加融資1から3について**
①　A銀行が、B社に対する追加融資を実行しなければ、B社が破綻、倒産する可能性は高く、そうなれば、B社が本件県融資を受けることができなくなり、本件県融資により回収を予定していたB社に対する本件つなぎ融資の融資金9億5000万円までもが回収不能となるおそれがあった。

以上のような状況の下で決裁関与取締役が本件各追加融資の実行を決裁したことに合理性が認められるのは、本件つなぎ融資の融資金の回収原資をもたらす本件県融資が実行される相当程度の確実性があり、これが実行されるまでB社の破綻、倒産を回避して、これを存続させるために追加融資を実行した方が、追加融資分それ自体が回収不能となる危険性を考慮しても、全体の回収不能額を小さくすることができると判断すること（以下、この判断を「本件回収見込判断」という）に合理性が認められる場合に限られる。

②　追加融資1について
イ　県融資実行の条件としてA銀行の元支店長がB社に役員として派遣されていたこと
ロ　県の商工政策課長から、財政課の基本的承認が得られた旨連絡されていること

から、追加融資1については、決裁関与取締役の本件回収見込判断に合理性があった。

③ 追加融資2について

　県の商工政策課長や商工労働部長から、a会長に退陣するよう説得中であること、及び県融資をいつでも実行できるよう予算化を続ける旨の説明があったことから、追加融資2については、決裁関与取締役の本件回収見込判断の合理性を直ちに否定することはできない。

④ 追加融資3について

　イ　a会長及びその親族をB社の経営から排除することは困難な状況にあり、その後も、同人らを排除することができない状況が続いたこと

　ロ　その間、A銀行は、県に対し、2度にわたり期限を定めて県のB社に対する融資の実行を求めたにもかかわらず、県は2度目の期限も徒過し、その時点で、上記イの連絡を受けてから10か月以上が経過していたこと

　ハ　上記ロの時点までには、A銀行自身も、資産査定において、B社の債務者区分を要注意先から破綻懸念先に変更するに至っていたこと

から、上記ロの時点以後は、A銀行の取締役らにおいて、本件回収見込判断は著しく不合理であり、上記ロの時点以後の追加融資3のうち3億0500万円の部分については、これを決定したA銀行の取締役らに善管注意義務違反がある。

4 判決の分析・解説

(1) 判決の分析

　本判決は、銀行取締役の融資決裁に関する善管注意義務違反に基づく責任が、株主代表訴訟において認められた事案である。

　本件事案の特徴として、破綻していない銀行の事案であること、及び、つなぎ融資が県からの強い要請に基づいてなされ、その後の各融資決裁も県融資の実行に期待してなされたことが挙げられる。

(2) 判決が取締役の責任を認定するために重視した事情

　本判決では、決裁関与取締役の善管注意義務違反の有無を判断するにあたって、つなぎ融資に関しては、県融資の実行によるつなぎ融資の回収可能性

という観点から、追加融資に関しては、当該追加融資自体の回収可能性ではなく、県融資の実行による全体の回収不能額の縮小という観点からそれぞれ合理性があるかどうかが検討されている。

(3) 当該業界特有の事情についての考慮の有無

地域金融機関にとって、地元企業や地方公共団体との間の信頼関係や地元経済界における評判などは、融資のみならず企業経営にあたっての重要な考慮要素の1つである。

この点について本判決の原審は、①県による融資の可能性、②B社財務状況改善の可能性を重視しつつも、付加的に、③B社の県の観光事業における役割と県の支援継続の意思、④銀行の県における地位と社会的公共的役割（特にB社を事実上倒産させた場合の地元取引先等に与える影響と銀行の信頼低下）、⑤銀行が県との信頼関係を継続することの必要性、⑥県との信頼関係継続による長期的視点に立つメリットと打ち切りによる信頼関係喪失のデメリットについて考慮し、取締役の善管注意義務違反を否定している。

これに対し、本判決では、上記③から⑥については検討の対象とはされず、前述のように県融資の実行の可能性とそれによる回収不能額の縮小の可能性の観点から判断がなされている。

5 会社・役員の注意点・対応策

本判決では、善管注意義務違反の判断にあたっては、回収見込や回収不能額の縮小の可能性などが考慮されており、その点で、従来の判例の判断手法と大きく異なるものではないとされている。

他方で、本件の特殊事情である県からの融資の要請や、県融資が実行される可能性をどこまで信用するかといった点については実務上悩ましい問題であるといえる。

本件においては、A銀行における預金残高の約4分の1は県の予算が占め、県職員のうちA銀行に預金口座を有し給与振込を行っている者は約75％に達する。また、A銀行は、県の指定金融機関であり、県との取引から派生して他の取引を拡大、発展させることができるという関係にあった。

このようないわば持ちつ持たれつの関係を前提にすると、銀行として県の要請を無下にできないということも首肯できるところではある。
　しかし、銀行の事業経営には安定性や健全性が求められることからすれば、融資の回収可能性が重視されることも否定はできず、回収可能性が見込めない状態になった場合にまで地方公共団体や取引先との信頼関係が常に重視されるわけではないであろう。
　特に本件では、県融資に充てられる予定の資金が毎年予算計上されてはいるものの、a会長一族の排除といった県融資の条件が満たされていないこと、A銀行からの再三の求めにもかかわらず県融資が実行されていないこと、それに加えA銀行自身が、当該企業を破綻懸念先に分類していたことから、その時点以降、なおA銀行が融資を継続することに合理性は見出しがたいと考えられる。
　本判決は事例判決であり、安易に一般化することはできないが、地方銀行の取締役には地方都市におけるステークホルダーとの従来の付き合いやしがらみにとらわれることなく、冷静な判断が求められることを示唆するものとして受け止めることができるだろう。

CHECK LIST

取引先企業に関して確認すべき項目

●銀行内部の方針等
- ☐ 融資時点の取引先に対する銀行の融資方針は合理的か。
- ☐ 銀行内部における取引先の格付はどのようになっているか。
- ☐ 銀行内部において取引先に対する融資の決定権は誰にあるのか。

●回収可能性
- ☐ 融資対象事業に収益性はあるか。
- ☐ 融資にあたり十分な担保を取得しているか。
- ☐ 取引先の経営陣に問題はないか。
- ☐ 公認会計士等外部機関の取引先に対する評価はどのようなものか。

地方公共団体による融資計画がある場合の実現可能性に関して確認すべき項目

●地方公共団体との関係
- ☐ 地方公共団体において融資対象事業について十分な調査が行われているか。
- ☐ 議会等において取引先に対する融資支援の意思決定がなされているか。
- ☐ 融資支援のために銀行に求められる役割・条件は何か。
- ☐ 融資支援のための原資が予算に計上されているか。
- ☐ 地方公共団体の要請に応じる又は応じないことでどのようなメリット・デメリットが発生するか。

(田中　努)

★業界：銀行
◆判断場面：融資（貸付、社債引受け）、会社による役員責任追及

54 銀行が追加融資を行ったことにつき取締役の責任が認められた事例－日本長期信用銀行初島事件（東京地判平成14・4・25判例時報1793号140頁、判例タイムズ1098号84頁）（控訴後控訴取下げ）

1 事案一覧表

原　　　告	旧・日本長期信用銀行（現・新生銀行）
原告訴訟引受人	整理回収機構（RCC）
被　　　告	取締役1名（専務取締役）
責任を問われた内容	会員権販売が不振に陥っている大型リゾート開発事業へ追加融資を行った判断
請　求　額 （請求内容）	1億円
賠　償　額 （判決内容）	1億円
その他参考事項	・原告は、本件訴訟提起後、本件損害賠償請求権を整理回収機構に譲渡し、その後、同機構が訴訟引受けを行っている。 ・本件訴訟は、旧長銀経営陣計十数名に対して起こされた損害賠償請求訴訟の1つである。

10 金融

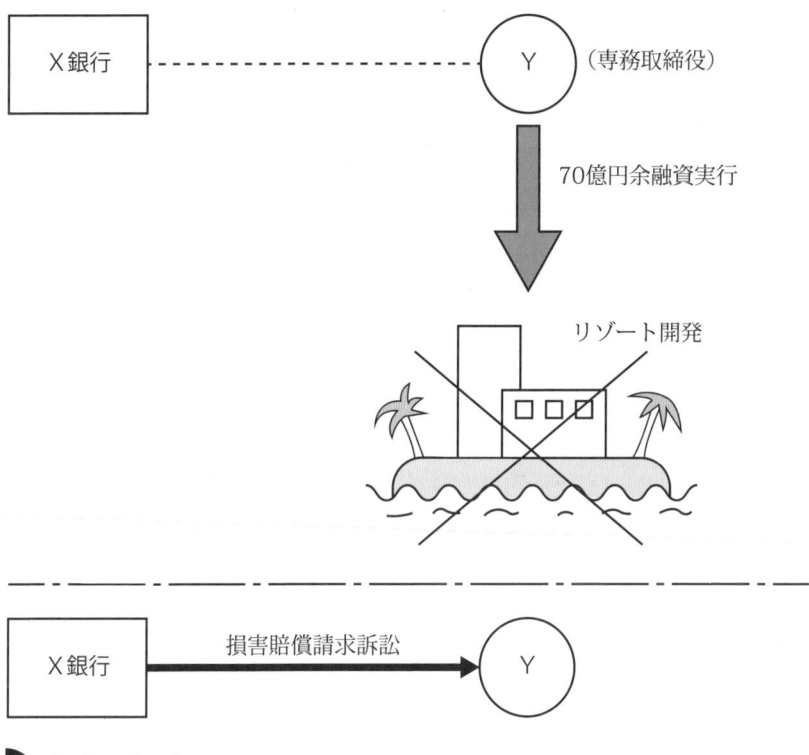

銀行

```
┌──────┐                    ○
│ X銀行 │- - - - - - - - - -( Y )（専務取締役）
└──────┘                    ○
                             │
                    70億円余融資実行
                             ↓
                        リゾート開発 ✕


┌──────┐   損害賠償請求訴訟    ○
│ X銀行 │ ─────────────────→ ( Y )
└──────┘                     ○
```

2 事案の概略

① 旧・日本長期信用銀行（以下「X銀行」という）は、A社が推進する初島（静岡県熱海市沖）内の会員制高級リゾート開発事業（以下「本件リゾート開発」という）に対し、将来、他の銀行との協調融資団（シンジケート団）を組成し、その中で30億円を長銀の融資額限度とすることなどを決定した。当該協調融資団による融資実行までのつなぎ融資として、X銀行単独で2億円余の融資を実行した。

② 協調融資団のサブメインであったM銀行などの大手銀行が本件リゾート開発から撤退し、当初想定していた規模での協調融資団の組成が困難となった。

③ B総研による調査によれば、本件リゾート開発は、建設に必要な資金を大幅に上回る資金の回収が正会員権の販売によりなされることが事業成功

のポイントである等とされていた。

④　会員権の販売は当初の計画のおよそ4割弱にとどまっていた。

⑤　X銀行は、社内での検討の結果、工事中止による社会的問題（島民の生活補償問題や会員権トラブル、熱海市・農林水産省との摩擦）の生起、優良株主とのトラブルに巻き込まれる等の損失と工事続行・建物完成による資金回収の可能性とを比較すると、工事続行・建物完成まで持ち込むほうが望ましいと判断した。

⑥　上記⑤の判断に基づき、与信専決権者である取締役Yの決裁を経て、X銀行は、A社に総額70億円余の融資を実行した（本件追加融資）。

⑦　その後も会員権の販売は不調に終わり、A社の事業は5年連続で大幅な赤字を計上し、A社はX銀行に追加支援を期待したものの、X銀行に対し特別公的管理が開始されたため、これが期待できない状況になり、最終的にA社は、会社更生の申立を行った。

⑧　X銀行は、上記更生手続において、10億円余しか弁済を受けることができなかったため、Yに対し、上記⑥の本件追加融資に際し取締役の善管注意義務違反があったとして、旧商法254条の3・254条3項、民法644条、旧商法266条1項5号（会社法355条・330条、民法644条、会社法423条1項）に基づき、損害賠償請求訴訟を提起した。

－事件の経過－

H1.2頃　本件リゾート開発につき静岡県より実施計画の承認。

H1.6頃　X銀行による2億円の融資実施。

H2.6.21　正会員権の販売が事業のポイントであるとするB総研による調査報告書。

H3.5頃　大手銀行の辞退などにより事実上協調融資団の組成が不可能となった。

H3.8頃　X銀行による30億円の融資実施。

H4.1　X銀行による5億円の融資実施。

H4.3　資金計画上、この時期までに会員権の販売により115億円余の入金を見込んでいたが、実際は33億円余の入金しかなかった。

H4.5.1　工事請負業者（大手ゼネコン）が工事代金の未払等を理由に本件リゾート開発工事を一時中断した。

H4.7末～8上旬　X銀行で社内検討会を実施。ここで建物完成を優先し、完成後に融資を回収する方針が決定。

H4.9～H5.1　与信専決権者であるYの決裁を経て、順次貸出が行われ、総額74億円の融資が実行された（本件追加融資）。

H7.7　本件リゾート開発に係る施設のすべてが完成したが、最終的には会員権は60億円程度しか販売できなかった。

H10　本件リゾート施設は、平成10年度までの前5年度は大幅な赤字を計上し、このため、X銀行はさらなる貸出を余儀なくされ、平成10年3月末には、元本のみで融資残高が360億円を超えていた。

H11.4　本件リゾート施設を運営する訴外A社が静岡地方裁判所に会社更生の申立。

3　裁判所の判断

　以下では、本件追加融資にあたっての被告の注意義務違反の有無に限定して述べる。

(1)　経営判断に係る善管注意義務違反の判断枠組み

　判断の前提となった事実の認識に不注意な誤りがあったか否か、又は判断の過程・内容が取締役として著しく不合理なものであったか否か、すなわち、当該判断をするために当時の状況に照らして合理的と考えられる情報収集、分析、検討がなされたか否か、これらを前提とする判断の推論過程及び内容が明らかに不合理なものであったか否か、によって判断される。

(2)　大銀行における情報収集、分析、検討について

　専門知識と能力を有する行員を配置し、融資に際して、営業部店、審査部、営業企画部などがそれぞれの立場から重畳的に情報収集、分析及び検討を加える手続が整備された大銀行においては、取締役は、特段の事情のない限り、各部署において期待された水準の情報収集、分析、検討が誠実になされたとの前提に立って自らの意思決定をすることが許される。

なお、ここでいう特段の事情の有無は、当該取締役の知識・経験・担当職務、案件との関わり等を前提に、当該状況に置かれた取締役がこれらに依拠して意思決定を行うことに当然に躊躇を覚えるような不備・不足があったか否かにより判断される。

(3) Yの注意義務違反の有無

本件追加融資を行ったYの判断は、当該状況下において合理的と考えられる情報収集、分析、検討を怠り、追加融資を打ち切る場合の損失に比し、追加融資を行う場合の回収不能によるリスクを著しく過小に評価し、その衡量判断を誤って、回収可能性の乏しい本件プロジェクト（本件リゾート開発）に対して、巨額の追加融資を行ったものであり、取締役として許容された裁量を逸脱した善管注意義務違反がある。

4 判決の分析・解説

(1) 判決の分析

本判決は、当初計画に支障が生じたリゾート開発事業に対し、追加融資を行った銀行の取締役の注意義務違反が認められた事案である。

① 判断枠組み

本判決は、いわゆる経営判断の原則に従ったものといえる。すなわち、取締役が善管注意義務に違反し、会社に生じた損害を賠償する責任を負うか否かは、行為当時の状況に照らし合理的な情報収集・調査・検討等が行われたか、及び、その状況と取締役に要求される能力水準に照らし不合理な判断がなされなかったかを基準として判断される（江頭憲治郎『株式会社法〔第4版〕』437頁）。

② 取締役の信頼の保護

本判決は、使用人等からの情報等については、特に疑うべき事情がない限り、それを信頼すれば善管注意義務違反にならないとする、いわゆる取締役の信頼の保護に触れている点が特徴的である。

(2) 判決が取締役の責任を認定するために重視した事情

本判決は、詳細な事実認定をしており、すべてを網羅的に取り上げること

はできないが、主たる点は以下のとおりである。

① **追加融資を打ち切る場合の損失の見込み**

追加融資を打ち切る場合、①50億円程度の資金が回収不能となること、②既販売会員権の払戻し問題に巻き込まれる懸念があること、③島民生活保障問題に巻き込まれるおそれがあること、④公共性の高い案件であり、社会的批判を受ける懸念があること、⑤優良株主企業等とのトラブルなどがあること等の、懸念される項目において、一応の情報収集、調査、検討はなされていたといえる。

しかしながら、これらがX銀行にとって大きな影響を与えるものであるとの認識にとどまり、仮にプロジェクトを中止する立場に立った場合に、どのようにしてこれを最小化しうるか、その場合のX銀行に与える影響はどうであるかという点についての分析・検討に欠けるものがあった。

② **追加融資を行う場合の回収見込みについて**

長銀総研による調査分析によれば、会員権の販売により回収した資金から事業費を賄い、開業当初からその余剰金を運転資金に充てることがプロジェクトの成功のために必要とされていた。

にもかかわらず、会員権販売は金額にして計画の8％にとどまり、極めて低調であった。加えて、当時はバブル経済が崩壊し、当初予定していた協調融資団が組成できていなかった。

このような状況下において、会員権の販売も融資の回収方法として念頭に置くのであれば、再度の調査分析を行うことが必要であったというべきだが、社内会議に提出された資料は資金計画を示す4枚の表に過ぎず、これでは不十分といわざるを得ない。

③ 以上の諸点に鑑み、裁判所は、回収可能性の乏しい本件プロジェクト（本件リゾート開発）に対して、巨額の追加融資を行ったものであり、Yには、取締役として許容された裁量を逸脱した善管注意義務違反があるとした。

5 会社・役員の注意点・対応策

　本判決の判断内容や事実認定からは、会社・役員らにとって、以下のような注意点・対応策が導かれる。

　まず、いうまでもなく、融資にあたっては、十分な調査分析・検討が不可欠である。本判決では、会社従業員から提出された資料等については、取締役は、一応信頼してよいものとしているが、当該取締役の経験・担当職務・案件との関わりによっては、自ら調査分析・検討することが必要であるとしている。

　例えば、本件のようにプロジェクトを自ら推進していたような取締役であれば、要求される調査分析・検討のレベルは高くなるし、他方、取締役会で報告を受けただけの取締役であれば、そこで提出された資料が極めてずさんであるなどの事情がない限り、善管注意義務違反を問われることは少ないと思われる。

　そして、調査分析・検討のレベルを高める方法としては、複数のコンサルティング会社に調査分析を求めたり、景気動向・為替相場、政変などの事情があった際には、その都度、調査分析・検討を改めてし直すことが必要であろう。

　当然のことながら、融資にあたっては、十分な担保をとるべきことはいうまでもない。

10 金融

銀行

CHECK LIST
取締役が注意すべき点

●融資の回収
- □ 既になされた融資額はいくらか。
- □ 融資を回収する見込みはどれほど確実なものか。
- □ 複数のコンサルティング会社に回収見込みの調査をさせているか。時期を異にして複数の調査分析・検討をしているか。

●融資を打ち切った場合に発生する損害の検討
- □ 融資を打ち切った場合どのようなトラブルが発生するか。
- □ 融資を打ち切った場合に発生する損失の深刻さはどの程度か。
- □ 融資を打ち切った場合に発生する損失は回復(損害額の回収)できるか。その社会的費用はどの程度か。

●取締役
- □ 融資先プロジェクトへの関わりの度合いはどの程度か。
- □ 担当職務・経験・知識はどの程度か。

(林 晋也・林 菜穂)

★業界：銀行
◆判断場面：融資（貸付、社債引受け）、会社による役員責任追及

55 銀行が回収見込みのない融資を行ったことにつき取締役の責任が認められた事例－阪和銀行事件

（和歌山地判平成15・9・9　判例秘書登載）（確定）

❶ 事案一覧表

原　告	A銀行の被告らに対する損害賠償請求権を譲り受けた法人X
被　告	取締役Y1、Y2、Y3、Y4（代表取締役頭取Y5、取締役Y6） →Y5、Y6は本件訴訟中和解成立
責任を問われた内容	2回にわたって回収の見込みのない融資を十分な担保を徴求することなく行った善管注意義務ないし忠実義務違反（善管注意義務等違反）
請求額 （請求内容）	2億1423万7651円
賠償額 （判決内容）	Y1、Y2、Y3に対して、連帯して2億1423万7651円 Y4に対する請求は棄却
	本訴訟に先立って、既にA銀行の株主が株主代表訴訟を提起していた。この点に関して、株主が株主代表訴訟を提起したとしても、会社は代表訴訟の対象となった取締役に対する損害賠償請求権についてそ

-504-

その他参考事項	の管理処分権のすべてを失うわけではないから、これを譲渡することは特段の事情のない限り許されるとし、そのうえで、取締役に対する損害賠償請求権をA銀行から譲り受けたXは、A銀行とは別個の権利主体なのだから、A銀行の株主が本件損害賠償請求権に関する株主代表訴訟を提起しても、Xが訴訟追行権を失うことはないとした。そして、先行事件である株主代表訴訟は棄却すべきものとされた（和歌山地判平成12・2・15）。 平成5年8月5日、当時代表取締役副頭取であったfが何者かに射殺された。 代表取締役頭取Y5は、特別背任で起訴され、平成11年3月、一審懲役2年執行猶予3年の判決が言い渡された。

2 事案の概略

① A銀行がB社に対して、平成4年8月18日に3億6000万円（第1融資）、同年11月30日に2億3000万円（第2融資）を貸し付けた。

② これら各融資が行われた当時、Y1は専務取締役、Y2及びY3は常務取締役、Y4は取締役審査部長であった。

③ A銀行の常務会規定によると、本件各融資については常務会付議案件とされ、常務会の構成員はY5、f、Y1、Y2、Y3及び常勤監査役のmであった。

④ A銀行は平成8年11月21日に事実上倒産し、Xに対し、Yらに対する損害賠償請求権を含む資産を譲渡した。

⑤ Xは、Y1らが本件各融資につき、回収見込みに欠ける違法なものであることを認識しながら十分な担保を徴求することなくその実行を承認した点に善管注意義務等違反があるとして、旧商法266条（会社法423条）、旧商

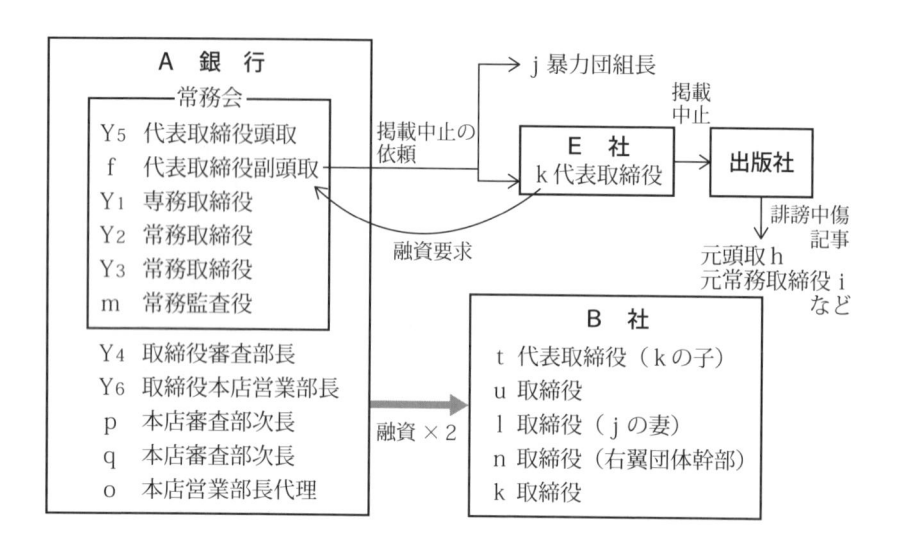

```
┌─────────────────────────────────┐
│          A 銀 行                 │
│  ┌─常務会─────────────┐          │      ──→ j 暴力団組長
│  │ Y₅  代表取締役頭取   │          │          掲載
│  │ f   代表取締役副頭取 │ 掲載中止の │          中止
│  │ Y₁  専務取締役      │ 依頼     │  ┌─────┐ ↑
│  │ Y₂  常務取締役      │─────────→│ E 社 │→┌─────┐
│  │ Y₃  常務取締役      │          │  │k代表取締役│ │出版社│
│  │ m   常務監査役      │←─────────│  └─────┘ └─────┘
│  └──────────────────┘  融資要求               │ 誹謗中傷
│    Y₄  取締役審査部長                           │  記事
│    Y₆  取締役本店営業部長                       ↓
│    p   本店審査部次長                    元頭取 h
│    q   本店審査部次長      融資×2       元常務取締役 i
│    o   本店営業部長代理   ─────→        など
└─────────────────────────────────┘
                          ┌──────────────────┐
                          │       B 社        │
                          │ t 代表取締役（kの子）│
                          │ u 取締役           │
                          │ l 取締役（jの妻）   │
                          │ n 取締役（右翼団体幹部）│
                          │ k 取締役           │
                          └──────────────────┘
```

法267（会社法847条）に基づき、A銀行に対する損害の賠償を求める株主代表訴訟を提起した。

－事件の経過－

H4.5頃 fが、暴力団組長j、E社の代表取締役kに対し、某出版社にA銀行、当時の頭取h、常務取締役iらに対する誹謗中傷記事が掲載されないようにすることを依頼した。平成4年7月頃、kがfに対し、上記以来の見返りとしてE社ないしB社への融資を要求した（第1融資）。

H4.8.5頃 Y₄は、取締役本店営業部長g、o及びY₂に対し、第1融資を承認することはできない旨述べた。Y₂は、第1融資につき、回収可能性に危惧があることを認識し、Y₆に対し第1融資に反対する旨述べた。

H4.8.6 fがY₂及びY₄に対し第1融資の承認を求めたところ、Y₄は反対し、Y₂はY₁に融資の内容等を説明し了解を求めるよう求めた。

H4.8.7頃 Y₄はY₅に対し、第1融資を実行すべきではない旨述べたところ、Y₅は、Y₆に任せてある旨返答した。その頃Y₂は、Y₆から、第1融資は実行せざるを得ないこと等の説明を受け、実行するなら担保の時価の範囲内にするように返答した。

H4.8.10頃 fがY₁に対し第1融資に対する承認を求めたところ、Y₁は追

加融資には絶対応ずるべきではないという条件で承認すると回答した。その後、fは、Y₂に対し、Y₁に対し第1融資の内容を説明したと述べた。

H4.8.10　A銀行本店審査部次長qは、oに対し、第1融資は承認できない旨述べ、第1融資の稟議書に、第1融資を否決すべきであるとの意見を明確に記載した。

H4.8.11　常任会がY₅、f、Y₁、Y₂、Y₃及び常任監査役mの出席のうえ開催され、fの提案した第1融資が承認された。

H4.8.18　A銀行は、B社に対し、第1融資を実行した。

H4.9頃　A銀行が日本銀行による調査を受ける。その際、第1融資が問題とされた。

H4.9.17頃　B社から2億円の返済を受ける。

H4.11頃　fがkから、j、その妻でありB社の取締役であるlないしB土地開発への融資（第2融資）を要求される。

H4.11.25　fはY₆に対し、B社への追加融資を行うよう指示をし、これを受け、Y₆は、第2融資に係る融資稟議書等一件書類を本店審査部に上申した。

H4.11.26　A銀行本店審査部次長pは、第2融資の実行に反対である旨記載した融資稟議等一見記録をY₄に上げるとともに、融資すべきではない旨伝えた。Y₄は、Y₂に対し、第2融資は承認できるものではない旨伝えたうえで、一件記録に決済印を押印せずに（Y₂の依頼）Y₂にこれを交付した。Y₂は、第2融資につき、持ち回りの常務会で決済を受けることを決め、常務会付議案件議事録にfの承認印を得たあとに、同議事録に承認印を押捺した。

H4.11末頃　Y₃、Y₁は、常務会付議案件議事録に承認印を押捺した。

H4.11.30　Y₅は常務会付議案件議事録に承認印を押捺し、A銀行はB社に対し第2融資を実行した。

3 裁判所の判断

(1) 各融資の回収可能性及び違法性の有無について
① 第1融資について

B社の経営状況から見て同社がその営業活動によって第1融資を返済する可能性がないこと、同社が予定した返済方法ないし財源について根拠を欠いていること、担保の徴求が不十分であったことからすると、第1融資は、回収可能性に欠ける違法な融資であったというほかない。

② 第2融資について

B社は、その営業活動からの返済が期待できないような経営状態にあったこと、第2融資自体が実質上暴力団への迂回融資であること、担保物件については価値が極めて低いばかりでなく、その実行等による債権回収も暴力団による妨害が予想され困難であることからすると、回収可能性に欠ける違法な融資であったというほかない。

(2) 第1・第2融資についてのYらの善管注意義務等違反の成否
① Y_1、Y_3について

第1融資については、融資先の信用状態について質問したり必要な資料を徴求したりするという取締役として基本的な義務を怠った重大な善管注意義務等違反があった。

第2融資については、一件書類を見て同融資が回収可能性に欠ける違法なものであることを認識し又は認識することが容易であったにもかかわらずこれを承認したという重大な善管注意義務違反があった。

② Y_2について

第1融資については、Y_2は、審査担当部の常務取締役として、また、同融資の問題点を知る者として、本件常務会において、その問題点を明確に指摘すべき義務を怠ったという重大な善管注意義務等違反があったというべきである。

第2融資については、Y_2は、回収可能性の欠ける違法な融資であることを認識していたにもかかわらず、これをあえて持ち回り常務会決議の方法で

承認を得させようとし、実質的に本件第2融資を推進したという重大な善管注意義務等違反があった。

③ Y4について

第1融資については、Y4は、その問題点を認識したうえで、一貫してこれを実行しないために行動したものであるから、その職責を全うしたというべきであり、取締役としての善管注意義務に違反したとはいえない。

第2融資については、Y4は、明確に反対する旨を伝えたこと以上に第2融資を阻止するための行動をとらなかったが、それは審査担当の常務取締役であるY2にその機会をY2に奪われたからであり、取締役としての善管注意義務等違反はない。

(3) Yらの善管注意義務等違反と本各融資が実行されたことによりA銀行に生じた損害との因果関係の有無

本件各融資を承認した常務会において反対意見を明確に示せば、本件各融資の実行を困難にすることができたのであり、因果関係は認められる。

(4) 損害額について

Yらの善管注意義務等違反による損害は、本件各融資の実行により発生するとともにその額は確定し、その後の返済等により融資金が回収されたことは、損害の填補に過ぎない。また、この損害の填補は、現実にされた場合か填補されることが確実である場合に限られる。

(5) Yらの責任の範囲

Yらの善管注意義務等違反が重大なものであることに照らすと、Yらの責任の範囲をその寄与度に限定するべきではなく、XはYら各自に対して、本件各融資につき生じた全損害について損害賠償請求できる。

4 判決の分析・解説

(1) 判決の分析

本判決は、まず第1、第2各融資の回収可能性及び違法性の有無について検討し、そのうえで、それぞれの融資の決定に関わった取締役の善管注意義務等違反の有無について判断を下している。

本件では、各融資ともに回収可能性に欠ける違法な融資であったと認定し、そのような違法な融資の決定に関わった各取締役の当時の認識、置かれた状況、立場等からとるべきであった行為を導き出し、そのような行為をとらなかった取締役につき善管注意義務等違反があるとした。

(2) 判決が取締役の責任を認定するために重視した事情
① Y$_1$、Y$_3$について

第1融資について、かかる融資の実行を承認する常務会の際、説明資料の配布や、本来説明すべき審査担当取締役Y$_4$の説明もなく、fが、口頭で第1融資について、見返り融資であることや担保をとってあること等の説明をしたのみで、具体的な貸付先の名前や貸付金額、方法、具体的な担保物件の説明をすることなく、第1融資の承認を求めていた状況において、Y$_1$、Y$_3$は、常務会に参加した取締役として、第1融資の適否を判断するために、最低限融資先の信用状況等について質問したり、必要な資料を徴求し、検討する必要があったが、これをしなかったという点が重視された。

第2融資について、Y$_1$、Y$_3$は、回付されてきた第2融資に係る常務会付議案件議事録及び稟議書等一件記録を検討すれば、第2融資が回収可能性の欠ける違法な融資であるとの認識を持ち、または持ち得たのであり、そのような状況の下、常務会構成員である取締役として、常務会付議案件議事録に承認印を押捺することを拒絶し、さらに常務会の開催を頭取であるY$_5$に求めるなど、第2融資を阻止するための行動をとらなかったという点が重視された。

② Y$_2$について

第1融資について、Y$_2$は、回収可能性に危惧を抱いていたのであるから、審査部を担当し、常務会付議案件となる融資取引の適否を検討する職責を担う常務取締役として、常務会において本融資の問題点を指摘のうえ、明確に反対意見を述べ、他の常務会に参加したメンバーに融資の問題点を伝えるなど、本融資を阻止するための行動をとるべきであったのに、慎重に審議すべきである旨の意見を述べたにとどまったという点が重視された。

第2融資について、Y$_2$は、回収可能性に欠ける違法な融資であること認

-510-

識し得たのであるから、審査部を担当し、常務会付議案件となる融資取引の適否を検討する職責を担う常務取締役として、本融資が通常の常務会において審議されるようにし、通常の常務会において、本融資に反対するなど、本融資を阻止するための行動をとるべきであったのに、持ち回り常務会決議の方法で承認を得ることを決めるなど、本融資を阻止するどころかかえってこれを推進するような行動をとったという点が重視された。

③　Y4について

第1、第2各融資について、Y4は、常務会構成員ではない取締役として、各融資を阻止するための行動を一貫してとっているという点が重視された。

(3) 当該業界特有の事情についての考慮の有無

Yらは、各融資は経営判断として善管注意義務等に反しないとの根拠として、融資は誹謗中傷記事を中止をしてもらう見返り融資であり、政策的に実行される必要であったこと等を挙げた。

しかし、裁判所は、銀行の業務の特殊性、公共性の観点から、このような主張を認めなかった。

5 会社・役員の注意点・対応策

(1) 回収可能性について

回収可能性は、融資を実行するための必要条件であることはいうまでもない。よって、融資の回収可能性は、融資先の経営状況、財務状態、融資金の使途、返済方法ないし財源、担保の実行性、経済状況等、様々な観点から具体的に検討する必要がある。

(2) 経営判断の限界―銀行の業務の特殊性及び公共性

本訴訟においてYらは、本件各融資は見返り融資であり、また混乱防止及び信用不安発生を防止するためにも必要であったとして、善管注意義務等違反に該当しないと主張したが、裁判所は、銀行業務の特殊性及び公共性から、それらを理由に不正融資は正当化されないとした。

(3) 担当外の職務取締役の義務の範囲

取締役は、その業務執行の一環として、他の取締役の業務執行を監視する

義務を負っている。よって、原則として、担当外の職務であっても、各部署が行った情報収集分析及び検討を前提としたうえで、自らその適否について判断を下す義務がある。もっとも、内部統制システムやリスク管理体制が適切に整備・運用され、分業と権限の委任により広汎かつ専門的な業務の遂行を目指す大規模会社においては、特段の事情のない限り、担当取締役の判断が尊重されるものと思われる。

CHECK LIST

☐ 融資先の経営状況、財務状況等についてしっかりと調査をしたか。

☐ 融資の返済方法、財源についての具体的な検討をしたか。

☐ 融資先の資金使途について調査したか。

☐ 融資に係る担保の実効性についての具体的な検討をしたか。

☐ 会社内部における融資実行の手続を履践しているか。

☐ 融資の適否を判断するために必要な情報の収集はなされているか。

（木田圭一）

COLUMN

責任限定契約・D&O保険

　取締役に就任すると賠償責任を負う懸念があります。これらへの備えは責任限定契約の締結やD&O保険への加入で大丈夫でしょうか。

　取締役は会社に対し、任務懈怠（善管注意義務・忠実義務違反）により生じた損害を賠償する責任を負います（会社法423条1項）。取締役は事業に対する広範な責任を負うことから、損害の発生状況によっては賠償額が非常に高額となるおそれがあります。

　そこで、社外取締役に就任する場合、会社と責任限定契約を締結することにより賠償に備えることができます。責任限定契約とは、定款の定めに基づき、会社と社外取締役とが契約を締結することにより責任の限度額を予め定めることができるとする契約です（会社法427条1項）。定款には、①社外取締役の任務懈怠責任の限定であること、②職務を行うにつき善意無過失であること、③定款で定めた額の範囲内で予め会社が定めた額と法定の最低責任限度額とのいずれか高い額を限度として賠償責任を負うことが規定されます。

　ただ、責任限定契約の対象は社外取締役のみであり、限度額の範囲内とはいえ実際に賠償金を支払う必要がある点に注意が必要です。

　さらなる備えとしてD&O（directors & officers）保険（会社役員賠償責任保険）に加入することが考えられます。これは、社外取締役に限らず、会社役員（被保険者）がその業務遂行に起因して保険期間中に損害賠償請求を受けたことにより被った法律上の損害賠償責任に基づく損害を保険期間中の総支払限度額（保険金の最高限度額）の範囲内で填補する保険です。法律上の損害賠償責任に基づく賠償金、争訟費用、特約に基づく費用等が補償されます。

　ただし、約款規定の免責事由に該当すると保険金は支払われません。例えば、被保険者が私的な利益や便宜の供与を違法に得た場合や、被保険者の犯罪行為（刑を科せられるべき違法な行為）、法令に違反することを被保険者が認識しつつ行った行為については保険金が支払われません。

　補償内容、免責事由、保険金請求手続等が複雑ですので、加入時には十分な説明を受け内容を理解する必要があります。

（藤本和成）

★業界：銀行
◆判断場面：融資（貸付、社債引受け）

56 銀行の融資決定につき取締役の責任が認められた事例－北海道拓殖銀行・カブトデコム事件（最判平成20・1・28金融・商事判例1291号32頁）（破棄自判・控訴棄却）

1 事案一覧表

原　　告（上告人）	株式会社整理回収機構（ＲＣＣ）
被　　告（被上告人）	頭取、副頭取を含む取締役ら8名
責任を問われた内容	以下の3つの融資判断 ①積極的な企業育成路線に基づく融資（未回収額約192億1798万円） ②融資先グループの信用不安判明後の融資 ③融資先の破綻を数か月遅らせる目的でなされた融資 ※②については本判決では判断されていない。
請　求　額（請求内容）	①融資につき10億円 ②融資につき20億円 ③融資につき20億円
賠　償　額（判決内容）	請求認容
	同日に判断された関連事件として、栄木不動産事件

| その他参考事項 | （判例タイムズ1262号63頁）、ミヤシタ事件（判例時報1995号151頁）がある（いずれも取締役らの責任を肯定）。 |

2 事案の概略

① 株式会社北海道拓殖銀行（以下「A銀行」という）は、中小企業を積極的に育成する経営路線を採用しており、カブトデコム株式会社（以下「B社」という）に対しても同路線に基づき、昭和60年頃から支援を行っていた。もっとも、A銀行の調査では、B社の財務内容が不透明である等の問題点が指摘されていた。

② 平成2年、B社は、東証2部への株式上場及び総工費515億円の会員制リゾート施設建設計画（以下「エイペックス事業」という）資金の調達のため、B社関連会社への総額542億5000万円の第三者割当増資を計画し、A銀行は、引受予定のB社関連会社12社に対して、引受株式への担保設定、B社代表者が個人保証（保有資産のほとんどはB社株式）を条件に、195億7000万円の融資を行った（融資①）。

③ その後平成4年にかけて、A銀行は、B社に対して、財務内容の不透明性等が再三指摘されていたにもかかわらず、合計540億円の融資を行った（融資②）。

④ 平成4年10月には、B社の事業継続がもはや不可能であることが判明したが、A銀行にはエイペックス事業を完成させる責任があること、B社が直ちに破綻すると連鎖倒産が発生し北海道経済が混乱すること、そうなると共同信用組合も破綻し支援要請が来ることが予想されること等から、エイペックス事業完成までB社の延命に必要な409億円の融資を行った（融資③）。

⑤ 最終的に、融資合計1144億7000万円のうち約876億806万円の回収が困難となった。

⑥ 原告（上告人）（以下「X」という）は、A銀行から債権譲渡を受けたR

融資①

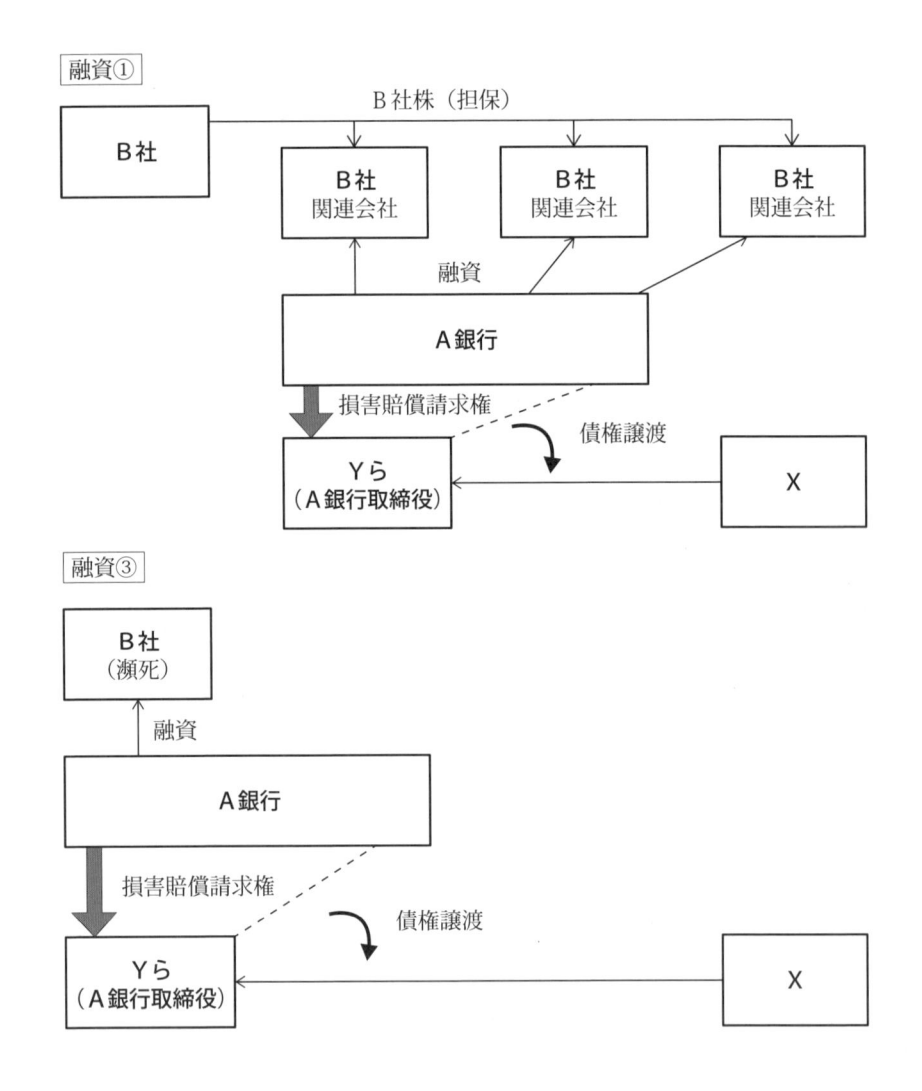

```
B社 ──B社株（担保）──→ B社関連会社　B社関連会社　B社関連会社
                        ↑            ↑            ↑
                        └────融資─────┼────────────┘
                                     │
                                   A銀行
                                     │損害賠償請求権
                                     ↓         ┌─債権譲渡─┐
                                    Yら  ←──────         X
                                 （A銀行取締役）
```

融資③

```
    B社
   （瀕死）
     ↑
    融資
     │
   A銀行
     │損害賠償請求権
     ↓         ┌─債権譲渡─┐
    Yら ←──────         X
 （A銀行取締役）
```

ＣＣである。Xは、平成17年、被告（以下「Y」という）らに対し、旧商法266条1項5号（会社法423条）に基づく損害賠償請求訴訟を提起した。一審（札幌地判平成14・12・25）は、融資①から融資③のいずれについても関与した取締役らに忠実義務、善管注意義務違反があったとして、原告の請求をいずれも認容したが、原審（札幌高判平成17・3・25判例タイムズ1261号258頁）は融資①と融資③につき取締役の責任を否定したことから、原告が

上告した。

－事件の経過－

S60　Ａ銀行、中小企業育成路線を採用し、一定の成果を上げる。Ｂ社、Ａ銀行に主力銀行となることを要請。Ａ銀行、Ｂ社の財務状況等につき、「財務内容は不透明で、Ｂ社はＡ銀行が依頼した資料の提出も拒否、主力銀行として永続的な取引関係を維持することは困難、保全重視で対応にすべき」との調査結果。

S60.5　Ａ銀行、調査結果にもかかわらず、頭取と常務がＢ社代表者と面談し、主力銀行になることを了承。

S63　Ａ銀行、Ｂ社につき、「借入金が過大で資金繰りは多忙であり、不健全資産比重も高いなど財務内容は良好とはいえず、定期的に調査し担保の管理を行うべき」との調査結果。

H2.2　Ｂ社、東証２部上場及びエイペックス事業資金調達のため、542億5000万円の第三者割当増資を計画。Ａ銀行に対して、引受予定の関連会社12社への融資要請。

H2.2.13　Ａ銀行、Ｂ社の売上・経常利益が急増していること、Ｂ社保有不動産の値下がりは考えられないこと等から、引受株式への担保設定、Ｂ社代表者の個人保証（保有資産のほとんどはＢ社株式）を条件に、195億7000万円の融資を決定（融資①）。

H2.8　Ｂ社、株価が下落に転じる。

H2.10　Ａ銀行、融資先に対して、Ｂ社株を売却して返済に充てるよう要請。Ｂ社、大量の株式売却による株価下落を懸念し、反対。

H3.12　Ａ銀行、日銀考査にて、Ｂ社に対する債権の一部はＳ分類に当たるとの指摘。

H4.3　Ａ銀行、総合開発部が、Ｂ社がはじめて減収減益となったことを報告のうえ、借入金に見合う資産を有していることから500億円を限度として融資に応じたい旨具申。財務状況を明らかにすることなどを求め、貸出については未了承。融資①、保全不足に。

H4.4.3　Ａ銀行、保有物件の売却などによる借入圧縮の努力等を条件とし

て、160億円の融資を決定（融資②－1）。

H4.5〜8 A銀行、500億円限度との方針に基づき、合計380億円を融資（融資②－2）（融資②計540億円、保全率30.4%）。

H4.6 A銀行、頭取が総合開発部に、B社の実態洗い直しの指示。

H4.9.14 A銀行、エイペックス事業会員権販売の停滞及び売上の約153億円の流用が判明・このままでは平成6年3月時点でB社グループで債務超過899億円、保全不足1,940億円、他方、エイペックス事業が完成すれば担保価値が417億円増加、エイペックス事業の第一次正会員権が完売できれば10年後には黒字転換が可能との報告。ホテルの稼働率やそれを前提とした将来の収益予測等について具体的な検討はされていなかった。

H4.10.6 A銀行、経営会議で善後策の検討。B社の存続は不可能と判断される一方、A銀行はエイペックス事業に深く関与しておりこれを完成させる責任があること、B社による約390億円の手形決済が予定されており企業の連鎖倒産を避ける必要があること、B社が破綻すると貸出の多い共同信用組合が破綻し支援の必要が生じるおそれがある等の指摘あり。協議の結果、エイペックス事業完成予定の平成5年6月までB社の延命に必要最低限の融資を行うこと、その間にB社保有物件の売却、担保の追加設定、黒字企業の分離独立等を決定。

H4.11〜H5.3 A銀行、B社に対して合計409億円を融資（融資③）。実行担保価格約163億円。

H5.10.26 A銀行、取締役会にて、B社への支援打切決定。融資①は195億7000万円のうち約192億1798万円、融資②は540億円のうち308億9450万円、融資③は409億円のうち約374億9558万円、合計1144億7000万円のうち約876億806万円の回収が困難となった。

3 裁判所の判断

(1) 融資①について

① 担保は、引受予定のB社株式（個人保証した代表者の資産も大部分はB社株式）。

② 株式は価格変動幅が大きいこと、融資先はいずれもＢ社関連企業であり一度Ｂ社の業績が悪化した場合には担保価値の下落と融資先の業績悪化が同時に生じることから、本件融資は融資先関連企業の業績及び株価のみに依存する融資といえる。

③ かかるもののみに依存する形で巨額の融資を行うことは、そのリスクの大きさに鑑み、特に慎重な検討を要すべき。

④ しかも担保株式の割合等に照らし、融資先が弁済期に担保株式を一斉に売却すれば、それによって株価が暴落するおそれがあることは容易に推測できたはずだがこの危険性及び回避方策等について検討なし。

⑤ 一般に、銀行が、特定の企業の財務内容、事業内容及び経営者の資格等の情報を十分把握したうえで、成長の可能性があると合理的に判断される企業に対し、不動産等の確実な物的担保がなくとも積極的に融資を行ってその経営を金融面から支援することは、必ずしも一律に不合理な判断として否定されるべきものではない。

⑥ しかし、昭和60年調査及び昭和63年調査で、その財務内容が極めて不透明であるとか、借入金が過大で財務内容は良好とはいえないという調査結果がなされており、企業育成路線の対象としてＢ社を選択した判断自体に疑問があるといわざるを得ないし、対象とする場合でも支援方法を選択する余地は十分にあったといえ、あえて融資①のようなリスクの高い融資を行う判断に合理性があったとはいい難い。

⑦ よって、銀行が採用していた企業育成路線の一環として行われたものであったことを考慮しても、銀行の取締役に一般的に期待される水準に照らし、著しく不合理である。

(2) **融資③について**

① Ｂ社は大幅な債務超過でもはや存続は不可能であり、融資③はその大部分につき当初から回収の見込みがなかった。

② もっとも、エイペックス事業完成後に独立して採算を得られる見込みが十分にあったとすれば、融資③を実行してでもエイペックス事業を完成させ、そこから債権を回収することによって、短期的には損失を計上しても中

長期的にはＡ銀行にとって利益になるとの判断もあながち不合理なものとはいえない。

③　しかし、会員権の販売不振、相次ぐキャンセル、Ｂ社による売上金の流用が判明しており、Ｂ社が流用資金を返還してもエイペックス事業の完成にはさらに307億円が必要な状況であった。

④　これらの事実に照らせば、エイペックス事業の採算性には大きな疑問があり、中長期的にも、エイペックス事業を独立して継続させることにより融資③に見合う額の債権回収が期待できたということはできない。

⑤　エイペックス事業が完成すれば担保価値増加により保全不足が417億円減少することが見込まれるとか、金利逓減等の措置を用いれば10年後には単年度決算が黒字に転換するなどの報告がなされているが、ホテルの稼働率やそれを前提とした将来の収益予測等について具体的な検討はなされていなかったことからすると、そのような報告内容が十分な資料の検討に基づく合理的なものといえない。

⑥　関連企業の連鎖倒産を避ける必要があること、共同信用組合が破綻するおそれがあることなどを考慮してＢ社の延命を決めたというが、Ｂ社の破綻の時期を数か月遅らせたとしても、それにより連鎖倒産や共同信用組合の破綻及び支援要請を回避できたとも考え難く、これをもって融資③判断に合理性があったということはできない。

⑦　よって、銀行の取締役に一般的に期待される水準に照らし、著しく不合理である。

4 判決の分析・解説

(1) 判決の分析

本判決は事例判決であるが、確実な担保のない融資や連鎖倒産防止等の公共的見地からの融資という、銀行にとって極めて悩ましい問題について判断した点で重要なものといえる。

確実な担保のない融資については、銀行が、財務内容等を十分把握したうえで成長の可能性があると合理的に判断される企業に対し、確実な物的担保

がなくとも積極的に融資を行ってその経営を金融面から支援することは、必ずしも一律に不合理な判断として否定されるべきものではないと一定の理解を示しながら、かかる場合には取締役には特に慎重な判断が求められるとして、取締役の注意義務違反を認めている（刑事事件だが十分な担保のない融資が認められる場合を判示したものとして、最判平成21・11・9ジュリスト1422号136頁がある）。取締役の判断の合理性については、融資①については、B社を企業育成路線の対象にしたこと自体や、本件のようなリスクの高い支援方法を選択したことを、融資③については、エイペックス事業の採算性や、連鎖倒産等の回避可能性等、取締役の判断内容の当否に大きく踏み込んだ点で特徴的である。

　公共的見地からの融資については、社会的影響の大小や支援打ち切りのタイミング等、銀行にとって極めて悩ましい問題である。原審はかかる場合の利害得失は回収額の多寡によって評価できるものではないとして取締役の裁量を広く認めたが、本判決はこれを覆し、かかる場合でも原則として債権回収を目指した厳格な判断を求めたものである。本件は、当初の融資から適切ではないという特殊性があり、当初は適切な融資であった場合にまで同様の判断がなされるかは明らかでないものの、公共的見地からの融資も無条件で是認されるわけではないことには留意する必要がある。

(2)　判決が取締役の責任を認定するために重視した事情

①　融資①について

　形式的にはB社株という担保があったものの、これを実質的に検討し、融資先関連会社であるB社の株式は十分な担保とは評価されなかった。また、これらの危険性・回避の方法等を検討していない点にも言及されている。

　取締役の判断内容の合理性の検討にあたっては、融資以前にB社の財務内容の不透明性や借入過多で財務内容が不良であるなどの報告がなされている点が重視された。

②　融資③について

　エイペックス事業を完成させ、そこから債権を回収することによって、短期的には損失を計上しても中長期的には甲銀行にとって利益になるとの判断

もあながち不合理なものとはいえないとしながら、エイペックス事業の採算性につき、会員権の販売不振やB社による売上金の流用等の事実から、いとも簡単にエイペックス事業自体の採算性には大きな疑問があるとした。採算性について客観的資料に基づく十分な検討はなされていなかったという点が特に指摘されており、この点が重視されたものと思われる。

5 会社・役員の注意点・対応策

　融資判断にあたっては、確実な担保をとるのが原則であり、そうでないものはあくまで例外であるということを十分に認識しておく必要がある。担保の有無については、形式的に判断するのではなく、実効性があるかを実質的に検討する必要がある。

　例外的に十分な担保が確保できない融資を行う場合は特に慎重な検討を要するとされていることから、客観的資料に基づく回収計画とよりリスクの小さい支援方法の有無の検討も含めて合理性を確保しておくことが重要である。本判決は、融資判断と異なる調査結果が存在したことを理由にいとも簡単に融資判断を不合理としており、かかる調査結果等が存在する場合には、それに対する有効な反論用意しておく必要がある。

　本判決は、融資判断にあたって連鎖倒産等の公共の利益を考慮することが許されるか否かについては明らかにしていないものの、特段の理由も述べることなく、B社を数か月延命させたとしても連鎖倒産等を回避できたとは考えにくいと認定している。融資判断にあたっては、連鎖倒産等を考慮せざるを得ない場合も十分考えられるが、その際は連鎖倒産等の可能性や影響度を客観的資料に基づき検討し、可能な限り中長期的な債権回収可能性の観点から判断すべきである。

CHECK LIST

- ☐ 取得する担保に実効性はあるか。形骸化していないかを検討したか。
- ☐ 仮に十分な担保が確保できない融資を行う場合、他によりリスクの低い支援方法はないかを検討したか。
- ☐ 銀行内部で、明確な回収計画を策定しているか。
- ☐ 融資先の将来採算予測等について、客観的資料に基づいて具体的検討を行ったか。
- ☐ 融資をすると判断する場合、結論を異にする他の調査結果等はないか。ある場合は調査結果等に対して有効な反論はできているかを確認したか。
- ☐ 担当部署の報告を鵜呑みにせず、場合によっては再調査の指示や独自の調査を行っているか。
- ☐ 回収計画の正式な承認等、銀行内部の手続を履践しているか。
- ☐ 融資判断にあたって連鎖倒産等を考慮する場合、その可能性や影響度を具体的に検討しているか。債権回収可能性の観点から検討されているか。

(小川英之)

★業界：銀行
◆判断場面：融資（貸付、社債引受け）、会社による役員責任追及

57 銀行が回収見込みのない融資を行ったことにつき取締役の責任が認められた事例－東和銀行事件

（東京高判平成23・12・15資料版商事法務334号）、（確定）

1 事案一覧表

原　告	X：銀行
被　告	Y1：代表取締役、Y2：取締役営業統括部長、Y3～Y5：Y1妻子
責任を問われた内容	Y1、Y2：回収不能となった融資を決定したことにつき善管注意義務・忠実義務違反 Y3～Y5：Y1が唯一の資産を贈与したことにつき詐害行為取消
請　求　額 （請求内容）	Y1、Y2の善管注意義務・忠実義務違反による損害賠償責任 各自8400万円 Y3～Y5詐害行為取消 土地・建物の持分贈与契約の取消、移転登記抹消
賠　償　額 （判決内容）	Y1、Y2の善管注意義務・忠実義務違反による損害賠償 各自8400万円の支払 Y3～Y5に対する請求棄却

10 　金融

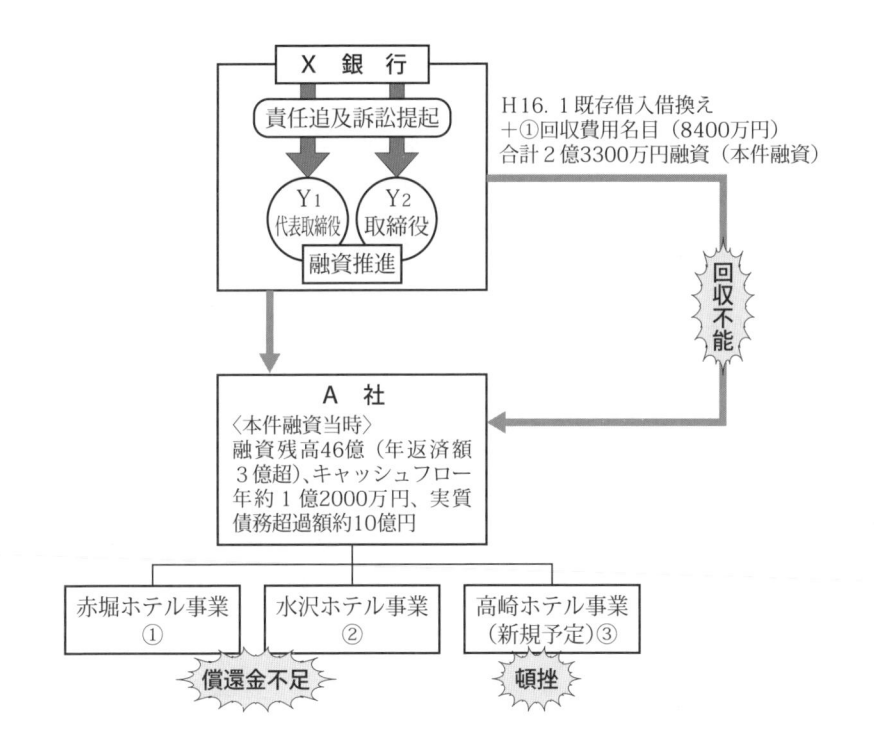

```
            ┌─────────────┐
            │  Ｘ　銀　行  │
            │ 責任追及訴訟提起 │      H16.1既存借入借換え
            │   ↓    ↓    │      ＋①回収費用名目（8400万円）
            │  (Y₁)  (Y₂)  │      合計2億3300万円融資（本件融資）
            │ 代表取締役 取締役 │
            │   融資推進   │
            └──────┬──────┘                    回
                   │                            収
                   ↓                            不
              ┌─────────┐                      能
              │  Ａ　社  │ ←──────────────────
              │〈本件融資当時〉│
              │融資残高46億（年返済額│
              │3億超）、キャッシュフロー│
              │年約1億2000万円、実質│
              │債務超過額約10億円│
              └────┬────┘
          ┌────────┼────────┐
       ┌──┴──┐ ┌──┴──┐ ┌──┴──┐
       │赤堀ホテル│ │水沢ホテル│ │高崎ホテル事業│
       │事業 ① │ │事業 ② │ │(新規予定)③│
       └─────┘ └─────┘ └─────┘
         償還金不足           頓挫
```

2 事案の概略

① 　Y₁は、Ｘ銀行の代表取締役頭取、Y₂は常務取締役であった。

② 　Ｘ銀行の顧客であるＡ社は、ラブホテル等を経営する子会社に対する不動産賃貸業を営む会社である。

③ 　Ａ社は、平成10年には3500万円の実質債務超過であり、Y₁、Y₂ともこれを認識していた。

④ 　Ｘ銀行は、平成14年9月末の自己査定においてＡ社は実質的に破綻懸念先であるなどと指摘されたが、破綻懸念先とはせず、要管理先に引き下げるにとどめた。

⑤ 　平成14年12月、Ｘ銀行は、Ａ社に対し高崎ホテル建設予定地購入資金3億1000万の融資を決定した。この際、Ｘ銀行常務会では、高崎ホテル建設により業績回復が期待されるとする一方、Ａ社の大幅な債務超過等の問

題点も指摘された。

⑥　平成15年、X銀行は、A社に対し既存貸付の借換え、赤堀ホテル改修等費用として、16億5700万円の融資を実行した。

⑦　その後、高崎ホテル建設は地域住民の反対等により事実上頓挫したため、Y_2からA社に高崎ホテル事業には融資できないからホテル建設をあきらめるよう伝えた

⑧　かかる状況下、平成15年11月、X銀行は、A社から高崎ホテル事業断念のための見返り融資として赤堀ホテルの追加補修工事代金の使途名目で１億7000万円の融資申込を受けた（本件融資申込）。

⑨　本件融資申込当時、高崎ホテル開業は、A社貸付金回収のための必須条件であったが、既にとん挫していたことから、本件融資を回収できる見込みはほとんどなかった。

⑩　X銀行の審査部長は、本件融資申込に応じた場合の問題点を指摘したレポートを作成しY_1・Y_2に見せたが、Y_1・Y_2の意向により融資できるよう辻褄を合わせた既存貸付の借換え分１億4900万円と赤堀ホテル追加工事費用名目8400万円の合計２億3300万円の融資が実行された。

⑪　A社の高崎ホテル事業は頓挫し、本件融資は回収見込みがなく、平成19年３月末時点で全額が不良債権として償却され、A社は実質破綻先と査定された。

⑫　Y_1は不良債権処理によって損失が過去最大になったことの責任をとり、取締役を辞任した。

⑬　X銀行は、金融庁検査において、特定与信先に対する不適切な融資判断、融資管理がみられ、これにY_1の主導、関与が認められることを理由に経営管理体制及び法令遵守体制が極めて不十分との結果通知を受け、業務改善命令を受けた。

⑭　X銀行に設置された経営責任調査委員会において、本件融資を承認したY_1の判断が取締役としての忠実義務ないし善管注意義務に違反し、本件融資により生じた損害の賠償請求をすべしとの報告書が作成され、旧商法266条１項５号（会社法423条１項）に基づき本件訴訟を提起した。

10 金融

－事件の経過－

H10時点 A社3500万円の実質債務超過。

H14.9時点 A社の債務者区分、要管理先に変更。

H14.12上旬 A社からX銀行に対し高崎ホテル建設予定地購入資金13億円の融資申込。

H14.12.30 X銀行、A社からの融資申込のうち土地購入量3億1000万融資。

H15.1.22 A社既存貸付の借換え分15億0700万円、赤堀ホテル改修費1億5000万円、高崎ホテル建設費13億の合計29億5700万円の融資申込。

H15.2.24 X銀行、A社に対し、既存貸付の借換え分15億700万円融資実行。

H15.3.18 X銀行、赤堀ホテル改修等費用として、1億5000万円の融資実行。

H15時点 高崎ホテル建設は地域住民の反対等により事実上頓挫したため、Y_2からA社に高崎ホテル事業には融資できないからホテル建設をあきらめるよう伝える。

H15.11初め A社、高崎ホテル事業断念のための見返り融資として赤堀ホテルの追加補修工事代金の使途名目で1億7000万円の融資申込（本件融資申込）。

H15.12.17 X銀行、既存貸付の借換え分1億4900万円、赤堀ホテルの追加補修工事代金の使途名目で8400万円（本件融資）の融資実行。

H16.3末時点 A社区分、破綻懸念先に変更。

H19.3末時点 A社の高崎ホテル事業頓挫、本件融資は回収見込みがなく全額不良債権として償却。A社区分、実質破綻先に変更。

H19.5.18 Y_1、不良債権処理によって損失が過去最大になった責任をとり、取締役辞任。

H19.10.12 X銀行、金融庁検査において、特定与信先に対する不適切な融資判断、融資管理が見られ、これにY_1の主導、関与が認められることを理由に経営管理体制及び法令遵守体制が極めて不十分との結果通知を受け、業務改善命令を受ける。

H19.10.24 X銀行に経営責任調査委員会設置。

H19.4.1 経営責任調査委員会より、本件融資を承認したY₁の判断が取締役としての忠実義務ないし善管注意義務に違反し、本件融資により生じた損害の賠償請求をすべしとの報告書が作成される。旧商法266条1項5号（会社法423条1項）に基づき本件訴訟提起。

3 裁判所の判断

① 株式会社の取締役は、会社から委任を受け、会社に対して善管注意義務（旧商法254条3項、民法644条）及び忠実義務（旧商法254条の3）を負うところ、銀行の取締役については、銀行業が広く預金者から資金を集め、これを原資として企業等に融資することを本質とする免許事業であること（銀行法4条）、銀行業務の公共性や社会的信頼性にかんがみると（同法1条）、融資業務に際して要求される注意義務の程度は、一般の株式会社における取締役の場合に比べて高い水準のものが要求されるものと解される。

② したがって、(a)銀行の取締役が融資業務を行うにあたっては、元利金の回収不能という事態がなるべく生じないように融資先の経営状況、資産状態等を調査・検討し、原則として担保を徴求するなど相当な保全措置をとる義務があり、(b)継続的な貸借取引において回収不能という事態が生じるおそれがある場合には、当該融資による回収額の増加の見込みの有無、程度、その変動要因の有無、程度等を勘案していつの時点で融資を打ち切るのかなどを検討し、当該融資を実行した方が、それ自体回収不能となる危険性を考慮しても、既存の融資を含む融資全体の回収不能額を小さくすることができると判断したことについて合理性が認められる場合に限って融資を決定することが許される。

③ また、融資の決裁権限を有しない取締役については、回収不能という事態が生じることを予見し得た場合には、これを等閑視することなく、決裁権限を有する取締役に対しその旨を伝えるなど、必要かつ適切な手段を講じて当該融資を承認又は実行しないよう監視、監督する義務がある。

④ Y₁は、(a)本件融資までに係るすべての常務会に代表取締役として出

席し、融資の付帯条件やリスケジュールの承認に関わったほか、(b)Ａ社の経営状態について、恒常的な償還財源不足、借入過多、大幅な債務超過状態に関する説明を受けていたうえ、(c)本件融資に先立って監査法人がＡ社を破綻懸念先に格下げするのが妥当との意見を持っていることを報告されていたし、(d)審査部長からも異例ともいえるレポートを見せられて審査担当者が新規の融資に強い反対意見を持っていることを示されていた．

当該事情からすれば、Y₁は、本件融資当時、Ａ社について実質的に経営破綻の状況にあり、少なくとも高崎ホテル事業が奏功しなければ本件融資が回収不能になる可能性の高いことを熟知しており、加えて、高崎ホテル事業が頓挫したことを了知していた。

⑤ 以上によれば、<u>Y₁は、本件融資が回収不能となるおそれが高いことを十分に認識しながら、実質的に経営破綻状態にあるＡ社に対し、審査担当者等の反対を押し切って本件融資を承認し実行させたというべきであって、融資原則に反することはもとより、その判断は、銀行の取締役が融資業務上果たすべき注意義務に反し合理性を欠くというほかない。</u>

⑥ <u>よって、Y₁は、本件融資に関し、取締役としての忠実義務ないし善管注意義務に違反したものと認めるのが相当であるから、これによってＸが被った損害を賠償する責任がある。</u>

⑦ Y₂は、本件融資が高崎ホテル事業断念のための見返り融資といえることを了知しながら、回収可能性を等閑視し、Ｘに生じうる損害を考慮せず、もっぱらＡ社の利益を図って本件融資を促したのである。したがって、<u>Y₂は、本件融資について決裁権限を有しなかったとはいえ、回収不能となるおそれがあることを十分に認識しながら、そのような事態が生じることを回避する措置をとらず、かえって関係者に対し積極的な関与、働きかけを行ったのであるから、銀行の取締役としての融資業務上の注意義務に違反したというべきである。以上によれば、Y₂の行為は、融資原則に違反することはもとより、銀行の取締役が職務上果たすべき注意義務に著しく違反したというものというほかない。</u>

⑧ <u>よって、Y₂は、本件融資に関し、取締役としての忠実義務ないし善</u>

管注意義務に違反したものと認めるのが相当であるから、これによってＸ銀行が被った損害を賠償する責任がある。

4 判決の分析・解説

(1) 判決の分析

本判決は、企業に対する追加融資を推進・決定した銀行の代表取締役及び取締役に、その回収について銀行に対する善管注意義務等違反があるとして銀行に対する損害賠償責任を認め、融資につき決済権限を持たない取締役についても、監視、監督責任も認めたものである。銀行の追加融資について、取締役に善管注意義務違反があるとして損害賠償責任を認めた先例は本件のほかにもいくつか見られ（東京地判平成14・10・31、東京地判平成16・5・25、札幌地判平成16・3・26、札幌高判平成18・3・2等）、本判決も銀行の取締役に対し、追加融資につき善管注意義務を問われる例を示した事例判決といえる。

本件では、取締役が、銀行内外から融資先の経営状況等についての十分な情報を得、これらを熟知していたにもかかわらず、融資に関する判断を誤ったことについて善管注意義務違反の責任を問われたものであるが、銀行の追加融資にあたって、合理的な判断といえるために検討すべき事項が示されている点で参考となる。

(2) 判決が取締役の責任を認定するために重視した事情

本件は、銀行の追加融資に係る取締役の責任が問題となった事案であるが、この点につき、本判決は、継続的な貸借取引において回収不能という事態が生じるおそれがある場合には、当該融資による回収額の増加の見込みの有無、程度、その変動要因の有無、程度等を勘案して、いつの時点で融資を打ち切るのかなどを検討し、当該融資を実行した方がそれ自体回収不能となる危険性を考慮しても既存の融資を含む融資全体の回収不能額を小さくすることができるといえるか等について合理的に判断する必要があるとしている。

そのうえで、本件取締役らがかかる検討を行わず、本件融資が回収不能と

なるおそれが高いことを十分に認識しながら、実質的に経営破綻状態にあるA社に対し、審査担当者等の反対を押し切って本件融資を承認し実行させたことをもって、融資原則に反することはもとより、銀行の取締役が融資業務上果たすべき注意義務に反し合理性を欠くというほかないと判断している。

5 会社・役員の注意点・対応策

(1) 銀行の取締役に求められる注意義務の内容

本判決は、銀行の取締役は、融資業務に際しては、一般の株式会社における取締役の場合に比べて高い水準の注意義務が要求されるとするが、その注意義務の内容としてどのようなことが求められるか。

① 新規融資の場合

銀行の取締役は、融資業務を行うにあたり元利金の回収不能という事態がなるべく生じないように、常日頃から顧客の経営状態等の把握や情報収集につとめ、融資先の経営状況、資産状態等を調査・検討し、提出される資料等に記載してある回収スケジュールや実現可能性等を慎重に検討し、安全性を確認して融資を決定することが求められる。

また、融資を決定する際には、原則として担保を徴求するなど相当な保全措置をとること等が必要となる。

② 追加融資等の継続的取引の場合

継続的な貸借取引において回収不能という事態が生じるおそれがある場合には、追加融資による回収額の増加の見込みの有無、程度、その変動要因の有無、程度等を勘案して、いつの時点で融資を打ち切るのかなどを検討する必要がある。

そのうえで、当該融資を実行した場合、たとえ、それ自体は回収不能となる危険性があるとしても、既存の融資を含む融資全体の回収不能額を小さくすることができる等、融資判断に合理性が認められる場合に限って融資を決定することが許される。

(2) 善管注意義務を果たすため留意点

では、上記のような義務を果たすために具体的に何をするべきであろうか

取締役は、不確実な状況下で迅速かつ高度な経営判断を求められることから、行為当時の状況に照らし、合理的な情報収集、調査、検討を行い、その判断に合理性が認められる限り、善管注意義務に違反したと認めるべきではないと解されている。そこで、善管注意義務を果たすためには、具体的に以下の点に注意することが必要となる。
① 十分な情報収集と調査
　まず、取締役が判断をするうえで必要な情報の収集、調査を十分に行い、特に反対意見や否定的な情報等についても広く収集、調査することが重要である。
② リスクの洗い出しと検討
　上記情報の収集を行った後、かかる情報を基に関係各部署等により多方面からのリスク分析を行い、リスクの所在、問題点等を明確にしたうえでこれを取締役会等の会議体において十分に議論、検討することが必要となる。
③ 判断過程の記録化・調査記録等の適切な管理、保存
　取締役は、上記検討結果を基に合理的な判断を行うことが求められることから、その判断過程等を正確に記録しておくことが重要である。具体的には、取締役会議事録等の適切な記録・保持や判断過程や調査内容等の適切な記録をしておくことのほか、決裁権限者以外の取締役の監督責任の観点からも取締役会やその他における具体的議論の内容、反対意見等を記録しておくことも重要である。

CHECK LIST

融資業務について

- ☐ 常日頃から顧客の経営状態等の把握や情報収集に努めているか。
- ☐ 融資先の経営状況、資産状態等について十分な調査・検討したか。
- ☐ 提出される資料等にある回収スケジュールや実現可能性等を慎重に検討したか。
- ☐ 原則として担保を徴求するなど相当な保全措置はとっているか。
- ☐ 追加融資による回収額の増加の見込みの有無、程度、その変動要因の有無、程度等を勘案して、いつの時点で融資を打ち切るのかなどの検討は行ったか。

善管注意義務

- ☐ 取締役が判断をするうえで必要な情報、特に反対意見や否定的な情報等についても広く収集、調査しているか。
- ☐ 上記情報につき関係各部署等により多方面からのリスク分析を行い、リスクの所在、問題点等を明確にしたうえで取締役会等の会議体に諮っているか。
- ☐ 取締役会等の会議体において十分に議論、検討しているか。
- ☐ 取締役会議事録等の適切な記録や判断過程や反対意見等も適切に記録しているか。

（中村佳澄）

★業界：信用金庫
◆判断場面：労務管理

> 58 理事が従業員に対して無効な懲戒解雇処分を行った結果、労務提供を受けることなく賃金相当額を支払うという損害を会社に生じさせたことにつき理事の責任が認められた事例－渡島信用金庫会員代表訴訟事件（札幌高判平成16・9・29労働判例885号32頁）（上告棄却・上告不受理）

1 事案一覧表

原　　告 （控訴人兼被控訴人）	渡島信用金庫（以下「A信金」という）の出資会員であるXら4名
被　　告 （控訴人兼被控訴人）	理事長Y1、常務理事Y2（いずれもA信金代表理事）
責任を問われた内容	Yらがaに対し不当労働行為となる無効な懲戒解雇を行った結果、aからの労働を受けることなく賃金相当額を支払い続けることになった善管注意義務・忠実義務違反
請　求　額 （請求内容）	3082万7898円（連帯による支払）
賠　償　額 （判決内容）	3075万3871円（連帯による支払）
	① 本件判決の帰趨 Yらは、aを懲戒解雇したことに「やむを得ない事

その他参考事項	情」がなかったとした本判決の認定判断の理由不備を主張して上告・上告受理申立をしたが、最高裁は、上告棄却・上告不受理の決定をした（最決H17.8.18労判897.98） ② 関連訴訟等 ・救済命令・行政訴訟（以下、「第1事件」という） aの1回目の懲戒解雇処分の取消し、原職復帰、賃金相当額の支払等を命じた救済命令が確定（最決平成14・2・12労働判例未掲載） ・民事訴訟（以下、「第2事件」という） aがA信金との雇用契約に基づく地位を有することの確認及び賃金相当額の支払を命じた判決が確定（最決平成14・6・13労働判例829号98頁） ・その他 A信金の一連の不当労働行為が不法行為に当たるとして信金労組への損害賠償の支払を命じた判決が確定（札幌高判平成14・3・15労働判例826号5頁）

2 事案の概略

① A信金は、その職員であり、信金労組の委員長ほかの役職を歴任しているaに対し2回にわたり懲戒解雇処分をした。

② aは、函館地裁に地位保全仮処分等を、北海道地方労働委員会（以下「道地労委」という）に原職への復帰等を求めてそれぞれ申立を行い、申立どおりの仮処分及び救済命令を得たが、A信金はこれらの命令に従わず、aを就労させなかった。

③ その後、本案訴訟においても、一審・二審ともaの解雇を無効と認め、最高裁が上告棄却・不受理の決定をしてaの解雇無効が確定した。また、A信金が救済命令の取消しを求めて行政訴訟を提起したが、一審・二審

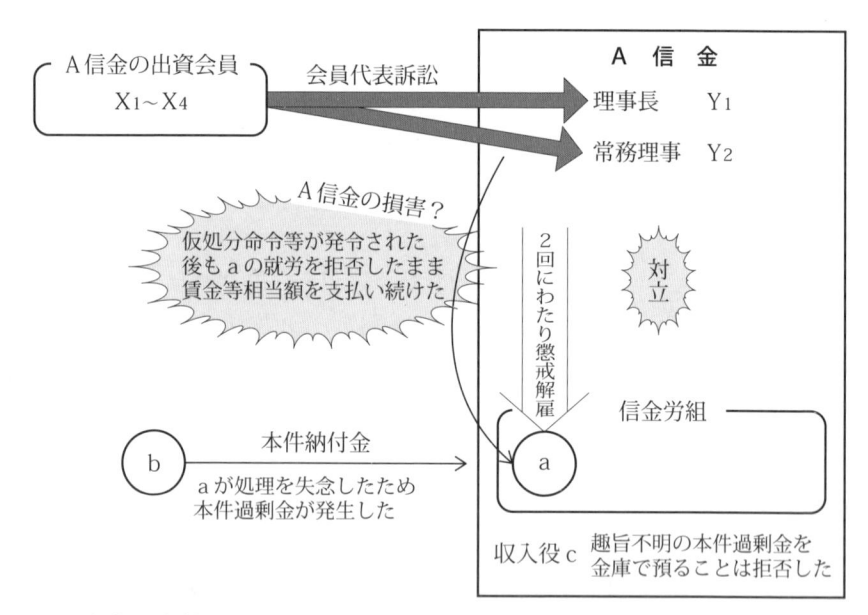

```
┌─────────────────┐   会員代表訴訟    ┌──────────────────────────┐
│ A信金の出資会員 │ ════════════════▶ │   Ａ　信　金             │
│    X₁～X₄       │ ╲                │   理事長    Y₁           │
└─────────────────┘  ╲═══════════════▶   常務理事  Y₂           │
         A信金の損害？                   │                          │
     ┌─────────────────┐                │ ２             ┌──┐     │
     │仮処分命令等が発令された│            │ 回             │対│     │
     │後もaの就労を拒否したまま│           │ に             │立│     │
     │賃金等相当額を支払い続けた│          │ わ             └──┘     │
     └─────────────────┘                │ た                        │
                                        │ り    信金労組             │
                                        │ 懲                        │
                                        │ 戒                        │
                                        │ 解                        │
                                        │ 雇   ┌─┐                  │
  ┌─┐   本件納付金            ╱────────▶│      │a│                  │
  │b│ ────────────────▶                │      └─┘                  │
  └─┘ aが処理を失念したため              │                          │
      本件過剰金が発生した               │ 収入役c  趣旨不明の本件過剰金を│
                                        │          金庫で預ることは拒否した│
                                        └──────────────────────────┘
```

は同命令を支持し、平成14年に最高裁が上告棄却の決定をして同命令の内容が確定した。

　④　A信金の出資会員であるXらは、A信金の代表理事であるYらに対し、上記①から②について、理事としての善管注意義務、忠実義務に違反し、aを就労させないままその賃金等相当額を支払うという損害をA信金に生じさせたとして、旧信用金庫法39条、旧商法267条（現信用金庫法39条・39条の4、会社法847条）に基づき、当該損害をA信金に連帯して賠償するよう求めて会員代表訴訟を提起した。

－事件の経過－

H9.9　　A信金において、職員が虚偽の報告をした事例が2件あったが、A信金は2件とも懲戒処分を行っていない。なお、平成9年9月当時もY₁は理事長、Y₂は常務理事であった。

H10.1.29　aは、bから平成9年12月及び平成10年1月分の国民年金保険料合計2万5600円（以下「本件納付金」という）を預かった際、A信金が受け取るべき国民年金保険料領収済通知書兼検認票及び領収控をbに返還してしまった。aは、本件納付金の金額等の確認等を怠ったため、本件納

付金は他の金銭と混同し、発生原因不明の２万6900円の過剰現金（以下「本件過剰金」という）を生じさせた。

H10.1.30　ａは、本件過剰金の存在にはじめて気付き、収入役ｃに対し、本件過剰金を出納室の金庫で預かってほしいとお願いしたが、収入役ｃにこれを拒否されたため、やむなく自分で保管することにした。このとき、ａはこのことを支店長に報告しなかった。

H10.2.6　ａは、本件過剰金の調査に訪れた常務理事のY_2らに対し、本件過剰金は収入役ｃに頼んで出納室の金庫に保管した旨の虚偽の報告をし、同内容の始末書を提出したが、後日の調査で、ａの報告が虚偽であることが判明した。

H10.2.16　ａは、本件過剰金を自己が使用していた机に鍵をかけて保管していたと報告内容を訂正した。

H10.2.18　ａは、支店長から退職勧奨を受けたがこれに応じなかった。

H10.2.27　Ａ信金は、ａを懲戒解雇した（１回目）。

H10.3.18　〔第２事件・保全申立〕ａは、上記懲戒解雇が無効であるとして、函館地裁に地位保全及び賃金の仮払を求める仮処分命令を申し立てた。

H10.3.24　〔第１事件・救済命令申立〕信金労組は、上記懲戒解雇が不利益取扱い及び支配介入に該当するとして救済命令の申立をした。

H10.5.20　〔第２事件・本案訴訟提起〕ａは、函館地裁において、上記懲戒解雇が無効であるとして、Ａ信金及びＹらに対し、地位確認、賃金の支払及び慰謝料等を求める本案訴訟を提起した。

H10.8　社会保険事務所からｂに対し、本件納付金に係る国民年金保険料が未納である旨の連絡があり、不審に思ったｂからＡ信金に問い合わせがあった。同月中旬頃、ａが本件納付金を入金処理していなかったことが判明した。

H10.8.26　〔第１事件・救済命令発令〕道地労委は、救済命令を発令し、上記懲戒解雇は不当労働行為に当たるとして、Ａ信金に対し、ａを原職に復帰させること、復帰までの間の賃金相当額を支払うことを命じた（以下

「本件救済命令」という）。

H10.12.8 〔第2事件・仮処分命令〕函館地裁は、ａの請求を認容し、ａの雇用契約上の地位を仮に定めるとともに本案訴訟確定までの賃金の仮払を命じた。

H10.12.21 Ａ信金は、ａが本件納付金を横領したとして懲戒解雇した（2回目）。

H13.2.15 〔第2事件・一審判決〕函館地裁は、ａの地位確認及び賃金請求を認容し、ａの慰謝料請求を棄却する判決を言い渡した（ａ及びＡ信金が控訴）。〔第2事件・仮処分取消申立の棄却決定〕函館地裁は、Ａ信金からの2回目の懲戒解雇により被保全権利が消滅したことを理由とする仮処分命令の取消しの申立を棄却する旨の決定をした。

H13.2.22 〔第1事件・一審判決〕札幌地裁は、本件救済命令は適法であるとして、同命令の取消しを求めたＡ信金の請求を棄却した（Ａ信金が控訴）。

H13.7.18 〔第1事件・二審判決〕札幌高裁は、Ａ信金の控訴を棄却した（Ａ信金が上告）。

H13.11.21 〔第2事件・二審判決〕札幌高裁は、ａ及びＡ信金の双方の控訴を棄却した（Ａ信金が上告・上告受理申立）。

H14.2.12 〔第1事件・上告審〕最高裁は、Ａ信金の上告を棄却し、ａの各懲戒解雇等が不当労働行為であるとしてａの原職への復帰と賃金相当額の支払を命じる救済命令が確定した。

H14.6.13 〔第2事件・上告審〕最高裁は、Ａ信金の上告等につき棄却・不受理の決定をして本案訴訟が確定した。

H15.11.27 〔本判決・一審〕函館地裁は、上記懲戒解雇が不当労働行為にあたるとして、Ｙらの善管注意義務・忠実義務違反を認めたうえで、同義務違反と相当因果関係のある損害は遅延損害金（7万4027円）に限られると判断した（Ｘら、Ｙらいずれも控訴。函館地判平成15・11・27労働判例885号38頁）。

3 裁判所の判断

① 懲戒解雇無効と善管注意義務・忠実義務の違反

　司法の判断によって各懲戒解雇が無効であることが最終的に確定した場合には、特段の事情（当該懲戒解雇をすることが当時の客観的事情からやむを得ないといえる状況）がない限り、各懲戒解雇をしたＹらには善管注意義務違反及び忠実義務の違反があったと解するのが相当である。

② １回目の懲戒解雇における「特段の事情」の有無について

　ａの虚偽報告の内容・程度、虚偽報告の顧客に与えた影響は、過去（平成９年９月）の職員の虚偽報告事例２件と極端に異なるものではないにもかかわらず、あえてａを懲戒解雇という最も過酷な処分に付したものである。

　Ａ信金は、信金労組に対し、本件各懲戒解雇以外にも不当労働行為を行っており、ａが信金労組の副執行委員長の地位にあったことを併せ考慮すれば、１回目の懲戒解雇は、信金労組を嫌悪したために行われたものと推認するべきであり、やむを得ない事情があったとは到底認められない。

③ ２回目の懲戒解雇における「特段の事情」の有無について

　最低限、ｂに対する事情聴取や被処分者であるａの弁明を聞くなどの調査が行われて然るべきものであるのに、これが行われた形跡はない。

　１回目の懲戒解雇を否定する本件仮処分命令の発令後まもなく２回目の懲戒解雇が行われていること、本件納付金と本件過剰金は、その金額の差異が僅少であり、かつ、発生日時が近接しているから、その同一性や関連性を疑う必要があったことからすると、２回目の懲戒解雇も信金労組を嫌悪したために行われたものと推認するべきであり、やむを得ない事情があったとは到底認められない。

④ 損害について

　一般に、賃金は、労働者によって供給される労働の対価であり、賃金を支払う以上、それに見合う労働を受けない場合には、原則として、賃金相当分の損害が使用者側に生じているものと解するのが相当である。

　賃金に相当する労働を受けないことを正当とする事情が認められない本件

においては、賃金相当分はA信金にとって損害になるというべきである。

4 判決の分析・解説

(1) 本判決は、A信金の出資会員らがA信金に生じた損害の賠償を代表理事らに求めた会員代表訴訟である。

会員代表訴訟の根拠条文である現行の信用金庫法39条の4は会社法847条を準用しており、株主代表訴訟と同様の性格を有する。

(2) 本判決は、信金代表者らの不当労働行為を理由とする代表訴訟において、信金への損害賠償を認めた点に特色がある。

① 各懲戒解雇は、これまでの信金労組との対立状況、1回目の懲戒解雇の他の事例との平仄の欠如、仮処分命令発令後間もない2回目の懲戒解雇の行使時期、aやbへの事情聴取といった事実調査が行われた形跡がないこと等から、いずれも信金労組への嫌悪から行われたものとして、「特段の事情」が否定されている。

後述するように、懲戒解雇は、労働者に対する最も重い懲戒処分であることから慎重な検討を要するところ、aになされた各懲戒解雇は、平等な取扱いの見地からも、適正な手続の履践の見地からも適切とはいえないものであり、結果として、信金労組への嫌悪という不当な動機まで推認されてしまっている。

② 本判決は、上記義務違反の損害として、賃金相当額の損害賠償責任を認めている。

一般的に、労働者の就労請求権は特段の事情がない限り認められていない。一審も、同旨の見解に立って、aに支払われた賃金にはaにより給付されるべき労務との対価性・同価値性がないとして、Yらの義務違反と相当因果関係のある損害は遅延損害金（7万4027円）に限られるとしていた。

被解雇者に賃金相当額を支払いながら、賃金に見合う労務の提供を受けないことが会社への損害と認定されるとすると、間接的に労働者の就労請求権を認めることに等しい結果となる。

もっとも、本判決後も、正面から労働者の就労請求権を認める裁判例は見

られない。

5 会社・役員の注意点・対応策

(1) 懲戒解雇は、労働者に対する最も重い懲戒処分であり、被解雇者が解雇無効を争う可能性も低くない。解雇無効が争われる場合、被解雇者からは原職復帰だけではなく、解雇日から原職復帰までの賃金等相当額の支払も請求され、紛争が長期化すれば請求金額も多額になることになる。

本判決に従う場合、代表取締役らには、被解雇者の早期就労を認めなければ、株主代表訴訟を提起され、会社への賃金等相当額の損害賠償を株主から請求されるリスクも負うことになる。

(2) このようなリスクを減らすために、懲戒解雇を行う前には、懲戒解雇の要件を慎重に検討し、適正な手続を履践しなければならない。

① 懲戒解雇事由の規定と該当性

使用者が労働者に対して懲戒権を行使するためには、就業規則に懲戒規定（種別・事由）が明記されており、当該労働者の行為がその規定に該当している必要がある。また、就業規則が拘束力を有するためには、労働者の同意又は労働者への周知が必要となる（労働契約法6条・7条）。

なお、労働者の同意については、入社時に就業規則に従う旨の誓約書を提出させて包括的な同意を取っておくことが一般的である。

② 懲戒解雇の相当性

懲戒は、違反行為の内容・程度等に応じた相当なものでなければならない（労働契約法15条）。

懲戒解雇は、最も重い処分であるから、軽微な違反に対する懲戒解雇処分は、懲戒権の濫用として無効と判断される可能性が高い。また、不当な動機・目的によって懲戒解雇を行うことも当然許されない。

③ 平等取扱いの原則

同様の違反行為に対しては、同一種類、同一程度の懲戒とすべきである。本判決のように、過去に何らの懲戒処分もされていない事例と類似の事例に対して、最も過酷な懲戒解雇に付したといった平等性を欠く事情があれば、

懲戒解雇の有効性を否定する一事情となる。

　もし、過去に厳しい処分を科していなかった一定の事由について、今後は厳しい処分を科す方針に変更をする場合には、社内の全労働者に対して、その旨を周知徹底しなければならない。

　④　**適正手続の履践**

　懲戒事由の該当性を調査する際には、当事者からの事情聴取等を行う。また、被懲戒者への弁明の機会を付与することが望ましい。

　もし就業規則に弁明の機会付与等の懲戒前の手続を規定している場合には、かかる規定に則って手続を進めなければならない。

CHECK LIST

- ☐ 懲戒の種類・懲戒事由を就業規則に規定しているか。
- ☐ 就業規則上の懲戒規定について、労働者の同意（誓約書の提出）を得るか、労働者への周知をしているか。
- ☐ 労働者の行為に比して、懲戒解雇処分に相当性が認められるか。不当な動機・目的によるものではないか。
- ☐ 過去の事例に比して、当該懲戒解雇処分が取扱いの不平等になっていないか。
- ☐ 懲戒解雇に付する前に、当事者からの事情聴取、被懲戒者への弁明の機会付与を行ったか。就業規則で手続きを定めている場合は、当該手続きを履践したか。

（岸本寛之）

★業界：証券
◆判断場面：内部管理体制構築

59 証券会社が独禁法違反の損失補填を行ったことにつき取締役の責任が否定された事例－野村證券株主代表訴訟事件（最判平成12・7・7判例タイムズ1046号92頁）（上告棄却）

1 事案一覧表

原　告	Ｘら：株主（控訴人、上告人）
被　告	Ｙら：代表取締役14名（被控訴人、被上告人）
責任を問われた内容	独占禁止法違反の損失補填に関する取締役の責任
請求額 （請求内容）	1億円（一部請求）
賠償額 （判決内容）	請求棄却

2 事案の概略

① 野村證券（以下「Ａ証券」という）は、わが国最大手の証券会社である。

② Ｘらは、Ａ証券の株主である。

③ Ｙらは、平成2年3月当時のＡ証券の代表取締役である。

④ Ｂ放送はＡ証券の大口顧客であり、Ａ証券は、昭和48年3月からＢ放送と有価証券売買等による資金運用取引を継続し、また、Ｂ放送の証券発行時の主幹事証券会社の地位にあり、多額の手数料収入を得ていた。

10　金融

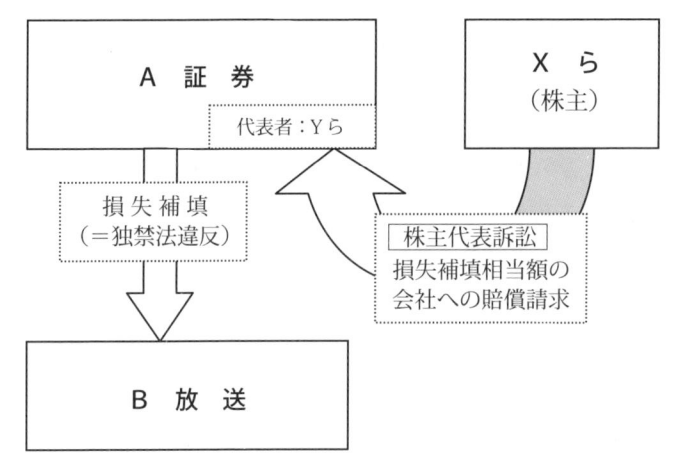

```
┌─────────────────┐      ┌─────────────┐
│   A　証　券     │      │    X ら     │
│                 │      │   (株主)    │
│   代表者：Y ら  │      │             │
└────┬────────────┘      └──────┬──────┘
     │         ↑                │
     │    ┌────┴─────────┐      │
┌────▼────┐│ 株主代表訴訟 │      │
│ 損失補填 ││損失補填相当額の│◀────┘
│(=独禁法 ││会社への賠償請求│
│  違反) │└──────────────┘
└────┬────┘
     │
     ▼
┌─────────────────┐
│   B　放　送     │
└─────────────────┘
```

⑤　B放送は、平成元年4月、C信託銀行との間で、期間を平成2年3月までとする特定金銭信託契約を締結して10億円を信託し、これに基づきC信託銀行がA証券に取引口座を開設して有価証券売買によるB放送のための資金運用が開始された。この取引は、委託者（B放送）が投資顧問業者との投資顧問契約を締結することなく、専らA証券がB放送に代わってC信託銀行に指図して運用するいわゆる営業特金であった。

⑥　この営業特金には、平成元年末頃、約2億7000万円の損失が生じ、平成2年1月頃からの株式市況の急激な悪化によってさらに損失は拡大し、平成2年2月末頃には、損失額は約3億6000万円になっていた。

⑦　他の証券会社による大口顧客への100億円に上る損失補填が報道される中、大蔵省は、平成元年12月26日、日本証券業協会長宛に、法令上の禁止行為である損失保証による勧誘等はもとより、事後的な損失補填等も厳に慎むこと、特金取引は顧客と投資顧問業者との間に投資顧問契約が締結されたものとすること等を所属証券会社に周知徹底させるべき旨通達を発し、同日、同協会は同趣旨の内部規則改正をした。

⑧　A証券をはじめ証券各社は、上記通達等の主眼が早急に営業特金の解消を求める点にあると理解し、株式市況が悪化する中で顧客との関係を良好に維持しつつその解消を進めるためには、損失補填を行うこともやむを得ないと考えた。

⑨　A証券は、前記通達直後からB放送と前記営業特金の解消の交渉をしたが解決に至らず、損失補填をしなければ今後のB放送との取引に重大な影響が生じ、将来のB放送の証券発行に際して主幹事証券会社の地位を失うおそれもあること等を考慮して、損失補填を実施する必要があると判断した。

⑩　平成2年3月13日、Yらが出席した専務会において、B放送他に生じた損失につき総額約161億円の補填をすることが決定された。Yらは、この決定の際、違法性の有無につき法律専門家の意見を確認しなかった。

⑪　B放送への損失補填は、市場や一般投資家に影響が及ばないよう、相対取引によってA証券がB放送に外貨建てワラントを売却しこれを即日買い戻す方法で実施された。その結果、B放送は3億6000万円強の利益を得て営業特金の損失は補填され、前記営業特金は解消された。

⑫　その後、A証券とB放送との取引関係は維持され、A証券はこれにより既に相当額の収入を得ており、かつ、今後も得られる見込みである。

⑬　A証券の株主であるXらは、本件損失補填につきYらが取締役としての義務に違反して会社に損害を被らせたとして、Yらに対し、旧商法266条（会社法423条）に基づく取締役の責任を追及する株主代表訴訟（旧商法267条・会社法847条）を提起した。

－事件の経過－

S48.3　A証券とB放送との資金運用取引開始。

H1.4　10億円の営業特金を開始（期間平成2年3月末まで）。

H1.12　営業特金に約2億7000万円の損失。

H1.12.26　大蔵省が事後的な損失補填等も厳に慎むよう通達。

H2.2末　営業特金に約3億6000万円の損失。

H2.3.13　A証券の専務会で本件ほか総額161億円の損失補填を決定。

H2.3.14　本件損失補填を実行して営業特金を解消。

3 裁判所の判断

①　旧商法266条（以下「本規定」という）は法令違反行為をした取締役はそれによって会社の被った損害を賠償する責めに任じる旨定めるところ、取

締役を名宛人とし、取締役の受任者としての義務（善管注意義務・忠実義務）を一般的に定める規定（以下「一般規定」という）及びこれを具体化する形で取締役がその職務遂行に際して遵守すべき義務を個別的に定める規定が本規定にいう「法令」に含まれることは明らかであるが、さらに、商法その他の法令中の、会社を名宛人とし、会社がその業務を行うに際して遵守すべきすべての規定もこれに含まれる。取締役が会社をして会社が遵守すべき規定に違反させることになる行為をしたときには、その行為が一般規定の定める義務に違反するかを問うまでもなく、本規定にいう法令違反行為をしたときに該当する。

② 証券会社が、一部の顧客に対して損失補填をする行為は、証券業界における正常な商慣習に照らして不当な利益の供与というべきであるから、不当な利益による顧客誘引（一般指定9）に該当し、独占禁止法19条に違反する。独占禁止法19条の規定は本規定にいう法令に含まれるから、Ｙらが本件損失補填を決定・実施した行為は本規定にいう法令違反行為に当たる。

③ 取締役が法令違反行為をしたことを理由に損害賠償責任を負うには、その違反行為につき取締役に故意又は過失があることを要する。

④ Ｙらは、本件損失補填が旧証券取引法や前記通達等に違反しないかについては関心を有していたが、独占禁止法19条に違反するか否かの問題については思い至らなかった。大蔵省が損失補填が独占禁止法に違反するかの問題を取り上げたのも本件損失補填の1年半余り後であった。公正取引委員会も、平成3年8月31日の時点で損失補填が独占禁止法に違反するとの見解はとっていなかった。

⑤ このような事実関係の下においては、Ｙらが本件損失補填を決定・実施した平成2年3月時点において、その行為が独占禁止法に違反するとの認識を有するに至らなかったことにはやむを得ない事情があったというべきで、その認識を欠いたことにつき過失があったとはいえないから、Ｙらに損害賠償責任を認めることはできない。

4 判決の分析・解説

(1) 判決の分析

　本判決は、取締役の会社に対する損害賠償責任を定めた旧商法266条1項5号にいう法令違反行為には、会社を名宛人とし、会社として遵守すべきすべての法令への違反行為が含まれることを明示したうえ、A証券の行った本件損失補填は、独占禁止法19条に違反するから、同規定にいう法令違反行為に該当するとした。

　そのうえで、法令違反行為を理由に取締役が会社に対する損害賠償責任を負うには、法令違反についての故意又は過失が要件となるとしたうえで、本件損失補填が行われた当時の事情からすれば損失補填が独占禁止法違反となることの認識を欠いていたことに過失があったとはいえないとして、損害賠償責任を否定した。

(2) 判決が取締役の責任を判断するために重視した事情

① **会社に利益をもたらす行為であっても法令違反行為は許されないこと**

　取締役の損害賠償責任を生じさせる法令違反行為には、取締役を名宛人とする義務規定の違反に限らず、会社を名宛人とし会社として遵守すべきすべての法令の違反をも含むとの判断は、会社の業務執行の決定・執行を担う取締役が会社をして法令を遵守させるべきことは当然であって、たとえ会社の利益を図るためであっても、法令違反となるような業務執行の決定・執行をすることは許されないということを示すものと考えられる。

　本件損失補填の場合も、これにより大口顧客との円満な取引継続が可能となり、結果的には損失補填した金額よりも多くの利益を会社にもたらしたものと考えられる。しかしながら、たとえ会社に経済的な利益があろうとも、法令違反となる行為の決定・執行は容認され得ず、取締役はその責任を問われる。

② **関係行政機関においても法令違反の認識がなかったこと**

　他方で本判決は、取締役が法令違反を理由に損害賠償責任を負うには法令違反につき故意・過失を要するとしたうえ、本件では損失補填が独占禁止法

違反となることの認識を欠いたことに過失は認められないとして、損害賠償責任を否定した。

　これは、本件当時、Yらだけでなく、大蔵省や公正取引委員会という関係行政機関においても、損失補填が独占禁止法違反になることの認識を欠いていたという特殊な事情を重視したものと考えられる。

　本件では、他方で損失補填に際して法律専門家の意見を聴くこともしなかった旨の事実認定がなされているが、それでもなお過失なしとして免責が認められたのは、上記特殊事情があったからであろう。法律専門家等の意見も聴かずに行われた法令違反行為について、違法性の認識の欠如に過失なしと判断されるのは、極めて例外的なケースに限られると考えるべきであろう。

(3) 現在の法令との関係

① 法令違反行為に関する取締役の責任について

　本判決は、会社法制定前の旧商法下における事案であった。旧商法266条1項5号は、法令違反行為をした取締役はそれによって会社に生じた損害を賠償する責めを負う旨規定していた。これに対して、現在の会社法423条1項は、取締役が任務を怠ったときに会社に生じた損害を賠償する責めを負う旨定めている。この点、取締役の任務には法令を遵守して職務を行うことが含まれており（会社法355条）、法令違反行為は任務懈怠となるのだから、取締役の責任原因となる法令違反には会社を名宛人とし会社として遵守すべきすべての法令の違反が含まれるとの本判決の判断は、会社法423条1項における取締役の任務懈怠責任においても妥当する。

② 損失補填の禁止について

　損失補填については、平成3年の証券取引法改正により、事前の損失補填約束だけでなく、本件で問題となった事後的な損失補填についても、明文の規定で刑事罰をもって禁止された（旧証券取引法42条の2第1項2号・3号、198条の3）。現在の金融商品取引法においても同様である（金融商品取引法39条1項2号・3号、198条の3）。損失補填の禁止は、業界内外で広く認識されているから、本件損失補填と同様のことを今行えば、法令違反の認識に故意・過失なしとならないことはいうまでもない。

5 会社・取締役の注意点・対応策

　本判決は、取締役には会社の行為につき法令を遵守させる義務があり、違法行為となる業務執行の決定・執行は、違法行為であることに取締役が善意かつ無過失でない限り、取締役の会社に対する損害賠償責任を生じさせる旨示したものである。つまり、取締役に対して、すべての法令を遵守して会社経営にあたるべきことを要請するものといえる。

　そこで、取締役としては、業務執行の決定・執行にあたり、その違法性を検証し、違法性を認識した場合には決定・執行しないこととすることはもちろん、適法性に疑義がある案件や、過去の経験の蓄積のない新規業務分野の開発案件、会社経営への影響の大きい大規模投資案件等については、意思決定にあたり法律専門家の意見を聞く等の対応をすることが望まれる。また、取締役の意思決定に際して以上のようなプロセスが確実になされるよう社内規程等を整備・周知し、その状況をモニタリングする仕組みをつくっておくことが望ましい。同時に、職務権限規定等に基づき使用人等に対して権限を分掌させた事項についても、法令違反行為を回避するための態勢構築が必要となろう。

CHECK LIST

取締役の認識に関する項目

- ☐ 取締役は、取締役を名宛人とする法令だけでなく、会社を名宛人とする法令も含めて、すべての法令を遵守する義務があることを認識しているか。
- ☐ 違法性が認められる業務執行は、たとえ会社に利益であったり、不利益を回避するためであっても、決定・執行できないことを認識しているか。
- ☐ 取締役は、職務執行に際し、会社の事業に関係する法令やその内容を把握しているか。
- ☐ 関係法令を把握せず、法令違反の認識がなかったとしても、認識の欠如について過失があれば有責であることを認識しているか。

態勢構築に関する項目

- ☐ 業務執行の決定等にあたり法令違反の有無を確認する態勢になっているか。
- ☐ 違法性が認められる業務執行は、決定・執行しない態勢になっているか。
- ☐ 適法性に疑義のある案件、新規業務案件、重要な投融資案件等に関しては、法律専門家の意見を聞く等、慎重な適法性判断を行う態勢になっているか。
- ☐ 社内の決裁権限規定に基づき従業員等に分掌させた事項についても、その決裁時に法令違反の有無を確認したうえで決裁がなされる態勢を構築（手続規定の策定、周知、実施状況の確認等）しているか。

（笠原　隆）

★業界：証券
◆判断場面：内部管理体制構築、役職員グループ会社に対する監視・監督、顧客・取引先対応

60 証券会社においてずさんな販売体制が構築されたことにつき取締役の責任が認められた事例―丸荘証券事件（東京地判平成15・2・27判例時報1832号155頁）（控訴後控訴棄却、一部和解・確定）

1 事案一覧表

原　　告	Xら：外債購入顧客
被　　告	Yら（8名）：取締役
責任を問われた内容	証券会社の外債販売に際し従業員の説明義務違反が認められる場合の取締役Yらに対する会社法429条（旧商法266条の3）所定の責任
請　求　額 （請求内容）	Yらの善管注意義務違反による損害賠償責任（連帯による支払） 2億9778万円（未償還金額の40％（内金請求））
賠　償　額 （判決内容）	Yら6名に対する請求一部認容（連帯による支払）。未償還金額の40％（Y1～Y3：2億9778万円、Y4、Y5：8086万1268円、Y6：1億9306万867円） Yらのうち販売体制とは関係ない部署の担当役員2名に対する請求棄却

10 金融

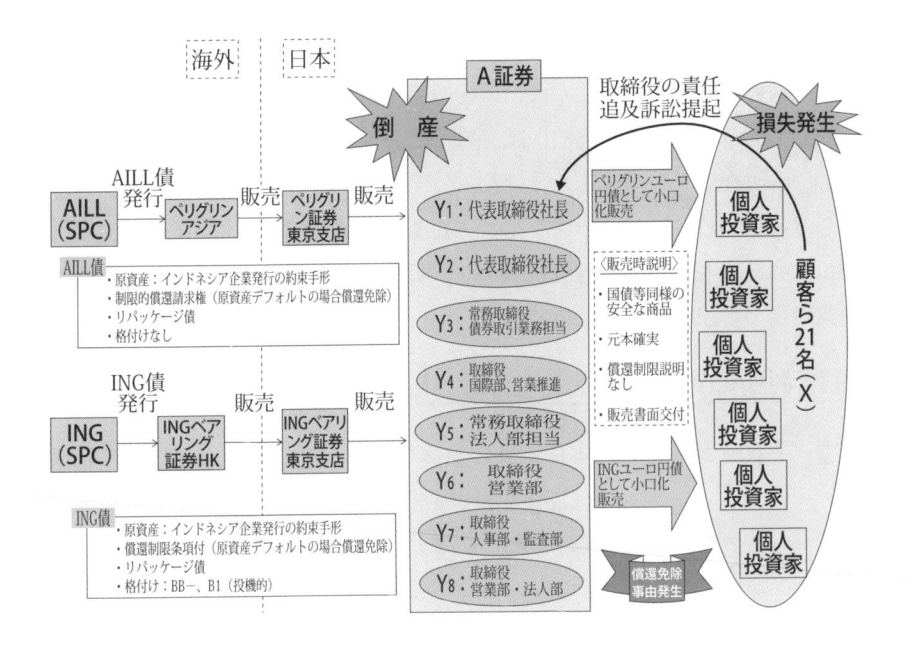

[図：海外・日本における債券発行・販売スキーム]

- AILL（SPC）→ AILL債発行 → ペリグリンアジア → 販売 → ペリグリン証券東京支店 → 販売 → A証券
  - AILL債
    - 原資産：インドネシア企業発行の約束手形
    - 制限的償還請求権（原資産デフォルトの場合償還免除）
    - リパッケージ債
    - 格付けなし
- ING（SPC）→ ING債発行 → INGベアリング証券HK → 販売 → INGベアリング証券東京支店 → 販売 → A証券
  - ING債
    - 原資産：インドネシア企業発行の約束手形
    - 償還制限条項付（原資産デフォルトの場合償還免除）
    - リパッケージ債
    - 格付け：BB－、B1（投機的）

A証券（倒産）
- Y1：代表取締役社長
- Y2：代表取締役社長
- Y3：常務取締役・債券取引業務担当
- Y4：取締役・国際部、営業推進
- Y5：常務取締役・法人部担当
- Y6：取締役・営業部
- Y7：取締役・人事部・監査部
- Y8：取締役・営業部・法人部

取締役の責任追及訴訟提起

ペリグリンユーロ円債として小口化販売
〈販売時説明〉
・国債等同様の安全な商品
・元本確実
・償還制限説明なし
・販売書面交付

INGユーロ円債として小口化販売

償還免除事由発生 → 損失発生

個人投資家 顧客ら21名（X）

2 事案の概略

① 丸荘証券株式会社（以下「A証券」という）は、インドネシア企業発行の社債ないしルピア建約束手形を原資産として債券発行会社より発行されたペリグリンユーロ円債をB証券会社から購入し、小口化して顧客に販売した。

② A証券は、インドネシア企業発行のドル建約束手形を原資産として債券発行会社より発行されたINGユーロ円債をC証券会社から購入し、小口化して顧客に販売した。

③ 本件債券は、原資産の発行会社が原資産についての支払をしない場合、債券発行会社は債券の保有者に対して償還金支払義務を免れるという制限的償還請求権付債券であり、格付けは存在しないないし投機的との評価であった。

④ Xらは、A証券の販売員から勧誘され当該外国債券を購入したが、インドネシア経済危機の影響により原資産発行会社が原資産の支払をしなかっ

－553－

たため、償還期限を過ぎても、全部又は一部が償還されなかった。

⑤　販売に際し、A証券の従業員の多くが顧客に対し国債等と同様に安全な商品であり、元本が確実に保証される債券である等と説明していた。

⑥　A証券は、破産宣告を受けた。

⑦　Xら（顧客のうち122名）は、A証券の取締役であったYら（8名）に対し、会社法429条（旧商法266条の3）所定の任務懈怠があったと主張し、同条に基づき損害賠償を求めて提訴した。

3 裁判所の判断

①　A証券が販売した本件債券は実体のない架空の債券とは認められない。

②　本件債券の販売手続は公募手続による必要がないものであるから、公募規制に違反するものではない。

③　本件債券は、高度な知識・経験等がなければ購入するか否かの判断ができないものではないから、一般の個人顧客に対して本件債券の購入を勧誘することが適合性の原則に反するものであったとは解されない。

④　A証券は本件債券の販売にあたり外国証券販売説明書の記載を前提として、本件債券の内容、リスク等をわかりやすく説明する義務を負っていたにもかかわらず、A証券の販売員は、Xらに対する勧誘にあたり当該説明義務を怠ったものと解される。

⑤　かように多数の顧客に対して、約35名にも及ぶ販売員が説明義務に違反する勧誘を行ったということからすると、A証券において本件債券の販売にあたってそのリスク説明を十分に行うという販売体制が構築されていなかったといわざるを得ない。そして、このことはとりもなおさず多数の販売員が説明義務に違反して販売するようなずさんな販売体制が構築されていたものと評価せざるを得ない。

Y_1ないしY_6は、販売員が説明義務を十分に尽くすという販売体制を構築する職責を有していたというべきであり、かつ、少なくとも販売体制が適切なものであるかを常時監視し、それが顧客に対する説明義務を全うするには

足りないものであったときには、これを是正するべき職責を有していたというべきである。しかるに、Y₁ないしY₆は少なくとも重大な過失により上記職務を怠ったといわざるを得ない。以上によればY₁ないしY₆は、この任務懈怠と相当因果関係にある損害について会社法429条（旧商法266条の3）の責任を負うと解するのが相当である。

❹ 判決の分析・解説

(1) 判決の分析

　証券取引の勧誘にあたって、証券会社の従業員等の説明義務違反等による損害賠償を求めた裁判例は多数あるが、本判決の特徴は、証券会社が破産宣告を受けたという事情はあるものの、証券会社の取締役が説明義務等を尽くすべき販売体制の構築、説明義務の履行を常時監視する等の体制を構築すべき職責を負うか否かが旧商法266条の3所定の損害賠償責任との関係で問題となったところにある。

　法令遵守に関する内部組織構築、監督等が取締役の善管注意義務との関係で問題とされた例は多く見られるが（例えば、大阪地判平成12・9・20等）、取締役が積極的に不法行為に関与したわけではなく、証券取引の勧誘における説明義務等に関する組織・体制の構築等が問題にされた事例は少ない。

　本判決は、取締役にこのような責任を認めることが適切であるか、新たな類型の任務懈怠責任ではないか等の疑問もあるところであるが、証券会社の取締役が従業員の顧客に対する説明義務違反を見逃したことによる説明義務等を尽くすべき販売体制の構築等の任務懈怠責任を肯定した事例として参考となる。

(2) 判決が取締役の責任を認定するために重視した事情

　A証券は、本件債券の販売にあたり外国証券販売説明書の記載を前提として、本件債券の内容、リスク等をわかりやすく説明する義務を負っていたにもかかわらず、A証券の販売員は、Xらに対する勧誘にあたり、日本の国債や中期国債ファンド、MMFと同様に安全な商品であるなどと、本件債券の安全性を強調する説明を行い、危険性に関する十分な説明を行わなかった。

そして、このような説明義務に違反する勧誘が、約35名にも及ぶ販売員により多数の顧客に対して行われたことから、A証券において本件債券の販売にあたってそのリスク説明を十分に行うという販売体制が構築されていなかったといわざるを得ないと判断された。

5 会社・役員の注意点・対応策

本判決は、販売員が説明義務を十分に尽くすという販売体制を構築する職責を有していたにもかかわらずこれを怠ったとするが、取締役は具体的に何をするべきであろうか。

(1) 販売体制構築のための方策

① 社内規則等の策定・周知

金融商品取引、勧誘等について、金融商品取引法等の適用法令を遵守すべく必要な社内規則等を策定し、その内容を従業員に周知徹底することが必要となる。

② 従業員の教育・研修

管理職や従業員に対し、法令、諸規則の内容、改正等に関する必要な研修等を行い、法令順守に対する意識や必要最低限の知識を身に付けさせることが法令違反を防ぐことにつながる。

③ 商品内容、リスクの把握

新商品の販売等を開始する際には、関係各部署において商品内容、リスク等を分析し、販売担当の社員に販売用資料の内容及び必要な説明事項等必要な知識を身に付けさせることが、顧客に対する説明義務遵守の大前提となる。

(2) 監視義務・是正のための方策

本判決においては、上記のような販売体制を構築する義務を負うとともに、少なくとも販売体制が適切なものであるかを常時監視し、それが適当でない場合には是正する職責を負うとされるが、監視・是正のための方策としては、下記の対応策が考えられる。

① モニタリングの実施

第1次的に、管理職や上司による販売員等に対する個別商品ごとの営業指導や営業記録の徹底等、営業現場における指導・管理が求められる他、コンプライアンス、監査等のリスク管理部門によるモニタリング等による牽制体制の構築及び実効的運営も必要となる。

② **顧客からの苦情対応と再発防止策の徹底**
　上記体制等を構築したとしても顧客からの苦情等の発生可能性は残るところ、かかる苦情等の発生した場合に、十分な原因を究明と再発防止策の策定ができる体制を構築しておくことも重要である。

CHECK LIST

販売体制構築

☐ 法令等を遵守した社内規程・ルール等を設け、周知徹底しているか。

☐ 従業員の遵法意識啓発、法令等に関する知識向上のための研修等を実施しているか。

☐ 新商品導入時等に当該商品の内容・リスク等を分析する体制は十分か。

☐ 個別の商品内容・リスク、販売用資料、説明内容等に関する研修、勉強会等を実施しているか。

監視・是正体制

☐ 上司等による販売員に対する個別商品ごとの営業指導や営業記録の徹底等、営業現場における指導・管理を行っているか。

☐ コンプライアンス、監査等のリスク管理部門によるモニタリング等の体制は十分か。

☐ 苦情等が発生した場合に十分な原因を究明と再発防止策の策定ができる体制か。

（中村佳澄）

★業界：保険
◆判断場面：外部への支出

61 生命保険会社における政治献金につき取締役の責任が否定された事例－日本生命社員代表訴訟事件

（大阪地判平成13・7・18金融・商事判例1145号36頁）（控訴後控訴棄却、上告・上告受理申立後、上告棄却・上告不受理）

1 事案一覧表

原告・参加人	Xら：日本生命保険相互会社（以下「A生命」という）の社員（＝保険契約者）
被告	Y1：前任の代表取締役 Y2：現任の代表取締役
責任を問われた内容	公序違反で会社の権利能力の範囲外の政治献金に関する善管注意義務違反による損害賠償責任
請求額 （請求内容）	Y1：6440万円 Y2：3595万円
賠償額 （判決内容）	請求棄却
その他参考事項	上記と併せて、公序違反、会社の権利能力の範囲外で、善管注意義務違反の政治献金の継続は、会社に回復すべからざる損害を生じるおそれがあるとして、政治献金の差止めを請求したが、棄却されている。

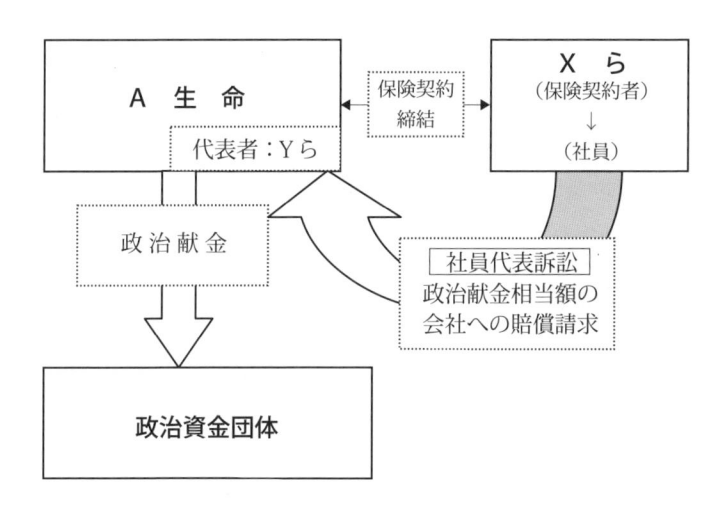

```
┌─────────────────┐   ┌──────┐   ┌─────────────┐
│    A 生 命      │←─→│保険契約│←─→│   X ら      │
│                 │   │ 締結  │   │(保険契約者) │
│  代表者：Y ら   │   └──────┘   │     ↓       │
│                 │              │   （社員）   │
└────┬────────────┘              └─────────────┘
     │          ↑                       
┌────▼──────┐   │    ┌──────────────┐
│  政治献金 │   └────│ 社員代表訴訟  │
└────┬──────┘        │政治献金相当額の│
     │               │会社への賠償請求│
     │               └──────────────┘
┌────▼──────────┐
│  政治資金団体 │
└───────────────┘
```

2 事案の概略

① Xらは、6か月以上前からA生命との間で生命保険契約を締結している社員である。

② Y_1は、平成元年7月4日から平成9年4月1日までのA生命の代表取締役社長であり、Y_2は、平成9年4月1日以降のA生命の代表取締役社長である。

③ A生命は、政治献金を、平成7年8月から平成8年12月までの間に計6440万円、平成9年4月から平成10年12月までの間に計3595万円行った。これらの政治献金（以下「本件政治献金」という）は、A生命の寄付に関する職務権限規定に従って総務部担当取締役又は総務部長の決裁により行われ、Y_1ないしY_2に報告された。

④ A生命は、政治資金規正法上の「会社、労働組合又は職員団体以外の団体」に該当し、本件政治献金を行った各年の前年における年間経費額は4億6000万円以上であったから、A生命の場合、政治資金規正法が定める政治献金の総額の上限は年1億円であった（政治資金規正法21条の3第1項4号・2項）。

⑤ Xらは、A生命の監査役に対して、Y_1・Y_2への責任追及の提訴請求

をしたうえ、本件政治献金は公序に反する、Ａ生命の権利能力の範囲外の行為である、Y₁・Y₂には取締役としての善管注意義務違反がありＡ生命に本件政治献金相当額の損害を生じさせたとして、旧保険業法51条2項・旧商法267条（現保険業法53条の37・会社法847条）に基づき、Y₁・Y₂の各在任中の政治献金相当額をＡ生命に賠償するよう求めて提訴した。

3 裁判所の判断

① 政治資金規正法は、相互会社による政治献金が国民の参政権に与える影響を考慮し、弊害防止の観点から量的に制限する等の配慮をしているから、同法を遵守してその制限内で政治献金を行った場合には国民の参政権を侵害するものとは評価されない。Ａ生命は、政治資金規正法が定める上限金額の範囲内で政治献金を行っているので、本件政治献金が国民の参政権を侵害して公序に反するとはいえない。

② 相互会社は任意加入団体であるし、会社の事業費からの政治献金の支出は社員に政治献金の拠出を義務付けて政治的意見の表明を強制するものではないから、本件政治献金が社員の政治的信条を侵害して公序に反するとはいえない。

③ 相互会社は定款で定めた目的の範囲内で権利能力を有するが、その目的には定款に明示された目的を遂行する上に直接又は間接に必要な行為が包含され、その必要性は行為の客観的性質に則し抽象的に判断される。本件政治献金は、政治資金規正法の制限内で行われたものであり、客観的・抽象的に観察してＡ生命の社会的役割を果たすためにされたものと認められるから、定款所定の目的の範囲内の行為といえる。

④ 相互会社の取締役は、経営を委ねられた専門家として全社員の最も利益となるように職務を遂行すべき善管注意義務を負っているが、職務遂行にあたっては広い裁量が与えられている。取締役の善管注意義務違反を理由に責任追及するには、その経営上の措置をとった時点において、判断の前提事実の認識に重要で不注意な誤りがあったか、意思決定の過程・内容が経営者として特に不合理・不適切であったことを要する。

⑤　相互会社の政治献金も事業活動の一環としてなされるものであり、取締役に広い裁量が認められ、取締役は、相互会社の基金の総額、資産状況及び収益状況等の諸般の事情を考慮し、合理的な範囲内で政治献金を行うことができる。

⑥　本件政治献金は、Ａ生命の職務権限規定に定める決裁を経たうえ、政治資金規正法の制限内でなされ、また、Ａ生命の基金の総額、資産状況及び収益状況を考慮しても合理的な範囲を超えたものとはいえない。よって、判断の前提事実の認識に重要・不注意な誤りも、意思決定の過程・内容に不合理・不適切さも認められず、裁量範囲の逸脱はなく、善管注意義務違反は認められない。

4 判決の分析・解説

(1) 判決の分析

本判決は、生命保険会社が行った政治献金について、政治資金規正法の制限範囲内で行われたものであったことを前提に、①国民の参政権や社員の政治的信条を侵害せず公序違反にはならない、②定款所定の目的の範囲内の行為といえる、③経営判断としての合理性が認められ善管注意義務違反は認められない、との判断を示した事案である。

(2) 判決が取締役の責任を認定するために重視した事情

会社による政治献金は、政治資金規正法による一定の制限の下に許容されているところ、本件で問題とされた政治献金は、同法上の制限の範囲内で行われたものであった。この点が、取締役の責任は認められないとした結論との関係で、重要な事情であったと考えられる。

また、本件政治献金の支出にあたって、会社の決裁権限規定に基づく所定の決裁手続を経ていたことも、意思決定過程の合理性・適切性との関係で、必要な事情であったと考えられる。

さらに、Ａ生命の基金の総額、資産状況及び収益状況との関係で合理的な範囲内での政治献金であったことも、経営判断としての合理性に関して必要な事情であったと考えられる。

(3) 当該業界特有の事情についての考慮の有無

A生命は、株式会社ではなく、保険業法において保険会社に特に認められた会社形態である相互会社である。相互会社は、保険契約者をその社員とする社団法人であり（保険業法2条5項）、また、営利法人ではなく、保険事業から生じた利益の出資者への分配を目的としない中間法人である。この点に関して、本判決は、政治献金が定款所定の目的の範囲内の行為であるといえるかや、取締役の善管注意義務違反が認められるかの判断において、営利を目的としない中間法人である相互会社についても株式会社と基本的に異ならないとの判断をしている。

また、本訴訟は、相互会社の保険契約者である社員による社員代表訴訟であったが、代表訴訟制度も、株式会社における株主代表訴訟と基本的に異ならない。なお、本件は旧商法下における事案であるが、会社法制定後における社員代表訴訟（責任追及の訴え）についても同様である（保険業法53条の37）。

5 会社・役員の注意点・対応策

(1) 政治資金規正法遵守の必要性

本判決では、会社の政治献金について、参政権等侵害との関係で公序違反にならないか、定款所定の目的の範囲内の行為といえるか、経営判断としての合理性が認められるかのいずれの点についても、本件政治献金が政治資金規正法の制限範囲内であることを前提に、Xらの主張を退けている。会社が政治献金を行うにあたっては、政治資金規正法の制限を遵守していることが前提として求められる。

仮に、政治資金規正法の制限に違反した政治献金を行えば、違法な政治献金とされ、会社の目的の範囲外の行為と認定され、また、法令違反行為として、取締役の責任が認定される可能性が極めて高いと考えられる。

また、本判決では、政治献金の支出にあたり会社の決裁権限規定に基づく所定の決裁手続を経ていたことも、意思決定過程の合理性・適切性との関係で必要な事情として考慮されていたと考えられる。

(2) 政治資金規正法遵守のための態勢整備

そこで、政治献金を行うに際しては、政治資金規正法が遵守されるよう、同法の規制内容の社内周知、政治献金に関する社内手続・社内規定等の整備とその周知、決裁・執行時における法規への適合性の確認と所定の決裁手続の履践等が確実になされるように、社内体制を整備・構築しておくことが必要といえる。

また、政治資金規正法による政治献金の規制は、営業部門等の一般的な業務執行部署にはなじみが薄いうえ、法人の場合、政治献金の相手方が政党又は政治資金団体に限定され、一社が年間に寄付することのできる金額には総額制限があり、また、国からの補助金等を受けていたり、3事業年度継続して赤字欠損を生じている場合には政治献金が禁止されるなど規制内容が複雑で、社内での統一的な管理が必要となるので、同法の規制への適合性の判断は、統一した部署において行われる仕組みにしておくことが妥当と考えられる。

(3) 政治献金の合理性確保のための態勢整備

さらに、本判決では会社の資産・収益状況等から見て合理的な範囲内の政治献金であったことも必要な事情として考慮されたものと考えられる。この点、本件は会社の資産・収益状況に問題のないケースであったが、3事業年度以上継続した欠損はなく政治資金規正法には違反しなかったものの、会社に欠損が生じた以降の政治献金に関しては株主への配当に優先して行う必要性があるか等を慎重に判断することが求められるとして取締役の善管注意義務違反を認めた裁判例(福井地判平成15・2・12判例時報1814号151頁)もある(ただし、控訴審の名古屋高金沢支判平成18・1・11判例時報1937号143頁は善管注意義務違反を否定)。したがって、資産・収益状況等から見て不相当に高額な政治献金や、業績不振の状況下における政治献金については、合理性の吟味に特に注意を要する。

なお、政治家主催のパーティー券の購入についても、政治資金規正法において規制されているので、この点についても併せて社内周知、社内手続の整備等をしておくとよい。

CHECK LIST

- ☐ 政治資金規正法による制限が社内に周知されているか。
- ☐ 政治献金に関する社内手続・決裁権限規定等を整備しているか。
- ☐ 上記手続・規定等を社内に周知しているか。
- ☐ 政治献金にあたっては決裁権限規定に沿った決裁を経ているか。
- ☐ 政治献金が政治資金規正法の制限範囲内であることを確認しているか。
- ☐ 政治資金規正法の制限範囲内であるかの確認部署を統一しているか。
- ☐ 資産・収益状況等から見て合理的な政治献金であることを確認しているか。

(笠原　隆)

COLUMN

インサイダー取引

●インサイダー取引とは

　役員は、取締役会、経営会議その他の場で、新株発行、合併、大株主の移動、業績予想値の修正など会社経営上の「重要事実」に触れる機会が多くあります。

　上場会社であれば、これら「重要事実」が公表されれば、投資家がそれを会社にとってプラスあるいはマイナスと考え、株式の売り買いがされ、会社の株価が上昇したり下降したりする可能性があります。

　「重要事実」が公表されていない場合、会社の身内（インサイダー）しか知らない情報ということで「インサイダー情報」と呼ばれます。

　会社の役職員が、その立場を利用してインサイダー情報を入手、利用して株取引をして儲けたり、損失を回避することができてしまうと、そのような情報に触れる機会のない一般の投資家はバカらしくなって、株式投資をしなくなってしまいます。

●インサイダー取引を犯すと

　そこで、金融商品取引法は、インサイダー情報を利用して株取引を行う「インサイダー取引」を懲役刑・罰金刑の科される犯罪として処罰しています。また、刑罰までは科せられなくても、行政処分としての課徴金納付命令が課されることもあります。

　インサイダー取引は、従来、摘発が難しいとされていましたが、近年、インサイダー取引の捜査を行う証券取引等監視委員会の調査手法が、ITを駆使し、証券取引所や金融機関と連携した高度なものとなっており、インサイダー取引の1～2年後に摘発される事例が増えています。

●インサイダー取引防止体制

　取締役は、個人としてインサイダー取引を犯してはならないというだけでなく、善管注意義務の一環として、インサイダー取引の発生を防止する体制を構築すべき義務も負っています。そのような管理体制が構築されていないことで会社に損害が生じた場合は、役員個人がその損害の賠償を求められる可能性があります（責任が否定された例として本書・日本経済新聞社事件参照）。

（澁谷展由）

★業界：信販
◆判断場面：外部への支出

62 清算段階にある関連会社に対する整理支援金の支出につき取締役の責任が否定された事例－日本信販株主代表訴訟事件（東京高裁平成17・9・13資料版商事法務327号76頁）（確定）

1 事案一覧表

原　　告 （控訴人）	日本信販株式会社（以下「A社」という）の個人株主X
被　　告 （被控訴人）	A社の全取締役Yら14名
責任を問われた内容	清算段階にある関連会社に整理支援金を支出したことについての善管注意義務違反
請　求　額 （請求内容）	610億円（整理支援金支出額）
賠　償　額 （判決内容）	請求棄却

2 事案の概略

①　A社は、割賦販売あっせん、金銭貸付等を業とするいわゆる信販会社である。

②　B社は、A社が筆頭株主（実質親会社）として設立された総合リース会社である。

10 金融

信販

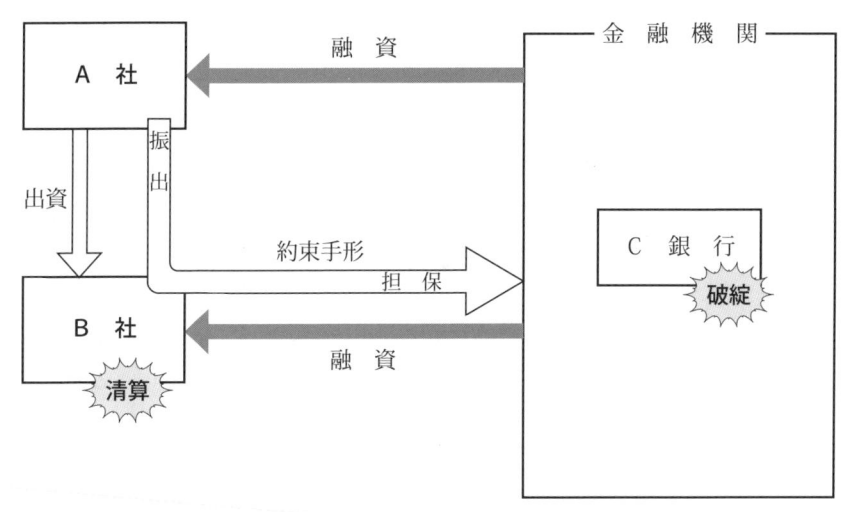

```
     融資
A社 ←──────── 金融機関
 │出資  振出              ┌─────┐
 │       約束手形         │ C銀行│
 ↓       担保   ────→    │ 破綻 │
B社                       └─────┘
清算  ←──────── 
     融資
```

　③　B社は、いわゆるバブル経済期に、リース事業に加え、プロジェクトファイナンス事業や不動産仲介事業の展開を図り、不動産融資を拡大していった。

　④　その後、バブル経済の崩壊により不動産価格が下落し、B社の不動産融資の約半分が不良債権化した。

　⑤　B社は、メインバンク及びA社と協議のうえで再建計画案を策定し、実行していた。

　⑥　ところが、メインバンクのうちの1行であるC銀行が破綻し、C銀行はB社に対し回収圧力を強め、再建計画案の見直しを要請した。

　⑦　当時、A社はB社に対し、提携事業の債務の支払のため、約2750億円の約束手形を振り出し、B社はこの手形を金融機関に対し、担保として交付していた。

　⑧　B社が破綻した場合、上記⑦の手形が一斉に呈示され、A社も黒字倒産するおそれがあった。

　⑨　A社は、B社を清算する方向で、かつ、上記⑦の手形が決済できるよう、金融機関との調整を続けていた。

　⑩　そんな中、B社が特別清算を申し立てる見込みであるという報道が、テレビ、新聞等によってなされた。

⑪　A社は、この報道がB社のみならず、A社の信用状態にも疑念を生じさせかねないと認識し、610億円の整理支援金（以下「本件支援金」という）の支出を決定し、実行した。

⑫　平成15年1月30日、A社の株主Xは、A社の取締役Yらに対し、旧商法267条1項（会社法847条1項）、旧商法266条1項5号（会社法423条1項）に基づき、A社に対する損害の賠償を求める株主代表訴訟を提起した。

－事件の経過－

H3.12　B社が、A社及びB社のメインバンク4行から支援を受ける第1次再建計画を策定。

H5.4　B社の経営悪化が続いたことから、支援を受ける対象を全取引金融機関とする第2次再建計画を策定。

H9.10　B社の経営悪化がさらに続き、支援内容を強化した第3次再建計画を策定。

H10.10　C銀行が経営破綻。

H12.3　C銀行が外資の傘下に。C銀行がB社及びA社に対し、第3次再建計画の見直しを求める。

H12.8　B社が、金融機関から約2400億円の債権放棄を受ける見直し案を策定。しかし、この提示を受けたB社のメインバンクは即座にこれを拒絶。

H12.9　A社は、B社を清算することとし、A社が150億円負担する案を策定。しかしながら、この案も金融機関から拒否される。

H12.9　A社が本件支援金を負担する案を策定。主要金融機関からの了解が得られる。

H12.10.10　A社の経営会議にて本件支援金支出案が了承される。

H12.10.12　B社が特別清算を申し立てる見込みであることが、夜のNHKニュースで報じられる。

H12.10.13　A社は、急遽取締役会を開催。本件支援金を支出することを前提とした業績下方修正と今後5か年の事業計画に関する承認決議を行い、これを発表。

H12.10.20　A社の対応を受け、金融機関が手形決済資金約2750億円の融資

－ 568 －

を実行。A社は、黒字倒産の危機を免れる。

H12.11.27　B社が株主総会において解散を決議し、特別清算の申立を行う。

H13.2.23　債権者集会において、A社が本件支援金を支出することを前提とした協定が成立し、裁判所の認可決定を受ける。

H13.3.29　A社が、本件支援金を支出。

3 裁判所の判断

①　A社は、B社の経営及び再建について事実上責任を持つ実質親会社であると認識される状態にあったということができ、実質親会社としての責任を果たすべきことを期待されているという、取締役らの認識に不合理な点はない。

②　手形決済資金の融資は、A社が、本件支援金支出案を決定した結果、はじめて実現したものであると認められ、A社にとって、本件支援金支出案は、B社の清算に伴いA社に発生が見込まれた流動性リスクを回避し、黒字倒産を免れるという観点から、十分な合理性を有するものといえる。

③　本件支援金の負担がA社の体力を超える（債務超過に至らせる）ものであるということはできない。また、企業にとって、自らの倒産を回避し、その存続維持を図ることは最重要の課題であるところ、A社は、黒字倒産という最悪の事態を回避するため、追加負担を行わない案や150億円負担案を作成し、金融機関と協議したが、その了解を得ることができず、やむなく本件支援金の支出を決定したものであり、その判断が不合理であったということはできない。

④　（事実経過に照らせば）本件支援金の支出に関し、十分な審議・検討を行ったものということができるし、その判断過程に特に不合理・不自然な点は認められない。

⑤　以上によれば、種々の状況を総合的に検討し、支援することにより失われる損失と支援しないことにより失われる損失とを比較検討したものと認められるところ、その前提となった事実の認識（情報の収集とその分析・検

討）に不注意な誤りがあり合理性を欠いたとはいえず、また、その事実認識に基づく判断の推論過程及び内容が明らかに不合理なものであったとはいえない。

⑥　したがって、取締役らの判断が許容された裁量を超えたものということはできず、取締役らに善管注意義務違反があったということはできない。

4 判決の分析・解説

(1)　判決の分析

本判決は、清算段階にある関連会社に対する支援金支出の判断においても、いわゆる経営判断原則が適用されることを認め、取締役らの責任を否定した事案である。

支援を行うか否か、行うとしてその時期や規模等については、種々の状況を総合的に検討し、支援することにより失われる損失と支援しないことにより失われる損失とを比較検討したうえで、総合的な判断を行うことが要求され、それが特に清算段階にある関連会社に対する支援については、再建による損失回避の可能性を考慮することができないため、支援により回避される損失の内容については、より慎重に比較検討をすべきことが要請されているとし、このような判断はいわゆる経営判断であるから、経営判断原則が適用されると本判決は説示している。

そして、本判決は、取締役らの判断内容と、その判断過程という大きく二つの観点で審査し、さらにその判断内容において、具体的な審査項目として、Ａ社とＢ社の関係、支援金支出の必要性と合理性、Ａ社の経営状況と代替案の有無という観点を挙げて審査をしている。

(2)　判決が結論を導くために重視した事情

① 本件支援金支出の判断内容について

イ　Ａ社とＢ社の関係

Ａ社がＢ社の支援案を決定する時点においては、Ｂ社はＡ社の連結決算の対象となる会社ではなかった。これはＡ社がＢ社に対する持株の一部を譲渡していたことによるが、Ｂ社の設立当初から清算する時点まで、Ａ社がＢ社

の筆頭株主であることには変わらず、役員の派遣関係等も含め、一般的に見て実質親会社という関係が損なわれたとはいえず、B社に対する支援を期待されているという取締役らの認識に不合理な点はないとした。

ロ　支援金支出の必要性と合理性

A社が手形決済資金の融資を受けられることになったのは、支援金支出案を決定した結果、はじめて実現したものであると認め、A社にとって支援金支出案は、B社の清算に伴い生じる黒字倒産リスクを免れるという観点から、十分な合理性を有するものとした。

ハ　A社の経営状況と代替案の有無

支援金の一部は既に特別損失に計上済みであったこと、黒字決算を行っていること、減資や法定準備金の取り崩しに至っていないこと等から、支援金負担がA社の体力を超えるものではないとした。また、取締役らは金融機関との間で段階的な交渉をしたうえで、最終的にやむなく610億円の支援金の支出を決定するに至ったものであり、これ以外にA社が黒字倒産を回避する手段があったと認めるに足りる証拠はないとした。

② **本件支援金支出に至る判断過程について**

弁護士の意見を踏まえ、経営会議、取締役会といった意思決定機関で審議していた等の認定事実を時系列に引用することで、十分な審議・検討を行ったものとした。

(3) その他論点について

本判決においては、Xの主張に応じる形で、忠実義務違反の有無が善管注意義務違反と分けて論じられているが、本件支援金支出案は金融機関の利益にも資するものであったとはいえるものの、A社の利益を図るために行われたものというべきであり、忠実義務違反があったとは認め難いとされている。

また、この他にも、株主の権利行使に関する利益の供与、金融機関による優越的地位の濫用等（独占禁止法違反）、出資法違反といった点もXから主張されていたが、いずれの主張も退けられている。

❺ 会社・役員の注意点・対応策

　清算段階にある関連会社への整理支援金の支出に際しては、本判決における判断の枠組みと審査項目を参考に対応策を検討することが有用と考えられる。まず、本判決における審査項目は、Ａ社がＢ社を支援すべき関係にあったといえるかであった。支援すべき関係にあると認められないのに支援したということになれば、不合理な判断をしたということに繋がりうるので注意が必要である。

　次に、支援の必要性と合理性が審査されている。支援することによる損失と支援しないことによる損失を十分に分析・検討し、総合的な判断をすることが必要である。

　そして、Ａ社の経営状況と代替策の有無が審査されている。自社が債務超過に陥る等、自社の経営を危うくするような支援をすれば、不合理な判断をしたということに繋がることになる。また、代替案があるにもかかわらず、高額な支援金支出をしたとなれば、これも不合理な判断であったという認定に繋がりうる。

　最後に、判断過程が審査されている。専門家からの助言を得ながら取締役会等で十分な審議・検討をしたうえで、金融機関との交渉・調整を続けることが必要である。

　なお、本判決では、最終的に610億円支援案を決定するにあたり、弁護士の意見についてセカンドオピニオンも参考にしたうえで判断を行ったことが認定されており、重要事項の判断時には、専門家の意見についても複数収集したうえで、判断することが有用と考えられる。

CHECK LIST

清算段階にある関連会社への整理支援金の支出に関する項目

☐ 清算段階にある会社は、支援すべき関係にある会社といえるか。

☐ 整理支援金を支出することの損失と、支出しないことの損失を十分に比較検討したか。

☐ 取締役会等における審議・検討を尽くしたか。

☐ 弁護士をはじめとする専門家の意見を判断の参考としたか。

☐ 重要な判断の場合には、専門家の意見のセカンドオピニオンを判断の参考としたか。

（木村泰博）

★業界：商品先物取引
◆判断場面：内部管理体制構築、役職員・グループ会社に対する監視・監督、顧客・取引先対応

63 商品先物取引業者における顧客勧誘についての体制整備の任務懈怠につき取締役・監査役の責任が認められた事例－コーワフューチャーズ事件（大阪地判平成23・10・31判例時報2135号121頁）（一部認容、控訴後一部控訴取下げ、一部和解）

1 事案一覧表

原 告	顧客ら（商品先物取引委託契約の委託者ら）
被 告	役員11名（代表取締役、取締役、監査役）、関連会社
責任を問われた内容	顧客勧誘についての体制整備の任務懈怠等
請 求 額（請求内容）	9億904万25円
賠 償 額（判決内容）	・役員7名（代表取締役、取締役、監査役） →8億1219万3263円 ・役員4名（取締役）、関連会社 →請求棄却

2 事案の概略

① 株式会社コーワフューチャーズ（以下「A社」という）は、商品取引所における上場商品等の先物取引及びその受託等を業としていた。

② A社の営業収益は平成6年度には約16億円であったが、平成7年度

10 金融

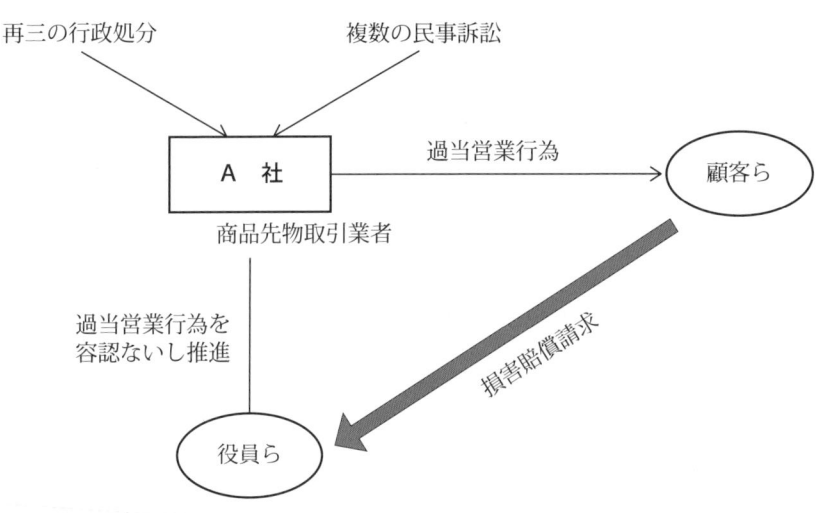

```
再三の行政処分 →   複数の民事訴訟 →
                ↓       ↓
            ┌─────────┐  過当営業行為   ┌─────┐
            │  A 社   │ ─────────→  │顧客ら│
            └─────────┘              └─────┘
          商品先物取引業者                  │
            │                              │
過当営業行為を                          損害賠償請求
容認ないし推進                              │
            ↓                              │
          ┌─────┐  ←──────────────────────┘
          │役員ら│
          └─────┘
```

には約34億円、平成8年度には約51億円、平成9年度には約69億円、平成10年度には約88億円と急激な伸びを見せた。

③　その一方、A社は、過当営業行為（適合性原則違反、不当勧誘、両建取引及び一任売買等の違法な取引の勧誘及び取引行為等）により再三の行政処分を受ける等していた。

④　A社の過当営業行為により損害を被ったとする同社の顧客らは、同社の役員らに対し、過当営業行為が行われることのないよう指導監督する職務上の注意義務を怠ったとして、旧商法266条の3第1項（会社法429条1項）又は民法709条に基づき、損害賠償を求める訴えを提起した。

－事件の経過－

H8.4　農林水産省（以下「農水省」という）による戒告。

H9.2　東京穀物商品取引所等（以下「取引所」という）による指摘。

H9.11　通商産業省（以下「通産省」という）による指摘。

H9～　顧客らによる複数の民事訴訟の提起及び敗訴。

H11.7　日本商品先物取引協会（以下「日商協」という）からの過怠金1000万円の制裁。

H12.3　日商協からの過怠金3000万円の制裁。

H12.9　農水省及び通産省から自己取引及び取引受託業務の停止処分（13～

－575－

15営業日)。
H13.10 農水省から取引受託業務の停止処分(2営業日)。
H17.5 農水省及び経済産業省(以下「経産省」という)から業務改善命令及び取引受託業務の停止処分(44営業日)。
H18.3 農林水産大臣及び経済産業大臣から、純資産額が1億円を上回ることという商品取引所法の許可基準の充足が確認される日まで、自己取引及び取引受託業務の停止処分をする予定である旨の伝達。
H18.4 取引受託業務を廃止し、すべての従業員を解雇のうえ、営業活動のすべてを停止。
H18.10 破産手続開始決定。
H19 顧客ら、訴え提起。

3 裁判所の判断

(1) 事実関係

　A社の営業収益は平成6年度には約16億円であったが、平成7年度には約34億円、平成8年度には約51億円、平成9年度には約69億円、平成10年度には約88億円と急激な伸びを見せた。

　そのような中、A社は、平成8年4月、農水省から、顧客の利益を損なう過当営業行為等の数多くの問題を指摘された。

　また、同社は、平成9年2月、取引所から、上記指摘と同じ問題の指摘を受け、さらに同年11月には、通産省から、管理部門の営業部門に対する牽制機能が不十分であるとの指摘を受けた。

　平成10年から平成12年にかけて営業部門を担当する取締役が交代した後も、A社は、日商協から2度にわたって過怠金の制裁を受け、平成12年9月には、通産省及び農水省から、同様の問題の指摘や、委託者からの苦情が多発しているとの指摘を受けた。

　また、A社は、平成9年以降、顧客らから、従業員等による取引の勧誘又は受託について不法行為等があったとして民事訴訟を提起され、複数の敗訴判決を受けるに至っている。

(2) 取締役（代表取締役を含む。以下同じ）の責任

　平成9年までに主務省等からなされた重大かつ具体的な問題点の指摘と、同社の営業収益の急激な上昇とを照らし合わせると、A社の（平成9年以前からの）取締役は、遅くとも同年末頃までには、同社の営業部門を担当する取締役及び従業員による営業活動の実態を把握し、これらの者が過当営業行為を行うことのないよう指導監督する職務上の注意義務を負っていたというべきである。

　しかるに、同社の取締役は、営業収益の向上にのみ関心を持ち、同社の従業員等による営業活動の問題点について具体的な対処をすることがなかった。

　その結果、A社においては、平成10年以降も、営業活動上の問題点を改善して委託者を保護すべき実効的な措置がとられることはなく、かえって従業員等による過当営業行為が容認ないし推進されていた。

　そうすると、同社の（平成9年以前からの）取締役は、遅くとも平成10年以降、重大な過失によって上記の注意義務を怠り、その任務を懈怠していたものといわざるを得ない。

　また、平成10年以降に営業部門の担当となった取締役についても、委託者の利益より営業収益の向上を重視したA社の方針及び体制を改めることなく、さらなる営業収益の向上のため、自らないし同社の従業員をして、多数の顧客らとの間で、継続して、適合性原則違反、新規受託者保護義務違反、断定的判断の提供、欺罔行為、仕切り拒否、両建勧誘、一任売買、無断売買、無意味な反復売買といった過当営業行為を繰り返していたものであって、このような過当営業行為の推進が、取締役としての悪意の任務懈怠を構成することは明らかである。

4 判決の分析・解説

(1) 判決の分析

① 商品先物取引とは、当事者が将来の一定の時期において（農産物や鉱

工業材料等の）商品及びその対価の授受を約する売買取引であって、当該売買の目的物となっている商品の転売又は買戻しをしたときには差金の授受によって決済することのできる取引をいう（商品先物取引法2条3項1号。なお、本判決中にある商品取引所法は平成23年1月1日より商品先物取引法に改正されている。以下「法」という）。

商品先物取引は、もともと価格変動リスクをヘッジするための取引として利用されたものであるが、商品現物の受け渡しを必要とせず差金決済が可能なため、投資ないし投機の対象としても使われている。

商品先物取引は、一定額の証拠金を差し入れることにより、その数倍から数十倍の金額の商品を売買することができるため、少ない資金で大きな収益を得られる可能性がある反面、損失が発生した場合には、証拠金を上回る多額の損失を被る可能性があり、投機性の高い危険な取引といえる。

そのような危険な性質のため、顧客（特に取引経験の浅い一般人）を保護する必要があるとの観点から、商品先物取引の営業行為に関しては、種々の法的規制等がなされている。

本判決中に挙げられている適合性原則（法215条）、断定的判断の提供等による不当勧誘の禁止（法214条1号等）、両建取引の勧誘禁止（法214条8号）、一任売買の禁止（法214条3号）等も、そのような規制の一部であり、これらは商品先物取引業者が自己の利益を追求するあまり顧客の利益を犠牲にすることがないよう規制するものである。これらの違法な営業行為を本判決は「過当営業行為」と表現している。

② 本件において、A社は、平成7年以降、急激に業績を伸ばしたが、その一方で、平成8年以降、再三の行政処分を受け、また平成9年以降、顧客らから複数の民事訴訟を提起され、敗訴している。本判決は、このような事実関係の中で、同社の取締役について、遅くとも平成9年末頃までには、従業員等の営業活動の実態を把握し、これらの従業員等が過当営業行為を行うことのないよう指導監督する職務上の注意義務があったと判示している。

しかし、同社の取締役は、営業活動上の問題点を改善して委託者を保護すべき実効的な措置をとることなく、かえって従業員等による過当営業行為を

容認ないし推進していたとのことであり、取締役が任務懈怠の責任を問われるのは当然であったといえる。

また、平成10年以降に営業部門の担当となった取締役についても、営業収益の向上を偏重したＡ社の方針及び体制を改めることなく、さらなる営業収益の向上のため過当営業行為を推進していたというのであるから、その任務懈怠は明らかであったといえる。

同社の取締役は、営業部門とは別の管理部門を通じ不法行為を防止する社内体制の構築を講じていたと主張したが、本判決は、取締役が社内体制の構築等の措置を採っていたと認めるに足りる証拠はないと判示し、形式的に管理部門と営業部門が分かれていても、実質的に営業部門に対する牽制機能が働いていないのであれば、取締役は責任を免れないことを示唆した。

(2) 判決が取締役の責任を認定するために重視した事情

本判決は、Ａ社が再三の行政処分や民事訴訟の提起を受けていたにもかかわらず、営業活動上の問題点を改善して委託者を保護すべき実効的な措置をとることなく、かえって従業員等による過当営業行為を容認ないし推進していたことを重視しており、取締役が中心となり行われていた会社ぐるみの悪質な過当営業行為に関し、取締役の責任を厳しく問うたものといえる。

Ａ社が主務省等から重大かつ具体的な問題点の指摘をされたのが平成８年から平成９年にかけてであったが、本判決は、「遅くとも」平成９年末頃までには取締役の任務懈怠があったと判示しており、主務省等から処分を受けた後の不作為は、任務懈怠の決定的な要素と捉えられている。

(3) 当該業界特有の事情についての考慮の有無

商品先物取引業に関しては、平成23年に商品取引所法が商品先物取引法に改正されるまで、店頭商品先物取引業が許可制ではなく、不招請勧誘（契約締結の勧誘の要請をしていない顧客に対し、訪問し、又は電話をかけて、契約締結を勧誘すること）も禁止されていないなど、顧客の利益を保護する規制が十分とはいえず、商品先物取引業者の過当営業行為に起因するトラブルが数多く発生していた。平成23年の法改正以降、商品先物取引に係るトラブルは減少している。

5 会社・役員の注意点・対応策

　平成23年の商品先物取引法の施行により店頭商品先物取引業も許可制となり、農水省及び経産省の監督の下に入った。農水省及び経産省は監督行政の基準として「商品先物取引業者等の監督の基本的な指針」を公表している。

　本指針によれば「各々の商品先物取引業者等は、公益又は顧客の保護の観点からその経営のあるべき姿を適切に見直して、本指針で示された監督上の評価項目をその経営に反映していくことが求められる」とされており、会社・取締役は本指針に沿って社内の法令遵守体制を整備していく必要がある。

　社内の法令遵守体制の整備にあたっては、その実践に係る基本的な方針、具体的な実践計画（コンプライアンス・プログラム）、行動規範（倫理規定、コンプライアンス・マニュアル）等が社内規則として策定され、それらが役職員に対し周知徹底され、十分に理解されたうえ、日常の業務運営において実践されることが必要となる。

　また、コンプライアンスに関する研修・教育体制を確立・充実し、役職員の意識の醸成ないし向上に努める必要もある。

CHECK LIST

経営管理

- ☐ 法令遵守や内部管理体制の確立に関し営業部門と意思疎通を図っているか。
- ☐ 内部監査部門が営業部門に対し独立性を確保できていない等の組織上の問題点がある場合、それらを取締役等に指摘しているか。
- ☐ 内部監査において把握ないし指摘した違法行為等の重要な事項を遅滞なく取締役等に報告しているか。

業務の適切性

- ☐ 法令遵守体制の実践に係る基本的な方針、具体的な実践計画(コンプライアンス・プログラム)、行動規範(倫理規程、コンプライアンス・マニュアル)等を社内規則として策定しているか。
- ☐ 役職員に対し法令遵守体制の方針等の存在及び内容の周知徹底を図っているか。
- ☐ 実践計画や行動規範を、定期的又は必要に応じ随時に、評価及びフォローアップしているか。また、内容の見直しを行っているか。
- ☐ タイムリーな法令遵守関連の情報を、営業部門、法令遵守担当部門、経営陣等に対し発信しているか。
- ☐ 法令遵守に関する研修・教育体制を確立ないし充実し、役職員の法令遵守意識の醸成ないし向上に努めているか。

(関口敏光)

★業界：商品ファンド販売
◆判断場面：投資、役職員・グループ会社に対する監視・監督

64　第二種金融商品取引業者の代表取締役が違法な勧誘行為を行った点につき他の取締役の責任が認められた事例－投資ファンド事件（東京高判平成23・12・7判例タイムズ1380号138頁）（上告棄却）

1 事案一覧表

原　　告	個人投資家Xら
被　　告	会社、代表取締役、取締役（名目的取締役を含む）（Yら）
責任を問われた内容	投資勧誘行為の違法性（詐欺的行為、適合性原則違反、説明義務違反）
請　求　額 （請求内容）	X1：304万3440円（うち弁護士費用27万円） X2：363万1830円（同上33万円） X3：1691万0235円（同上153万円） X4：374万0740円（同上34万円）
賠　償　額 （判決内容）	Y1社： Y2： Y3：　　X1～X4の原告の請求額全額を連帯して賠償 Y6： Y7：X2に対して363万1830円、X3に対して605万5675円、X4に対して374万0740円を、Y1～Y3、Y6と連帯して賠償。 Y4社及びY5についても控訴されたが、両者に対す

－582－

その他参考事項	る控訴は取り下げられたため、一審の請求棄却が確定。 また、Y1社らは本判決の後上告したものの、上告理由が民事訴訟法312条1項又は2項の事由に該当しないとして上告棄却（最決平成24・5・21）。

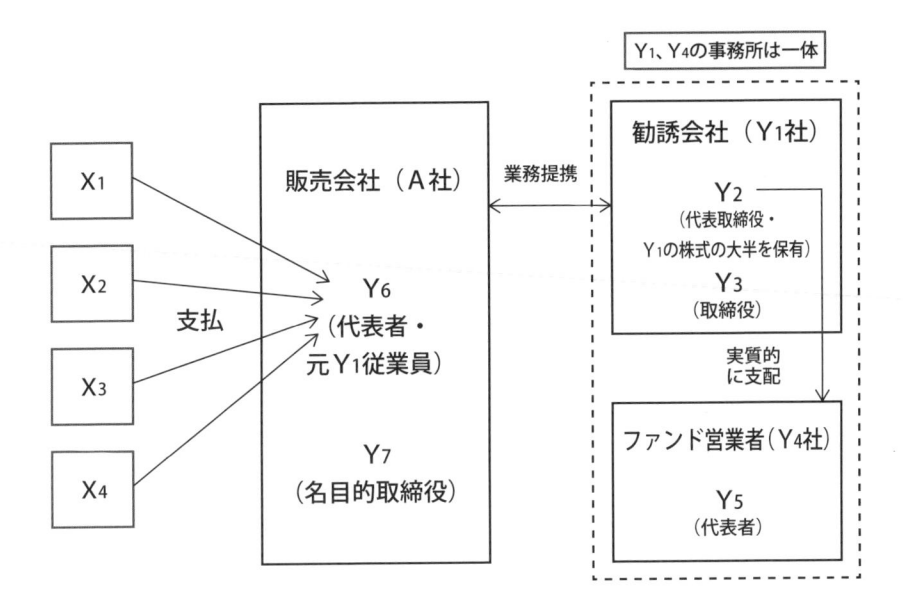

図：

- X1、X2、X3、X4 →（支払）→ 販売会社（A社）　Y6（代表者・元Y1従業員）、Y7（名目的取締役）
- 販売会社（A社）←業務提携→ 勧誘会社（Y1社）　Y2（代表取締役・Y1の株式の大半を保有）、Y3（取締役）
- Y1、Y4の事務所は一体
- 勧誘会社（Y1社）→実質的に支配→ ファンド営業者（Y4社）　Y5（代表者）

2 事案の概略

① ファンド販売会社A社の代表者で、かつY1の従業員であったY6は、Y4を営業者とするファンドにかかる取引について、勧誘行為を行った。

② Xらは、Y6の勧誘に応じて出資金をY6に支払った。

③ Xらは、Y6のみならず、Y1社及びその代表取締役であったY2、取締役であったY3、A社の取締役であったY7、ファンドの営業者たるY4社及びその代表者Y5に対して、損害賠償を求めた（Y6に対しては民法709条、Y1社に対しては民法709条、715条、709条又は会社法350条、Y2及びY3に対しては民法709条、719条又は会社法429条1項、Y7に対しては会社法429条1項、Y4

社及びY5に対しては民法709条、719条に基づく)。

④　一審は、Xらの請求のうち、Y6に対する請求のみ認容し、Y6以外の者への請求を棄却したため、Xらは請求の全部認容を求めて控訴した。

⑤　なお、控訴審中、XらはY4社及びY5に対する控訴を取り下げた。

－事件の経過－

H15.6.28　Y3がY1社の取締役に就任。

H17.7.18　Y4社が設立される（ただし、これ以降Y4社の実務はY2によって実質的に支配）。

H18.5.22　Y2がY1社の代表取締役に就任。Y3とともにY1社の経営にあたる。

H19.9.30　金融商品取引法（以下「金商法」という）施行。Y1社は金商法施行に伴い、Y4社等を営業者とする匿名組合を利用したファンドの販売業務を廃止。同時にY6がY1社を退社。

H19.10　Y6がY4社の契約社員となり、個人の立場でY4社を営業者とするファンドを販売（～平成20年4月）。

H19.10.30　X1はキプロス・オフショア・ファンド（以下「ファンド①」という）への出資金名目で、Y6に対し、277万3440円を支払った。

H19.11.10　Y7はY6の依頼を受けてA社の取締役に就任（～平成20年7月10日）。

H20.3.28　X3は、Y6から「金利のいいところに入れてあげます。」などといわれ、定期預金を解約して987万4560円をY6に支払った。

H20.4頃　A社が第二種金融商品取引業者として登録完了。Y6が代表者として、Y4社を営業者とするファンドの販売業務を開始。

H20.5.1　X3は、Y6から勧誘され、550万5675円をY6に支払った。

H20.5.9　X2は、コンチネンタル・ファンド（以下「ファンド②」という）への出資金名目で、Y6に対し、330万1830円を支払う。

H20.5.23　Y1社は、ファンドの出資金として払い込まれた金員のうち、合計63万5612ドルを解約準備金名目でY4社から送金を受けていた。

H20.6.27　X4は、ファンド②への出資金名目で、Y6に対し、340万0740円

※網掛け部分が、違法な勧誘行為の主な時期。

日付	X ら (原告)	Y₁ (勧誘会社)	A (販売会社)	Y₄ (営業者)	Y₃	Y₂	Y₆	Y₇
H15.6.28		Y₃が取締役に就任。			Y₁の取締役に就任。		H13年から、Y₁に在籍。	
H17.7.18				Y₃を代表者として設立される。(ただし、以降その実務はY₂によって実質的支配。)		Y₂とともにY₁の経営にあたっていた。		
H18.5.22		Y₂が代表取締役に。Y₃、Y₂により経営。					Y₁の代表取締役に就任。	Y₁を退社
H19.9.30		(金融商品取引法施行) 金商法施行に伴い、Y₁はY₄等を営業者とする匿名組合を利用したファンドの販売業務を廃止。						
H19.10		この時期以降においても、本件ファンドについて、Y₄の預金の管理業務を行ったり、出資者に対する日本における連絡先としての業務を行う。					Y₄の契約社員として働く。個人の立場でファンドを販売。(～H20.4まで)	
H19.10.30	X₁がY₆に対し277万3440円を支払。			Y₆が契約社員となる。(H20.4まで)				
H19.11.10								Aの取締役に就任(～H20.7.10)
H20.3.28	X₃は、Y₆から勧誘を受け、支払。(金額は後述)。							
H20.4ころ			第二種金融商品取引業登録完了。					
H20.5.1	X₃は、3月28日と合わせて、計1550万5675円をY₆に支払。			Y₄を営業者とするファンドの販売業務を開始。			Aの代表者の立場でY₄のファンド販売等の業務を行う。	
H20.5.9	X₂はY₆に対し、330万1830円を支払。							
H20.5.23		この日以降、解約準備金の名目でY₄から送金を受けていた。						
H20.6.27	X₄はY₆に対し、340万0740円を支払った。							
H21.5.7								

10　金融

商品ファンド販売

を支払った。

3 裁判所の判断

(1) A社関係

① Y₆について

　Y₆は、直接的な販売者として、Xらに対し、本件各ファンドについて違法な勧誘を行い、Xらから出資金を詐取したものであり、またその行為はY₂、Y₃らと一体となって行われたものである。それゆえ、Xらに対し、不法

行為責任（民法709条・719条）を負う。

② Y7について

　Y7は、名目的取締役とはいえ、A社の取締役である以上、Y6による業務の執行が適正に行われるように監視する職責は免れない。そして、Y6の不法行為に関して、重過失による同義務の懈怠があったものと認めるべきであり、またその懈怠とXらの損害との間に因果関係が認められる。それゆえ、Xらが被った損害について、損害賠償責任（会社法429条1項）を負う。

(2) Y1社関係

① Y2について

　Y2は、Y6・Y3らと一体となって、Xらに対し、本件各ファンドについて違法な勧誘を行い、Xらから出資金を詐取したものである。それゆえ、Xらに対し、不法行為責任（民法709条・719条）を負う。

② Y3について

　Y6、Y2らと一体となって、本件各ファンドについて違法な勧誘を行ったのであるから、Xらに対し、不法行為責任（民法709条・719条）を負う。

③ Y1社について

　Y2による不法行為は、Y1社の代表者としての職務を行うについてなされたものと見ることができる。それゆえ、Y1社はXらに対し、損害賠償責任（会社法350条）を負う。

【表：一審判決との比較】

被控訴人	一審判決の内容	本判決の内容
Y6	本件各ファンドに係る取引が詐欺的取引であったと認めることはできないし、勧誘行為が適合性違反ともいえない。ただし、十分な説明をすることなく取引を勧誘し契約を締結させたものとして、説明	本件各ファンドは本来預かり資産の流れもリスクの具体的内容も明らかでない不適正な金融商品であるにもかかわらず、これを秘し、確実に利益が上がる投資である旨虚偽の事実を述べて勧誘を行い、出資金名下に金員を詐取

-586-

	義務違反あり。Xらに対し、不法行為責任（民法709条）を負う。	したもの。Xらに対し、不法行為責任（民法709条・719条）を負う。
Y7	取締役としての職責を尽くすことは著しく困難であったと認められるから、取締役としての任務懈怠に悪意又は重過失があったものと認めることは不可。	名目的取締役であってもその職責は免れないし、職責を尽くすことが著しく困難であったとは認められない。また、損害との因果関係も肯定。Xらに対し損害賠償責任（会社429条1項）を負う。（詳細は、「4　判決の分析・解説」を参照）
Y2	Y2がY4社を実質的に支配していたという事実はあったとしても、Y4社がY6の勧誘行為に関与していたとは認められないから、Y2自身に不法行為が成立しない。Y1社のY6に対する関与を認めることもできないから、会社法429条1項の責任も負わない。	Y6による本件各ファンドの販売行為は、Y2、Y3、Y6が一体となって、Xらに対し、本件各ファンドについて違法な勧誘を行いXらから出資金を詐取したもの。Xらに対し不法行為責任（民法709・719）を負う。
Y3	Xらは、Y6との共同不法行為を主張するが、本件各ファンドに係る取引が詐欺的なものであると認め難いことから、主張の前提を欠く。Y1のY6に対する関与を認め	

― 587 ―

	ることができないから、会社429条1項の責任も負わない。	
Y₁社	Y₆・Y₁社間に使用者責任（民法715条1項）を負うべき指揮監督関係があったと認めるに足りる証拠はない。Y₆の勧誘行為にY₁社が関与していたと認めるに足りる証拠もない。Y₂に不法行為が成立しないことから、会社法350条の責任も負わない。	Y₂の不法行為は、<u>Y₁社の代表者としての職務を行うについて行われたものとみることができる。</u>Y₁は、<u>Xらに対し損害賠償責任（会社法350条）を負う。</u>

4 判決の分析・解説

(1) Y₁社ないしY₃及びY₆の責任について

① Y₂・Y₃・Y₆の責任について

一審と異なり、本判決でY₆のみならずY₂、Y₃も責任を負うことになったのは、Y₆の勧誘行為が詐欺的な違法行為であったかどうかの認定の違いにある（前掲表参照）。すなわち、本判決はY₆の勧誘行為を説明義務違反とするのではなく、違法な詐欺的行為としたうえで、Y₂・Y₃がY₆の違法な勧誘行為に関与したとして、その三者に共同不法行為責任（民法709条・719条）を負わせたものである。

このように、Y₂・Y₃・Y₆の責任は、民法上の不法行為責任であって取締役であったことによる責任を問われたものでないことから、本書ではこれ以上の解説を割愛させていただく（詐欺的行為と認定した根拠の詳細は、判例タイムズ1380号138頁を参照のこと）。

② Y1社の責任について

Y1社は平成19年10月以降においても、本件各ファンドについてY4の預金管理業務を行っていたことや出資者に対する日本の連絡先としての業務を行っていた等の事実から、Y1社の代表者であったY2の違法行為がY1社の代表者としての職務を行うにつき行われたものと認定されている。

そのため、Y1社も一審と異なり本判決で責任（会社法350条）を負うことになった。

(2) 名目的取締役であったY7の責任（会社法429条1項）について

① Y7の主張

Y7は、名目上はA社の取締役であったが、実態は単なる事務員で、A社の経営はY6がすべて行っていたためA社の経営に一切関与しておらず、代表取締役に対する監視義務はない。仮に監視義務が認められたとしても、任務懈怠に悪意又は重過失もしくは損害との因果関係がないと主張した。

② 取締役の監視義務について

イ　取締役会設置会社のみならず、取締役会非設置会社においても取締役は代表取締役の業務執行一般について監視義務を負っていることに変わりはない（江頭憲治郎『株式会社法〔第4版〕』377頁）。

また、名目的取締役だからといってこの義務を免れるわけでもない（最判昭和48・5・22民集27巻5号655頁など）。

ロ　本件では、A社が取締役会設置会社かどうかにかかわらず、Y7は取締役である以上、監視義務を負うことになる。

③ 取締役として職責を尽くすことが困難であったかどうかについて

イ　会社法429条1項の責任が成立するためには、取締役がその職責を怠ったことにつき悪意又は重過失あることを必要とするが、本裁判ではY7が取締役の職責を尽くすことが困難であったかどうかを重過失の判断基準にしていると思われる。

ロ　この点、一審では、A社の従業員はY7のみであったこと、Y6が1人でファンドの営業活動を行っていたこと、そしてA社において取締役会が開催されていなかったこと（この点、Y6は開催していたかのような供述をしてい

るが、裏付ける議事録等はなかった）の事情から、Y7は取締役としての職責を尽くすことが著しく困難であったとした。

一方、本判決では、Y7は証券会社での営業経験があって第一種証券外務員の資格も有していたことから、投資勧誘業務の執行の適正さについて判断する能力を備えていたこと、さらには、取締役はY6、Y7の2人のみで、形式的なものであったがその両者で取締役会を開催してきたこと（一審と異なり、Y6の供述から認定）を指摘して、Y7が取締役としての職責を尽くすことが困難な事情として十分なものがあったと認めることができないとした。

その結果、Y7に重過失による監視義務の懈怠があったと認めている。

④ 取締役の任務懈怠と損害との因果関係について

本件では、Y7の監視義務が尽くされていれば、Y6の不法行為によるXらの損害を防止することができたというべき、として因果関係を肯定している。

5 会社・役員の注意点・対応策

(1) 取締役である以上、責任を問われることがあることへの認識

まず、名目的取締役であっても、代表取締役の監視義務を負うことを認識すべきである。

この点、金融商品取引業の登録にあたって、金融商品取引業を適確に遂行するに足りる人的体制の不備が登録拒否要件になっている（金融商品取引法29条の4第1項1号ニ）ことから、名目的に取締役に名を連ねることを要請されて就任する取締役もいるかもしれない。しかしながら、この裁判例からいえるのは、たとえ名目的であれ取締役には監視義務があり、代表取締役の不法行為について責任を問われることがあるということである。

そして、第二種金融商品取引業を営む会社が具体的にどのような事業を行っているのか、それに伴うリスクを含めて把握していないのであれば、名目的かどうかにかかわらず、取締役への就任を回避すべきである。さもないと、与り知らぬところで行われた代表取締役の違法行為について責任を負わされるリスクがあるからである。

なお、第二種金融商品取引業の登録申請をするにあたり取締役が最低限2人必要とは法令上どこにも書かれていない。業務内容にも左右されるだろうが、第二種金融商品取引業の登録は個人でも可能であることからすれば、2人以上の取締役が不可欠というわけではないと思われる。それゆえ、名目的な取締役に就任することに要請された場合は、慎重に検討いただきたいと思う。

(2) 第二種金融商品取引業者の取締役として注意すべき点

① 第二種金融商品取引業について

コンプライアンス担当の取締役に就任した場合は、自己の業務として、そうでない場合はコンプライアンス担当者と連携して、代表取締役の職務執行につき法令遵守等がなされているかどうかをチェックするべある。

② 会社が第二種金融商品取引業以外の業務を兼業している場合について

この事案から外れるが、金融商品取引業として第二種金融商品取引業のみ行う者は、他の業務を兼業することを許されており、その兼業する業務に関する法律の適用を排除するものと解してはならないとされている（金融商品取引法35条の2第1項・2項）。

そのため、他の業務を兼業している第二種金融商品取引業者の取締役は、その兼業する業務に関する代表取締役の業務執行についても法令遵守等を監視する必要がある。

CHECK LIST

☐ 員数合わせ等の理由から、取締役（名目的取締役）に就任していないか。

☐ 「名目的取締役」であっても、取締役として監視義務があり、責任を負うことがあることを認識しているか。

☐ 第二種金融商品取引業としての自社の業務内容を把握し、いかなる場合に会社及び取締役が責任を負うかを、その違法行為類型（適合性原則違反、説明義務違反、不当勧誘など）に応じて理解しているか。

☐ 取締役である以上、会社の日々の業務執行の状況について把握及び監視し、会社の業務執行が違法又は不当となる危険性があるときにはこれを是正する措置をとっているか。

☐ 第二種金融商品取引業以外の業務を兼業している場合、その業務に関してもいかなる法令を遵守しなければならないかを理解し、代表取締役の業務執行を監視しているか。

（吉田幸司）

11

マスメディア

★業界：新聞
◆判断場面：組織変更関係、外部への支出

65 非上場会社の株式取得の対価の算定につき取締役の責任が否定された事例－朝日新聞社株主代表訴訟事件（大阪高判平成12・9・28資料版商事法務199号328頁）（上告棄却・上告不受理）

1 事案一覧表

原　　　告	株主2名（Xら）
被　　　告	代表取締役、取締役17名（Yら）
責任を問われた内容	株式会社朝日新聞社（以下「A社」という）が非上場会社の株式を取得したことに関して、取得の対価が不相当に高額であったとして、取締役としての善管注意義務違反が問われた。
請　求　額 （請求内容）	190億1097万768円
賠　償　額 （判決内容）	請求棄却

2 事案の概略

① A社は、自社の名義及び関係者の名義により、非上場会社である全国朝日放送株式会社（以下「B社」という）の株式を合計8195株（持株比率約34％）保有していた。また、株式会社旺文社（以下「C社」という）は、B社の株式を実質的に合計5136株（持株比率約21％）保有していた。

11 マスメディア

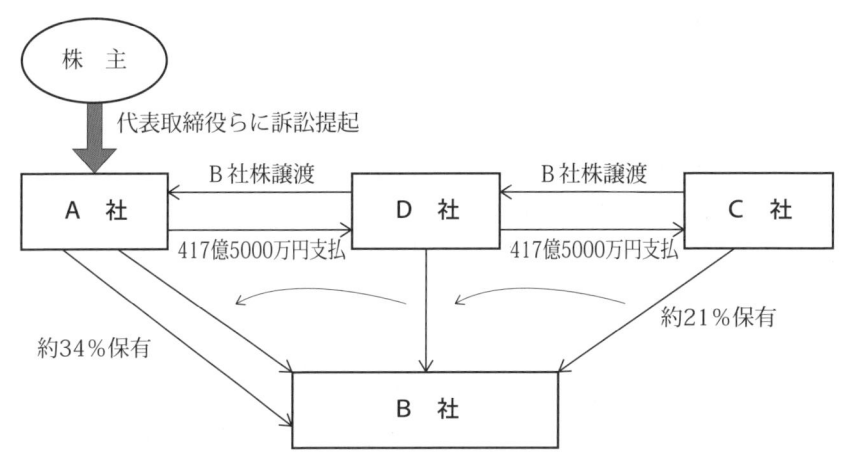

```
        株　主
          │
          │代表取締役らに訴訟提起
          ▼
    ┌─────┐ B社株譲渡 ┌─────┐ B社株譲渡 ┌─────┐
    │ A 社 │◀──────│ D 社 │◀──────│ C 社 │
    └─────┘──────▶└─────┘──────▶└─────┘
           417億5000万円支払      417億5000万円支払
       約34％保有    │         約21％保有
             ▼    ▼    ▼
              ┌─────┐
              │ B 社 │
              └─────┘
```

②　A社は、平成8年1月、「メディア複合体への飛躍」という長期的経営計画を掲げ、電子電波メディアの育成に努めることを表明した。

③　ソフトバンク株式会社（以下「D社」という）は、平成8年6月、世界的なメディア王のM氏と組み、C社が実質上保有しているB社の全株式（以下「本件株式」という）を、417億5000万円で実質的に取得する旨を発表し、同年12月までに取得手続を終えた（以下「本件株式取得」という）。

④　A社は、本件株式取得を敵対的な買収に当たるものと受け止め、D社との間でB社の経営や株式保有のあり方について株主間協定の交渉を始めたが、こう着状態になっていた。このような中、D社らがC社から買い取った価格であれば、D社らが本件株式を譲渡する可能性があるという情報がA社に入った。

⑤　A社は、平成9年3月3日、臨時取締役会を開き、D社らから、本件株式を417億5000万円（1株当たり812万8894円）で買い取るとの議案を承認可決した。また、同月27日、定例取締役会を開き、本件株式取得の対価の弁済方法等について承認可決した。

⑥　A社の代表取締役社長Yは、同月31日及び同年4月1日の2回にわたり合計417億5000万円を支払い、本件株式の実質的な買収を終えた。

⑦　A社の株主であるXらは、A社に対して、取締役Yらの責任を追及する訴えの提起を請求したが、A社が訴えを提起しないので、旧商法267条

（会社法847条）・旧商法266条（会社法423条）に基づき、A社のために株主代表訴訟を提起した。

⑧　Xらは、以下の点を主張した。

イ　本件株式取得の法令違反

A社は本件株式の取得によりB社の持株比率が55％余りになり、持株比率が50％を超える部分については、電波法7条に抵触する過剰取得であって法令に違反する。

ロ　善管注意義務及び忠実義務違反

本件株式の取得価格は適正価格を1株について370万円余り超過し、A社に総額190億円余りの損害が生じ、Yらは取締役としての善管注意義務又は忠実義務に違反した。また、A社の本件株式取得についての取締役会における審議は、平成9年3月3日の臨時取締役会及び同月27日の定例取締役会の2回に過ぎず、審議は不十分であった。

―事件の経過―

H8.12　D社がマードック氏と組み、C社が実質上保有しているB社の全株式（本件株式）の取得を完了。

H9.3.3　A社は臨時取締役会を開き、D社らから、本件株式を買い取るとの議案を承認可決。

H9.3.27　A社は定例取締役会を開き、本件株式の取得対価の弁済方法等について承認可決。

H9.4.1　A社がD社らに対して本件株式の対価の支払を完了。

3 裁判所の判断

(1) 本件株式取得の法令違反について

電波法7条に基づく放送局の開設基準は、免許又は再免許の申請の時点で満たすべき要件を掲げたものである。つまり、免許の有効期間中存続維持することを要するものではない。

また、A社は、郵政省の放送行政の担当者とも相談したうえ、一時的に開設基準を充足しなくなったとしても、本件株式の取得後、遅滞なく超過分を

譲渡し、B社の実質的な持分比率を50％以内とした。

以上から、本件株式の取得が電波法に違反するものではない。

(2) **善管注意義務及び忠実義務違反について**

① 取締役の過去の経営上の措置について、その取締役の判断の前提となった事実の認識に重要かつ不注意な誤りがなく、また、その意思決定の過程、内容が企業経営者として特に不合理、不適切なものといえない限り、その措置に係る経営判断は、裁量の範囲を逸脱するものでなく、取締役としての善管注意義務又は忠実義務に違背するものではない。

② 証券取引所へ上場されず店頭登録もされていないいわゆる非上場株式については、様々な評価の方法が考案されており、方法により評価額が異なるのであり、評価額には相当程度の幅が生じることは免れない。本件株式取得においても、価額の評価自体が、まさに長期的な視野に立って諸事情を総合考慮して行うべき場面であり、専門的かつ総合的な経営判断が要求されるものというべきであって、取締役らに委ねられる裁量の範囲も広い。

本件株式取得により、本件株式5136株を、417億5000万円で買い取ったYら取締役の経営上の判断については、価格の点において、取締役としての裁量の範囲を超えたものとは認められない。

③ 本件株式取得は、2回の取締役会で最終的に会社としての業務執行が決定されている。その前後の審議の経過を見ると、A社は、プロジェクトチームを組織して慎重に情報を収集し、2回の専務会で基本方針を決定し、交渉を重ねて基本合意に至り、臨時取締役会における審議と承認を得たうえ、定例取締役会における審議と承認を得るなど、慎重に手続を進めた。Yらが取締役会において本件株式取得を承認するにあたっては、十分な調査及び検討を踏まえ、必要な審議を行っているということができ、その意思決定の過程が特に不合理、不適切であるとはいえない。

4 判決の分析・解説

(1) 判決の分析

本判決のうち経営判断について判示した部分は、それまでの裁判例を踏襲

した内容であるといえる。非上場株式の買取価格が様々な評価方法に基づく鑑定価額を相当上回るものであっても取締役の善管注意義務に違反しないという判示部分は、注目に値する。なお、最高裁平成22年7月15日判決（アパマンショップ株主代表訴訟事件）は、非上場会社の株式取得行為について取締役の善管注意義務違反が問われた株主代表訴訟において、最高裁としてはじめて経営判断の原則についての判断基準を示した。

(2) 判決が取締役の責任を認定するために重視した事情

本件株式の買取価格の点については、D社らはC社から実質的に買い取った際の価格と同額以上の価格でなければ本件株式をA社に譲渡しないとの強い意向を表明し、これに固執していたものであり、そのためA社としては、D社らの要求する条件で本件株式をすべて買い取るか、またはすべて買い取らないかのいずれかを選択せざるを得なかったという事情があった。これはまさに会社経営者による高度な経営判断が求められるものであり、本判決ではこのような事情が重視されたのではないかと考えられる。

また、Yらが自己の取締役としての地位を確保するために多数派工作をする目的で本件株式取得を行ったなどというようなものではなく、もっぱら、A社の長期的な経営計画を実現する目的であったと認められることも当然に考慮に入れているものと考えられる。

(3) 当該業界特有の事情についての考慮の有無

本件では、A社によるB社の保有株式数が、一時的に50％を超えたことが、電波法の定めるマスメディア集中排除原則に違反するのではないかが問題となった。この点について本判決は、一時的とはいえ50％を超えることは電波法上問題とはなるが、売主が全部の買取りでないと応じない事情があったことや、郵政省の担当者とも相談して遅滞なく超過分を安定株主に譲渡して50％以内とすることとされていたこと等を考慮すると、違法行為であるとまではいえないとした。

5 会社・役員の注意点・対応策

本判決は、非上場会社の株式の取得価格が、鑑定価額を相当上回るもので

あっても取締役の善管注意義務に違反しないとしたものではあるが、当該株式を取得する必要性を考慮に入れたうえでの専門的かつ総合的な経営判断の結果であることに注意を要する。

また、意思決定をする過程においても、本件のように、プロジェクトチームを組織して、慎重に情報を収集し、担当役員とともにその分析を行う等の方法により、慎重に手続を進めることも必要である。

CHECK LIST

前提事実の収集、調査に関する項目

●株式の取得

☐ 株式取得の前提として必要となる情報を収集し、事実関係を正確に調査したか。

☐ 株式を取得する必要性について、長期的な視点に立ったうえで、専門的な見地から正確な判断をしたか。

☐ 株式の経済的な評価について、専門的な見地から正確な判断をしたか。

☐ 上記情報収集及び調査並びに株式取得の必要性及び経済的評価の判断において、必要に応じて、弁護士、公認会計士等の専門家の意見を徴取したか。

意思決定の過程に関する項目

●手続

☐ 意思決定のプロセスとして、プロジェクトチームを組織したり、複数の取締役会等の会議を開いたりするなど、慎重な審議を尽くしたか。

（加藤彰仁）

★業界：新聞
◆判断場面：内部管理体制構築

66 取締役のインサイダー取引防止体制構築義務違反が否定された事例−日本経済新聞社株主代表訴訟事件（東京地判平成21・10・22判例タイムズ1318号199頁）（確定）

1 事案一覧表

原　　告	X1・X2：日本経済新聞社（以下「A社」という）の株主（2名）
被　　告	Y1〜Y9：平成14年3月〜平成18年2月の間、A社の代表取締役、社長室担当取締役又は広告担当取締役であった者（9名）
責任を問われた内容	Y1〜Y9：従業員によるインサイダー取引を防止することを怠った任務懈怠（善管注意義務違反）
請　求　額（請求内容）	Y1〜Y9：A社に対する損害賠償金10億円及び遅延損害金の支払（連帯による支払）
賠　償　額（判決内容）	請求棄却
その他参考事項	・A社は被告らに補助参加した。 ・平成18年7月25日に、A社の従業員aは、証券取引法違反（インサイダー取引）の罪により、懲役2年6月、執行猶予4年、罰金600万円、追徴金1億1674万3900円の有罪判決を受けた（確定）。

11 マスメディア

新聞

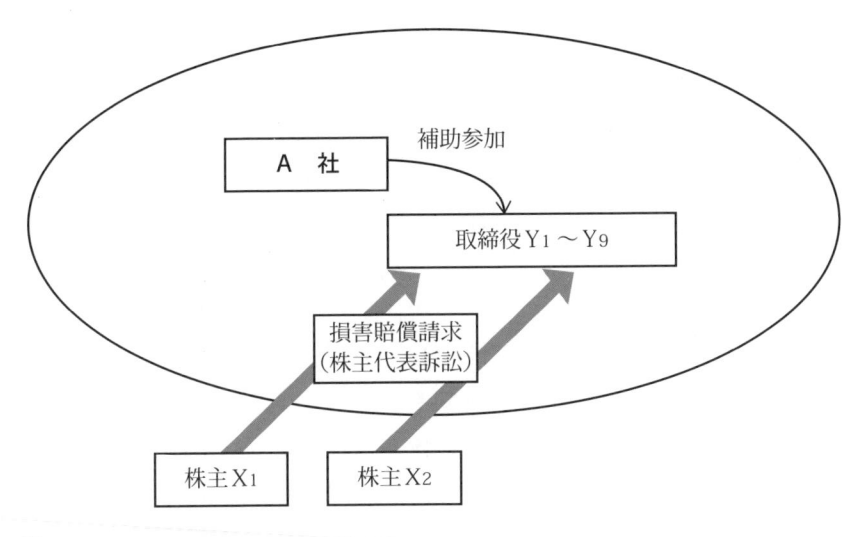

```
        A 社    補助参加
           ↓
       取締役Y₁～Y₉
         ↑    ↑
      損害賠償請求
     （株主代表訴訟）
       ↑        ↑
    株主X₁    株主X₂
```

2 事案の概略

① 日刊新聞を発行するA社の従業員a（広告局の営業各部である金融広告部に勤務）が、平成17年8月頃から平成18年1月までの間、A社が管理する広告に関する総合システム（以下「アドバンス」という）内の広告主の法定広告に関する情報を利用して、インサイダー取引を行っていたことから、平成18年7月15日に逮捕された。

② A社の株主であるX₁及びX₂は、平成14年3月～平成18年2月までの間、A社の取締役であったY₁～Y₉を被告として、Y₁らはaによるインサイダー取引の防止を怠った任務懈怠があり、これにより、A社の社会的信用が失墜し、そのコーポレートブランド価値1507億2900万円のうち少なくとも1％は毀損されたから、その損害は10億円を下回ることはないと主張し、Y₁らに対してA社に対する損害賠償金10億円の支払を会社法の施行に伴う関係法律の整備等に関する法律78条及び同法による旧商法266条1項5号並びに会社法847条3項（会社法附則2項）に基づいて求めた。

3 裁判所の判断

① 従業員による不正行為を防止すべき取締役の善管注意義務

株式会社の取締役は、会社の事業の規模や特性に応じて、従業員による不正行為などを含めて、リスクの状況を正確に把握し、適切にリスクを管理する体制を構築し、また、その職責や必要の限度において、個別リスクの発生を防止するために指導監督すべき善管注意義務を負うものと解される。

② 本件における被告ら取締役の善管注意義務

A社は、経済情報を中心としてB新聞など5紙を発行するわが国有数の報道機関であり、その報道機関としての性質上、多種多様な情報を大量に取り扱っており、その従業員は、報道部門や広告部門なども含めて、業務遂行上、秘密性のある情報や未公表情報などのインサイダー情報に接する機会が多いといえる。したがって、A社の取締役としては、それらの事情を踏まえ、一般的に予見できる従業員によるインサイダー取引を防止しうる程度の管理体制を構築し、また、その職責や必要の限度において、従業員によるインサイダー取引を防止するために指導監督すべき善管注意義務を負う。

③ 本件インサイダー取引を防止するための具体的指導監督義務

従業員によるインサイダー取引の一般的な予見可能性を超えて、本件インサイダー取引のような従業員による不正行為を予見してこれを防止するために具体的に何らかの指導監督をすべき職責や必要があったと認めることはできない。

Y₁らにaによる本件インサイダー取引を防止することを怠った任務懈怠（善管注意義務違反）があるとは認められない。

④ 従業員による不正行為を防止すべき取締役の善管注意義務

株式会社の取締役は、会社の事業の規模や特性に応じて、従業員による不正行為などを含めて、リスクの状況を正確に把握し、適切にリスクを管理する体制を構築し、また、その職責や必要の限度において、個別リスクの発生を防止するために指導監督すべき善管注意義務を負うものと解される。

4 判決の分析・解説

　本判決は、「3　裁判所の判断①及び②」のとおり、従来の裁判例等の考えを踏まえ、A社の取締役であった被告らに従業員による不正行為防止の善管注意義務があることを認めている。なお、本判決は、日刊新聞を発行するA社の企業特殊性及びその従業員が多種多様かつ大量の情報に日々接する機会があること等を十分考慮した判決といえる。

　また、本判決は、企業としてどのような情報管理体制を構築しておくべきかについて、「当該会社の事業内容、情報の性質・内容・秘匿性、業務の在り方、人的・物的態勢など諸般の事情を考慮して、その合理的な裁量に委ねられている。」との考えを示しており、企業の比較的広い裁量を認めている。

　なお、本判決は、A社のインサイダー取引防止に関する管理体制（次項で述べる）について、Y₁らは「本件インサイダー取引当時、一般的に見て合理的な管理体制をとっていた」と判断している。昨今のインサイダー取引摘発事件の増加、社会的関心の高まり等を考慮すると、現時点では、より厳格な管理体制が求められる可能性がある。

5 会社・役員の注意点・対応策

　本判決は、A社の情報管理体制及びインサイダー取引防止に関する管理体制につき詳細な事実認定を以下のように行っており、企業が管理体制を構築する際の参考になると考える。

(1)　情報管理体制

　①　アドバンスは、独立したクローズドシステムとして構築されたもので、専用端末はすべて広告局の各部署に設置。

　②　業務上の必要性を考慮したうえで、広告局員個人又は同局の部署ごとのID等を付与。

　③　平成17年1月、社内規定である情報管理規定を制定。

　④　上記規定に基づき、アドバンス内の広告申込情報を「社外秘」（外部への情報漏えいは遮断されるべきであるが、局内においては業務のために共有され

る情報）と分類して管理。
　⑤　ＩＤ等の定期的な変更は行われていなかった。
　⑥　アドバンスへのアクセス履歴の記録はとられていなかった。
　なお、②、⑤及び⑥につき、本判決は、必ずしもＩＤ等の個人付与、定期的な変更、アクセス履歴の記録といった管理体制をとらなければ、直ちに取締役の善管注意義務違反になることはないとの考えを示しているが、現時点においても通用するかは、疑問である。

(2) インサイダー取引防止に関する管理体制

　①　平成元年10月、就業規則の附属規定として全社の「インサイダー取引規制に関する規定」を制定。その内容は、従業員は、言論・報道機関に勤務している者として高い倫理観に基づいてインサイダー取引規制法規を遵守しなければならないとし、職務上知った重要な外部情報を第三者に漏らしたり、その情報が一般に公表されないうちにその情報に関連した株券等法令で定めるものを売買してはならないとするものである。

　②　平成元年9月、就業規則において、上記規定を遵守しなければならないとし、これに違反した場合は懲戒処分の対象となるとし、その旨を社内報に解説文とともに掲載した。

　③　従業員に対し、法令遵守に関する社内研修を実施し周知を図った。

　④　広告局において、平成元年12月、上記規定の内規「広告局インサイダー取引規制関連規約」を制定。

　⑤　Ａ社の取引先である広告代理店Ｄの営業局長が、業務上知った上場企業の重要情報を利用したインサイダー取引が発覚。Ａ社の広告担当取締役Ｙ₉は、不可避的にインサイダー情報に接するＡ社の広告局員に対して法令遵守のための注意喚起、教育等を徹底。具体的には、上記内規を改定し、部員に伝達し、イントラネットへの掲示、小冊子の配布を行った。

　⑥　弁護士を講師として「インサイダー取引と企業のコンプライアンス」と題する研修を行った。

CHECK LIST

一般的なインサイダー取引防止措置

- ☐ インサイダー取引防止に関する内部規定があるか。
- ☐ 従業員に対して、インサイダー取引防止の注意喚起を行っているか（冊子の配布、法令遵守の研修等）。

業務上不可避的に重要情報を扱う従業員向け防止措置

- ☐ 重要情報にアクセスできる従業員を限定しているか。
- ☐ アクセス履歴を記録しているか、記録を定期的に検証しているか。
- ☐ ＩＤ及びパスワード管理は適切になされているか、定期的にパスワードを変更するようになっているか。
- ☐ 株取引の際、事前に届け出を提出させているか。
- ☐ 法令遵守（特にインサイダー取引防止）の誓約書を提出させているか。
- ☐ 弁護士等専門家による具体的内容に踏み込んだ研修等を実施しているか。

（芳賀巳佳）

★業界：出版
◆判断場面：内部管理体制構築

67 他人の名誉を毀損する週刊誌を発行したことにつき取締役の責任が否定された事例－新潮社事件
（東京高判平成23・7・28）（上告棄却）

❶ 事案一覧表

原　　　告 （被控訴人）	X1：元横綱 X2：X1の妻
被　　　告 （控訴人）	Y1社：株式会社新潮社 Y2：週刊新潮の編集長 Y3：Y1代表取締役社長
責任を問われた内容	週刊誌記事による名誉棄損及び名誉毀損等を防止する社内体制構築義務の懈怠責任
請　求　額 （請求内容）	X1：3000万円（連帯による支払） X2：750万円（連帯による支払） 週刊新潮における謝罪広告（1回）の掲載
賠　償　額 （判決内容）	X1：250万円（Y1社とY2の連帯による支払） X2：75万円（Y1社とY2の連帯による支払）
	1　本判決後、X1らは上告したが、最高裁は、平成25年7月10日に上告棄却をしたため、本判決が確定した。 2　原審（東京地判平成21・2・4判例タイムズ1299号261頁）の内容と変更点

－606－

その他参考事項	原審ではY1社〜Y3に対し、X1に300万円、X2に75万円の支払の認容判決が出ていたところ、本判決においては、Y3の責任が否定されるとともにX1への支払額が減額された。 3　その他の事情 Y1社は、本判決以前に、Y1社が発行する「フォーカス」の和歌山カレー事件の記事等に関する損害賠償請求訴訟（大阪地判平成14・2・19判例タイムズ1109号170頁、大阪高判平成14・11・21民集59巻9号2488頁。以下「フォーカス事件」という）において、週刊誌による違法行為の続発を防止することができる社内体制の構築・整備がなされていなかったとの認定がされていた（なお、当該訴訟自体は最高裁において、損害の点で破棄差戻しの判決を受けている）。

2 事案の概略

① X1は元横綱で相撲部屋を運営する者であり、X2はその妻である。

② Y1社が発行する週刊誌において、X1が父親と不仲であること、X1が不動産の権利書等を無断で持ち出したこと、X2がX1とその父親の不仲の元凶であること、X1が現役時代に片八百長をしたこと等のX1及びX2の社会的評価を低下させる記事が掲載された。

③ X1及びX2は、当該記事がX1らの名誉を毀損するものであり、その掲載によって損害を被ったと主張し、週刊誌の編集長Y2には民法709条、発行元の出版社Y1社には民法715条、代表取締役社長Y3には旧商法266条の3（会社法429条、以下、会社法の条文を記す。また、Y2との関係においては民法719条）に基づき、それぞれ損害賠償請求の訴えを提起した。

④ 一審では、Y1社・Y2・Y3に対する請求が一部認容され、Y1社〜Y3はいずれも控訴した。

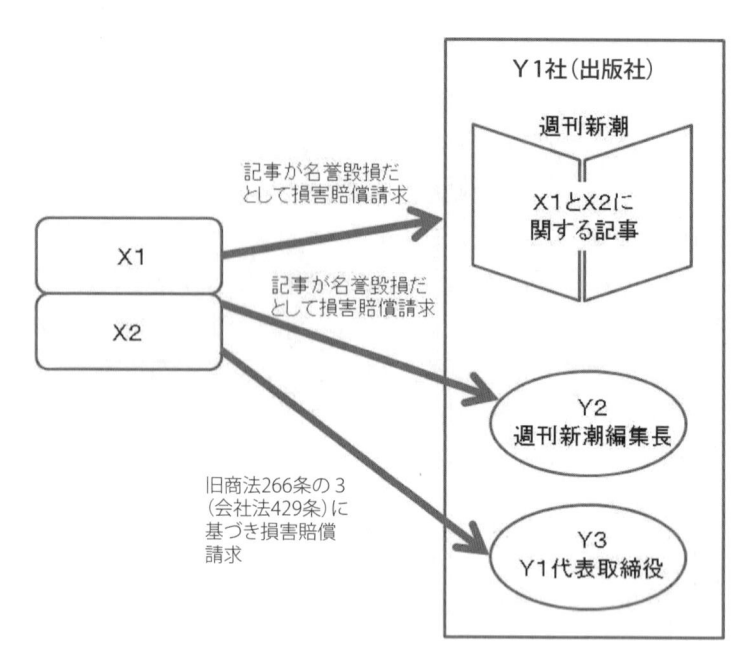

```
                                    Y1社(出版社)
                                    週刊新潮
                記事が名誉毀損だ
                として損害賠償請求   X1とX2に
                                    関する記事
    X1
                記事が名誉毀損だ
                として損害賠償請求
    X2
                                      Y2
                                   週刊新潮編集長
            旧商法266条の3
            (会社法429条)に
            基づき損害賠償
            請求                      Y3
                                   Y1代表取締役
```

―事件の経過―

H17.2〜H17.7　Y1社は週刊誌にX1及びX2に関する記事を数回にわたって掲載。

3 裁判所の判断

①　出版社の代表取締役は、<u>業務を執行するに際し、出版、報道によって、第三者の権利を侵害しないよう注意し、侵害を防止しうる仕組み、社内体制（内部統制システム）を整備、構築する義務を負う</u>。

②　ただし、内部統制システムの内容は、会社の業種や規模等に応じて様々でありうる。

③　Y3は、Y1社が発行する週刊誌に掲載する記事によって、他人の名誉が毀損されるなどの違法行為が生じないように、Y1社における一応の社内体制（内部統制システム）を整えるなどの対応をしていた。

④　本事案における各記事が掲載された当時においては、違法行為防止のためにY1社が構築、整備していた社内体制（内部統制システム）は、不十分

ながらもその役割を果たしていた。

⑤　したがって、社内体制（内部統制システム）の構築、整備についての不備（義務懈怠）が存するとしても、Y3に、義務懈怠についての悪意があったとは認められないのみならず、重大な過失があったとまでは認めるに足りない。

⑥　よって、Y3に対する会社法429条の取締役の責任に基づく請求を認めることはできない。

4 判決の分析・解説

　本判決は、取材・報道行為に関する内部統制システム構築義務を出版社の代表取締役について認めたうえで、本事案においては、その任務懈怠責任を否定したものである。

　具体的には、出版社の内部統制システムについて、「出版、報道といった企業活動は、性質上、他者の名誉を棄損する危険性を常に伴うから、<u>出版、報道を主要な業務とする株式会社の代表取締役は、業務を執行するに際し、出版、報道によって、第三者の権利を侵害しないよう注意し、第三者の権利を侵害する結果を防止しうる仕組み、社内体制を整備、構築する義務を負う</u>」が、その「<u>内部統制システムの内容そのものは、各会社の業種や規模等に応じて様々であり得、どのような内容のリスク管理体制を整備するかは経営判断の問題でもある</u>」とし、そのうえで、本判決は、「社内体制の構築、整備についての不備（義務懈怠）が存するとしても」（傍点筆者）、Y3に任務懈怠についての悪意又は重大な過失が認められないと判示している。

　それでは、《不備（義務懈怠）が存するとしても、義務懈怠についての悪意又は重大な過失が認められない》と判断された、当時のY1社の社内体制（内部統制システム）がどのようなものだったのだろうか。以下に詳しく見てみたい。

　まず前提として、Y1社は、出版物の編集から販売までの全過程を扱っており、業務の各分野に関して代表取締役であるY3がすべてを把握し管理することは困難であるため、業務の効率性を維持するために、事業ごと及び出

版物の種類ごとに担当取締役制をとっていた。

　そして、本事案よりも前、Y1社は、フォーカス事件の一審・二審において敗訴判決を受け、写真週刊誌による違法行為の続発を防止することができる社内体制が構築・整備されていなかったことが認定されていた。Y3は、これを受けて、本件週刊誌の担当取締役として編集現場のベテランであるa取締役を配し、a取締役を中心に、以下の社内体制を構築・整備していた。

1．a取締役による毎号のゲラのチェック及び問題点の指摘
2．編集部員に対する違法行為防止のための教育
　　a取締役は2年に1度の割合で編集部員全員参加の勉強会を実施。
3．法律専門家への相談体制
　　弁護士の意見を聞く機会を確保するため、社員住所録に顧問弁護士の事務所を記載。
4．記事に対する抗議等への対応
　　掲載記事についての編集部に対する重要な抗議等について、編集長Y2からa取締役に報告が上がる体制を整備。また、a取締役は、掲載記事に関する名誉棄損等の訴訟の結果につき適宜Y3に報告。

　本判決は、上記の社内体制（内部統制システム）に基づく判断である。もっとも、その結論を導くにあたり、「本件各記事が掲載された時期に近接した時点の民事訴訟において、控訴人会社（Y1社）の名誉棄損による不法行為責任が認められた判決が相当程度に多数存在する」が、他方、「控訴人会社の不法行為責任が否定された判決等が相当ある」ため、Y1社の「社内体制が機能不全に陥っていたとまでは認定できない」としている。

　さらに、本判決は、「この認定判断は、本件各記事が掲載された当時におけるものであり、その後の状況下における判断は、異なることがありうることを付記」する。

　したがって、本事案において、内部統制システム構築、整備義務懈怠及びその悪意・重過失の認定にあたっては、本事案内部の事情だけではなく、その周辺的事情も判断の基礎とされたといえる。

　なお、一審においては、Y1社内部に、本事案における権利侵害を防止す

べき有効な対策がとられていなかったことをもって重過失を認定しており、本事案以外の周辺的事情が判断の基礎とされなかった点で判断が分かれていると思われる。

5 会社・役員の注意点・対応策

　出版社の取締役が構築、整備すべき内部統制システムについては、本事案の一審判決が参考になると思われるので、以下に取り上げたい。

(1)　一審の挙げる内部統制システムの例示

　一審判決は、出版社における取材・報道行為に係わる内部統制システムの内容を、以下の３つのポイントから例示した。ここでは、出版物の公刊前と公刊後の両時点における施策が挙げられており、出版社におけるプラン・ドゥー・チェック・アクション（いわゆるＰＤＣＡサイクル）に則った内部統制システムのモデルと評価することができよう。

　①　従業員に対する事前の研修

　弁護士等の法律家による講義や事例研究等による研修、さらには、出版物に記載しようとする事実についての真実性確認の方法としての取材のあり方、裏付取材のあり方等についての研修を行うなどの方法により、従業員をして、名誉毀損等の権利侵害行為の違法性について十分な認識を持たせるとともに、名誉毀損等の権利侵害行為を惹起しない取材、執筆、編集活動を行う意識を啓発し、慎重な取材、取材結果の検討、裏付調査、執筆、編集を自ら行うことができるだけの法的知識、事実の有無と根拠についての判断能力、慎重に記事を作成する姿勢を持たせること。

　②　出版前段階での違法性チェック体制の構築

　出版物を公刊する前の段階で、相応の法的知識、客観的判断力等を有する者に、記事内容に名誉毀損等の違法性がないかをチェックさせる仕組みを社内につくり、権利侵害行為を惹起する記事がそのまま発行されて不特定多数人に流布されることを防止する仕組み・体制を整えること。

　③　出版後段階での今後の防止策についての検討

　出版物を公刊した後の段階で、客観的な意見を提示しうる第三者視点を持

った者によって構成される委員会等を置いて、記事内容に名誉棄損等の違法性がなかったかを点検させ、記者や編集責任者等、直接取材に関わる者との間で、協議し、討論させるなどして、既に発行した出版物中の記事の適否を検討・協議し、名誉棄損等の権利侵害行為に該当する記事がある場合には、その原因を探求し、同様の権利侵害行為が再び惹起されることを防止するため、法的知識を確認したり、原因となった取材方法の欠陥を是正する方策を研究、考案すること。

(2) 構築、整備すべき内部統制システムの検討

　本事案についていえば、上記判決の控訴審に当たる本判決が、Y1社の「社内体制は不十分ながらもその役割を果たしていたと評価すべき」としていることからすれば、①②③のすべてを満たす必要まではなかったといえよう。

　また、本判決は「内部統制システムの内容そのものは、各会社の業種や規模等に応じて様々でありう」るとしており、内部統制システム構築義務違反についての先例である大和銀行事件判決（大阪地判平成12.9.20）も「整備すべきリスク管理体制の内容は、リスクが現実化して惹起する様々な事件事故の経験の蓄積とリスク管理に関する研究の進展により、充実していくもの」と判示していることからすれば、内部統制システムの内容については、出版社及び出版物の置かれた状況や事情（周辺的事情も含めて）に応じて個別具体的に検討されるべきである。

　すなわち、出版社において構築すべき取材・報道行為に係わる内部統制システムの内容については、一審判決で例示された内部統制システムの要素を参考にしたうえで、出版物の内容（例えば、報道誌はファッション誌と比較すれば潜在的に名誉毀損の可能性は高いといいうるであろう。とすれば、より頻繁な事前の研修が要求されるかもしれない）、出版物の傾向（例えば、その出版物がいわゆる『突っ込んだ取材』『突っ込んだ記事』を売り物にしているのであれば、潜在的な名誉毀損の可能性は比較的高いといいうるだろう。とすれば、より精密な事前のチェックの仕組みが要求されるかもしれない）、出版社又は出版物が過去に名誉棄損を含む権利侵害や違法行為を引き起こしたようなことがあった

か否か（例えば、過去に何らかの違法行為があった場合には、それを再度引き起こさないような事後の検討が要求されることもあろう）等の諸事情を総合的に検討する必要があるといえるだろう。

(3)「編集権の独立」の主張について

一審において、Y₃らは、Y₁社では「経営権と編集権を分離させ、報道内容、編集内容に関しては、経営陣が編集側に一時的な命令権、指揮権を行使しないという『編集権の独立』のルールが確立されている」として、かかる「編集権の独立」に基づき、代表取締役Y₃の任務懈怠を否定する主張を行っていた。

しかし、一審裁判所は、代表取締役の内部統制システム構築義務の遂行と「編集権の独立」は必ずしも対立、背反するもの解することはできないとしており、他の裁判例と合わせて見ても、「編集権の独立」によって、内部統制システムの不構築を裁判上正当化することは難しいといえるだろう。

(4) 他の取締役について

会社法429条の責任は、いうまでもなく代表取締役に限定されるものではない。この点に関しては、フォーカス事件一審判決が参考になろう。

同判決は、当該出版物の編集・発行等を担務とする取締役について、「編集長と協働して教育体制や取材体制を整備し、さらに発行前に本件写真週刊誌に掲載される予定の記事を確認するなどして、人権侵害の防止につとめるべき義務を負っていた」とし、その他の取締役については、「代表取締役及び……（対象出版物の）担当役員による……義務の履践（体制の整備等）を妨げないという消極的な義務を負うに留まる」としている。

CHECK LIST

１．内部統制システムの構成要素に関する項目

●従業員に対する事前の研修

☐ 法律家等による違法行為を認識するための研修を十分に実施しているか。

☐ 裏付取材を含めた取材方法についての研修を十分に実施しているか。

●出版物公刊前のチェック体制

☐ 出版物を発行する前の段階で、記事内容に違法性・権利侵害等がないかをチェックする仕組みが社内にできているか。

●出版物公刊後のフォロー体制

☐ 出版物の発行後、客観的な視点から、出版物の内容に違法性・権利侵害等がなかったか点検する体制ができているか。

☐ 既に発行した出版物中の記事の適否を検討・協議し、違法性・権利侵害等があった場合には、その原因を探求し、防止措置を講ずる体制ができているか。

２．構築した内部統制システムのモニタリング

●システムの機能検証

☐ 民事訴訟において、名誉毀損の不法行為の訴えが提起された件数のうち、不法行為責任が認められた判決が相当程度に多数存在していないか。

☐ その他、定期的に社内体制の見直し等を行っているか。

※上記CHECK LISTは、本判決及び一審判決の趣旨に鑑み、出版物の内容及び傾向が取材対象者、その他の第三者の名誉を含む権利を害するおそれを内在している場合を前提とする。

(長谷川雅典)

12

その他

★業界：協同組合
◆判断場面：役職員・グループ会社に対する監視・監督、会社による役員責任追及

68 善管注意義務違反があることをうかがわせる代表理事の言動を調査確認しなかったことにつき監事の責任が認められた事例－大原町農協事件（最判平成21・11・27判例タイムズ1314号132頁）（破棄自判）

1 事案一覧表

原　告 （上告人）	大原町農業協同組合（以下「X組合」という）
被　告 （被上告人）	X組合監事Y
責任を問われた内容	代表理事（以下「a」という）に善管注意義務違反があることを十分にうかがわせる言動があるのにこれを調査確認しなかったYの任務懈怠責任
請　求　額 （請求内容）	1000万円
賠　償　額 （判決内容）	1000万円
	・一審（岡山地津山支判平成18・12・22金融・商事判例1342号33頁）においては、aとb（理事）の不法行為（横領）又は忠実義務違反に基づく責任等が問われた第1事件、Yの忠実義務違反が問われた第2事件、c（理事）の忠実義務違反（員外貸付）に基

| その他参考事項 | づく責任等が問われた第3事件が審理されたが、上告審で審理されたのは第2事件の一部のみ。
・一審、原審（広島高岡山支判平成19・6・14金融・商事判例1342号27頁）とも、Yに任務懈怠があるということはできないとして監事の忠実義務違反を否定し、X組合の当該請求を棄却した。
・X組合では、通常、常勤の理事（1名）が代表理事兼組合長に選任されていた。また、定款上、組合長は、組合の業務を統括するものとされていた。 |

2 事案の概略

① 資金調達のめどが立たない状況の下で、aが理事会において虚偽の事実を述べて堆肥センターの建設事業を進めた。

② aによって進められた上記事業が中止を余儀なくされた結果、X組合は、売買契約の解消に伴う精算費用、aが実施した測量・造成工事費用、設計費用等合計5689万4900円の損害を被った。

③ X組合は、Yに対し、Yが任務を怠った結果、X組合に上記②に記載の損害が生じたとして、農業協同組合法39条2項・33条1項（平成17年法律87号改正前。以下同様）に基づく損害賠償の一部請求として1000万円の支払を求める訴えを提起した。

―事件の経過―

H12.8.19　aがX組合の理事に、Yが監事に就任。

H12.8.29　aがX組合の代表理事兼組合長に就任。

H13.1.25　aは、理事会において、（公的な補助金の交付により）X組合自身の資金的負担のない形で堆肥センターの建設事業を進めることにつき、理事会の承認を得た。

H13.8.31　aが、理事会において、補助金の交付申請先等に関する虚偽の報告。

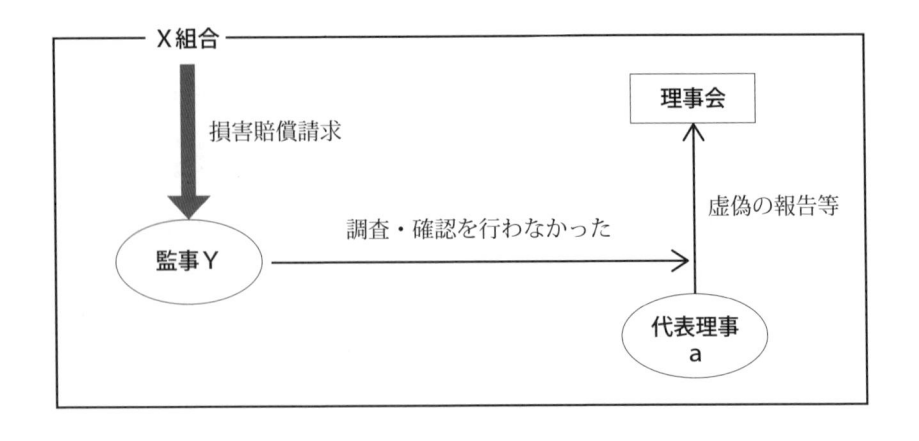

```
┌─ X組合 ──────────────────────────────┐
│                                        理事会    │
│    ↓ 損害賠償請求                         ↑      │
│                                      虚偽の報告等 │
│            調査・確認を行わなかった              │
│   監事Y ─────────────────→              │
│                                      代表理事   │
│                                         a      │
└────────────────────────────────────────┘
```

H13.11.29　aが、理事会において、「堆肥センターは、補助金が入らない限りは着手しません。」との旨の発言。

H14.4.26　aが、理事会において用地取得を提案（その後、理事会で承認された限度を超える金額で土地を購入）。

H14.5.18　Yが監事を辞任し、同日、理事に就任。

H14.6.12　aが、理事会において虚偽の説明。

H14.11.1　X組合に対し、岡山県知事から管理人による業務及び財産の管理命令（管理人として弁護士bらが選任された）。

H15.10.31　総会の決議により解散。同日をもって管理命令が取り消された。

H15.11.1　弁護士bが代表清算人に就任（本件提訴は管理命令発出後。つまり本件は、組織解散を控えた時期に代表理事らの責任が問われた事案。なお、Yと同時期にX組合の監事であった者らは、X組合からの求めに応じ、受給済みの役員報酬を任意に返還するなどした）。

3 裁判所の判断

①　たとえ組合において、その代表理事が理事会の一任を取り付けて業務執行を決定し、他の理事らがかかる代表理事の業務執行に深く関与せず、また、監事も理事らの業務執行の監査を逐一行わないという慣行が存在したと

しても、そのような慣行自体適正なものとはいえないから、当該慣行は監事の責任を軽減しない。

②　したがって、理事長が指導力を発揮し、自らが責任を負担することを前提として理事会の一任を取り付けたうえで様々な事項を処理判断するとの慣行があったとしても、そのことをもってYの職責を軽減する事由とすることは許されないというべきである。

③　aが理事会において虚偽の報告をしたうえ、その後も補助金の交付が受けられる見込みがないにもかかわらずこれがあるかのように装い続け、用地を取得し工事を進めた行為は、明らかにX組合に対する善管注意義務に反するものである。

④　aは、理事会において、それまでの説明には出ていなかった補助金の交付申請先に言及しながら、それ以上に補助金交付申請先や申請内容に関する具体的な説明をすることもなく、補助金の受領見込みについてあいまいな説明に終始したうえ、その後も、補助金が入らない限り、同事業には着手しない旨を繰り返し述べていたにもかかわらず、その後の理事会において、補助金が受領できる見込みを明らかにすることもなく、a自身の資金の立替えによる用地取得を提案し、なし崩し的に堆肥センターの建設工事を実施に移した。

⑤　理事会におけるaの前記④に記載の言動は、同人に明らかな善管注意義務違反があることをうかがわせるに十分なものである。

そうであれば、Yは、X組合の監事として理事会に出席し、aの説明では堆肥センターの建設事業が補助金の交付を受けることによりX組合自身の資金的負担のない形で実行できるか否かについて疑義があるとして、aに対し、補助金の交付申請内容やこれが受領できる見込みに関する資料の提出を求めるなど、堆肥センターの建設資金の調達方法について調査・確認する義務があったというべきである。

しかるにYは、上記調査・確認を行うことなく、aによって堆肥センターの建設事業が進められるのを放置したのであるから、その任務を怠ったものとして、X組合に対し、農業協同組合法39条2項・33条2項に基づく損害

賠償責任を負うものというほかはない。

⑥　Yが上記調査、確認を行っていれば、aが補助金の交付申請をすることなく堆肥センターの建設事業を進めようとしていることが容易に判明し、同事業が進められることを阻止することができたものというべきである。

4 判決の分析・解説

(1) 判決の分析

農協の監事の権限及び責任は、平成4年の農業協同組合法（以下、「農協法」という）改正以降、（商法・会社法の規定の準用により）株式会社における監査役のそれとほぼ等しいものとなっており、監事と監査役とで責任の構造は共通といえる。そのため本判決は、農協の監事が理事の善管注意義務違反行為（不正行為）を見逃したことの任務懈怠責任（監視義務違反）について判断した最初の最高裁判決であるとともに、株式会社の監査役の監視義務の観点からも注目すべきものとされている。

① 一審・原審について

本判決は、本件の慣行それ自体が不適正であるとし、農協内部の業務執行及び監査における慣行は監事の職責を軽減する事由とならないとしたが、一審・原審では、慣行の存在を考慮のうえYの忠実義務違反が否定されていた。

農協が組合員の相互扶助を目的する点で株式会社と異なるところがあるとしても、農協法改正によりガバナンスが強化されている以上、本件のような慣行に依拠した監査体制が適正なものであるとはいえない。その意味で、本判決は、農地法改正の経緯なども鑑み、業界の慣行を考慮しなかったものと考えられる。

② 業務執行監査における監事（監査役）の任務懈怠責任について

監査役の権限は、（監査範囲を限定しない限りは）会計監査だけでなく、業務執行監査にも及ぶが、その監査の範囲は適法性の監査に限られる。しかし、業務執行が事後的に善管注意義務違反として違法と評価されることはありうるから、監査役は、業務執行の不当性の有無について監査の対象から外

すことはできない。

　となると、監査役にとっては、どのような場合に業務執行に関する調査・確認等の義務が課せられるかという点が重要になるところ、監査役が、取締役の善管注意義務違反に該当する行為それ自体を認識していた場合は、取締役の不正行為を会社において明らかにし、これを阻止する義務が課されることは、容易に判断できる。しかし、外部から認識しうる取締役の行為だけでは善管注意義務違反の有無が直ちには判断できない場合（つまり、監査役が認識し得た事実だけでは、調査・確認する義務の発生の有無が判断できない場合）、監査役が自身の尽くすべき義務の範囲を見極め、それを（事後的に損害賠償責任を問われない限度に）過不足なく実行に移すことは容易ではない。

　この点本判決は、監事（監査役）が理事（取締役）の善管注意義務・忠実義務違反をうかがわせる事情を把握し得たかどうかという点（１段階目）、及び当該事情について調査・確認等の措置をとったかどうかという点（２段階目）を順に検討する中で、１段階目につき、次のような判断枠組みを示した。

　すなわち、善管注意義務に違反していたａの行為のうち、監事（監査役）が認識し得た一連の言動に曖昧な説明や矛盾する言動等が認められるのであるから、そうであれば、監事（監査役）は、「明らかな善管注意義務違反があることをうかがわせるに十分」な状況に置かれていたと評価することができるとの判断枠組みである。

　つまり、本判決は、善管注意義務違反の認められる理事の言動を軽重の区別なく拾い上げるのではなく、理事（取締役）の善管注意義務違反行為をうかがわせる兆候（いわば「黄色信号」）ともいえる不自然な変遷や矛盾が生じている部分をもって、「明らかな善管注意義務違反があることをうかがわせるに十分のもの」との評価を加えることで、監事（監査役）が調査・確認義務を尽くすべき状況に置かれていたことを示したのである（本判決は、このような状況を「疑義がある」と表現している）。

　監査役にとっては、裁判所が、どのような事実を拾い上げて「善管注意義務違反があることをうかがわせる」との評価を加えるのかは最大の関心事で

あるから、本判決が、(一審・原審で争われていた点に関連する形で)監事(監査役)に調査・確認義務が課される状況の一場面を示したことは、監査実務において参考になるものと思われる。

なお、本判決は、1段階目の判断において監事(監査役)の尽くすべき義務の内容を明確に示しているため、2段階目の判断は事実の存否のみによって端的に決せられているところ(Yが堆肥センターの建設資金の調達方法について調査・確認しなかったことから直ちに任務懈怠責任が導かれている)、2段階目で履行の有無が検討される義務は、1段階目で認定された事情によってその内容が決まってくるため、事案によっては、2段階目で検討される調査・確認等の義務が複数存在することもありうる(実務上はむしろ、このような場面の方が多いように思われる)。

(2) 判決が監事の責任を認定するために重視した事情

監事(監査役)が認識し得た理事(取締役)の言動のうち、本判決が認定した不自然な変遷や矛盾が生じていた点は以下のとおりである。

① aは、理事会において、公的な補助金の交付を受けることにより堆肥センターの建設事業を進めることにつき承認を得た。

② aは、理事会において、補助金交付申請先につき、それまでの説明には出ていなかった申請先に方向転換した旨を述べた。

③ にもかかわらず、aは、理事会において、具体的な説明をすることもなく、補助金の受領見込みについてあいまいな説明に終始した。

④ aは、補助金が入らない限り、同事業には着手しない旨を繰り返し述べていたにもかかわらず、理事会において、補助金が受領できる見込みを明らかにすることもなく、a自身の資金の立替えによる用地取得を提案し、なし崩し的に堆肥センターの建設工事を実施に移した。

5 会社・役員の注意点・対応策

監査役の調査・確認等の義務の具体的な内容(本判決の判断の2段階目に該当する部分)については、たとえば以下のようなものが考えられる。

① 執行部門、他の監査役、会計監査人と情報を共有し、情報収集を図

る。
　② 弁護士等の外部専門家に相談する。
　③ 必要に応じて、監査権限を行使し、関係者等へのヒアリングや関係書類・電子メール等の調査、債権債務残高確認等の調査を行う。
　④ 取締役の不正行為等があれば、適時適切に取締役会に報告する。
　⑤ 問題があった場合に監査報告において留保意見を付する等、外部に対しその旨を公表する。

　なお、これらの対応策は、「公益社団法人日本監査役協会」が公表している「重大な企業不祥事の疑いを感知した際の監査役等の対応に関する提言」の一部に過ぎない。これ以外にも、事案に応じて、経営会議や常務会その他の重要な会議に出席し、必要があると認めたときは意見を述べることや、取締役の違法行為について差止請求権を行使し、場合によっては監査役を辞任することなども、監査役に課される義務の1つと考えられる。

　日本の監査役制度はこれまで、その形骸化を指摘されてきたが（企業の不祥事事案が明らかになるたび、会社法においては内部統制の構築に係る規律の明文化、金融商品取引法においては内部統制監査制度の導入、証券取引所規則においてはコーポレート・ガバナンス報告書の提出・開示の開始などが行われてきたが、日本の企業におけるコーポレート・ガバナンスに対する国内外からの批判は未だ根強い）、これからの日本のコーポレート・ガバナンスにとって、これまで以上に「物言う監査役」が求められている。

CHECK LIST

取締役の業務執行に関して監査役に課せられる調査・確認等の義務に関する項目

- ☐ 取締役の意思決定に関して、その形成過程や内容に不合理な点（曖昧さや矛盾点）がないか等、善管注意義務等の法的義務の履行状況を調査・確認しているか。
- ☐ 執行部門、他の監査役、会計監査人と情報を共有し、情報収集を行っているか。
- ☐ 弁護士等の外部専門家への相談を行ったか。
- ☐ 関係者等へのヒアリング、関係書類・メール等の調査、債権債務残高確認等の事実調査を行ったか。
- ☐ 執行部門に調査を指示し、又は調査委員会を設置して調査依頼を行ったか。
- ☐ 上記各項目に関わる過程で、必要があると認めたときは、取締役に対し助言もしくは勧告をし、又は差止めの請求を行ったか。
- ☐ 取締役の不正の行為等について取締役会に報告したか。
- ☐ 取締役会のほか、経営会議、常務会その他の重要な会議に出席し、必要があると認めたときは意見を述べているか。
- ☐ 問題があった場合に監査報告において留保意見を付ける等、外部に対しその問題を公表したか。

（小野田峻）

判断場面別索引

■■組織・体制■■

1　内部管理体制構築

神戸製鋼所株主代表訴訟事件………22
三菱自動車工業株主代表訴訟事件………92
日本航空電子工業株主代表訴訟事件………100
日本ケミファ事件………136
ＪＴ乳業事件………154
雪印食品株主代表訴訟事件………162
ダスキン株主代表訴訟事件………216
日本システム技術事件………322
三菱商事株主代表訴訟事件………428
大和銀行株主代表訴訟事件………466
りそなホールディングス株主代表訴訟事件………476
野村證券株主代表訴訟事件………544
丸荘証券事件………552
コーワフューチャーズ事件………574
日本経済新聞社株主代表訴訟事件………600
新潮社事件………606

2　役職員・グループ会社に対する監視・監督

神戸製鋼所株主代表訴訟事件………22
三菱石油株主代表訴訟事件………52
日本航空電子工業株主代表訴訟事件………100
ＪＴ乳業事件………154
雪印食品株主代表訴訟事件………162
ヤクルト株主代表訴訟事件………172

－625－

大庄事件………206
　　フランチャイズ会社事件………236
　　ホテル中の島事件………250
　　昭和観光事件………258
　　井坂倉庫事件………358
　　建物総合管理会社事件………404
　　三菱商事株主代表訴訟事件………428
　　福岡魚市場株主代表訴訟事件………446
　　丸荘証券事件……552
　　コーワフューチャーズ事件………574
　　投資ファンド事件………582
　　大原町農協事件………616
 3　取締役の報告義務
　　メデカジャパン事件………266
　　情報センター沖縄株主代表訴訟事件………274
　　デジタル・ネットワーク・アプライアンス事件………330
 4　会社による役員責任追及
　　宮入バルブ事件………62
　　メデカジャパン………266
　　デジタル・ネットワーク・アプライアンス………330
　　通信事業会社事件………338
　　りそなホールディングス株主代表訴訟事件………476
　　日本長期信用銀行初島事件………496
　　阪和銀行事件………504
　　東和銀行事件………524
　　大原町農協事件……616
 5　労務管理
　　大庄事件………206
　　ホテル中の島事件………250
　　昭和観光事件………258
　　井坂倉庫事件………358
　　建物総合管理会社事件………404
　　渡島信用金庫会員代表訴訟事件………534

6　組織変更関係（M&A、MBOなど）
　新王子製紙株主代表訴訟事件………28
　積水樹脂株主代表訴訟事件………36
　日本精密事件……110
　レックス・ホールディグス事件………226
　シャルレ事件………294
　アパマンショップ株主代表訴訟事件………398
　朝日新聞社株主代表訴訟事件………594

■■業務遂行■■

7　品質・安全
　三菱自動車工業株主代表訴訟事件………92
　パロマ事件………126
　ＪＴ乳業事件………154
　雪印食品株主代表訴訟事件………162
　ダスキン株主代表訴訟事件………216
　ＪＲ福知山線列車脱線転覆事故事件………368

8　新規進出・新規事業
　玩具店株主代表訴訟事件………302

9　顧客・取引先対応
　プリンスホテル事件………244
　丸荘証券事件……552
　コーワフューチャーズ事件………574

10　他社対応
　三越株主代表訴訟事件………284
　通信事業会社事件………338
　三菱商事株主代表訴訟事件………428

11　政治・行政対応
　熊谷組株主代表訴訟事件………190
　間組株主代表訴訟事件………198

12　司法対応
　プリンスホテル事件………244

-627-

13　反社対応
　神戸製鋼所株主代表訴訟事件………22
　蛇の目ミシン株主代表訴訟事件………72
14　環境対応
　石原産業株主代表訴訟事件………42

■■財　務■■

15　投　資
　佐藤食品工業事件………144
　ヤクルト株主代表訴訟事件………172
　りそなホールディングス株主代表訴訟事件………476
　投資ファンド事件………582
16　融資（貸付、社債引受け）
　日産車体株主代表訴訟事件………84
　佐藤食品工業事件………144
　メデカジャパン事件………266
　イトマン事件………420
　福岡魚市場株主代表訴訟事件………446
　四国銀行株主代表訴訟事件………486
　日本長期信用銀行初島事件………496
　阪和銀行事件………504
　北海道拓殖銀行・カブトデコム事件………514
　東和銀行事件………524
17　外部への支出
　神戸製鋼所株主代表訴訟事件………22
　積水樹脂株主代表訴訟事件………36
　三菱石油株主代表訴訟事件………52
　宮入バルブ事件………62
　日本精密事件………110
　情報センター沖縄株主代表訴訟事件………274
　中部電力株主代表訴訟事件………388
　アパマンショップ株主代表訴訟事件………398
　日本生命社員代表訴訟事件………558

日本信販株主代表訴訟事件………566
　　朝日新聞社株主代表訴訟事件………594

18　新株発行・自己株売却
　　アートネイチャー株主代表訴訟事件………180
　　情報センター沖縄株主代表訴訟事件………274
　　高千穂電気株主代表訴訟事件………436

■■情報開示■■

19　正しい情報開示
　　オリンパス事件………118
　　レックス・ホールディグス事件………226
　　シャルレ事件………294
　　ライブドア事件………312
　　情報処理機器販売会社事件………348
　　西武鉄道投資家集団訴訟事件………378
　　アーバンコーポレイション事件………410
　　日本長期信用銀行事件………456

■■危機管理■■

20　不祥事対応（行政・警察への調査協力、公表、再発防止、被害者補償、行為者の処分）
　　三菱自動車工業株主代表訴訟事件………92
　　日本航空電子工業株主代表訴訟事件………100
　　オリンパス事件………118
　　パロマ事件………126
　　ＪＴ乳業事件………154
　　ダスキン株主代表訴訟事件………216
　　建物総合管理会社事件………404
　　りそなホールディングス株主代表訴訟事件………476

業界別・場面別　役員が知っておきたい法的責任
　　　　　―役員責任追及訴訟に学ぶ現場対応策―

2014年2月20日　初版第1刷発行	監修者	落　合　誠　一
	編著者	澁谷展由，三澤　智
		清水貴暁，岸本寛之
		檜山正樹
	発行者	金　子　幸　司
	発行所	㈱経済法令研究会
		〒162-8421　東京都新宿区市谷本村町3―21
		電話　代表03-3267-4811　編集・制作03-3267-4823

営業所／東京03(3267)4812　大阪06(6261)2911　名古屋052(332)3511　福岡092(411)0805

カバーデザイン／図工ファイブ　制作／地切　修，中原秀紀　印刷／㈱日本制作センター

ⓒ Seiichi Ochiai 2014　Printed in Japan　　　　　　　　　　ISBN978-4-7668-2333-2

"経済法令グループメールマガジン"配信ご登録のお勧め
当社グループが取り扱う書籍、通信講座、セミナー、検定試験情報等、皆様にお役立ていただける情報をお届け致します。下記ホームページのトップ画面からご登録いただけます。
☆　経済法令研究会　　http://www.khk.co.jp/　　☆

定価はカバーに表示してあります。無断複製・転用等を禁じます。落丁・乱丁本はお取替えします。